本报告得到国家社科基金抗战研究专项工程“侵华日军细菌战罪行史料整理及专题数据库建设”项目（16KZD014）支持

侵华日军第七三一部队旧址

——细菌实验室及特设监狱考古发掘报告

黑龙江省文物考古研究所
侵华日军第七三一部队罪证陈列馆
哈尔滨工业大学土木建筑工程学院
东北师范大学历史文化学院
编著

李陈奇　主编

科学出版社
北京

内 容 简 介

细菌实验室及特设监狱系侵华日军第七三一部队进行细菌研制和活人实验的犯罪核心部门，本书即是反映该遗址发掘与研究的考古专题报告。报告主要分上下两编：上编以丰富的第一手发掘资料，详细地介绍了细菌实验室、特设监狱、中心走廊及庭院等各种遗迹现象和出土遗物，尤以爆炸穴点和掩埋灰坑的发现备受关注；下编通过科学测定、模拟实验的数据分析，对当时的建筑技法和施工工艺进行了深入探讨，并参考历史图片资料制作了部分复原图像。另在结语中，对本次发掘的主要成果进行了归纳和论述。

本书深入浅出、图文并茂，具有很强的可读性，既是从事“七三一”历史研究者必读的第一手科学资料，也是相关研究领域的重要学术参考读物，还可以推广给对此感兴趣的大众读者。

审图号：GS（2018）1750号

图书在版编目（CIP）数据

侵华日军第七三一部队旧址：细菌实验室及特设监狱考古发掘报告 / 李陈奇主编；黑龙江省文物考古研究所等编著. —北京：科学出版社，2018.12

ISBN 978-7-03-058220-1

Ⅰ.①侵… Ⅱ.①李… ②黑… Ⅲ.①日本关东军-特种部队-古建筑遗址-考古发掘-发掘报告 Ⅳ.①K928.72

中国版本图书馆CIP数据核字（2018）第142365号

责任编辑：闫向东 王琳玮 / 责任校对：邹慧卿

责任印制：肖 兴 / 封面设计：关燕妮

科学出版社 出版

北京东黄城根北街16号

邮政编码：100717

http://www.sciencep.com

北京汇瑞嘉合文化发展有限公司 印刷

科学出版社发行 各地新华书店经销

*

2018 年 12 月第 一 版 开本：787×1092 1/8

2018 年 12 月第一次印刷 印张：36 1/4 插页：70

字数：536 000

定价：815.00 元

（如有印装质量问题，我社负责调换）

序　一

Foreword

侵华日军第七三一部队的确是一支不同于其他部队的极其特殊的专业部队。这支部队从始建到溃败，十三年的时间里，始终处于绝密状态，尤其是在败退之前，再次享受了极其特殊的待遇，竟然在天皇下达投降诏书的一周前得到了全员撤退的命令，从而有相对充足的时间，烧毁重要的资料，杀死相关的证人，炸毁主要的设施，并全员撤离。更加令人难以置信的是，在有关国家的掩盖、包庇、纵容下，部队上下全部免于战犯追究，而这些人又在战后日本各界身居要职，进而造成日本政府至今态度暧昧，没有给出这支部队的所有相关信息和资料，也就是说，七三一部队作为日本一支极其重要的特种部队，其所使用的各种建筑体，都是由国家主导、协调的，动用的是日本最著名的工程设计、施工单位，应该有最完备的建筑档案资料和所有的设计、施工图纸。应该说，最清楚这个事实的是日本，但实际上，它又的确成为了历史上被隐瞒的一章，因此，要还原一个真实的“七三一”，从不同角度、各个方面，都有必要进行全面的、详尽的调查。

二十七年前，我来到七三一陈列馆从事研究工作，除了相对保存完好的遗址外，像细菌实验室及特设监狱、动力班、特殊武器研制厂等，对我们研究人员来说，在某种程度上还是一个谜。细菌实验室及特设监狱（俗称“四方楼”），它到底有多大面积、结构如何，其内部各功能区是如何分布的，都是不能完全说清楚的。我还记得当时问过老馆长韩晓，他也只能是根据伯力审判证词，秋山浩、森村诚一等人的著作，原七三一部队成员石桥直方、萩原英夫绘制的相关草图，来揣测细菌实验室及特设监狱的内部情况。我到馆工作的时候，细菌实验室及特设监狱遗址已基本被埋在地下，地表被平房建筑维修公司占用，其周边也形成了多达 122 户的棚户区和一个木材加工厂。当时，周边居民也有很多关于细菌实验室及特设监狱的议论，包括说里面有庞大的地下设施，还有通往哈尔滨市区的地下通道等。

1987 年，我馆曾请安徽滁州地区的文物保护科研所来帮助勘测“四方楼”部分遗迹，结果此次勘测仅是确定了“四方楼”第 3 栋、第 6 栋以及第 8 栋的位置。

2000 年，对细菌实验室及特设监狱遗址又进行了一次有规模的勘探清理。但是真正标准意义上的对细菌实验室及特设监狱遗址的考古，是在“侵华日军第七三一部队旧址”被国务院公布为第六批全国重点文物保护单位之后。

2008年9月，黑龙江省文物考古研究所会同我馆对细菌实验室及特设监狱遗址进行勘测，形成了记录完整的《侵华日军第七三一部队遗址调查与勘测报告》，这为本次的考古发掘研究工作提供了颇有参考价值的线索和科学依据。

2012年11月，国家文物局公布“侵华日军第七三一部队旧址”进入中国世界文化遗产预备名单。

2013年10月，我馆编制完成了《侵华日军第七三一部队旧址保护规划》，并获得国家批复；在此基础上，黑龙江省文物考古研究所完成了《七三一旧址考古规划》，对七三一旧址的考古发掘成为旧址保护的必要前提和重要一环。

2014年5月，在黑龙江省文化厅的直接领导下，由黑龙江省文物考古研究所领衔，侵华日军第七三一部队罪证陈列馆及哈尔滨工业大学土木工程学院、东北师范大学历史文化学院作为协助单位，对细菌实验室及特设监狱遗址进行了全面的揭露。

本次对细菌实验室及特设监狱遗址的考古发掘，首先是对其地下基础部分进行了完整揭露，搞清了其整体格局。尤其是对特设监狱的格局有了更清楚的认识，并能与原七三一部队成员的证言相佐证。另一方面是采用先进仪器对其进行了实测，全方位地获取了其精确数据。其次是发现了爆破穴点和焚烧掩埋坑。这是七三一部队企图掩盖罪行的直接证据，是不可多得的无可争辩的第一手例证，也再一次印证了我们对七三一遗址的价值定性，它是销毁罪证的罪证。再次是出土遗物数量较多，类别丰富，为研究与展示提供了丰富的第一手资料。本次出土的铁器、铜器、玻璃器、铝和铅以及陶瓷制品等遗物超过千件。其中包括迫击炮弹，这也是七三一部队掩盖罪行、销毁罪证的铁证，而发现的大量玻璃器皿，如注射器、药瓶等则更是七三一部队进行细菌研制和人体实验的直接证据。本次对细菌实验室及特设监狱遗址的考古发掘，可以说收获是巨大的，成就是了不起的。细菌实验室及特设监狱遗址考古清理的完成，是还原完整真实七三一部队真相的重要环节，也是七三一研究史上的一次重大突破。

本次对细菌实验室及特设监狱遗址的考古发掘，还有以下几个特点。

虽然以前曾对细菌实验室及特设监狱遗址进行过三次勘探，但本次考古发掘是首次严格按照考古操作规程对七三一旧址进行科学揭露，翻开了七三一旧址考古工作和历史研究的崭新一页。

本次考古不仅注意从历史学、考古学角度揭露遗址的意义，还注意从建筑学角度研究遗址的结构、建筑技术等，这在罪证遗址类考古方面是一个创新。同时，本次考古发掘不仅有历史考古学家、文物保护专家的参与，更邀请到建筑结构与建筑工艺方面的专家进行现场指导，达到了多领域专家相互合作，共同指导考古发掘工作，进行多学科交叉式研究的目的。

本次考古发掘在很大程度上破解了细菌实验室及特设监狱的谜团，更正了以往的一些揣测臆断，从而进一步还原了七三一部队真相，固化了七三一部队罪行，具有重要的借鉴价值和推广价值，对于下一步将要进行的几处考古工作，必将有着指导和引领作用，其意义重大而深远。

侵华日军第七三一部队旧址，是日本军国主义侵华战争期间及第二次世界大战期间保存至今的细菌战遗迹，是以战争为目的进行细菌武器研制、人体实验的大本营，是以危害人类和自然为代价发动的细菌战争的策源地。它是残酷的战争留给我们的特殊资源，也是我们人间曾历沧桑的真实写照，它就应该是世界文化遗产。希望在不久的将来，经过考古发掘，能有更多的七三一旧址对外开放。

最后我要感谢七三一考古发掘队，这是一支令人敬佩的专业科研团队，在缺少经验、防护装备简陋的情况下，始终夜以继日地奋战在田野第一线。几年来的朝夕相处，其高尚的职业操守、硬朗的工作作风、严谨的治学态度以及宽厚的合作诚意，给我们留下了深刻的印象，同时也是一种极大的鞭策。在此特向黑龙江省文物考古研究所、哈尔滨工业大学土木工程学院、东北师范大学历史文化学院以及所有贡献于此事业的同仁致以崇高的敬意。

侵华日军第七三一部队罪证陈列馆　金成民

2017 年 12 月 13 日

序　二

Foreword

侵华日军第七三一部队旧址是日本准备和实施细菌战、进行人体实验的重要见证，既具有实证日本法西斯侵略者反人类、反文明、反伦理的本质及其战时犯罪、战争责任和战后贻害的历史价值，又具有重要的国防教育和爱国主义教育意义。其作为全国重点文物保护单位并入选《中国世界文化遗产预备名单》，而与旧址相关的侵华日军第七三一部队罪证陈列馆也先后被列入国家级抗战纪念设施、遗址名录和国际二战博物馆协会会员单位等。

对这类现代史上的重要遗址，按照过往的文物工作惯例，通常是遗产保护和博物馆展示方面发挥着比较多的作用，素无考古学的身影。但黑龙江省文物考古研究所等单位却先后多次对这一遗址进行了调查、勘测、清理和发掘，走出了一条素以古遗址和古墓葬为主要研究对象的考古学参与现代遗址发掘的探索之路，践行了近百年来已经和正在发生变化的中国考古观。

众所周知，1986 年出版的《中国大百科全书·考古卷》上曾明确地写道："一般说来，中国考古学的年代下限可以定在明朝的灭亡（1644 年）。"我还记得 1978 年入读大学时，老师们曾讲过为什么这样设定下限的缘由。因为作为历史学科的重要组成部分，考古学的任务在于根据古代人类各种活动遗留下来的实物，以研究人类古代社会的历史。从历史学研究角度来说，明代以后存世的历史文献汗牛充栋，不需要那么多的考古发现来复原历史。正是由于定位于这样的历史学研究目的，所以有关部门评选中国 20 世纪的 100 个考古大发现，按时代顺序排下来，位列最后第 100 名的便是北京明代万历皇帝定陵的考古成果。这种以编年史断代体例为参照系的学科定位理念，反映了 20 世纪我国考古学发展的学术进程，影响至深。

长期以来，中国考古学发现和研究的时间下限不但到明代结束，甚至在大学讲授的考古学，结束的时代还要早得多。张忠培先生 1997 年曾说过，"中国考古学研究的年代下限，早已进入宋元，从秦汉到宋元并已取得了十分客观的成果。"这表明，即便到了 20 世纪 90 年代，考古学教育基本上还是教到宋元时代就不再往后代讲授了，当然，从事明代考古的专业人员也非常有限。换言之，中国考古学重史前、认汉唐、轻明清的做法，是学科发展过程的时代局限性造成的。中国每年出版数以百计的考古报告，但仍然难以见到以清代考古为发现和研究对象的专题成果，换言之，明代特别是清代考古一直没有形成与其他各段考古相均衡的考古业态，也是不争的事实。

没有清代考古的提法和意识，不等于20世纪中国数以千计的考古工作中没有发现过清代遗存。稍有考古常识的人都知道，晚期的地层是叠压在早期的地层之上的，清代遗存最接近现代地表，往往在它下面才会有其他朝代的遗存。考古时，先要把清代遗存清理掉，才能发现比清代早的遗存。以往考古中遇到这类清代遗存，由于考古观念的局限性，加上清代的历史文献很多，一般都认为没有什么历史研究作用，所以基本都不作为考古工作的对象。

我自己也亲身经历清代遗存挖与不挖的困惑，那就是20年前在三峡考古中，我们曾经收集过一些清代遗存，并在一次库区考古工作汇报会上作过一些介绍，但遭到的吐槽也不少，说我“是不是没什么可挖的了”的同行不乏其人。倒是莅会的三峡库区文物保护规划领导小组组长俞伟超先生对清代遗存所蕴涵的考古信息持肯定态度，并要求各个考古队不能放弃对清代遗存的清理，自从那以后，情况才逐渐得到好转。

到了21世纪前后，我们开始注意到不断有清代考古的发现和研究见诸报端。1999年，成都发掘了可将明、清、民国乃至现当代都连接起来的水井街酒坊遗址，揭示出一个延续五六百年未间断生产的完整发展脉络，被评为1999年度全国十大考古新发现，意味着清代考古开始进入考古的工作范畴。距时不久，黑龙江发掘了讷河市学田乡明清墓葬，陕西发掘了渭南大荔县清后期李氏家族墓地，江西发掘了景德镇珠山明、清御窑遗址，四川发掘了绵竹剑南春清代至民国酒坊遗址，凡此等等，在21世纪前后的几年里，清代考古的发现和研究已有渐成正果之象，成为中国考古观变化的阶段性也是标志性的事件，为历史时期考古的下限补齐了过去只到明代结束的短板，也为现代考古的登场开辟了先河。

如果说上面提到的黑龙江省在明清考古方面已经有所作为的话，那么这些年来他们在考古下限渐次后延的趋势中，又走出了自己的新路，率先进入到了现代考古的新时代。这部大型考古报告《侵华日军第七三一部队旧址——细菌实验室及特设监狱考古发掘报告》（以下简称《七三一旧址发掘报告》）便是他们砥砺前行的一部实践、研究、保护以及利用成果，值得我们认真对待、深入分析、反复思考、回顾总结。

从报告中我们不难看到，黑龙江省文物考古部门对侵华日军第七三一部队旧址的调查从20世纪80年代就开始了，21世纪以来的2000年和2008年先后进行过二次勘测以及清理。2014年起，为纪念抗战胜利70周年，黑龙江省文物考古研究所又按照考古工作规程的要求对旧址进行了更为全面的发掘，揭露了俗称“四方楼”的细菌实验室和特设监狱等七三一部队旧址中最为核心的要害部门遗存，出土了1000余件足以实证七三一部队直接犯罪的实物证据。

对一处现代遗址，做一个虽有断续但时间跨度长达约30年的调查和考古过程，其专业考古进入的程度不断得以强化，所发挥的作用得以不断提升，这些都反映出黑龙江省的考古求索已经超越了包括明清在内的历史时代范畴，进入到了现代遗址考古的新境界，做到了起步早，步子大，动作快，收获丰，并在田野工作后短短的两年时间就编制完成了即将付梓的《七三一旧址发掘报告》。我在第一时间得以学习翻阅这部浸润着汗水和墨香的厚重书稿，禁不住想把读后的第一印象和些许心得，分享于下：

首先，作为历史学研究组成部分的考古学，正如这本报告的结语所说，“是首次按照考古操作规程对七三一旧址进行的科学揭露，揭开了七三一旧址考古工作和历史研究的崭新一页”，验证了历史，增补了历史，校正了历史，传承了历史。战争遗址承载着沉重的民族历史，是人类客观面对历史，自我觉醒和展示未来的重要载体和场所。没有经过正式考古发掘的遗址，其所埋藏的日军侵华和所犯罪行的事实难以构成直接的物证，其所包含的日军残忍成性和国人遭受残害的信息难以呈现真实的物象，其所承载的厚重遗迹和民族伤痛难以盘活历史的事实，其所具有的文化价值和社会价值难以得到完整揭示，然而所有这一切都因为考古的发现和研究发生了改变，这样的“考古成果将有利于揭示其分布规模和历史状况，取得科学数据，丰富馆藏文物，指导保护与展示工程的实施”（引号部分引自报告结语，下同）。于是，它们才成为了具有历史价值的国家档案和民族记忆的永久资料，考古让历史以看得见的方式、文物让正义以铭记的方式真实和完整地呈现给世人。

其次，在考古对象的时代分支方面，继史前考古学和历史考古学之后，“四方楼”的考古实践将助推现代考古学分支的诞生。过去《中国大百科全书·考古卷》曾将中国考古通史划分为史前考古、历史考古两个大的时域，亦即考古界常说的两大段，或曰前段和后段。2014年出版的《中国考古学大辞典》已出现了“元明清编”，并收录了清帝陵、颐和园、故宫、李氏家族墓地等清代典型遗存的词条，显示出考古观的新变化。而今，“四方楼”考古又以实践先行方式将现代遗址考古的理念和方式提上了考古学学科建设的进程中，考古下限由此将进入现代时期，一个真正通史意义上的史前时期考古、历史时期考古和新增的现代时期考古的“新三期说”时代，已经和正在成为继清代考古之后的新的考古学时间范畴的生长点。

再次，现代考古学获取复原历史研究资料的方式，往往大于史前考古和历史考古。“四方楼”与一般考古遗址的不同在于，它既没有完全埋藏在地下，也没有彻底变成倒塌的废墟，还存在着一部分与地下相关联的地面以上的遗存，尽管保存状况已不尽如人意，但“对该遗址的发掘和研究，不但可以在相关程度上寻找出其直接的犯罪证据和毁灭犯罪事实的证据，同时亦可以搞清其建筑格局与施工工艺，为研究日伪时期建筑特点提供第一手资料。”譬如“对地下基础部分进行了完整揭露，搞清了其整体格局；另一方面采用先进仪器对其进行了实测，全方位地获取了其精确数据”；再如对“上水下水系统及设施等，有了较为清晰的了解”；特别是采取多方合作发掘和多学科交叉研究意义重大，尤其哈尔滨工业大学的介入，很大程度上提高了发掘与研究的科技含量。现代遗址，去时不远，不但一些老照片、录音、影像、档案资料等有案可寻，而且遗存的建造者、器用设施的使用者乃至当事者及其后裔仍有相当一部分在世，例如原宪兵荻原英夫参加了七三一部队本部建设，他回忆的房屋结构设计、关押用于人体实验的所谓“马路大”的监禁室等，就都与考古清理的结果大致吻合。换言之，现代考古可以采用“三重证据”甚或“多重证据”方式，即历史文献、地下乃至地面遗存、在世的当事者乃至现代生物遗传技术等，来复原历史。

还有，《七三一旧址发掘报告》是集描述性解释和解说性解释于一体的全息考古报告，走出了一条“全过程考古”之路。考古是通过发现遗存进而解释遗存来实现历史研究的学科，而且其研究的路径通常是通过废弃遗存来重建遗存的使用方式，再通过使用方式来还原最初的生产方式。这些通过结果来上溯过程和动因的方式越往前复原越难，这是因为考古发现的遗存绝大多数都是残缺不全的，所以导致一般的发现和研究常常止步于发掘和整理阶段，只能做到何时、何地、发现了什么遗存这种客观描述性解释，而难以做到为何该时、该地、会出现这些遗存的解说性解释。《七三一旧址发掘报告》则尽可能地发掘记录了七三一部队进行细菌武器研究、制造和使用，实施细菌战、人体实验的遗存，还发现了大量 1945 年 8 月日军溃逃时，动用工兵部队匆忙销毁实验设备，炸毁细菌实验室及特设监狱等企图毁灭罪证的证据，并对此进行了较为详尽的论述和解读。完成了通常考古难以实现的遗址兴建过程、使用过程、废弃过程这三个过程的全程性复原。这样的全程性复原不但解决了描述性的，更重要的是解决了解释性的难题，以丰富翔实的资料，过程性的记录，深刻揭露了日军侵华罪行。指出侵华日军第七三一部队本部旧址曾是世界历史上规模最大的以战争为目的进行细菌武器研究和制造、活人实验的军事基地，是以危害人类和自然为代价发动细菌战争的策源地和大本营，“其反人类性质堪比纳粹德国的奥斯维辛集中营”。

最后，侵华日军七三一部队旧址考古预示着中国考古学将进入既专注于务实求真的学术、又助力于社会文化建设的“全考古时代”。近年来，学界对考古学的定义已经发生了一些改变，原来唯发现和研究为上的考古学，近几十年来又延展出了保护和利用等全新领域。中国考古学凡涉的发现、研究、保护、利用，一方面是通过实物史料复原和重建国史及其演变之道，另一方面是为了让古代文化遗产通过考古学的努力更多地传承给子孙后代。凡此，才是考古学追寻的理想境界，才是考古学的全部要义。通过侵华日军第七三一部队本部旧址考古过程不难看到，“在发掘中，对各种遗迹现象进行了较为全面的文字、绘图、测量、照相、录像记录，为日后室内资料整理、报告编写乃至研究、保护、复原、展示等，提供了详尽的第一手资料。”据这次发掘的考古领队李陈奇先生介绍，接下来，还将按《七三一部队旧址保护与展示总体规划》，建立数字化的考古遗址博物馆，进一步为爱国主义教育基地提供更为真实的遗迹与遗物证据。换言之，从初期只是调查、保护为主，发展到而今的边发现、边研究、边保护、边利用、边传承的“五位一体”模式，表明黑龙江省文物考古研究所在具有重大历史价值的大遗址考古工作中已经率先走进了“全考古时代”。

总之，侵华日军七三一部队旧址考古实践过程和《七三一旧址发掘报告》为代表的现代考古实践成果，已经具有了揭露日军罪证和暴行历史，刷新考古学固有传统，促进中国考古观变化，丰富考古学定义和范畴，参与考古学学科共建，改写中国考古学编年史的实践论价值和认识论意义。

复旦大学文物与博物馆学系　高蒙河
2017 年 12 月初稿于上海虹桥
2018 年 2 月修改于杭州良渚

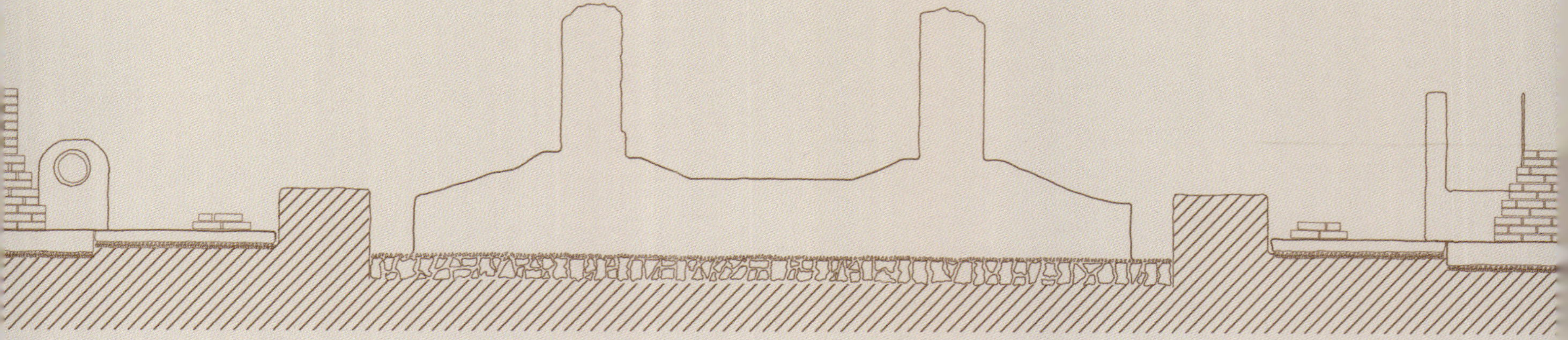

目 录

Contents

下 编

七三一部队细菌实验室及特设监狱建筑结构与建筑技术研究

上编插图目录

上编插表目录

下编插图目录

下编插表目录

图版目录

绪　言

日本军国主义研究细菌战的意图由来已久，企图使用细菌武器弥补天然资源不足的问题，借以低廉的代价赢得侵略战争的胜利。1916 年，日本陆军军医学校在细菌学教学中，就讲授过如何进行“家畜战”。1918 年，长谷部照信少佐向陆军参谋本部汇报所获外国细菌武器情报，其后，由陆军省医务局开始研究细菌武器，但一度中断。1925 年 6 月 17 日，世界 38 国在瑞士日内瓦签署《禁止在战争中使用窒息性、毒性或其他气体和细菌作战方法的议定书》。日本派代表参加了会议，但日本政府拒绝批准该公约。石井四郎是日本细菌战的创始者，1927 年 6 月，获日本京都帝国大学细菌学博士学位。1928 年 4 月，被日本陆军军方派往欧美作细菌战海外考察，这一考察历时两年，先后到达欧美 20 余国家和地区搜集及刺探细菌战情报。1930 年 4 月，石井四郎回国后，开始对日本陆军中央要员们大肆宣传和主张细菌战战略。

1932 年 8 月，日本陆军军医学校设立“防疫研究室”，由石井四郎领导，开始研究细菌武器。1933 年，“防疫研究室”扩建，对外改称“防疫研究所”，成为日本研究细菌战的国内基地。1933 年 8 月，石井四郎在哈尔滨市南岗区宣化街和文庙街中间地带设立了细菌研究所，代号为“加茂部队”；与此同时，自 1932 年开始建设的位于五常县背荫河镇的细菌实验场完工，代号为“东乡部队”。1934 年夏，背荫河细菌实验场发生弹药库爆炸事故，于是在 1934 年秋冬，石井四郎关闭了背荫河细菌实验场。1935 年，石井四郎派部分人员驻扎哈尔滨市郊区平房镇，以营建新的细菌实验基地。1936 年 5 月 30 日，日本天皇颁发敕令（军令陆甲第 7 号），批准关东军 4 月向陆军省递交的《关于充实在满兵的意见》，其中包括设立关东军防疫部，石井四郎为关东军防疫部部长。1937 年 9 月 1 日，日军颁布《关于动员部队称呼名》，规定隐藏日本本土外部队名称，以部队指挥官的姓氏为部队代号，据此关东军防疫部代号为“石井部队”。1938 年 6 月 30 日，关东军司令部发布第 1539 号关于建立平房军事区域的训令，根据此命令平房镇与日本空军八三七二部队营区、石井部队营区构成特别军事区域，面积达 120 平方千米。1939 年 9 月，平房细菌实验基地基本完成，石井部队开始进行大规模人体细菌实验。1940 年，石井部队经日本天皇敕令改编增员为 3000 人，名称变更为“关东军防疫给水部”。1940 年 9 月 10 日，日军颁布《昭和 16 年度陆军动员计划令细则》，规定独立混成旅团以上部队以 1 或 2 字的汉字作为代号，其隶下部队则以 3 到 5 码数字作为代号。根据此项细则，1941 年 8 月，关东军防疫给水部代号为“满洲第七三一部队”。“七三一部队”这一名称虽出现较晚，但当今学界习惯于将此名称冠于该部队的任何时期。1942 年 12 月 15 日，七三一部队细菌战理论家增田知贞在东京作《细菌战》的理论讲演，标志着日本细菌战的战略和战术的理论已经形成。1943 年 3 月，关东军宪兵司令部颁发关于“特别移送”的通告，确定被输送到七三一部队进行人体实验者的输送程序。1944 年末，关东军总司令官山田乙三批准了七三一部队提出的把染有鼠疫的跳蚤当作细菌武器使用的方法。1945 年 4 月 20 日，日军颁布《陆军部队战时通称号规定（陆机密第 143 号）》，日军各部队代号统统更改，以利于保密，据此七三一部队代号更改为满洲第二五二〇部队。

在中国一切与细菌战有关的地方，都会发现七三一部队成员的踪迹。除东北地区的长春第一〇〇部队外，在七三一部队的直接参与和指导下，于中国各地及亚洲部分地区陆续建立了一系列细菌战机构，主要有华北地区的北京第一八五五部队、华中地区的南京第一六四四部队、华南地区的广州第八六〇四部队、南方军新加坡第九四二〇部队。而七三一部队是日本细菌战研制中心和细菌战指挥的大本营，至此日本细菌战部队形成了具有相当作战能力的、完整的细菌战体系（图一）。

1940 年 12 月 2 日，关东军司令官梅津美治郎签署的关东军作战命令第 398 号命令，据此七三一部队增设海拉尔第五四三支队、牡丹江第六四三支队、林口第一六二支队和孙吴第六七三支队，加之 1938 年接管的大连卫生出张所，以及兴建的安达特别实验场、五常背荫河细菌实验场等，建立了规模庞大、人员众多、设施完善、配套齐全的细菌实验基地（图二）。

侵华日军第七三一部队本部旧址，位于哈尔滨市中心以南约 16.5 千米（图三；图版一）。七三一部队本部细菌实验室及特设监狱（俗称“口字栋”“四方楼”）遗址，位于哈尔滨市平房区新疆大街 47 号，南距新疆大街约 230 米，东距友协大街 280 米，地理坐标北纬 45°35′，东经 126°40′（图四）。

图一　日本侵略军细菌部队位置分布示意图

图二　第七三一部队本部及支队、实验场位置示意图

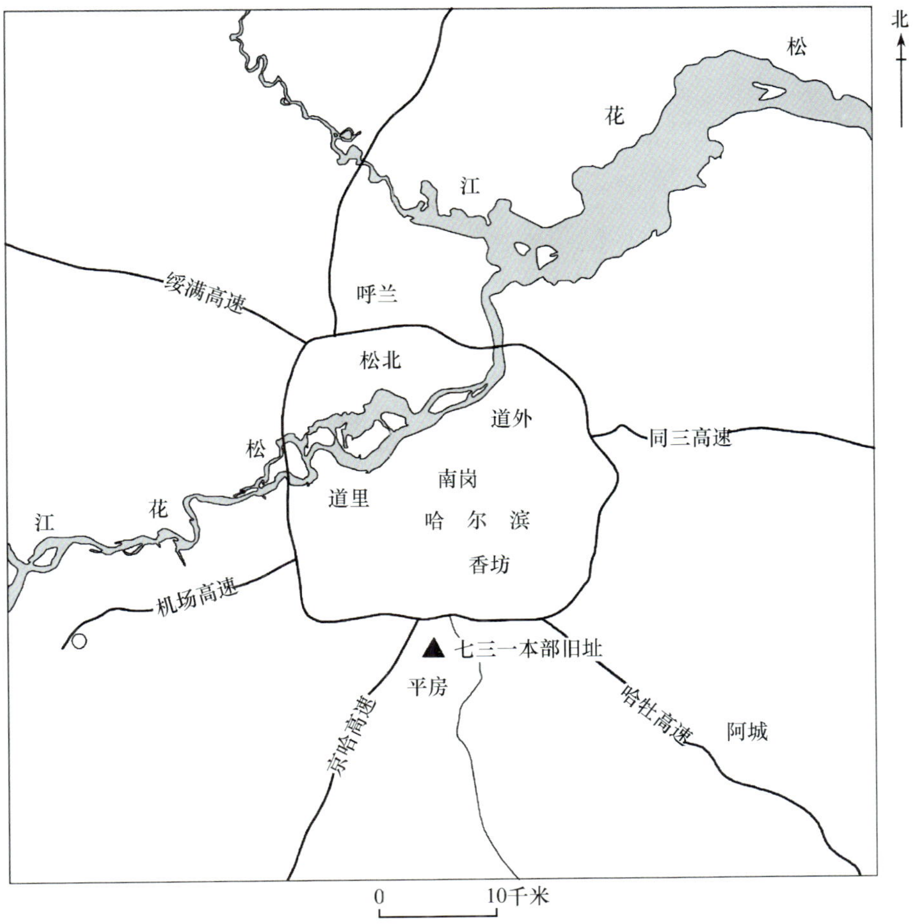

图三　七三一部队本部旧址地理位置示意图

细菌实验室及特设监狱地位显要，居于本部核心区南部中央，方向为北偏西9°53′23″。其南距本部1号楼71米，北距特殊武器研制厂（兵器班）259米，东距锅炉房（动力班）77米，西南距结核菌实验室（二木班）87米（图五）。

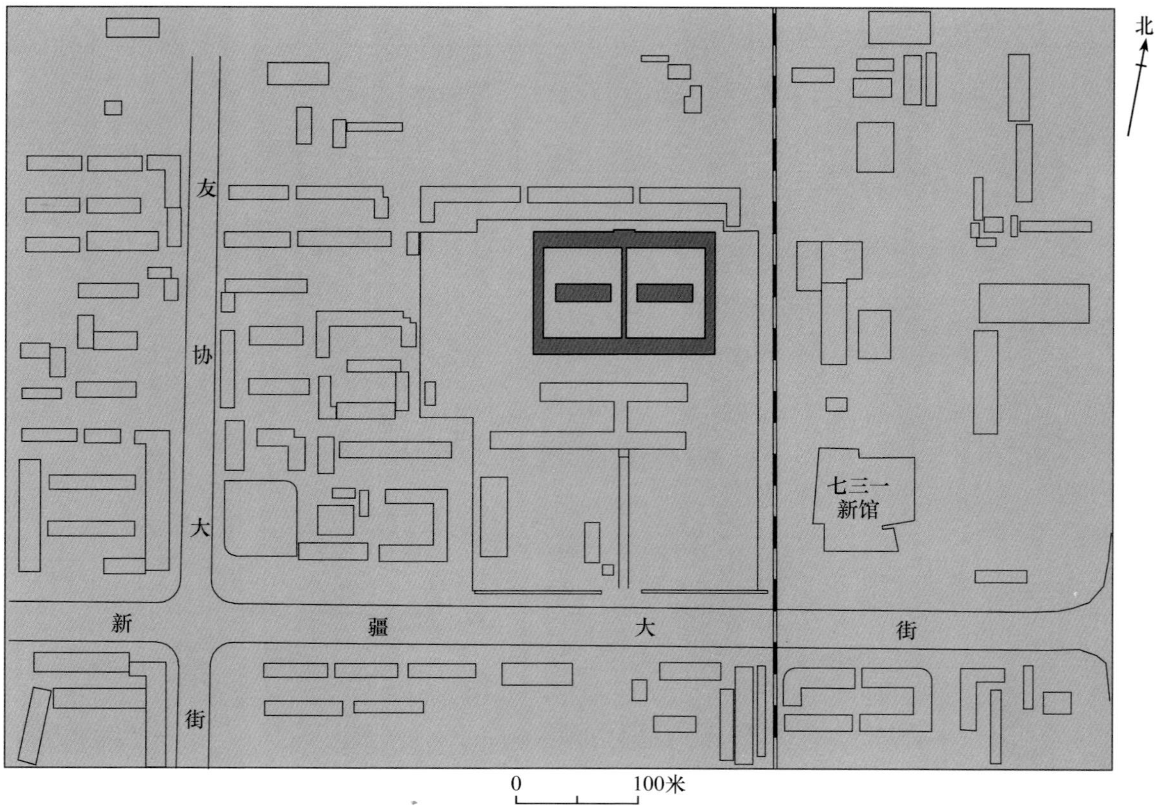

图四　七三一部队旧址细菌实验室及特设监狱地理位置图

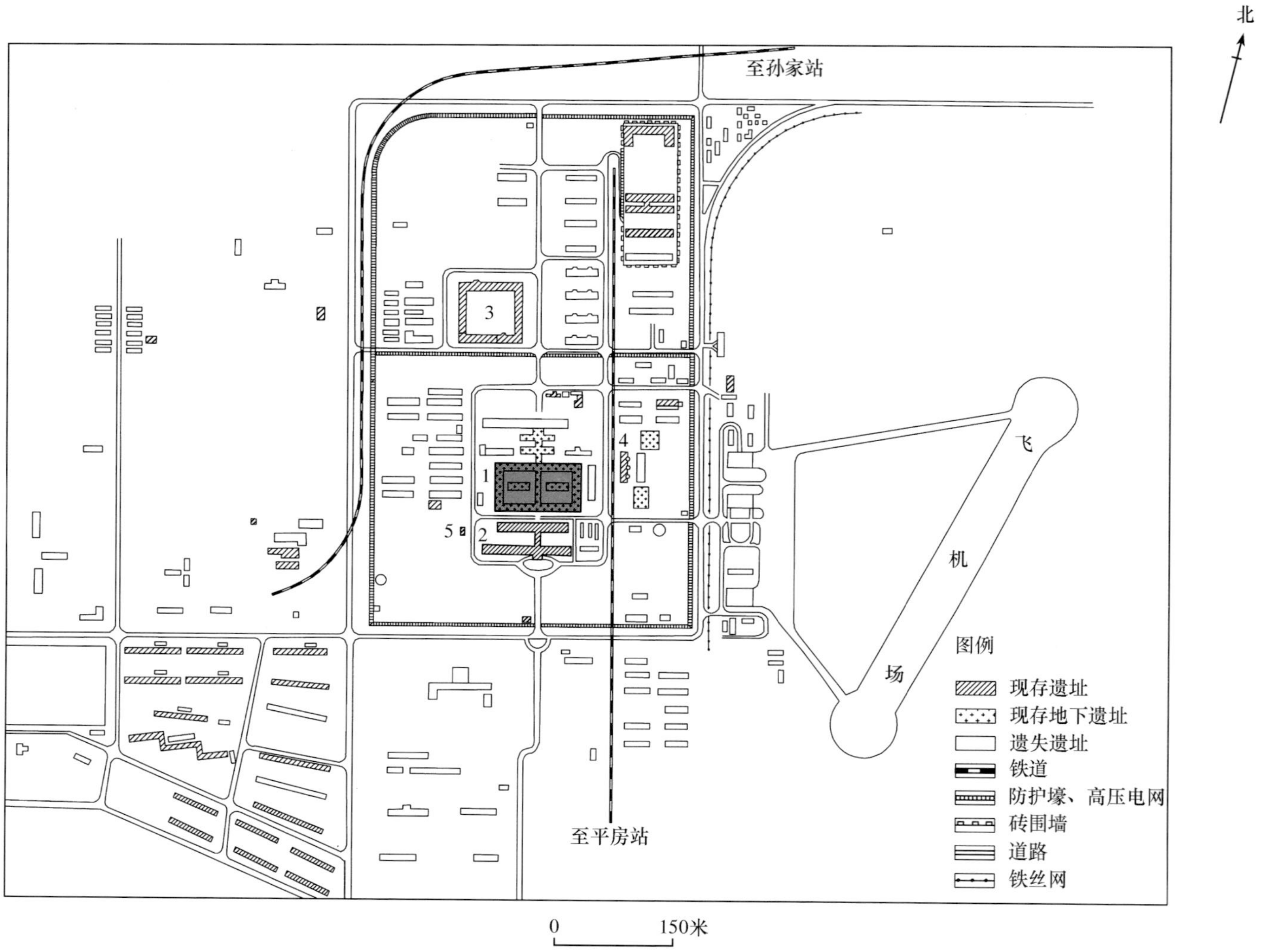

图五　七三一部队平房营区细菌实验室及特设监狱位置图

1. 细菌实验室及特设监狱　2. 本部 1 号楼　3. 特殊武器研制厂　4. 锅炉房　5. 结核菌实验室

一、七三一部队本部营建与细菌实验室及特设监狱布局

平房地区历史悠久，清嘉庆年间（1796～1820年）垦荒设屯，属双城堡协领管辖，先称义和屯，后称平房屯。民国时期归双城县二区二保管辖。日本侵占中国东北后，1933年日本关东军修筑拉滨（拉法—哈尔滨）铁路，在平房屯附近设置“平房站”。1936年春季，七三一部队大兴土木，在平房镇营建平房细菌实验基地，细菌实验室及特设监狱应始建于当年。为何选择平房作为继背荫河废弃后新的大本营关于其选址条件，森村诚一在《恶魔的饱食》一书中列举了八条理由。其实仅就地理环境来讲，平房与背荫河是比较接近的，因此作为选址条件，上述理由中最重要的应是第三条：即离哈尔滨这样的大城市较近，除了制造细菌所需的人才物资、技术设备及劳动力等容易得到保证外，交通后勤保障等也是不可或缺的，包括对家属甚至石井部队部队长本人也是如此。

七三一部队驻地的营建，是一项极为机密的工程，被称为“特殊工业”。因此，只能由日本关东军选用的建设株式会社设计与施工。当时兼任关东军司令部军医部部长的石井四郎在长春进行了招标，最后决定由建设株式会社派来的铃木组、松村组、藤田组和大林组进行承包施工。主要工程有本部1号楼、细菌实验室及特设监狱、火力发电厂、水源地、供水室、铁路专用线、飞机场、军用物资库和东乡村生活住宅区等配套齐备的各类建筑。其中的铃木组最受石井四郎的器重，因此细菌实验室及特设监狱等重点保密工程由其负责承建。1938年平房细菌基地初具规模，1940年工程结束，由此这里不但成为关东军首屈一指的军事重镇，也是世界上最大的细菌实验魔窟（图版二；图版三；图版四，1）。1938年6月，日本关东军司令部发布“第1539号命令”，将基本建成的七三一部队军营划为“特别军事区域”，并强令周围2至5千米的所有本体居民迁走形成“无人区”。

细菌实验室及特设监狱实际呈长方形，地下基础外缘东西长151.31米，南北宽101.31米，占地面积15356.32平方米；以地上外墙计算，东西长150.14米，南北宽100.02米，建筑面积15017平方米。由细菌实验室、特设监狱、中心走廊及庭院四部分构成（图六；图版五）。

细菌实验室原为四周合围封闭的长方形平顶三层楼房（局部五层，自南顺时针分别称为第3、第4、第5、第6栋），因损毁严重，现仅存地下基础部分。第3栋与第5栋采用双排柱内框架结构，第4栋和第6栋采用单面走廊砖混结构。

特设监狱（第7、第8栋）平面呈长方形，二层双坡屋顶砖混结构，分别横向置于中心走廊的西部和东部正中。

中心走廊为砖混结构，长260余米，南起自本部1号楼，穿越细菌实验室及特设监狱，北至笠原班病毒实验室。可分为三段，细菌实验室及特设监狱界内系其“中段”，地上三层，地下一层，将细菌实验室及特设监狱隔离成东院与西院。

庭院为东西对称的两个近方形的院落，由南北走向的中心走廊自然隔离而成；进一步，两座东西横置的特设监狱，又分别将东院和西院分割成南北两部分。

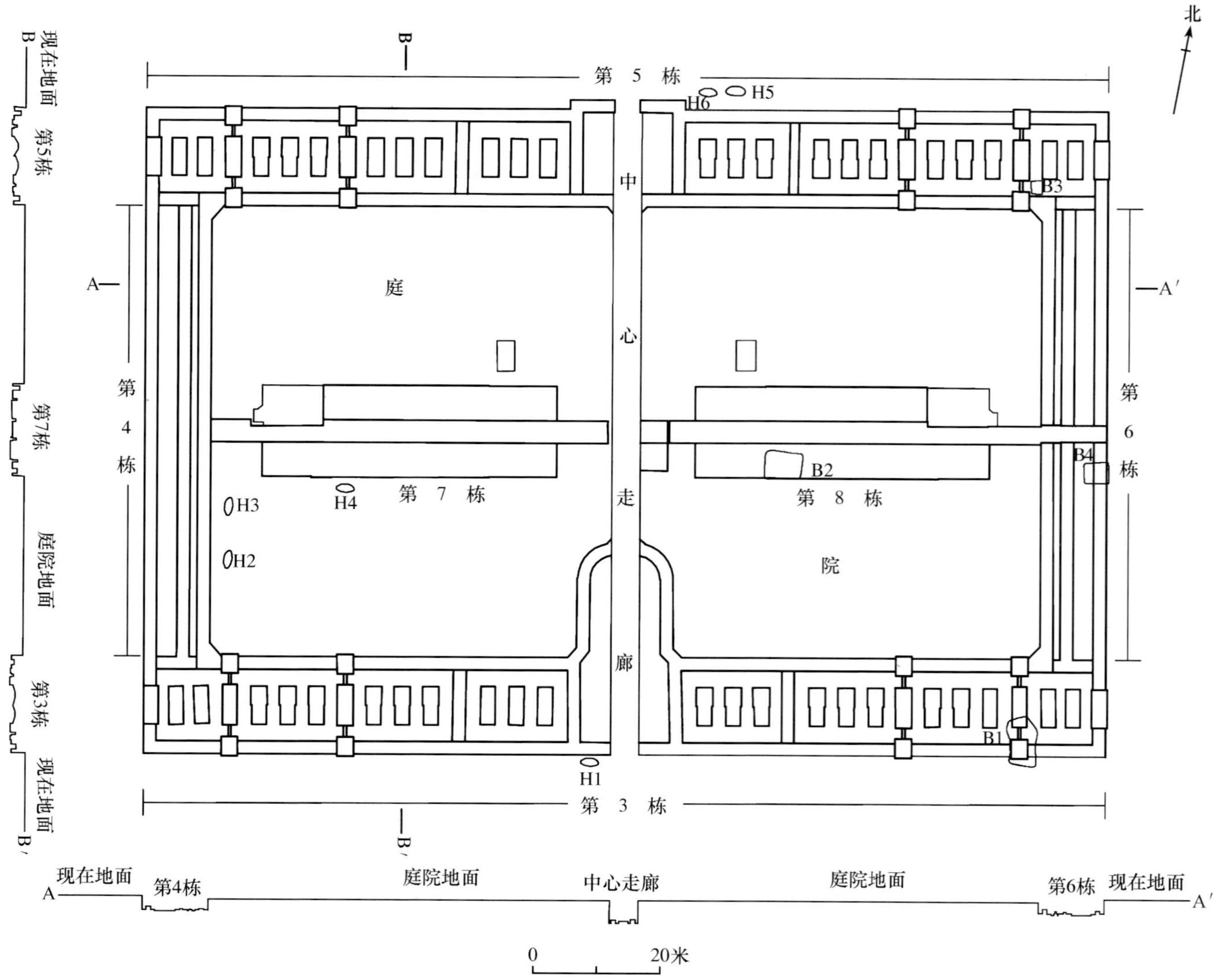

图六　细菌实验室及特设监狱遗址平、剖面示意图

二、七三一部队旧址的保护历程

1945年8月，七三一部队败逃前夕，为了销毁罪证、隐瞒罪恶，炸毁了大部分建筑设施。七三一部队旧址变成废墟以来，最初因时局的原因没有得到及时有效的保护。

对七三一部队旧址的保护工作，主要是从中华人民共和国成立之后开始的。1950年至1953年，东北人民政府根据国家最高行政机关政务院的指示，多次发出通知，要求地方政府组织做好七三一部队旧址的保护及防疫工作。当时相关部门曾多次对旧址进行了实地勘察。由于这里是我国新兴的航空基地，所以由新建的国营一二二厂（即今中航工业哈尔滨飞机工业集团有限责任公司前身）负责对细菌实验室及特设监狱等重要遗址进行圈围保护，并置专人看管，同时划定了鼠疫警戒区。上述一系列措施对七三一部队旧址的保护与防疫，在当时无疑是行之有效的。尽管其间几家中直企业进驻，将七三一部队旧址残留的办公室、仓库、宿舍等改修利用，但并没有对旧址造成多大危害。

从1956年哈尔滨市地方志办公室拍摄的9分钟的无声电影胶片上观察，细菌实验室及特设监狱虽遭到严重毁坏，毁坏塌落的建筑构件和土陶细菌弹壳以及破碎的实验用玻璃器皿等堆积如山，但残垣断壁明显存在，部分仍保留了三楼高度（图版四，2），甚至个别房间和楼梯间清晰可辨（图版六，1）；其中保存相对较好的是中心走廊，其北半部竟然基本完好（图版六，2；图版七～图版九）。遗憾的是对七三一部队旧址的保护没能够持续多久，自1958年开始的“大跃进”至“文化大革命”结束的18年间，七三一部队旧址遭到了严重的破坏。一些职工群众用拆下的红砖在旧址上盖住房，不少单位在旧址上建造厂房和办公室。在“大跃进”期间，一些职工群众和工厂在旧址扒钢筋和拆卸钢架，以此满足大炼钢铁的需求。到了“文化大革命”以后，旧址遭到进一步破坏，幸存的残垣断壁逐渐被夷为平地（图版八，1；图版一〇，1）。由于历史原因，在上述相当长的一段时期内，七三一部队旧址并没有得到有效保护。

对七三一部队旧址的保护工作，在20世纪80年代初迎来了新的转机。其主要原因是，当时日本发生了篡改教科书事件，大肆混淆歪曲甚至否定日本侵华历史，军国主义思想死灰复燃。受到这一重大事件的影响，中国有关人士才重新开始重视七三一部队旧址的保护和利用工作。

1982年9月，《恶魔的饱食》的作者、日本著名作家森村诚一来七三一部队旧址考察，之后在北京得到了时任中国文学艺术界联合会副主席夏衍的接见。森村先生指出：七三一部队旧址留下的不多了，应加以妥善保护。森村先生此次考察，无疑为日后七三一部队旧址的有效保护起到了直接的促进作用，应当说功不可没。

同年10月，时任中共中央宣传部部长邓力群阅看文化部《简报》后批示：“要把日本侵华时期的这个万人坑、那个万人坑，南京大屠杀（地），哈尔滨的日本细菌工厂等作为重点文物保护单位保护起来。”同年11月，时任中共中央政治局委员胡乔木指出：“此事望告黑省委宣传部和（国家）文物局着意保护，并作为对群众尤其是青少年教育场所……这类事情已迟了一大步，如果再不注意，有关文物将永远湮没，造成无可挽回的损失了。”不久，文化部签发文物字〔82〕第1289号文件：《做好保护日本侵华罪行遗址工作的通知》。中央领导的批示和文化部的通知，引起了黑龙江省和哈尔滨市政府的高度重视，全面启动了七三一部队旧址的保护与利用工作。

同年12月初，哈尔滨市平房区文物管理所成立；12月中旬，哈尔滨市政府向黑龙江省政府申请，提出将七三一部队旧址列为市级文物保护单位，同时开展劳工调查、文献搜集、资料研究和对外宣传等相关工作。

1983年3月，黑龙江省政府批复，同意将七三一部队旧址公布为省级文物保护单位；同意建立“哈尔滨日本细菌工厂罪证展览馆”，并拨付专项经费进行旧址保护、资料调查、举办展览、树立标识等工作。

上述一系列措施，标志着七三一部队旧址的保护工作开始纳入法制化、规范化保护轨道。

进入21世纪以来，七三一部队旧址的保护与利用取得了空前的进展。随着《侵华日军第七三一部队旧址保护规划》的出台，大规模考古调查发掘、本体修缮保护、新馆建设展示和周边环境整治等陆续展开。2006年5月，“侵华日军第七三一部队旧址”，被国务院公布为第六批全国重点文物保护单位。2012年11月，国家文物局公布“侵华日军第七三一部队旧址”进入《中国世界文化遗产预备名单》。

三、七三一部队旧址的调查与勘探

七三一部队旧址的调查始于20世纪50年代，主要是由政府卫生部门组织实施的，其方式为走访群众、搜集罪证和拍照录像等。20世纪80年代初期，哈尔滨市史志办组成七三一部队旧址现场调查组，成员有韩晓、佟振宇、陈振福等人，对平房区和哈尔滨市内的七三一部队旧址进行了实地考察。

细菌实验室及特设监狱的第一次勘测是1987年5月23日至6月1日，安徽省滁县地区文物保护科研所派员来七三一部队罪证陈列馆，帮助勘测细菌实验室及特设监狱部分遗迹。据七三一部队罪证陈列馆提供的资料，“此次勘测了第3栋、第6栋以及第8栋的位置；没有发现传说中的细菌实验室周围的地下通道，但证实了地下确实存在长35米，宽18米的地下室两处。”

后经考古发掘证明，所谓“地下室两处”难以成立，也就是说，细菌实验室及特设监狱虽有一定的地下空间和地沟，但并不具备地下室功能。

第二次勘测是2000年8月3日至8日，黑龙江省煤田地质物测队受平房区政府委托承担了此项任务。主要采用的是：地震勘探的共偏移距（COD）法、地震勘探的多次覆盖反射波法、电性勘探的高密度电阻率法等综合物探方法。据七三一部队罪证陈列馆提供的资料，“探测出的地下遗址包括：细菌实验室四面围墙，细菌实验室四面内墙，7号特设监狱四面墙，8号特设监狱四面墙，中心走廊等遗迹。其勘测主要数据：细菌实验室的外侧长约148米（第3栋、第5栋），南北跨度约13米。细菌实验室的外侧宽约101.8米（第4栋、第6栋），东西跨度约8米。探测出的特设监狱长45～46.8米，宽约12米，中心走廊宽约2.5米。经钻孔验证，细菌实验室及特设监狱大部分墙基宽度在3米左右，这一结论有可能是受墙体倒塌的影响，有待于挖掘后验证。”

后经考古发掘验证，此次勘测的数据与实际均有偏差，特别是墙基宽度和特设监狱宽度以及第3栋、第5栋的长度误差较大。

第三次探测是2008年9月27日至10月17日，黑龙江省文物考古研究所与侵华日军第七三一部队罪证陈列馆联合黑龙江省地球物理勘查技术院进行的全方位地球物理勘探工作。所使用的地球物理勘探技术主要为地质雷达勘探法和高密度电流勘探法。勘测工作范围主要集中在七三一部队本部旧址的核心区域，即本部1号楼、细菌实验室及特设监狱、冻伤实验室、黄鼠饲养室、小动物地下饲养室、锅炉房、地下回水池、海鱼池、特殊武器研制厂等旧址。经勘测，在七三一部队本部旧址的核心区域地下均发现有大量建筑基址及空洞。在旧址一区北侧存在有大量建筑基址，推测这些建筑基址主要为七三一部队的细菌实验室、病毒实验室、特设监狱的建筑残存遗址。在该区北部还发现有地下空洞，推测为当年地下室或地下通道。为了校验勘探结果，考古工作人员沿着物理探测线依次发掘了若干探沟，在旧址一区的四条探沟中，两处底部均发现当年的建筑遗址；其中西侧探沟的底部发现的基址，推测为细菌实验室的最西端。

这次对七三一部队旧址的勘探工作利用了先进的科学技术，取得了较为显著的效果，是对该旧址进行的一次全面调查和整理；同时形成了记录完整的《侵华日军第七三一部队遗址调查与勘测报告》，为下一步旧址发掘研究工作提供了颇有参考价值的线索和科学依据。

四、细菌实验室及特设监狱初步清理

七三一部队旧址的发掘始于21世纪初。2000年7月26日，根据省市领导的指示精神，成立了七三一部队罪证遗址保护开发工作指挥部，哈尔滨市人大副主任景维忠担任总指挥，哈尔滨军分区司令员凌万成任副总指挥，平房区政府区长柳昌黎担任党务总指挥；指挥部下设卫生防疫、检测掘进、污水排放、环境保护、文物保护、公证、安全警戒、宣传报道、综合协调9个专业工作组（图版一〇，2）。

2000年8月，先后对细菌实验室及特设监狱的第7栋、8栋、6栋、3栋、中心走廊和四至边框基址进行了部分清理（图版一一、图版一二）。对挖掘出来的细菌弹片、高压锅炉残体、注射器等20多件遗物进行了初步鉴定与收藏保管。同年9月12～19日，北京爱迪尔国际探测技术有限公司采用雷达探测技术，对细菌实验室及特设监狱、锅炉房、动物焚烧炉、焚尸炉等9处重点旧址及重要部位进行了探测。对清理出来的部分遗迹，七三一部队陈列馆采取适当的保护措施后，进行了公开展示。

五、细菌实验室保存现状

历经七十载沧桑，如今细菌实验室及特设监狱废墟已面目全非，当年遗留的地上建筑已不复存在。

现有地面的相当部分系2000年清理后回填平整所致，上面铺设了水泥道板和移植了草坪，其北半大部分被后来所建工厂的水泥地面覆盖（图版一三）。

在遗址中部偏西留有一条长约80、宽约40、深2.5～3米的探沟，第7栋基础大部裸露；另东北角与东南角及第3栋中央亦暴露在外（图版一四）。据相关人员介绍，这是2000年清理后有意留下用作展示的，虽冬季偶以珍珠岩保温，但春夏秋季任凭风吹雨淋日晒，又无排水设施，难免会风化松动与脱落等。

揭开地表后发现，遗址基本上被建筑垃圾所覆盖，其中主要是现代砖头瓦块与原有各种建筑构件，间杂白瓷片和玻璃容器碎片等，平均厚度1米多，部分2米以上（图版一五）。日军撤退时炸毁的原有堆积大部无存，当时情景难以再现。被日军炸毁的部分暂且不论，后来人为的破坏实在令人惋惜：许多原有基础上一些残存立柱的表面清晰地保留了被人扒卸钢筋的痕迹（图版一六）；位于第3栋的现代工厂的大烟囱直接坐落在原有锥形基础构件上（图版一七，1）；一些后来的砖混基础与原有基础交织一起，个别新的混凝土建筑构件长约30多米，重达几十吨（图版一七，2）；第6栋东墙南部的基础被现代上水管道破坏殆尽（图版一八）等。

六、七三一部队旧址考古规划与发掘组织机构

2013年10月，七三一部队陈列馆等编制了《侵华日军第七三一部队旧址保护规划》，该规划的实施分为四期：近期2013～2015年，中期2016～2020年，远期2021～2030年，远景期2030年以后。据此，黑龙江省文物考古研究所与东北师范大学历史文化学院

共同编制了《侵华日军第七三一部队旧址考古工作规划》，随后相继制定了《侵华日军第七三一部队旧址 2014 ~ 2015 年度考古调查、勘探、发掘计划》和《2014 ~ 2015 年度七三一细菌实验室及特设监狱考古工作实施方案》。根据《考古工作规划》，2014 ~ 2015 年度计划完成细菌实验室及特设监狱、中心走廊、锅炉房、焚尸炉、回水池和细菌弹壳厂 6 处遗址的调查勘探与发掘。

2014 年 3 ~ 5 月，黑龙江省文物考古研究所曾多次对七三一部队相关遗址进行了实地考察。此次发掘前，在细菌实验室及特设监狱西南角外 60 米处埋设了永久性坐标基点（图版一九），采用象限法布 10 米 ×10 米探方，细菌实验室及特设监狱位于第一象限内（图七）。

国家文物局对七三一旧址的发掘保护和展示极为关注，时任国家文物局局长励小捷同志曾亲临现场部署指导。黑龙江省文化厅和哈尔滨市平房区区委、区政府亦非常重视，专门成立了发掘领导机构：组长为时任黑龙江省文化厅厅长宋宏伟，副组长时任哈尔滨市平房区区长王立奇；成员包括黑龙江省文化厅文物保护与考古处处长盖立新、侵华日军第七三一部队罪证陈列馆馆长金成民、时任黑龙江省文物考古研究所所长张伟、时任黑龙江省文物考古研究所副所长赵永军。

领导小组下设考古发掘队：领队李陈奇，副领队魏明江；成员包括黑龙江省文物考古研究所尤洪才、关燕妮、徐秀云、邹永贺、韩文德，侵华日军第七三一部队罪证陈列馆宋吉庆、金士成、刘扬、谭丽，东北师范大学历史文化学院考古学系硕士研究生马敏、张文静，哈尔滨工业大学土木工程学院硕士研究生项阳，洛阳市文物考古研究院屈红国、李光夫、石锴。

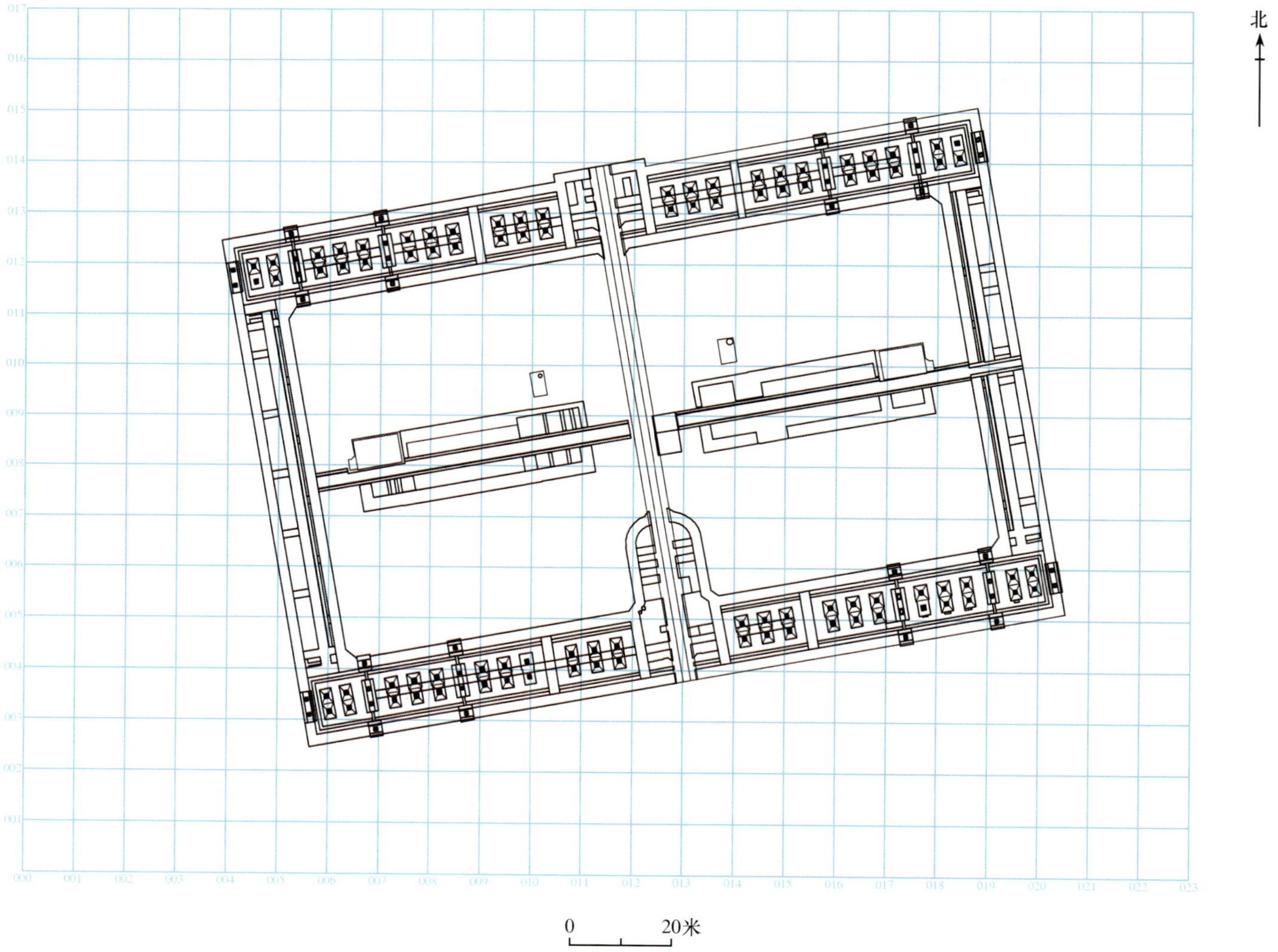

图七　细菌实验室及特设监狱遗址发掘布方图

顾问：东北师范大学历史文化学院考古学系教授傅佳欣（图版一四〇）。

在黑龙江省文化厅和哈尔滨市平房区政府的直接领导下，2014 年 5 ~ 10 月，由黑龙江省文物考古研究所领衔，会同侵华日军第七三一部队罪证陈列馆、哈尔滨工业大学土木工程学院、东北师范大学历史文化学院，对细菌实验室及特设监狱进行了全面揭露（图版二〇）。

七、本报告体例说明

本报告分为上编和下编，采用不同的体例。

上编内容主要介绍现场发掘状况和遗迹遗物，按照文科一般的编排方式区分章节，如一、（一）、1、（1）等；下编内容主要是建筑材料检验和技术研究，遵照理工科常见的编排习惯区分章节，如 1.1、1.2、2.1、2.2 等。

图号分别跟各自的正文编排，如上编的图一、图二等，下编的图 1、图 2 等。

表格的表述方式亦有所不同，上编的表格编排在正文中，如表一、表二等；下编的表格除正文中的，另有附表排在最后，如附表 1、附表 2 等。

关于上编文中遗迹遗物的编号，按考古学惯例编排，地名和遗迹的代号，取自汉语拼音的首位英文字母。如 2014P731SF3：1，2014 为发掘年份；P 代表平房区；731 为七三一旧址；S 为“四方楼”遗址；F3 为第 3 号房址，即第 3 栋建筑基址；F3：1，代表第 3 栋出土的第 1 号遗物。以此类推，如 H 代表灰坑；Z 代表中心走廊等。另正文中的其他遗迹的英文代号，在叙述时随即加以说明。

上编

七三一部队细菌实验室及特设监狱发掘状况与遗迹遗物

壹

细菌实验室

细菌实验室为七三一部队进行细菌研究、生产、储藏的主要场所。其主体为四周合围封闭式长方形平顶砖混结构的三层楼房，按照方位与结构可分为四栋，其南侧称为第3栋，顺时针西侧为第4栋，北侧为第5栋，东侧为第6栋（图版五）。

屡受破坏，细菌实验室地上建筑已完全不见。最高处为第3栋东侧一块残存的一层地面，此地面面积约4平方米，从其钢筋混凝土板断面观察，系两次浇筑而成；另其正位于地沟处，自一楼地面进入地沟的铁盖门保存完好（图版二一）。

本次发掘揭露的遗迹全部为地下基础部分。

第3栋与第5栋平行，建筑尺度较大，布局基本一致，为双排柱内框架结构；第4栋与第6栋平行，建筑尺度较小，布局基本一致，为单廊砖混结构。据记载，当时环绕一楼走廊铺设窄幅铁轨以运输重要实验设备。

据发掘得知，第3栋与第5栋的中央部分为不同形制的中心建筑，后者大体呈方形（图版二，2b）；前者南半为方形，北半向外伸出，端部成半圆形（图版二，2a）。值得注意的是，据历史照片和文献记载，第3栋和第5栋中心建筑的顶部各有一高出于三层楼顶的二层碉楼，此为细菌实验室及特设监狱的制高点，以便居高临下进行警戒与监视（图版六，2）。

经实测，细菌实验室实际占地面积（包括第3栋和第5栋的中心建筑）为6393.4平方米。

一、第3栋基址

（一）方位与形制

第3栋位于细菌实验室及特设监狱南侧，分为主体建筑和中心建筑两部分。主体建筑东西横向，与北侧的第5栋平行对应（图版二二），两端内侧分别与第4栋和第6栋南端对接（图版二三），东西长151.29米，南北宽15.3米；中心建筑南北纵向，位于第3栋中央，分为南北两个部分南部为正方形，北部为椭圆形凸出。

（二）主体建筑条形基础

东西走向的条形基础共4条，南北两侧各2条并列。外侧条形基础宽2米，内侧条形基础宽1.3米。其构筑程序为：首先开掘宽于条形基础约1米，深2.1米的基槽，在底部设约0.15至0.2米厚度的素混凝土垫层（图版二四，1）；其次在上面制作木模版，内侧的条形基础不配钢筋，外侧的条形基础配筋，钢筋采用直径10毫米的光圆钢筋，横向排列间隔0.15米，纵向排列间隔0.1米，两端180°弯折；最后采用混凝土浇筑，木制模板并不撤出（图版二四，2）。

南北走向的条形基础有两条，分别位于B11C11与B12C12之间、B18C18与B19C19之间，宽2米，两端各与东西向条形基础相接（图版二五，1）。

第3栋与第4栋、第3栋与第6栋条形基础的内转角非直角，而是在内转角处加腋，形成两个135°夹角（图版二五，2）。

（三）主体建筑砖混基础与墙体

中心走廊以东的墙基破坏比较严重，大部分墙基只能从条形基础上面的砌砖痕迹辨识（图版二六），只有部分东墙（图版二七，1）和东南角部保存较好（图版二七，2）；中心走廊以西部分保存相对稍好，特别南侧几段外墙残存一定长度与高度（图版二八）。

条形基础之上为砖混基础及墙体。砖内外均呈红色，规格为：长0.23米，宽0.11米，厚0.06米。

基础采用放大脚形式，构筑方式为：每皮砖顺丁间隔布置，竖缝和水平缝之间由砂浆填充。沿基础高度方向呈阶梯形收分。局部基础部位砂浆铺设较多，出现压浆现象使得砌体基础外表面存在砂浆残留及堆积，在第3栋东南角部体现得较为明显。

外侧条形基础上的砖混放大脚底层宽1.2米，分别以3、2、2、2皮砖，向上阶梯式收分至0.72米宽的墙体（图八；图版二九）。内侧条形基础上的砖混放大脚只有2皮砖一阶，宽0.48米。

图八　第3栋外侧条形基础砖混放大脚及墙体剖面

另第3栋内部锥形基础之间的部分墙体底部仍可见砖混放大脚样式。外墙宽厚，内墙相对狭窄，两者分别建筑在外侧条形基础与内侧条形基础之上，东西平行走向，间隔1.2米。外墙体宽0.72米，内墙体宽0.34米（图版三〇）。

锥形基础B11、C11与B12、C12之间和与其对应的B17、C17与B18、C18之间，各有一条南北纵贯第3栋建筑的墙体，底部均见放大脚，其式样与外侧条形基础上的砖混放大脚一致。底部宽0.97米，分别以3、2、2、2皮砖，向上阶梯式收分至0.62米宽的墙体，残高0.6米（图版二五，1）。

中心走廊以西，东西横跨锥形基础中间，有一宽约 1.65 米，混凝土浇筑的窄长台面，其南北两侧分别筑有两段墙体，基础为放大脚样式，底宽 0.48 米，阶梯式向上呈 2、2 皮收分至宽 0.35 米墙体，两墙间隔 0.68 米（图版三一，1）。

连系梁 B4 与 C4 之间有一道砖墙，长 2.45 米，宽 0.6 米，残高 0.74 米，其底部未见放大脚（图版三一，2）。

（四）主体建筑锥形基础与立柱

锥形基础大部分保存完好，其构建程序与条形基础类似，即先挖一纵向长方形土坑，坑底铺 0.15 至 0.2 米的碎石，并以混凝土固化；次之搭建木制模版，配钢筋后用混凝土浇筑（图版三二；图版三三，1）。

锥形基础的编号方式为：由南向北依次分为 A、B、C、D 四排，从西至东为 1、2、3……28 列（图九）。其中具有连系梁的第 4、第 8、第 21、第 25 列为 A、B、C、D 四排（图一〇），其余只有 B、C 两排，因此西南角第一个锥形基础编号为 B1，以此类推。

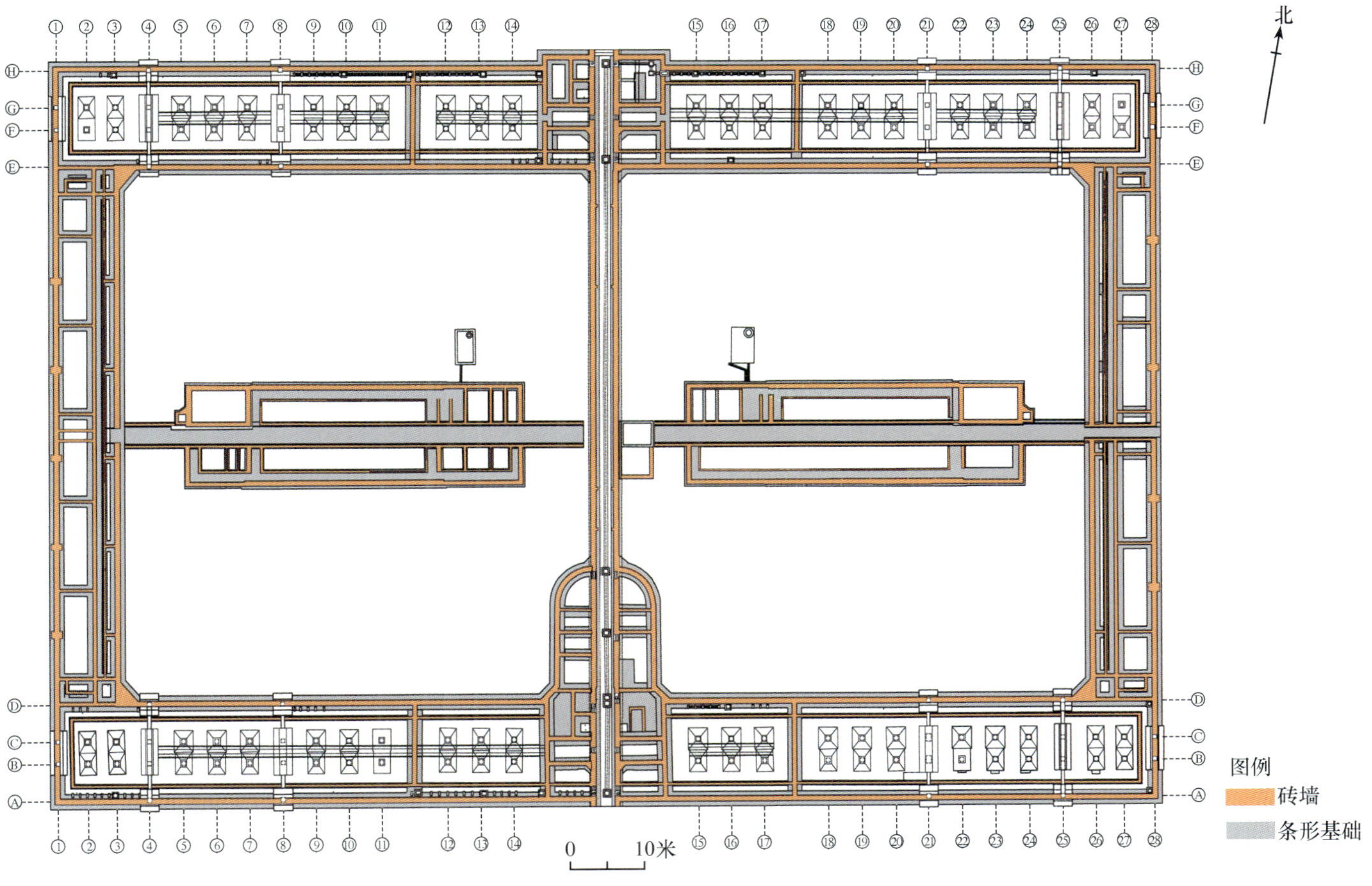

图九　第 3 栋与第 5 栋平面布局及立柱编号

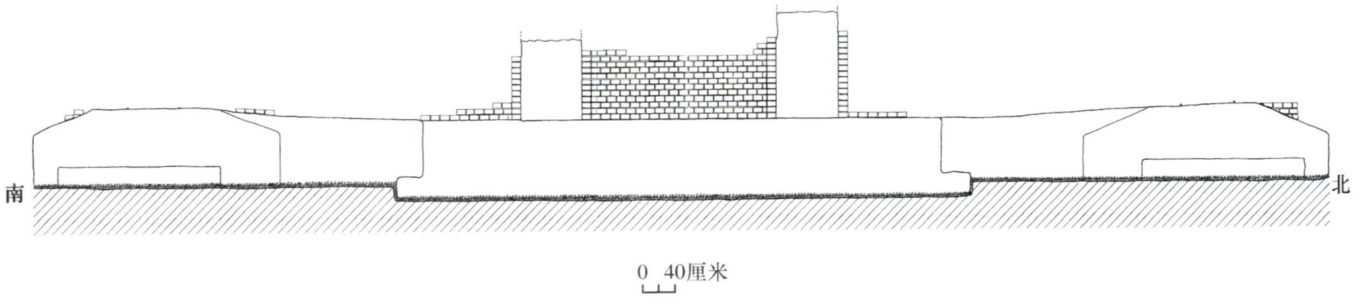

图一〇　第 3 栋具有连系梁的锥形基础

柱下联合基础只存在于以下轴号位置：B1/C1、B4/C4、B8/C8、B21/C21、B25/C25、B28/C28，其余均为柱下独立基础。另轴号位置为A4、A8、A21、A25、D4、D8、D21、D25的柱下独立基础与地梁连接方式独特，没有采取直接浇筑在一起这种形式，而是同样采用了一个放坡的连接形式。此类构造形式能够使基础与地梁连接处的相互作用均匀传递，提高结构的整体性，也可能是为了使柱下独立基础与地梁的连接更加可靠。

钢筋混凝土柱均为方形，位于锥形基础锥台之上（图一一）。其成型在构筑锥形基础时已经充分考虑到，如配置锥形基础的钢筋时亦将立柱钢筋设计其中；待完成锥形基础之后，再用混凝土浇筑立柱（图版三三，2）。

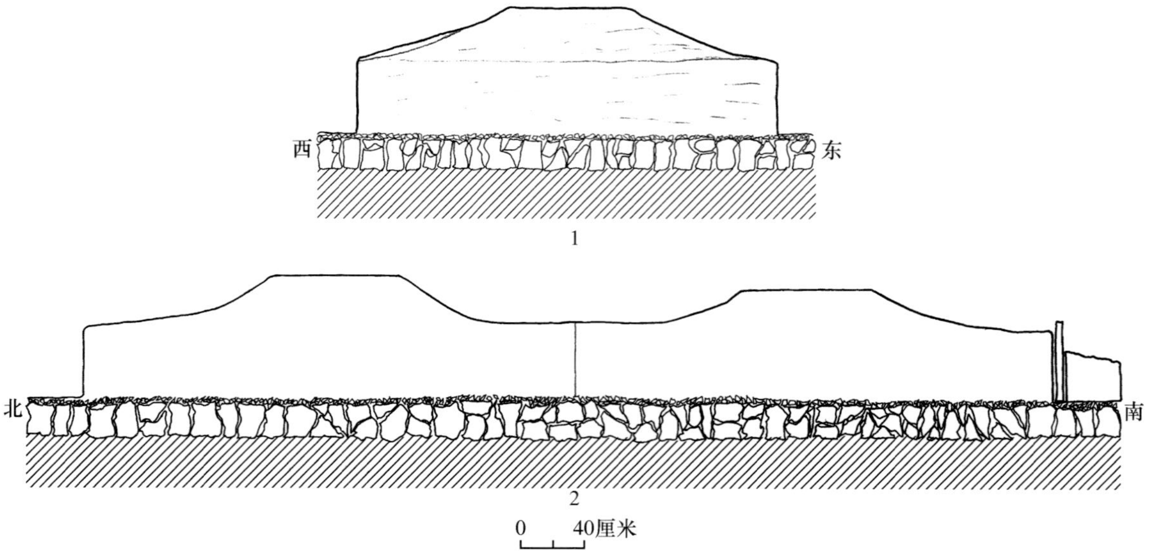

图一一　锥形基础剖面图

1. 东西剖面图　2. 南北剖面图

立柱内纵筋和箍筋的类型均为光圆钢筋，对称配筋。立柱纵向钢筋搭配的横切面均呈正方形，有两种组合形式：一种是每边4根（包括角部），共12根组成（图版三四，1），B排如是，锥形基础相对略窄；另类为对向5根与对向6根（包括角部），共18根钢筋组成，C排如是，锥形基础相对较宽（图版三四，2）。

立柱中直立的纵向钢架上，每隔一定距离用箍筋横向环绕，并且由细铁丝将二者捆绑固定（图版三五，1）。

立柱的混凝土浇筑亦有多种形式，其大部分与墙体无关，即在钢架四周搭建木制模板，模板由若干短钢条固定于钢架上，之后浇筑混凝土。少部分与墙体相关，形成“构造柱”，有三种情况：其一是钢架外两面砌筑墙体，另两面为木制模板，如B4、C4；其二是钢架外三面砌筑墙体，一面为木制模板，如B28、C28（图版三五，2）；其三是钢架外四面砌筑墙体，之后直接浇筑混凝土，如A4、D4、A8、D8。

第3栋立柱在中心走廊以西残留相对较多，以东残留较少，大部分柱子只残存根部，甚至仅见底部痕迹。

第3栋锥形基础与立柱的尺寸详情可见表一。

表一　第3栋锥形基础与立柱的尺寸数据

序号	名称	基础底边长（米）	基础底边宽（米）	基础上台面长（米）	基础上台面宽（米）	基础高（米）	保存状况	柱边长（米）	柱残边长（米）	柱残高（米）	钢筋数（个）
1	B1	3.00	2.33		0.84	0.28	完整		0.50	0.56	4×4
2	C1	3.00	2.33		0.84	0.28	完整	0.54		1.30	4×4
3	B2	3.01	2.31	0.86	0.82	0.32	完整				4×4

续表

序号	名称	基础底边长（米）	基础底边宽（米）	基础上台面长（米）	基础上台面宽（米）	基础高（米）	保存状况	柱边长（米）	柱残边长（米）	柱残高（米）	钢筋数（个）
4	C2	2.99	2.31	0.87	0.86	0.32	完整	0.54		1.73	4×4
5	B3	3.02	2.30	0.83	0.79	0.34	完整				4×4
6	C3	2.98	2.30	0.89	0.87	0.34	完整	0.54		0.97	4×4
7	A4	3.00	2.61			0.27	完整				5×6
8	B4	3.00	2.60		1.07	0.35	完整	0.70		1.05	5×6
9	C4	3.00	2.60		1.04	0.35	完整	0.70		1.20	5×6
10	D4	3.00	2.60			0.42	完整				5×6
11	B5	2.99	2.27	0.84	0.80	0.36	完整				4×4
12	C5	3.01	2.59	0.86	0.86	0.33	完整				5×6
13	B6	2.99	2.31	0.82	0.84	0.32	完整				4×4
14	C6	3.01	2.61	0.86	0.86	0.39	完整				5×6
15	B7	2.97	2.30	0.81	0.75	0.32	完整	0.54		0.95	4×4
16	C7	3.03	2.60	0.83	0.80	0.40	完整				5×6
17	A8	3.00	2.61			0.29	完整				5×6
18	B8	3.00	2.60		0.95	0.42	完整				5×6
19	C8	3.00	2.60		0.95	0.39	完整				5×6
20	D8	3.00	2.61			0.45	完整				5×6
21	B9	2.98	2.28	0.85	0.81	0.32	完整				4×4
22	C9	3.02	2.60	0.81	0.80	0.44	完整				5×6
23	B10	3.00	2.29	0.83	0.83	0.38	完整				4×4
24	C10	3.01	2.59	0.79	0.79	0.39	完整				5×6
25	B11	2.99	2.30	0.75	0.77	0.44	完整				4×4
26	C11	3.02	2.60	0.82	0.74	0.39	完整				5×6
27	B12	2.98	2.30	0.83	0.81	0.36	完整				4×4
28	C12	3.00	2.29	0.77	0.77	0.32	完整				4×4
29	B13	3.00	2.30	0.79	0.78	0.42	完整				4×4
30	C13	3.00	2.30	0.73	0.72	0.34	完整				4×4
31	B14	3.00	2.30	0.87	0.83	0.30	完整	0.54		0.80	4×4
32	C14	2.99	2.30	0.77	0.71	0.30	完整				4×4
33	B15	3.01	2.29	0.85	0.80	0.40	完整				4×4
34	C15	2.99	2.60	0.80	0.80	0.34	完整	0.54		0.50	5×6
35	B16	3.01	2.32	0.87	0.80	0.34	完整				4×4
36	C16	2.97	2.61	0.79	0.74	0.40	完整		0.50	0.95	5×6
37	B17	3.03	2.30	0.81	0.80	0.37	完整				4×4
38	C17	0.30	0.26	0.81	0.70	0.36	完整				5×6
39	B18	3.00	2.30	0.90	0.92	0.26	完整				4×4
40	C18	3.00	2.60	0.87	0.87	0.36	完整				5×6
41	B19	3.00	2.30	0.96	0.66	0.34	完整				4×4
42	C19	2.98	2.60	0.91	0.76	0.37	完整				5×6
43	B20	3.02	2.30	0.87	0.77	0.34	完整				4×4
44	C20	3.00	2.60	0.91	0.82	0.37	完整				5×6
45	A21	3.01	2.61			0.41	完整				5×6
46	B21	2.99	2.60		1.00	0.42	完整				5×6
47	C21	3.00	2.60		1.00	0.41	完整				5×6
48	D21	3.00	2.61			0.35	完整				5×6
49	B22	2.99	2.30	1.01	0.88	0.29	完整				4×4

续表

序号	名称	基础底边长（米）	基础底边宽（米）	基础上台面长（米）	基础上台面宽（米）	基础高（米）	保存状况	柱边长（米）	柱残边长（米）	柱残高（米）	钢筋数（个）
50	C22	3.01	2.60	0.83	0.85	0.40	完整				5×6
51	B23	2.99	2.32	0.81	0.79	0.33	完整				4×4
52	C23	3.01	2.61	0.81	0.75	0.40	完整				5×6
53	B24	3.00	2.30	0.79	0.79	0.27	完整				4×4
54	C24	3.00	2.30	0.81	0.77	0.32	完整				4×4
55	A25						残				
56	B25						残				
57	C25	3.00	2.60			0.38	完整				5×6
58	D25	3.00	2.62			0.35	完整				5×6
59	B26	3.00	2.31	0.81	0.76	0.33	完整				4×4
60	C26	3.00	2.30	0.91	0.85	0.33	完整	0.54		1.50	4×4
61	B27	3.00	2.30	0.81	0.87	0.35	完整	0.54		1.30	4×4
62	C27	3.00	2.30	0.79	0.83	0.34	完整	0.54		1.55	4×4
63	B28	3.00	2.30			0.36	完整	0.54		1.53	4×4
64	C28	3.00	2.30			0.35	完整	0.54		1.70	4×4

（五）主体建筑地沟

地沟系指第3栋南北两侧外墙及与其平行的内墙之间的空间，这种由内外墙构成的空间主要用于安装上下水管道，亦可称为“管道间”（图版三六）。南北内外墙的间距即地沟的宽度均为1.2米；另从第3栋东侧塌落的细菌实验室一层地面处分析，可计算出地沟的高度为1.8米。地沟中上水管道情况不明，具体可参见后面第5栋相应的发现。下水管道均位于外墙一侧，大部遭到破坏，只在中心走廊以东的北墙下残存几段水泥管道和部分砖砌支脚；另中心走廊以西南墙两个下水井之间发现较为集中的砖砌支脚（图版三七，1）；管道制成圆筒状，质地细密坚实，内壁表面光滑，内有纵向冷拔钢丝及横向箍筋；管道外径0.31米，内径0.25米，每节长1米，接口处由水泥箍紧，水泥箍宽0.23米，厚0.08米；另接口处下面设置与外墙垂直的砖砌矮墙，作为管道支脚，宽0.23米，长0.2米，高0.4米（图版三七，2）。

第3栋下水管道线上共发现7个下水井，西南、东南、东北角部各1个，另外4个分别位于B3以南、B16以北、B12以南、B10和B11锥形基础之间，后二者相距6.5米（图版三八）。

下水井的用途主要是便于检查疏通管道，为略呈方形的水泥池子，台面长0.85米，宽0.81米，高1.2米；内部长0.63米，宽0.5米。在水泥池子底部及管道口处发现了大量沉积的玻璃器皿碎片，其中包括试管、培养基容器、小球、导管等。形成这种沉积的原因推测其有两种可能性：一是在长期的细菌实验过程中由于不小心导致玻璃器皿破碎，无奈将其扔进水池中而被冲进下水管道的；另外也有可能是日军撤离之前故意销毁实验器皿，为了遗弃方便直接投于水池冲进下水管道的。

（六）中心建筑

位于第3栋中央，南半部略为方形，基本与第3栋重合；北半部略窄向外凸出，端部呈半圆形，相对独立，整体风格与主体建筑相异（图一二）。

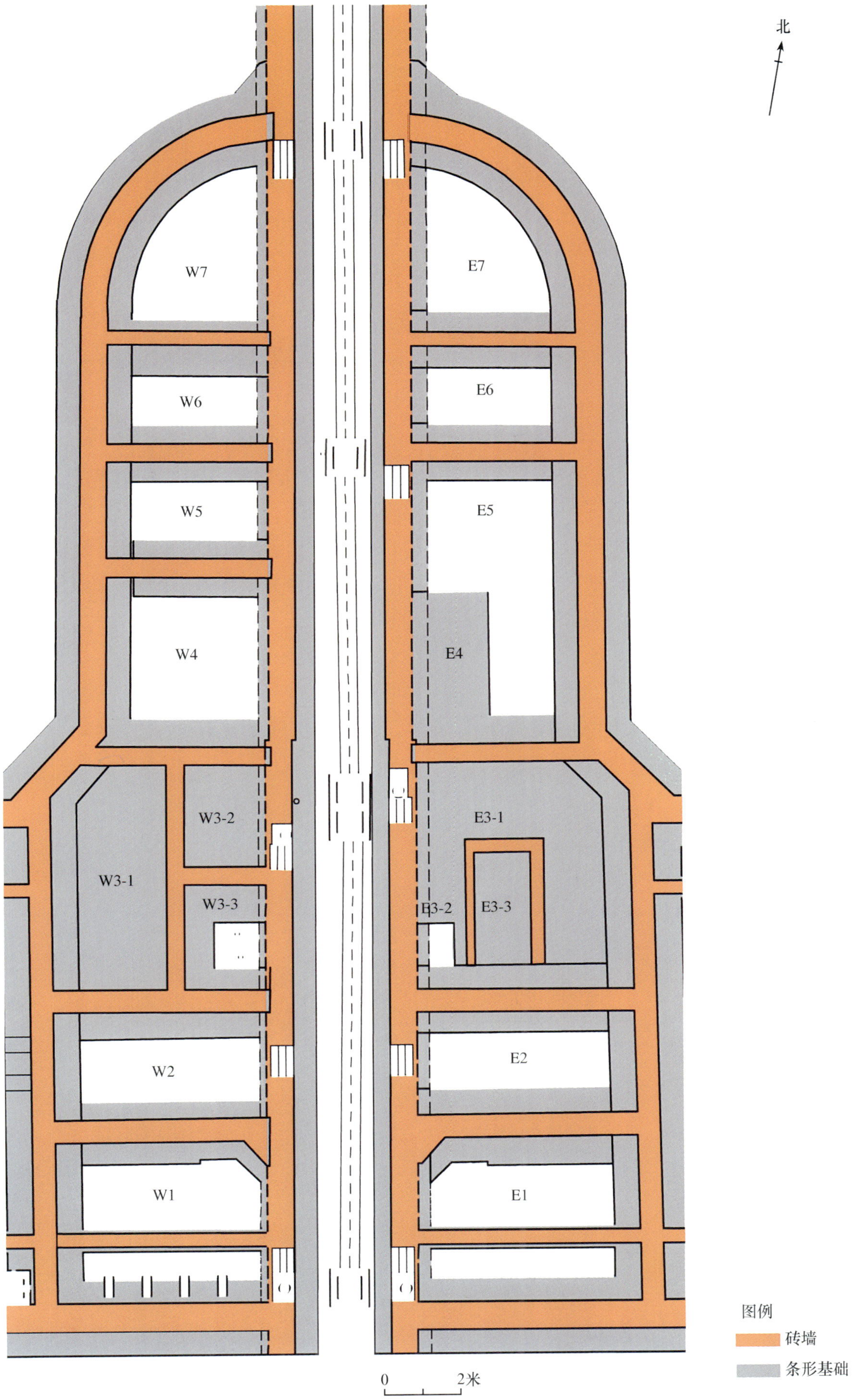

图一二　第 3 栋中心建筑（M）布局平面图

南半部东西两侧为纵贯第3栋的南北向条形基础，南端与第3栋南侧条形基础相连，北端与第3栋北侧条形基础汇合后，斜肩内敛1.8米伸出第3栋与中心建筑北半部连接成一体，之后向北直线延伸11.8米，双向内收，北端呈圆弧形。条形基础宽2米，其构筑程序与第3栋的一致（图版三九，1）。

中心建筑（代号M，取英文middle的字头）南北通长31.3米；南半部东西宽18米，北半部东西宽15.1米（含中心走廊宽度），面积539.6平方米。以中心走廊为中心，将中心建筑一分为二，即东半部与西半部；两部分布局大体一致，均被东西走向的宽约1.5米或2米的条形基础及墙体分割成大小不一的空间，其西半部自南向北编号为MW1到MW7，东半部自南向北编号为ME1到ME7。其中MW1与ME1、MW2与ME2、MW6与ME6相向对应，规模以及布局基本一致，均为长方形；MW7与ME7相向对应，规模以及布局基本一致，其西北和东北边缘均呈圆弧形。

MW3与ME3、MW4与ME4、MW5与ME5布局有所不同，特别是MW3与ME3变化较为复杂。MW4、MW5与ME4、ME5位置基本对应，MW4近正方形，生土地面，空间较大；而ME4建于南北向长方形钢筋混凝土板块之上，空间较小。MW5规模以及布局与MW6等基本一致，为东西向长方形；而ME5呈曲尺形，空间较大。MW3与ME3位置基本对应，分别由相对较窄的砖墙细分为3个较小空间，但内部布局却大相径庭，MW3整体坐落于钢筋混凝土板块之上，MW3-1位于西侧，为南北向长方形；MW3-2和MW3-3位于东侧，近正方形，规模相近，南北并列，MW3-3靠近中央地下通道有一凹进部分，其中竖起2根残断的上水管。ME3-1为曲尺状，占据ME3东北部；ME3-2和ME3-3为长方形，规模相近，东西并列。

另外，在中心走廊地下通道向上通往中心建筑东西两侧共有9组阶梯，东侧5组分别位于ME1偏南、ME2、ME3、ME5、ME7，西侧4组分别位于MW1偏南、MW2、MW3、MW7；其中ME1偏南与MW1偏南、ME2与MW2、ME7与MW7的阶梯相向对应。阶梯宽0.8米，通高0.9米；每节高0.3米，宽0.2米。

各个空间尺寸数据详见表二。

表二　第3栋中心建筑隔间尺寸数据　　（单位：米）

编号	南北宽度	东西长度	放大脚及墙体残存情况	备注
MW1	2.00	5.08	北墙放大脚只余3、2皮，底层宽为0.96，残高0.45	此隔间东部呈不规则形状
MW2	1.10	5.08		
MW3	8.69	5.08	南墙只余3层，宽度为1.20，残高0.25，北墙只剩1层，宽为1.20，残高0.07	此处为条形基础的交汇处，西部斜边1.80，其分为MW3-1、MW3-2、MW3-3三个隔间
MW3-1			东墙只余3层，宽为0.84，残高0.26，此处条形基础上有水泥垫层	此隔间位置在MW3的西部
MW3-2	2.37	2.12	南墙只余3层，宽0.72，残高0.21	此隔间位置在MW3的东北部
MW3-3	2.07	2.12		此隔间位置在MW3的东南部，内部有一东西长1.50，南北宽1.16的缺口，内有两根铁管
MW4	3.04	3.70		
MW5	1.50	3.70	南墙只余1层，宽0.84，残高0.08	
MW6	1.34	3.70	南墙放大脚为3、3、2皮，墙基底部宽0.86，墙体宽0.48，残高1.14	
MW7	4.10	3.70	南墙只余3层，宽0.48，残高0.26	西、北呈弧形

续表

编号	南北宽度	东西长度	放大脚及墙体残存情况	备注
ME1	1.87	5.20	北墙只余3层墙基，宽为0.94，残高0.21	
ME2	1.16	5.20		
ME3	8.70	5.20	南墙只剩2层，宽1.20，残高0.14	此处为条形基础的交汇处，斜边长1.80，其分为ME3-1、ME3-2、ME3-3三个隔间
ME3-1	1.70/5.10	1.62/5.20	北墙只剩1层，宽1.20，残高0.07	
ME3-2	3.15	1.30	北墙只剩砖痕迹，宽0.24，东墙只余1层，宽0.24，残高0.07	
ME3-3	3.15	1.46	东墙只余1层，宽0.36，残高0.07	
ME4	3.32	2.00	窄墙宽0.36	此处为水泥板
ME5	2.83/6.15	3.80/1.80	北墙只余1层，宽0.86，残高0.07	呈尺型
ME6	1.50	3.80	北墙有砖印	
ME7	3.83	3.80	北墙只余3层，宽1.20，残高0.21	东北呈弧形

二、第4栋基址

（一）方位与形制

第4栋是细菌实验室西侧建筑，南北走向，与东侧的第6栋平行对应，其南与第3栋（图版三九，2）、北与第5栋相连（图版四〇，1），中央东西向通道与第7栋相通（图版四〇，2）；南北长70.9米，东西宽10.3米。

第4栋与第3栋的建筑结构明显不同，从前者的宽度及条形基础的间隔来看，其建筑布局应是单面房间，另侧走廊，即单廊砖混结构；而第3栋为两面房间，有中心通道，为双排柱内框架式结构。

（二）条形基础

第4栋条形基础保存基本完整，南北走向的条形基础共有4条，自西向东第1条与第2条间隔较宽，第2条与第3条、第3条与第4条间隔较窄；第1条、第2条、第4条的尺寸与构筑方式与第3栋条形基础一致；第3条较窄。

第1、2、4条形基础宽为2米；第3条形基础宽0.7米；第2与第3条形基础之间有水泥台面（图版四一，1）。

东西走向的条形基础共有13条，自南向北依次编号为WT1、WT2……WT13（其中WT1与WT13分别为第3栋北侧和第5栋南侧条形基础的西端），将第4栋间隔成12个不同空间（自南向北依次编号为WF1、WF2……WF12）；其中WT3至WT4、WT4至WT5、WT5至WT8、WT8至WT9、WT9至WT10、WT10至WT11开间较大，应分别与地上1～3层6个房间对应；而WT6与WT7之间应为地下东西向通道，向东延伸应与第7栋相连；而WT1～WT3、WT11～WT13间隔过小，其用途不详，推测其为楼道抑或设备间之类（图版四一，2）。需要说明的是，上述隔间只是条形基础之间的距离，实际房间的大小应以墙体间距为准，因此实际应比条形基础的间距大得多。

东西走向条形基础及隔间的尺寸详见表三、表四。

表三　第 4 栋隔间尺寸数据　（单位：米）

编号	南北	东西	备注
WF1	0.32	2.50	
WF2	0.92	2.50	
WF3	10.56	3.24	
WF4	10.56	3.24	
WF5	7.24	3.24	
WF6	1.00		此处为通道，通往 7 栋
WF7	1.40	3.24	
WF8	10.50	3.24	
WF9	10.50	3.24	
WF10	4.40	3.24	
WF11	0.80	2.45	
WF12	0.33	2.45	

表四　第 4 栋东西向条形基础及墙体尺寸数据　（单位：米）

编号	南北	东西	墙体情况
WT1	2.00	6.24	放大脚余 3、2、2 皮，底层宽 1.20，残高 0.50
WT2	0.45/1.67	3.24	基础呈 T 型，放大脚为 3 皮，以上为墙体，放大脚宽 0.36，墙体宽 0.24，残高 0.42
WT3	1.50	3.24	放大脚余 3、2 皮，底层宽 1.07，残高 0.42
WT4	1.50	3.24	放大脚余 3、2 皮，底层宽 1.07，残高 0.42
WT5	1.50	3.24	放大脚余 3、2 皮，底层宽 1.07，残高 0.35
WT6			与 WT7 在同一水泥板上，宽 0.23
WT7			与 WT7 在同一水泥板上，宽 0.23
WT8	1.50	3.24	墙基只余 1 层，宽为 1.07，残高 0.07
WT9	1.50	3.24	墙基只余 1 层，宽为 1.07，残高 0.07
WT10	1.50	3.24	有墙体痕迹
WT11	1.50	3.24	墙基只余 1 层，宽为 1.07，残高 0.07
WT12	0.70/1.85	3.24	基础呈 T 型
WT13	2.00	6.24	

（三）砖混基础与墙体

第 1 条与第 4 条南北向条形基础（即第 4 栋东西两侧抑或内侧与外侧）之上的砖混结构相同，基础底部宽为 1.2 米，放大脚以 3、2、2、2 皮阶梯式向上收分，墙体宽 0.72 米；第 2 条之上的砖混基础底部宽亦为 1.2 米，但放大脚以 3、2、2、2、2 皮阶梯式向上收分，墙体较窄，宽 0.5 米；第 3 条之上的砖混基础底部宽 0.48 米，放大脚以 3、2 形式向上内收，墙体宽 0.36 米。

第 4 栋第 1 条与第 2 条南北走向条形基础所形成的空间，被 13 条东西走向的条形基础（自南向北标号依次为 WT1 到 WT13），划分为 12 个隔间（自南向北依次为 WF1 到 WF12）（图一三）。

如果从东西向条形基础的间隔分析地上建筑空间的话，初步推测其共有 8 个开间，即中间 6 个大间，两侧各 1 个小间。

另外，在第 4 栋 WF3、WF4 西墙壁中央内侧和 WF5、WF8、WF9 西墙壁中央内外侧，发现设置的组合壁柱，柱宽 0.84 至 0.92 米不等；内侧组合壁柱可见金属配筋，8 根组合（图版四二，1）。

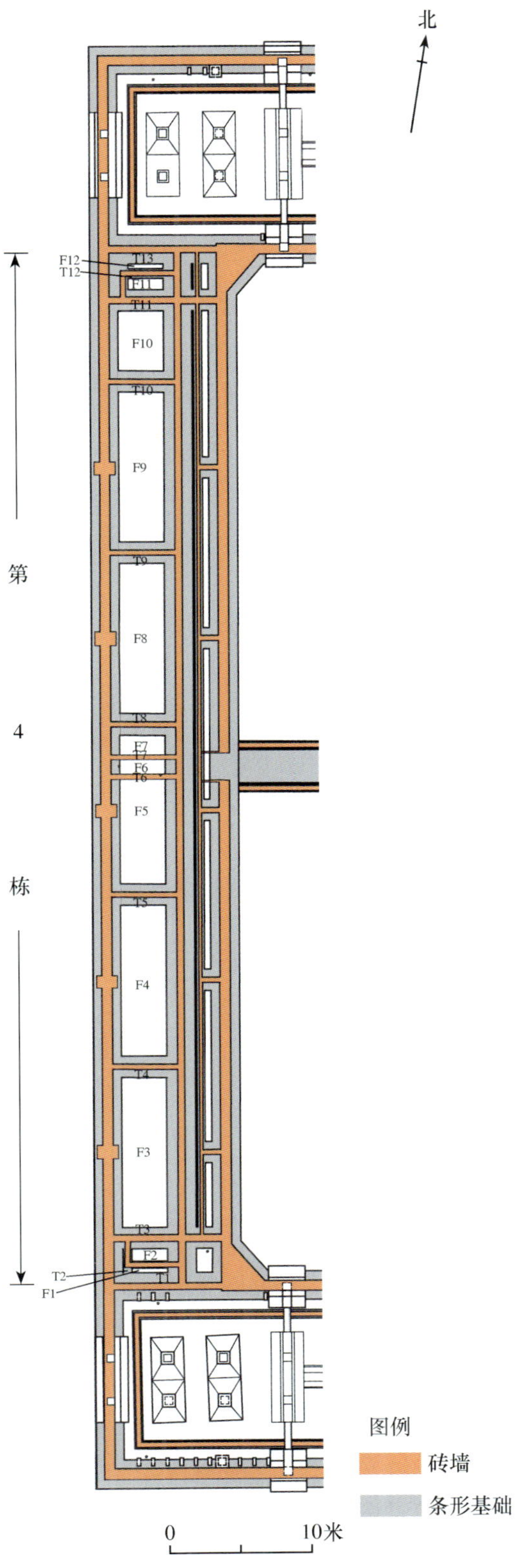

图一三　第 4 栋布局平面图

三、第 5 栋基址

（一）形制与规模

第 5 栋位于细菌实验室及特设监狱北侧，总体上较第 3 栋保存得好。主体建筑东西走向，与第 3 栋平行对应，两端南部与第 4 栋和第 6 栋连接，东西长 151.31 米，南北宽

15.3 米；中心建筑略呈方形，南北长 16.8 米，东西长 18 米，北部凸出于主体建筑 1.5 米（图版四二，2；图版四三，1）。

（二）主体建筑条形基础

第 5 栋条形基础保存较为完整。东西走向的条形基础共 4 条，南北两侧各 2 条并列。外侧条形基础规模一致，宽 2 米，内侧条形基础规模一致，宽 1.3 米。条形基础构建形式与第 3 栋基本相同。

南北走向的条形基础有两条，分别位于 F11G11 与 F12G12、F17G17 与 F18G18 之间，宽 2 米，两端各与南北向条形基础相接（图版四三，2）。

第 5 栋与第 4 栋、第 6 栋条形基础相交部位加腋，同于第 3 栋与第 4 栋、第 6 栋。

（三）主体建筑砖混基础与墙体

第 5 栋墙基及墙体虽亦破坏比较严重，但总体较第 3 栋保存稍好；另东半较西半稍好，外墙较内墙稍好。北侧外墙残存如下若干段：锥形基础 G2 至 H4 北侧墙体长 8.45 米，残高 0.64 米；锥形基础 H8 至 G10 北侧墙体长 8.3 米，残高 0.79 米；锥形基础 G11 北侧至 G12 与 G13 之间墙体长 8.85 米，残高 0.67 米；向东间隔 2.8 米至中央走廊以西的中心建筑墙体长 7.83 米，残高 0.8 米；中央走廊以东的中心建筑至 G18 与 G19 之间墙体 24.43 米，残高 1.3 米；G22 至 G23 之间墙体长 4.4 米，残高 0.6 米；H25 至第 6 栋与第 5 栋交汇处北侧外墙墙体 10.8 米，残高 0.6 米。

南侧外墙残存情况，中心走廊以西：F13 与 F14 之间延伸至中心走廊墙体 12 米，残高 0.6 米。中心走廊以东：中心建筑往东延伸至 F17 墙体长 14.3 米，残高 1 米；南北走向条形基础至 F18 之间墙体长 3.35 米，残高 0.2 米；向东 2.2 米有墙体长 2.37 米，残高 0.33 米；F19 至 E21 南侧墙体长 7 米，残高 1.35 米；E21 东侧至 F22 墙体长 3.2 米，残高 0.55 米。F23 至 E25 之间墙体长 7 米，残高 0.5 米。

外墙与内墙，分别建筑在外侧条形基础与内侧条形基础之上，东西平行走向，间隔 1.2 米。条形基础之上为砖混基础及墙体，砖混基础采取放大脚样式，其构筑方式与第 3 栋基本一致。

东西走向外侧条形基础上的砖混放大脚底层宽 1.2 米，分别以 3、2、2、2 皮砖，向上阶梯式收分至 0.72 米宽的墙体。东西走向内侧条形基础上的砖混放大脚只有 2 层砖一阶，宽 0.48 米，内墙体宽 0.34 米。

南北走向的两条条形基础宽度、其上墙基放大脚形式、墙体规格与东西走向外侧条形基础、砖混基础墙基、墙体一致。

中央走廊两侧锥形基础中间，有一宽约 1.65 米水泥浇筑的窄长台面，其南北两侧分别筑有两段墙体，基础为放大脚形式，底宽 0.48 米，阶梯形向上呈 2、2 皮收分至宽 0.35 米墙体，两墙间隔 0.68 米。

连系梁 G25 与 H25 之间残存 0.6 米墙体，残高 0.14 米（图版四四，1）。

（四）主体建筑锥形基础与柱础

第 5 栋锥形基础基本完整，其建造方式与第 3 栋相同，个别规格有所差异。

锥形基础的编号方式为：由南至北依次分为E、F、G、H四排，从西向东为1、2、3……28列。其中具有连系梁的第4、第8、第21、第25列为E、F、G、H四排，其余只有F、G两排，因此西南角第一个锥形基础编号为F1，以此类推（图一四）。

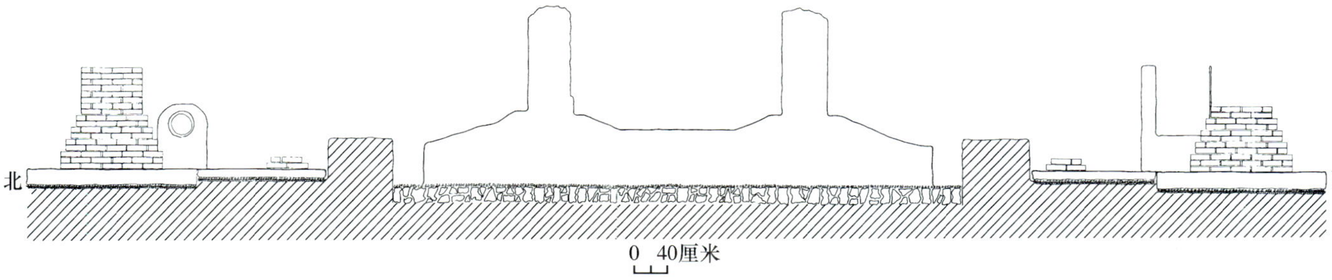

图一四　第5栋东部南北剖面图

柱下联合基础只存在于以下轴号位置：F1/G1、F4/G4、F8/G8、F21/G21、F25/G25、F28/G28，其余均为柱下独立基础。另轴号位置为E4、E8、E21、E25、H4、H8、H21、H25的柱下独立基础与地梁连接方式独特，没有采取直接浇筑在一起这种形式，而是同样采用了一个放坡的连接形式。

第5栋锥形基础的尺寸详情可见表五。

表五　第5栋锥形基础与立柱的尺寸数据

序号	名称	基础底边长（米）	基础底边宽（米）	基础上台面长（米）	基础上台面宽（米）	基础高（米）	保存状况	柱边长（米）	柱残边长（米）	柱残高（米）	钢筋数（个）
1	F1	3.01	2.30		1.14	0.21	完整	0.57		1.81	4×4
2	G1	2.99	2.29		1.14	0.38	完整	0.59		1.70	4×4
3	F2	3.02	2.33	0.87	0.85	0.42	完整	0.55		1.87	4×4
4	G2	2.98	2.33	0.92	0.87	0.36	完整	0.55		1.29	4×4
5	F3	3.00	2.30	0.87	0.89	0.34	完整				4×4
6	G3	3.00	2.30	0.83	0.82	0.34	完整				4×4
7	E4	3.00	2.61			0.42	完整		0.50	1.42	5×6
8	F4	3.12	2.60		0.98	0.40	完整	0.55		1.46	5×6
9	G4	3.12	2.60		0.88	0.32	完整		0.50	0.90	5×6
10	H4	3.20	2.60			0.29	完整		0.50	0.89	5×6
11	F5	2.99	2.31	0.86	0.82	0.40	完整				4×4
12	G5	3.01	2.60	0.90	0.88	0.42	完整				5×6
13	F6	2.97	2.30	0.89	0.87	0.36	完整				4×4
14	G6	3.03	2.62	0.97	0.87	0.48	完整		0.50	0.52	5×6
15	F7	3.00	2.32	0.69	0.70	0.37	完整				4×4
16	G7	3.00	2.60	0.88	0.88	0.37	完整				5×6
17	E8	3.00	2.60			0.30	完整	0.56		1.42	5×6
18	F8	3.18	2.61		0.93	0.38	完整	0.55		0.79	5×6
19	G8	3.18	2.58		0.84	0.44	完整		0.46	1.45	5×6
20	H8	3.02	2.61			0.34	完整	0.55		1.41	5×6
21	F9	3.00	2.59	0.72	0.83	0.46	完整				5×6
22	G9	3.01	2.60	0.83	0.86	0.42	完整		0.50	0.53	5×6

续表

序号	名称	基础底边长（米）	基础底边宽（米）	基础上台面长（米）	基础上台面宽（米）	基础高（米）	保存状况	柱边长（米）	柱残边长（米）	柱残高（米）	钢筋数（个）
23	F10	2.99	2.61	0.81	0.79	0.45	完整				5×6
24	G10	3.00	2.60	0.81	0.80	0.40	完整				5×6
25	F11	3.00	2.59			0.40	完整				5×6
26	G11	3.01	2.60	0.85	0.89	0.42	完整				5×6
27	F12	2.99	2.60	0.86	0.75	0.42	完整				5×6
28	G12	3.02	2.60	0.87	0.87	0.38	完整				5×6
29	F13	2.98	2.61	0.89	0.83	0.45	完整				5×6
30	G13	3.00	2.62	0.84	0.85	0.40	完整				5×6
31	F14	3.00	2.60	0.83	0.83	0.42	完整				5×6
32	G14	3.00	2.60	0.84	0.82	0.41	完整				5×6
33	F15	3.00	2.30	0.81	0.83	0.42	完整		0.43	0.62	4×4
34	G15	2.99	2.63	0.83	0.79	0.45	完整		0.57	1.30	5×6
35	F16	3.01	2.29	0.84	0.75	0.38	完整	0.55		1.10	4×4
36	G16	2.99	2.60	0.80	0.80	0.45	完整		0.58	1.16	5×6
37	F17	3.01	2.30	0.83	0.82	0.40	完整				4×4
38	G17	2.97	2.60	0.81	0.76	0.42	完整	0.55		1.34	5×6
39	F18	3.03	2.60	0.83	0.83	0.40	完整				5×6
40	G18	3.00	2.30	0.88	0.89	0.42	完整		0.55	1.64	4×4
41	F19	3.00	2.61	0.85	0.82	0.43	完整				5×6
42	G19	3.00	2.29	0.88	0.87	0.30	完整	0.54		1.52	4×4
43	F20	3.00	2.59	0.83	0.85	0.47	完整				5×6
44	G20	2.98	2.60	0.83	0.83	0.47	完整				5×6
45	E21	3.02	2.57			0.32	完整	0.57		0.97	5×6
46	F21	3.15	2.60		0.80	0.46	完整		0.45	1.33	5×6
47	G21	3.15	2.61		0.90	0.42	完整	0.56		0.90	5×6
48	H21	3.03	2.60			0.40	完整	0.58		1.00	5×6
49	F22	2.97	2.60	0.87	0.90	0.42	完整				5×6
50	G22	3.01	2.60	0.85	0.80	0.36	完整				5×6
51	F23	2.99	2.29	0.83	0.83	0.42	完整		0.46	1.02	4×4
52	G23	3.01	2.60	0.93	0.88	0.44	完整	0.55		0.84	5×6
53	F24	3.02	2.30	0.88	0.89	0.44	完整	0.56		1.12	4×4
54	G24	3.02	2.60	0.88	0.86	0.40	完整				5×6
55	E25	2.99	2.60			0.37	完整		0.48	1.65	5×6
56	F25	3.18	2.60		1.02	0.47	完整		0.55	1.08	5×6
57	G25	3.18	2.60		0.92	0.47	完整				5×6
58	H25	3.01	2.60			0.40	完整	0.55		0.80	5×6
59	F26	3.01	2.30	0.94	0.91	0.32	完整	0.55		1.36	4×4

续表

序号	名称	基础底边长（米）	基础底边宽（米）	基础上台面长（米）	基础上台面宽（米）	基础高（米）	保存状况	柱边长（米）	柱残边长（米）	柱残高（米）	钢筋数（个）
60	G26	3.01	2.29	0.91	0.91	0.36	完整	0.55		1.34	4×4
61	F27	3.02	2.30	0.89	0.89	0.45	完整				4×4
62	G27	3.02	2.30	0.90	0.86	0.42	完整	0.55		1.26	4×4
63	F28	3.00	2.30		1.00	0.42	完整	0.55		1.10	4×4
64	G28	3.00	2.30		1.00	0.38	完整	0.55		1.60	4×4

柱基础的规格和建造方式亦与第 3 栋相同。

（五）主体建筑地沟

地沟系指南北两侧外墙及与其平行的内墙之间的空间，这种由内外墙构成的空间主要用于安装上下水管道，亦可称为“管道间”。南北内外墙的间距即地沟的宽度均为 1.2 米；参照第 3 栋的情况，第 5 栋地沟高度应与之相同，即为 1.8 米。

地沟内分别设置上水管道和下水管道。

上水管道位于内墙一侧，为铁质管道，用铁质钩子固定在墙上（图版四四，2）。

下水管道位于外墙一侧，虽大部遭到破坏，但较第 3 栋保存状况要好，其残余分布：锥形基础 H8 至 G10，长 6.25 米；向东间隔 1.17 米，长 0.9 米；锥形基础 G11 至 G13，长 10.5 米；锥形基础 G15 至 G17 长 11.3 米。

下水管道制成圆筒状，质地细密坚实，内壁表面光滑，内有纵向冷拔钢丝及横向箍筋；管道外径 0.31 米，内径 0.25 米，每节 1 米，接口处由水泥箍紧，水泥箍宽 0.23 米，厚 0.08 米；另接口处下面设置与外墙垂直的砖砌矮墙，作为管道支脚，宽 0.23 米，长 0.2 米，高 0.4 米（图版四五，1）。

第 5 栋发现下水井 17 个，其分布：锥形基础 G3 以北、F8 附近、G10 以北、G11 西北、G13 以北、F14 东南、G14 东北、G15 以北、G15 西北、F16 以南、F17 以北、G18 西北、F20 与 F21 之间、G27 以北各 1 个；中心建筑北部 3 个（图版四五，2；图版四六，1）。

（六）中心建筑

第 5 栋中心建筑规模与形式与第 3 栋的差异很大，其整体略呈方形，与第三栋的南半接近；四周为 2 米宽的条形基础，南北长 16.8 米，东西长 18 米，建筑面积 302.4 平方米；其中南边与第 5 栋南外侧条形基础重合，北边与第 5 栋北外侧条形基础重合并向外凸出 1.5 米（图版四六，2）。

以中央走廊为中心，将中心建筑一分为二，即东半部与西半部；两部分布局大体一致，主要被东西走向的宽约 1.8 米的条形基础及墙体分割成大小不一的空间。

为了便于描述，将中央走廊以西的隔间由南向北标号命名为 MW1 ~ MW3，将中央走廊以东的隔间由南向北标号命名为 ME1 ~ ME3。MW3 与 ME3 由于隔间内还有小隔间，又分为 MW3-1、MW3-2、MW3-3 以及 ME3-1、ME3-2（图一五）。

各个空间尺寸数据详见表六。

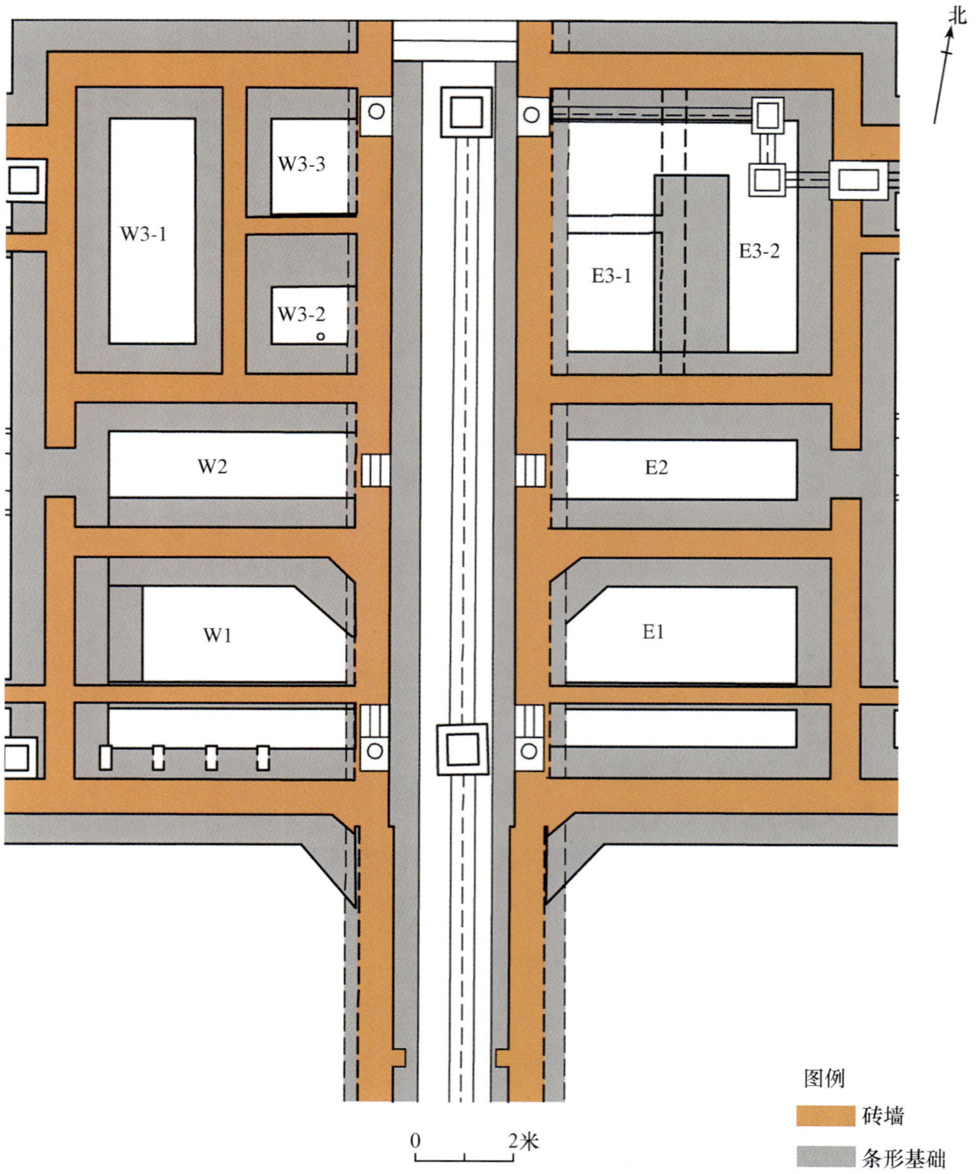

图一五　第 5 栋中心建筑（M）布局平面图

表六　第 5 栋中心建筑隔间尺寸数据　（单位：米）

编号	南北	东西	放大脚及墙体情况	备注
MW1	0.94（东）/1.95（西）	5.05	南墙只余 1 层，宽 0.36，残高 0.07	此处为五边形 西边底部为水泥板
MW2	1.35	5.05	北墙只余 7 层，放大脚残余 3、2、2 皮，底层宽 0.95，残高 0.50	
MW3	5.00	5.05		
MW3-1	5.00	2.50	东墙只余 4 层，第 4 层内收，底层宽 0.84，残高 0.28；南墙只余 6 层，残余放大脚为 3、2 皮，底层宽 1.20，残高 0.48	
MW3-2	1.90	2.10	南墙只余 3 层，宽 0.84，残高 0.22	
MW3-3	2.20	2.13		
ME1	0.94（东）/1.95（西）	4.95		此处为五边形
ME2	1.23	4.95		
ME3	6.75	4.95		
ME3-1	3.32	3.00	东墙有砖痕，宽 0.36	
ME3-2	1.70/5.45	2.06/5.35		呈拐尺型，此处的东西长度是西墙到共用墙之间的距离

四、第6栋基址

（一）方位与形制

第6栋是细菌实验室东侧建筑，南北走向，与西侧的第4栋平行对应，其南与第3栋、北与第5栋相连，中央东西向通道与第8栋相通；南北长70.7米，东西跨度10.3米。

第6栋与第3栋和第5栋的建筑布局明显不同，而与第4栋基本一致，即单面房间，另侧走廊（图版四七）。

（二）条形基础

第6栋条形基础保存基本完整，南北走向的条形基础共有3条，东侧走向的条形基础与中间的条形基础间隔较宽，表示房间的跨度，西侧条形基础与中间的条形基础间隔较窄，表示走廊的跨度；各条形基础的尺寸与构筑方式与前述各栋条形基础一致。

另西侧条形基础与中间的条形基础之间，靠近后者有一南北走向宽约1.2米，且高出于条形基础约0.5米的水泥台面（图版四八，1）。

东西走向的条形基础共有14条，自南向北依次编号为ET1～ET14（其中ET1与ET14分别为第3栋北侧和第5栋南侧条形基础的东端，另ET1与ET2、ET13与ET14相连），将第6栋间隔成11个不同空间（自南向北依次编号为EF1～EF11）；其中ET1至ET3、ET3至ET4、ET4至ET5、ET5至ET6、ET6至ET9、ET9至ET10、ET10至ET11、ET11至ET12、ET12至ET14，应分别与地上1～3层9个房间对应；而ET7与ET8之间应为地下通道，向西延伸应与第8栋相连，向东通向第6栋外，即从东面进入细菌实验室及特设监狱的通道（图版四八，2；图版四九，1）；而ET2至ET3、ET12至ET13间隔较小，其用途不详，推测其为楼梯抑或设备间之类（图版四九，2）。

在第6栋南北向条形基础与东西向条形基础接口处，往往可见设置外露的附加钢筋以增强基础的整体性（图版五〇）。

东西走向条形基础及隔间的尺寸见表七、表八。

表七　第6栋隔间尺寸数据　（单位：米）

编号	南北	东西	备注
EF1	0.98	2.63	
EF2	4.45	3.20	
EF3	10.62	3.18	
EF4	11.40	3.20	
EF5	0.90	3.20	
EF6	1.30	10.30	此处为通道，向西通往8栋，向东通往外面
EF7	1.05	3.22	
EF8	10.45	3.18	
EF9	4.55	3.14	
EF10	10.60	3.12	
EF11	2.50	1.00	

表八 第 6 栋东西向条形基础及墙体尺寸数据 （单位：米）

编号	南北	东西	墙体情况
ET1	2.00	6.36	放大脚为 3、2、2、2 皮，底层宽 1.20，墙体宽 0.72，残高 1.82
ET2	0.60/1.60	3.22	放大脚为 5 层，以上是墙体，底层宽 0.36，墙体宽 0.24，残高 0.50
ET3	1.50	6.30	放大脚只余 3、3 皮，底层宽 0.84，残高 0.45
ET4	1.50	3.20	放大脚只余 3、3 皮，底层宽 0.84，残高 0.45
ET5	1.50	3.18	墙体只余 4 层，底层宽 0.84，残高 0.24
ET6	1.50	3.20	墙体只余 1 层，宽 0.96，残高 0.07
ET7	0.60 ~ 0.70	6.30	墙体只余 3 层，宽 0.48，残高 0.29
ET8	0.60 ~ 0.80	6.30	放大脚为 2 层，宽 0.48，向上为墙体，宽 0.36，残高 0.38
ET9	1.50	3.18	墙体只余 3 层，宽 0.96，残高 0.21
ET10	1.50	3.14	有墙体痕迹
ET11	1.50	3.14	墙体只余 3 层，宽 0.96，残高 0.25
ET12	1.50	3.12	墙体只余 1 层，宽 0.86，残高 0.07
ET13	0.60/1.60	3.10	“L”形
ET14	2.00	6.27	放大脚为 3、2、2、2 皮，底层宽 1.20，墙体宽 0.72

（三）砖混基础与墙体

西侧南北向条形基础之上的砖混基础底部宽为 1.2 米，放大脚以 3、2、2、2 皮阶梯式向上收分，墙体宽 0.72 米；墙体残长 3.61 米，残高 0.95 米。

东侧南北向条形基础之上的砖混基础底部宽为 1.2 米，放大脚以 3、2、2 皮……阶梯式向上收分；墙体残长 9.5 米，残高 0.93 米。参照第 4 栋情况，应与本栋西侧南北向条形基础之上的砖混基础结构及墙体宽度一致。

中间南北向条形基础之上的砖混基础底部宽为 1.2 米，放大脚以 3、2、2、2、2、2 皮阶梯式向上收分，墙体宽 0.52 米；墙体残长 31.75 米，残高 2.13 米（图一六）。

另西侧条形基础与中间条形基础之间的水泥台面上，靠近西侧有一南北走向的砖混窄

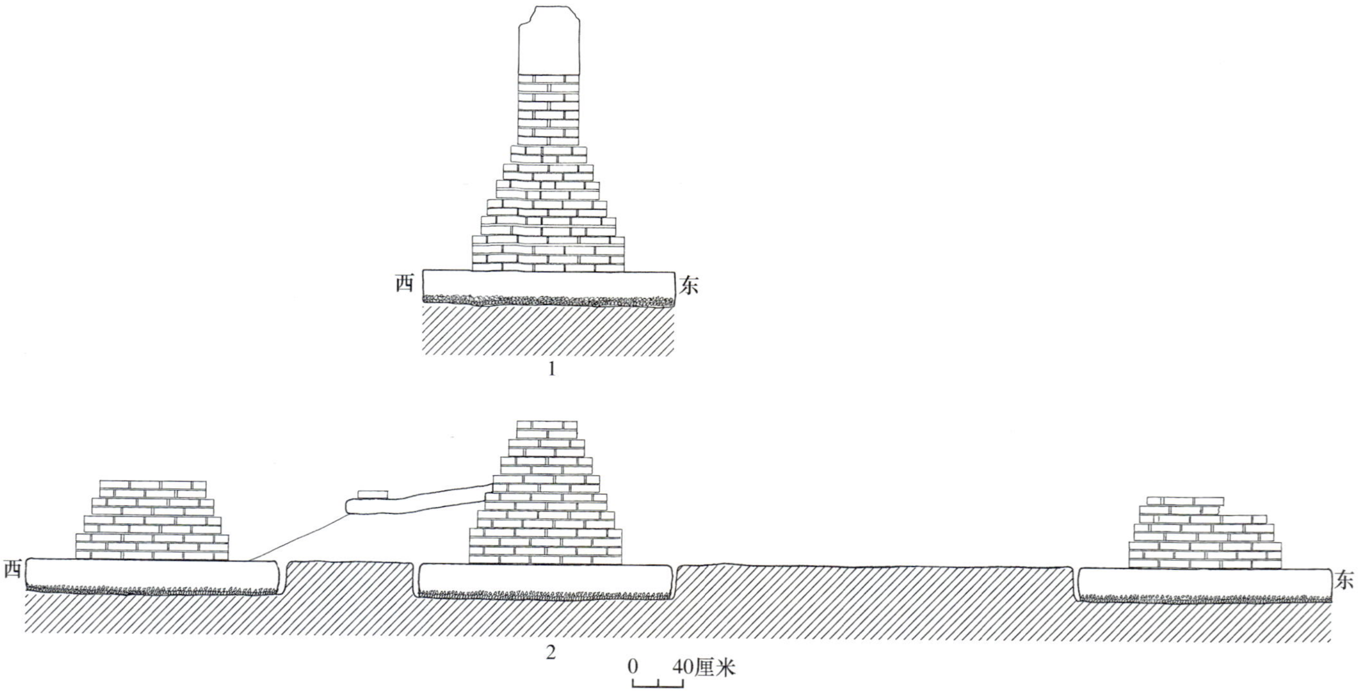

图一六 第 6 栋南北向砖混基础及墙体剖面图

1. 南北向砖混基础及墙体剖面 2. 南北向砖混基础剖面

墙，宽 0.23 米。第 6 栋东侧与中间南北走向条形基础所形成的空间，被东西走向的条形基础划分为若干隔间，从南向北依次为 EF1～EF11；条形基础编号从南向北依次为 ET1～ET14（图一七）。

第 6 栋的组合壁柱，见于西侧墙壁之外，南半与北半正中各一；另见于东侧墙壁之内，分布于 EF3、EF4、EF8、EF10 正中。其尺寸与第 4 栋的基本一致，且内侧墙体配有纵向钢筋，单排 8 根（图版五一，1）。

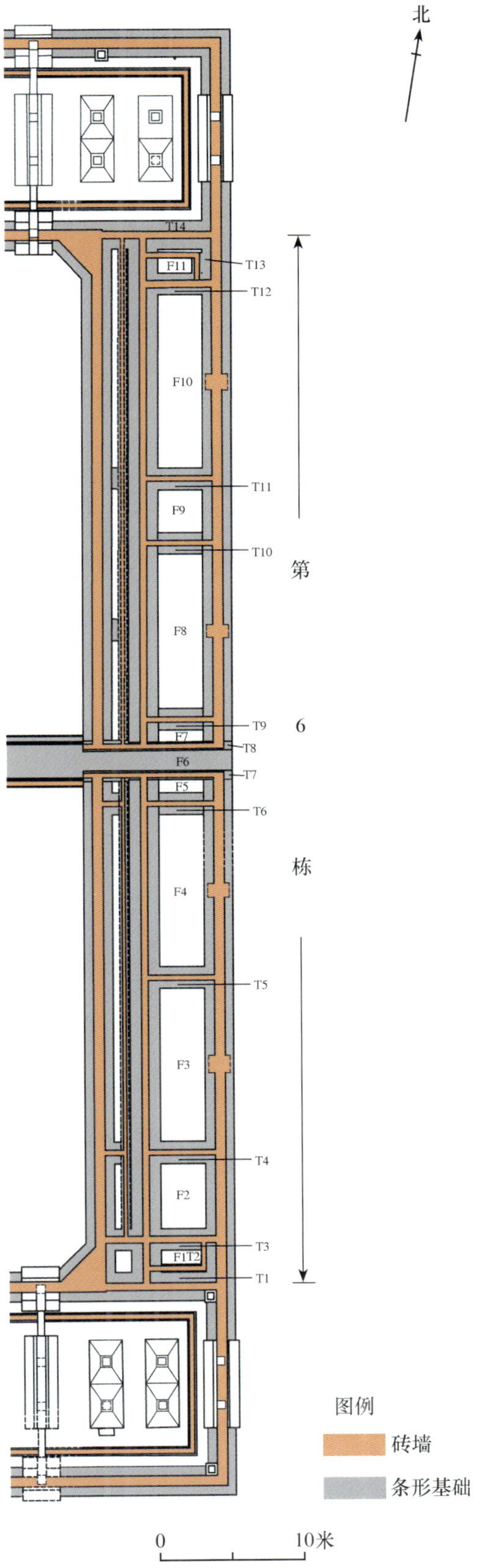

图一七　第 6 栋布局平面图

贰

特设监狱

特设监狱，即第 7 栋、第 8 栋，分别横置于（东西走向）细菌实验室合围之西部和东部正中，与第 3 栋和第 5 栋平行。据历史文献及照片，特设监狱地上部分为二层坡屋面建筑，平面呈长方形，砖混结构（图版二，2）。经发掘得知，其地下部分有中间通道，一侧与中心走廊相通，另侧分别与第 4 栋和第 6 栋相通（图版五一，2）。

特设监狱系关押经“特别移送”，作为“实验材料”者的秘密场所。

一、第 7 栋基址

保存程度相对较好，基础及墙体大部残留（图版五二）。

（一）方位与形制

细菌实验室及特设监狱院内，以中心走廊间隔，第 7 栋横置于西院正中。

第 7 栋为砖混结构，坡屋顶，东西长 46.37 米，南北宽 14.5 米。根据地下基础布置，推测地上二层建筑结构应为中央设通道，两侧为房间（牢房）。

（二）条形基础

第 7 栋条形基础与细菌实验室条形基础的构建方式基本一致，但其形制有一些区别；另细菌实验室条形基础规格比较单一，而第 7 栋条形基础建造形式多样，规格尺寸也比较复杂。

东西走向的条形基础至少有四条：中心通道两侧各一条，南北外侧各一条。

第 7 栋地下中央通道东侧与细菌实验室及特设监狱中心走廊相通（图版五三，1），西侧与第 4 栋连接（图版五三，2），长约 62.5 米，南北宽 2.37 米。通道为水泥地面，两侧有宽 0.08 米，深 0.06 米的排水沟（图版五四，1）。

排水沟外侧各有一宽 0.56 米的条形基础，起始点大致相同，但北侧条形基础比南侧条形基础短 7.32 米（系设备间的长度）。此条形基础顶标高较本栋和第 4 栋外墙条形基础顶标高低 0.4 米。

第 7 栋南侧东西向条形基础长 46.37 米，宽窄不一，中间的 27.8 米向南凸出 0.1 米，宽度为 2.6 米；两边略窄，宽度为 2.5 米。

北侧东西向条形基础长 38.9 米，较南侧东西向条形基础要短，其原因是西侧有一设备间；另外其东半和西半长短宽窄不一，西半较长，宽 2.55 米（向北凸出 0.1 米），东半较短，宽 1.12 米。

南北走向条形基础，中间通道北侧有 5 个，中间通道南侧有 8 个，宽窄不一，其数据详见表九。

表九　第 7 栋南北向条形基础尺寸数据　　（单位：米）

编号	东西	南北	墙体情况
ST1	2.34	5.34	西侧墙体只余 5 层，到第 4 皮向内收，底层宽 0.94，残高 0.33；东部墙体只余 1 层，宽 0.24，高 0.07
ST2	0.60	3.00	墙体只余 4 层，从第 3 皮内收，残高 0.21，底层宽 0.36
ST3	0.60	3.00	墙体只余 7 层，放大脚为 3 皮，向上为墙体，放大脚宽 0.48，墙体不完整，残高 0.5
ST4	2.45	3.00	西侧残存 2 层，残高 0.14，宽 0.95；东侧墙体有痕迹，宽 0.24
ST5	2.46	3.00	此基础东侧有墙基，残高 0.58，底层宽 0.68，放大角为 3、2、2 皮
ST6	0.60	3.00	只余 2 层，残高 0.15，残宽 0.24
ST7	0.60	3.00	墙体只余 4 层，从第 3 皮内收，残高 0.30，宽 0.36
ST8	2.34	5.34	此基础有西墙残高 0.47，宽 0.24，无放大脚；东墙只余 8 层，残高 0.56，宽 0.60，放大脚为 3、2、2 皮
NT1	1.08	5.40	墙体只余 2 层，宽 0.24，残高 0.14
NT2	5.70	4.20	基础上有四道墙，西墙只余 1 层，宽 0.24，残高 0.07；西部中墙余 2 层，宽 0.96，残高 0.13；东部中墙余 2 层，宽 0.48，残高 0.14；东墙余 3 层，第 3 皮内收，底层宽 0.48，墙体宽 0.36，残高 0.21
NT3	0.62	4.20	墙体只余 8 层，放大脚为 2 皮，向上是墙体，放大脚宽 0.48，墙体宽 0.36，残高 0.56
NT4	0.60	4.20	墙体只余 7 层，放大脚为 2 皮，向上是墙体，放大脚宽 0.48，墙体宽 0.36，残高 0.53
NT5	1.10	5.30	墙体残存 3 层，宽 0.96，残高 0.21

（三）砖混基础与墙体

中间通道两边东西向条形基础上各有一道宽 0.36 米的墙体，保存状况相对较好，无放大脚（图版五四，2）。

第 7 栋北侧东西走向的条形基础上，东半部分宽 1.12 米的条形基础上分布着宽 0.96 米的墙基，以 3、2、2 皮向上收分，墙体宽 0.6 米，保存状况较好，墙体相对较高。西半部分宽 2.55 米的条形基础上，南侧有一道窄墙，墙宽 0.23 米，断续残存；间距 0.9 米的北侧仅存西边一段宽 1.08 米的墙基，参照后面第 8 栋同类墙基，亦应为 3、2、2 皮向上收分。

第 7 栋南侧东西走向的条形基础上，北侧有一道窄墙，墙宽 0.23 米；间距 0.9 米的南侧有一道断续残存的宽幅墙基，中间部分宽 1.08 米，两侧略窄，宽 0.96 米，向上 3、2 皮……收分，墙体无存（图一八）。为了便于描述，我们将第 7 栋中间通道两侧南北向条形基础（连同墙体）以及其隔间都进行了标号，中间通道南侧由西向东隔间标号为 SF1 ~

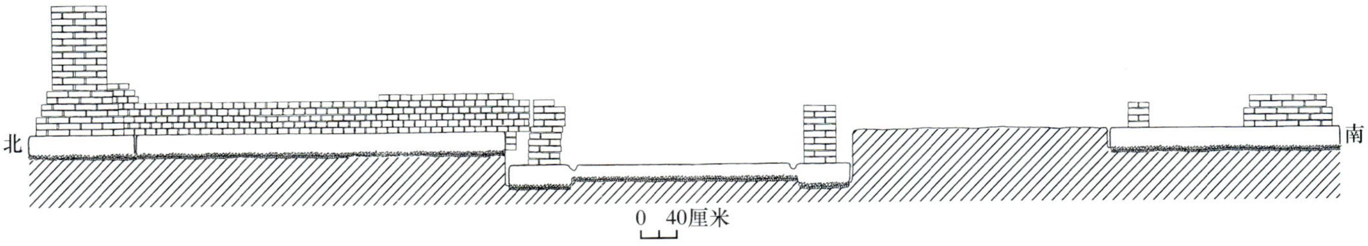

图一八　第 7 栋南北向条形基础及砖混基础剖面图

SF7，间隔的条形基础标号为 ST1 ~ ST8；与其相对应的中间通道北侧由西向东隔间标号为 NF1 ~ NF6，间隔的条形基础标号为 NT1 ~ NT5（图一九）。所有的南北向条形基础以及相关隔间的墙体情况见表九、表一〇。

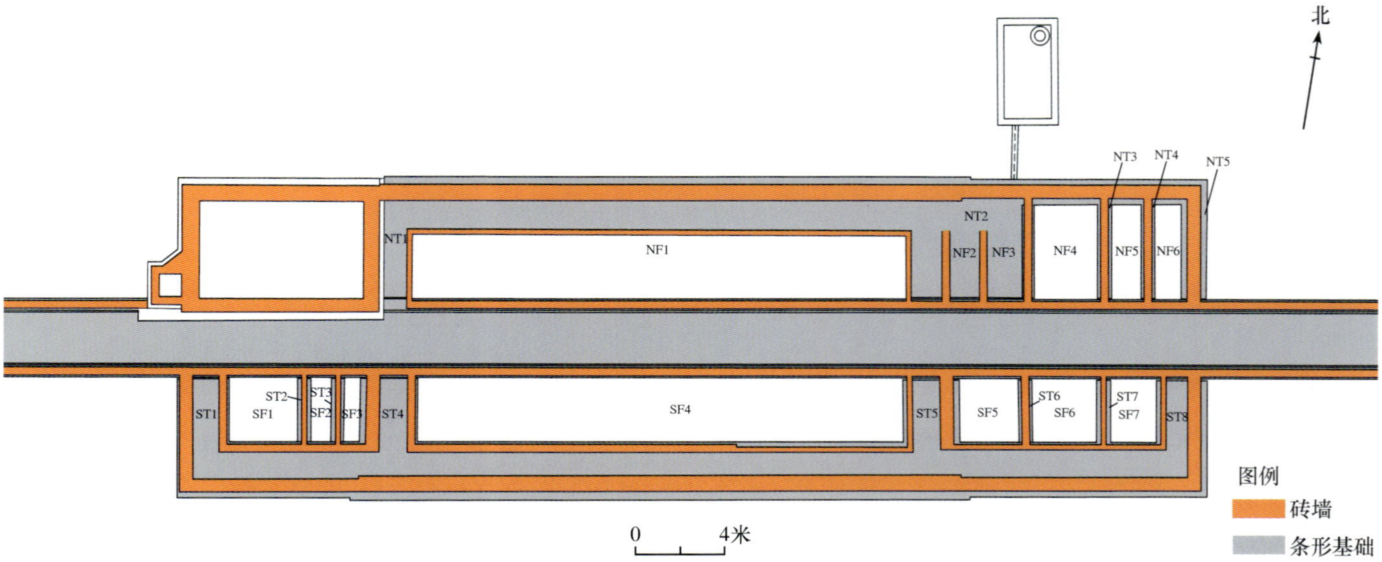

图一九　第 7 栋布局平面图

表一〇　第 7 栋隔间尺寸数据　（单位：米）

编号	东西	南北
SF1	3.10	3.00
SF2	0.88	3.00
SF3	0.68	3.00
SF4	22.10	3.00
SF5	2.63	3.00
SF6	2.85	3.00
SF7	2.00	3.00
NF1	22.25	2.85
NF2	0.80	3.25
NF3	1.55	3.25
NF4	2.87	4.20
NF5	1.32	4.20
NF6	1.20	4.20

（四）地沟

包括东西向地沟和南北向地沟。

1. 东西向地沟

即第 7 栋南北两侧条形基础之上两墙之间的通道。

2. 南北向地沟

北半侧有 2 条，分别位于 NF1 东西两侧。

南半侧有4条，分别位于SF1西侧、SF4两侧和SF7东侧。

（五）特殊设备间

第7栋的特殊设备间有2个。

1号设备间位于本栋西北角，南邻中间通道，东接NT1（图版五五，1）。此特殊设备间为长方形，东西长7.32米，南北宽4.3米，其地面较中间走廊地面低1.9米。设备间的墙壁可分为内外两层，中间有“三毡四油”夹层，以此防潮防水（图版五五，2；图版五六，1）。东侧、北侧、西侧内墙宽0.47米，与中间通道条形基础相接的南墙之内墙宽为0.35米；东侧、北侧、南侧外墙宽0.23米，西侧外墙宽为0.33米。

特殊设备间内发现残缺的铁质设备支架以及各种管线等。从两墙之间的油毡纸和有的电线置于铁管内的情况分析，此设备间显然是具备防水防潮功能的。

2号设备间位于1号设备间西墙外侧与中间通道夹角处，为一处长方形小间，南北长1.96米，东西宽1.39米。

（六）分流井

分流井位于第7栋北侧偏东，约在与NT2和NF3、NF4相对应的位置。

分流井为长方形，南北长4.8米，东西宽3米，深3.2米。自上而下可分三层：第一层东北角有一个圆形孔与第二层相通，圆孔外径为1.3米，内径为0.86米，北壁有可供人上下的铁质壁挂梯子，第一层与第二层间距为0.93米；第二层有六个圆形孔与第三层相通，第二层与第三层间距为0.2米；第三层具体形态不可见（图版五六，2）。分流井东南角上部有残缺。

二、第8栋基址

第8栋基址保存状况远不如第7栋基址，一方面砖混基础及墙体大部被破坏所剩无几，另一方面相当部分（特别是中间通道以南）南北走向条形基础荡然无存。

（一）方位与形制

细菌实验室及特设监狱院内，以中心走廊间隔，第8栋横置于东院正中，与第7栋呼应对称。

第8栋为砖混结构，坡屋顶，东西长46.33米，南北最大宽14.5米。根据地下基础布局，推测地上二层建筑结构与第7栋基本一致，即应为中间设通道，两侧为房间（牢房）。

（二）条形基础

第8栋条形基础与细菌实验室条形基础的构建方式基本一致，但其形制有一些区别；另细菌实验室条形基础规格比较单一，而第8栋条形基础建造形式多样，规格尺寸也相对复杂。

东西走向的条形基础至少有四条：中间通道两侧各一条，南北外侧各一条。

第 8 栋中间通道西侧间接（隔一排污池）与细菌实验室及特设监狱中心走廊相通（图版五七，1），东侧穿越第 6 栋通向细菌实验室及特设监狱外（图版四八，2）。东西长约 57.9 米（西起自排污池东侧，东至第 6 栋西侧），南北宽 2.37 米。通道为水泥地面，两侧有宽 0.12 米，深 0.05 米的排水沟。

排水沟外侧各有一宽 0.51 米的条形基础，作为两侧墙体的基础；中间通道条形基础比两侧外墙条形基础和第 6 栋条形基础低 0.4 米。

第 8 栋南侧条形基础长度为 46.3 米，宽窄不一，中央部分 27 米多稍宽，向南凸出 0.1 米，宽 2.44 米；两边略窄，宽 2.34 米。

北侧条形基础长 38.9 米，较南侧东西向条形基础要短，其原因是东侧有一设备间；另外其东半和西半长短宽窄不一，东半较长，宽 2.46 米，西半较短，宽 1.1 米。

南北走向条形基础，中间通道北侧有 5 个，中间通道南侧有 3 个。宽窄不一，具体数据详见表一一。

表一一　第 8 栋条形基础及墙体尺寸数据　（单位：米）

编号	东西长度	南北宽度	墙体情况
ST1	不完整	5.38	只余 1 层，宽 0.96
ST2	2.36	3.10	仅可见痕迹
ST3	不完整	5.44	只余 3 层，宽 0.96，长 3.30，残高 0.21
NT1	1.10	5.40	只余 12 层，放大脚为 3、2、2 皮，底层宽 0.96，墙体宽 0.60，残高 0.84，残长 1.23
NT2	0.60	4.30	只余 8 层，放大脚为 2 皮，宽 0.48，墙体宽 0.36，残高 0.56，残长 0.47
NT3	0.60	4.30	只余残迹
NT4	5.62	4.30	上有四道墙，西墙可见痕迹宽 0.48；西部中墙局部剩一层，大部仅可见痕迹宽 0.48；东部中墙只余 1 层，宽 0.96；东墙仅可见痕迹宽 0.24
NT5	0.60	3.00	仅可见痕迹

（三）砖混基础与墙体

中间通道两边东西向条形基础上各有一道宽 0.36 米的墙体，保存状况较第 7 栋差，无放大脚。

第 8 栋北侧东西走向的条形基础上，靠外侧有一道砖混基础及墙体，基础底部宽 1.08 米，以 3、2、2 皮向上收分，墙体宽 0.72 米，残高可达 0.81 米。

第 8 栋南侧东西走向的条形基础上，外侧只保留两段砖混基础，分别位于爆炸豁口东西两侧，西侧一段紧邻豁口，残长 1.6 米；东侧一段残长 10.9 米。两段砖混基础的底部均宽 1.08 米，推测其砌筑形式及规格与北侧的一致（图二〇）。

为了便于描述，我们将第 8 栋中间通道两侧南北向条形基础（连同墙体）以及其隔

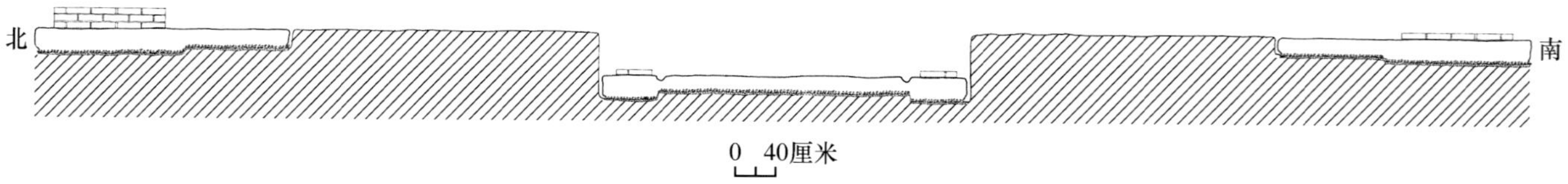

图二〇　第 8 栋南北向条形基础及砖混基础剖面

间都进行了标号，中间通道南侧由西向东隔间标号为 SF1～SF2，间隔的条形基础标号为 ST1～ST3；与其相对应的中间通道北侧由西向东隔间标号为 NF1～NF6，间隔的条形基础标号为 NT1～NT5（图二一）。此处应加以说明的是第 8 栋基址总体不如第 7 栋保存得好，尤其中间通道以南，不但大部分砖墙体无存，而且西半部南北向条形基础缺失严重，所以能够分辨出的隔间较少，应与实际数量相去甚远。

所有的南北向条形基础以及相关隔间的墙体情况，可见表一一、表一二。

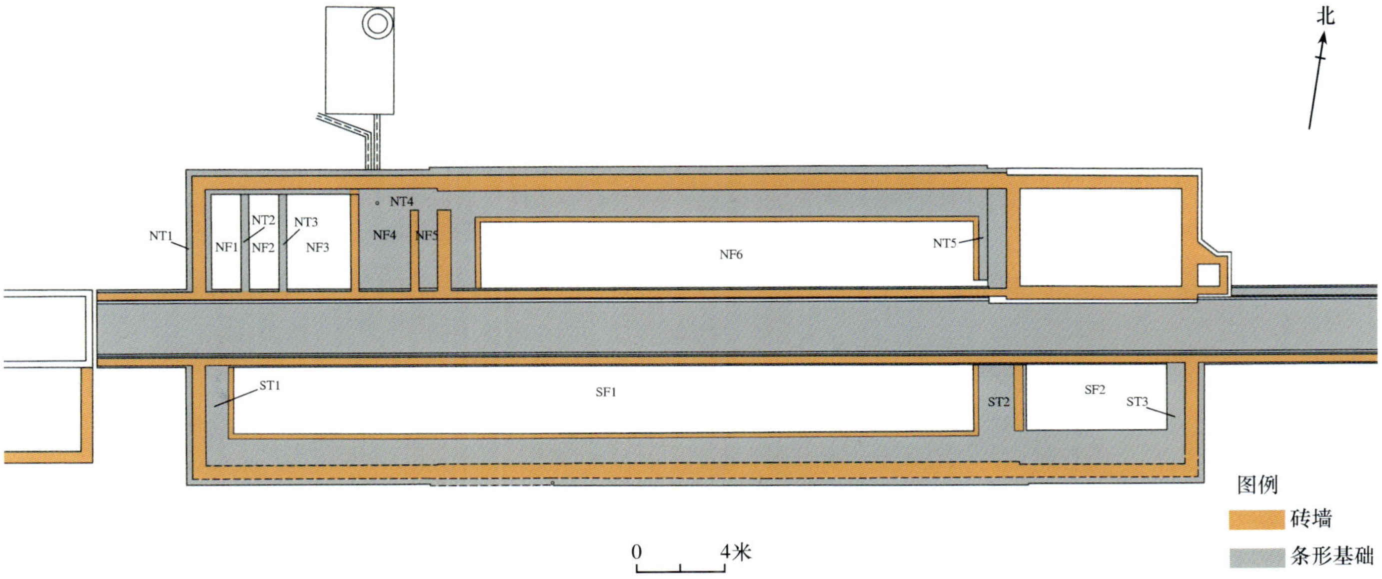

图二一　第 8 栋布局平面图

表一二　第 8 栋隔间尺寸数据　（单位：米）

编号	东西长	南北宽度
SF1	27.20	3.30
SF2	6.70	3.30
NF1	1.20	4.30
NF2	1.38	4.32
NF3	2.90	4.32
NF4	1.50	3.36
NF5	0.80	3.36
NF6	23.10	3.00

（四）地沟

包括东西向地沟和南北向地沟。

1. 东西向地沟

即第 8 栋南北两侧条形基础之上两墙之间的通道。

2. 南北向地沟

北半侧有 2 条，分别位于 NF6 东西两侧。

南半侧有 3 条，分别位于 SF1 东西两侧、SF2 东侧。

（五）特殊设备间

第 8 栋的特殊设备间有 4 个，依次编为 1 号 ~ 4 号。

1 号设备间位于本栋东北角，南邻中间通道，西接 NT5（图版五七，2）。此特殊设备间为长方形，东西长 7.32 米，南北宽 4.3 米，其地面较中间通道地面低 1.9 米。设备间的墙壁可分为内外两层，两墙之间充以厚 1 ~ 2 厘米的油毡纸，以此形成隔水层。东侧、北侧、西侧内墙宽 0.47 米，与中间通道相接的南墙内墙宽为 0.35 米；西侧、北侧、南侧外墙宽 0.23 米，东侧外墙宽为 0.33 米。

特殊设备间内发现残缺的铁质设备支架以及各种管线等。从两墙之间的油毡纸和有的电线置于铁管内的情况分析，此设备间显然是具备防水防潮功能的。

2 号设备间位于 1 号设备间东墙外侧与中间通道夹角交汇处（图版五八，1），为一处长方形小间，南北长 1.96 米，东西宽 1.39 米；在其北墙外与 1 号设备间东墙外形成的夹角之间，有一道 45° 斜墙。此设备间内可见残缺不全的铁质设备及外箍铁管的电线。

上述两处设备间与第 7 栋 1 号和 2 号设备间东西呼应对称（图二二）。

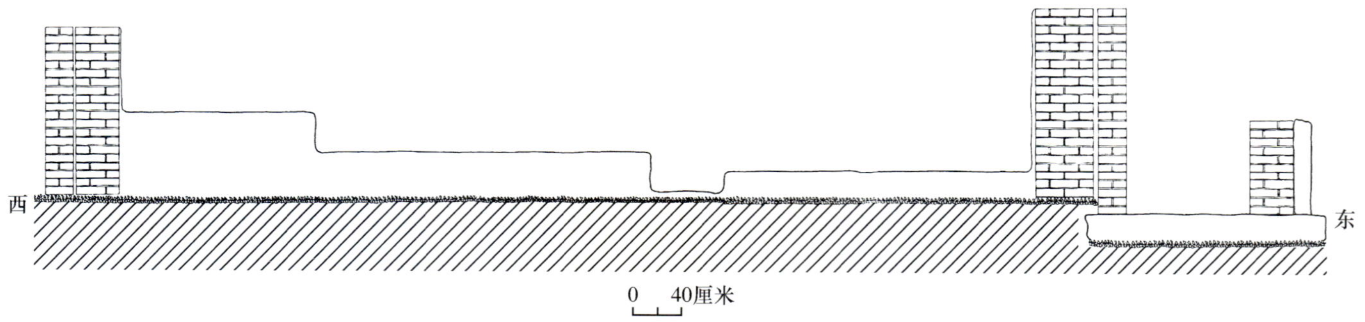

图二二　第 8 栋 1 号、2 号设备间剖面

3 号设备间位于第 8 栋之西，紧邻中心走廊，顶部已被破坏（图版五八，2）。东西长 4.6 米，南北宽 3.5 米，深 1.6 米。此设备间底部有一处方形孔，另其西壁上自北向南可见位置高低不同的 3 个圆形孔，以使铁质管道通过。此设备间钢筋混凝土，全封闭式，推测其应具有系给排水抑或蓄水之功能。

4 号设备间位于 3 号设备间南，二者紧邻（图版五九，1）。这是一处砖墙围砌的长方形建筑，东西长 4.08 米，南北宽 3.7 米，高 1.6 米。东南北三面墙体厚度为 0.47 米；西墙似与中心走廊东墙共享，确切说是借用了中心走廊东墙。

从其北墙内壁凹字形铁挂梯（图版五九，2）分析，此设备间向北应与第 8 栋中间通道的地下部分相通；另推测其向西可进入中心走廊的地下通道。

室内地上有较为凌乱的铁质设备架子等。另从已被破坏的地面观察，该地面显然经过二次翻建处理。

（六）分流井

分流井位于第 8 栋北侧偏西，介于 NF3、NF4 和 NT4 的位置，与第 7 栋分流井对应相称（图版六〇，1）。

分流井为长方形，南北长 4.8 米，东西宽 3 米，深 3.2 米。顶部西北角有一圆形孔，外径 1.4 米，内径 0.9 米，由此可以进入分流井内部，北壁有可供人上下的铁质壁挂梯子。由于此处分流井保存完好，因此难以观察到其内部结构，推测其形制与结构应与第 7 栋北侧分流井类似。

从 NT4 条形基础之下有两条管道通向分流井，管道为混凝土质，外侧直径为 0.28 米（图版六〇，2）。分流井上有两条残断铁质管道，分别自第 8 栋的东南和西南方向通向井口，前者长 6.2 米，管道外径为 0.22 米；后者长 2.94 米，管道外径为 0.18 米（图版六二，1）。

叁

中心走廊

中心走廊是贯穿本部大楼、细菌实验室及其特设监狱至病毒实验室的主要通道，包括地上通道和地下通道两个部分（图二三）。

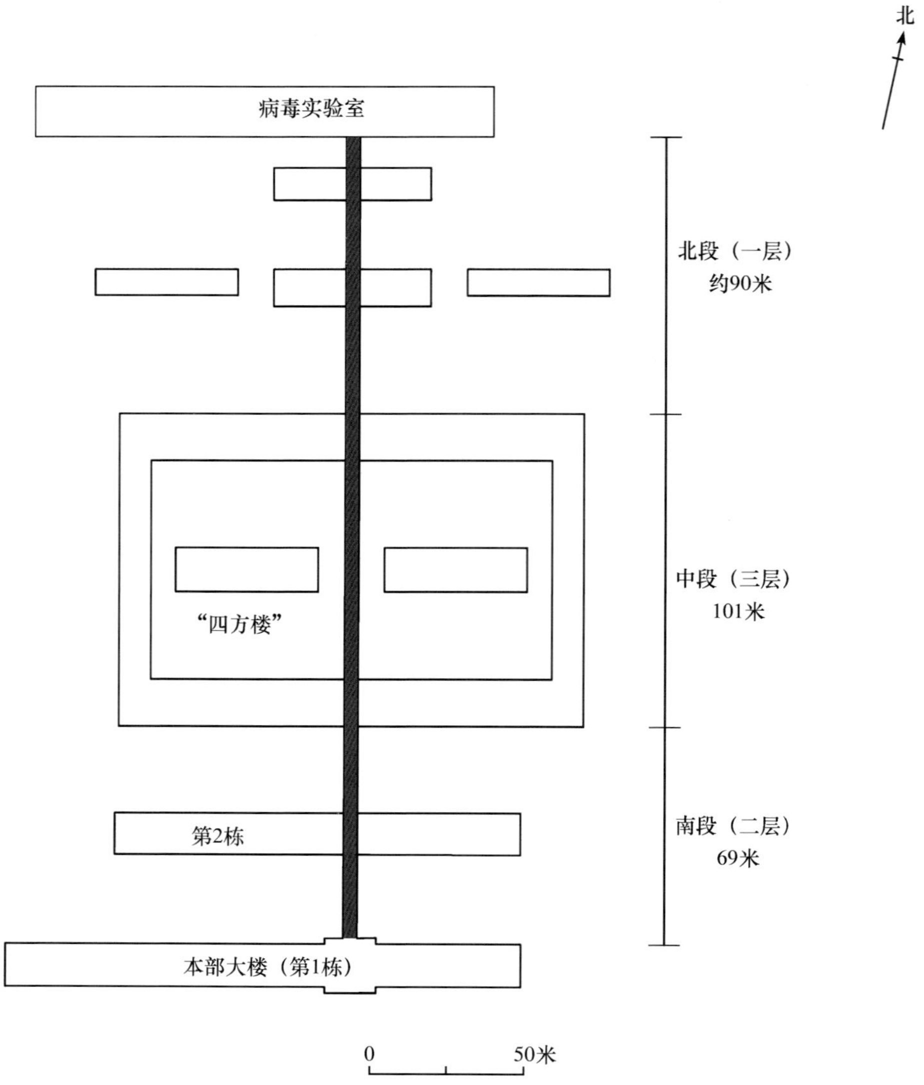

图二三　七三一部队旧址中心走廊分段示意图

一、地上通道

（一）长度

其宽度为 2.8 米，长度约为 260 米（因病毒实验室破坏，并被现代建筑镇压，暂无法确定中心走廊长度的精确值）。

（二）分段

根据影像、史料以及现存建筑，可把地上通道分为南、中、北三段。

1. 南段

本部大楼至细菌实验室及特设监狱的通道，长度为 71.64 米，为两层通道。按照其顶部不同，分为第一、第二两部分，第一部分为第 1 栋（本部大楼）到第 2 栋北墙处，长度为 40.91 米，坡顶；第二部分为第二栋至细菌实验室及特设监狱，长度为 30.73 米，平顶。

2. 中段

南北贯穿细菌实验室及特设监狱，长度为 101.53 米。为三层通道，平顶。

3. 北段

细菌实验室及特设监狱至病毒实验室（笠原班），长度为 90 米左右。为一层通道，平顶。

（三）废墟与现状

1. 废墟

1945 年 8 月，日本关东军对细菌实验室及其特设监狱以及病毒实验室等设施进行了爆炸，使之遭到严重毁坏，成为一片废墟。中心走廊虽亦难于幸免，但残存情况相对稍好，从 20 世纪 50 年代的影像资料中，可以较为清晰地看出中心走廊南段地上部分大部保存较好。中段北半残留较长约 70 米，是为平顶三层，顶上东、西两边各有一条高 0.6 ~ 0.8 米的矮墙；二层和三层每隔 10 米左右有一个窗口；另可观察到其北端有一高出平顶的二层碉楼，据历史照片比对，其中段南端亦有一相同形式之碉楼，两座碉楼相互对应，居高临下，是为细菌实验室及其特设监狱的制高点（图版六，2）。现已被后期的建设所破坏，中段不复存在。

2. 现状

中心走廊现存地上部分包括南段第一部分以及与其相连的南段第二部分一小段，现分别介绍如下。

（1）中心走廊南段第一部分系指第 1 栋（本部大楼）到第 2 栋北墙处，上下两层通道，坡顶（图版六一）。

第一层通道高 4.5 米，宽 2.75 米，长 40.91 米。在东、西侧墙体中部各有一处门与庭院相通，东侧墙体门左右各有两处窗口平均分布在中心走廊东侧墙体内。西侧墙体上门的左右各有一处窗口平均分布在中心走廊西侧墙体内。东西两侧墙体宽 0.36 米，采用三丁或一横一丁形式砌筑而成。第一层通道北部有一处月亮门，高 2.46 米，宽 2.2 米，此即中心走廊南段第一部分和第二部分的连接处；由此向北进入第二部分 4.2 米，又设有一处形制相同的月亮门（图版六二，2）。

第二层通道高 2.6 米，宽 2.75 米。东侧墙体有四处窗口，四处窗口位置与第一层通道窗口上下对齐；西侧墙体有三处窗口，他们与第一层门和窗口的位置上下对齐。东西两侧墙体宽为 0.36 米，采用三丁或一横一丁形式砌筑而成。

（2）残存的南段第二部分，两层通道，平顶（图版六三，1）。

第一层通道，残存两道月亮门及其相连处，残长 4.5 米。

第二层通道，仅存部分墙体以及二层通道地面，残长 7.25 米。

二、地 下 通 道

（一）功能

地下通道系指中心走廊的地下部分，与中心走廊的地上通道完全重合。原为本部大楼与细菌实验室和病毒实验室布置供水、供暖、下水以及电缆等管线的主要通道。其与分布在本部大楼（第 1 栋）、第 2 栋、细菌实验室及其特设监狱、两栋鼠疫菌实验室（高桥班）以及病毒实验室（笠原班）的地下通道和地沟形成网格状有机相连。

（二）长度

地下通道从本部大楼一直延伸至病毒实验室，其南北长约为 260 米（因病毒实验室未发掘，无法确定地下通道长度的精确值）。

（三）保存现状

地下通道的现状主要分为三个部分：第一部分从本部大楼至第二栋北侧，1984 ~ 1985 年曾对其进行修缮，现仍作为侵华日军第七三一部队罪证陈列馆的供水、供暖管线的地沟使用（图版六三，2）；第二部分为已发掘部分，主要指“四方楼”这段；第三部分自“四方楼”北侧至病毒实验室，地下情况不详。

（四）清理情况

2000 年，七三一部队遗址保护开发工作指挥部对位于第 3 栋及其向北延伸处的 35 米地下通道，进行了局部清理。

2014 年 6 月至 10 月，黑龙江省文物考古研究所对细菌实验室及特设监狱遗址进行了全面揭露。中心走廊的地下通道位于细菌实验室及特色监狱段（图版六四，1）全长 101.53 米，现将该段地下通道清理情况介绍如下。

1．基础部分

（1）条形基础，共计两条。建造工艺同上述配筋条形基础工艺一致，在此不做赘述。条形基础宽 1.5 米，厚 0.22 ~ 0.23 米。呈南北向平行分布，东西相距 1.5 米。这两条条形基础的深度，依照考古坐标基点为，其上面深度为－4.72 米。这个深度较第 3、第 4、第 5、第 6 栋合围的楼体的条形基础上面（其深度为－2.62 米）深 2.1 米。

（2）砖混放大脚基础，东西两侧不同，下面分别介绍：

东侧砖混放大脚基础，条形基础东、西两侧各预留 0.21 米后，在其中间采用自下而上 3、2、2 皮砖的形式向上呈阶梯形收缩砌筑而成。底部三层砖混采用四横一丁形式砌筑而成，宽 1.08 米，高 0.21 米；中部二层砖混采用四横或三横两丁形式砌筑而成，宽 0.96 米，高 0.14 米；上部二层砖混采用三横一丁形式砌筑而成，宽 0.84 米，高 0.14 米。

西侧砖混放大脚基础，条形基础东、西两侧各预留 0.21 米后，在其中间采用自下而上 4、2、2 皮砖的形式向上呈阶梯式收缩砌筑而成。底部四层砖混采用四横一丁形式砌筑而成，宽 1.08 米，高 0.28 米；中部二层砖混采用四横或三横两丁形式砌筑而成，宽 0.96 米，高 0.14 米；上部二层砖混采用三横一丁形式砌筑而成，宽 0.84 米，高 0.14 米。

基础部分保存相对较好，条形基础没有遭到破坏，砖混放大脚基础局部遭到彻底破坏，仅剩底部一层砖。东西两侧基础部分有明显的落差，东侧基础较西侧基础矮 0.07 米，这 0.07 米恰好是一层砖的高度（图二四）。

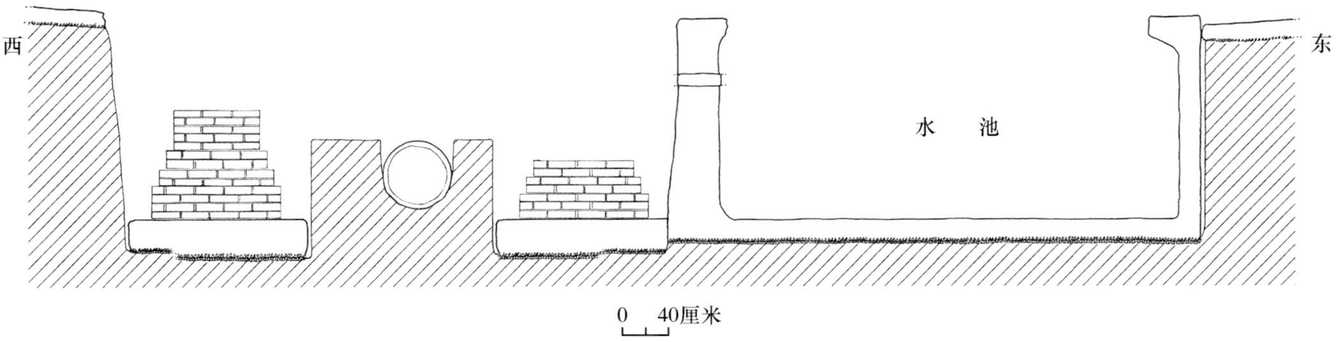

图二四 中心走廊条形基础及砖混基础、南北向管道剖面

2. 墙体

砖混基础之上为墙体，墙体采用三横与二横二丁相间形式砌筑而成。墙体宽度为 0.72 米。由于被破坏严重，很多墙体已经不复存在，残存的墙体最高仅为 1.4 米。在墙体内，还有台阶、管道等设施分布，他们主要集中在与第 3 栋、第 5 栋中心建筑的连接处。

3. 地面及检查口以及管道

地下通道的地面局部保存较好，绝大部分被破坏，有的部分已经不复存在。

地下通道地面宽度不是统一的，依据地面宽度的不同，可把地下通道分为南、中、北三段，南段从细菌实验室及特设监狱南端开始向北延伸至 16.2 米处，其宽度为 2.56 米；中段为 16.2 米处向北延伸至 86.8 米处，其宽度为 2.32 米；北段为 86.8 米处至第 5 栋北端，其宽度为 2.56 米。

地下通道地面不仅宽度不一致，而且还不是水平的。从细菌实验室及特设监狱南端开始向北延伸至 102.3 米处就有 0.1 米的落差（按照考古坐标基点计算，南端水平深度为－3.92 米，102.3 米处地面水平深度为－4.02 米），102.3 米处为二层台阶，二层台阶将地面抬升 0.47 米，并继续向北延伸。

地下通道的地面上，由南向北现可见 8 处检查口（图版六四，2），由南向北依次编号为 1# 检查口至 8# 检查口。但经仔细观察与分析，实际检查口应为 9 处，有 1 处检查口位于 4# 检查口与 5# 检查口之间，被彻底破坏。推论如下：4# 检查口北侧管道内径为 0.4、外径为 0.46 米，而 5# 检查口南侧管道内径为 0.49、外径 0.58 米，这两种管道不能直接相连，其间应该存在一处检查口，以便对口衔接；另外，从检查口分布的情况来看，4# 检查口与 5# 检查口之间的距离过长，不便于检修之类的工作。

检查口位置及其结构（图二五）见表一三。

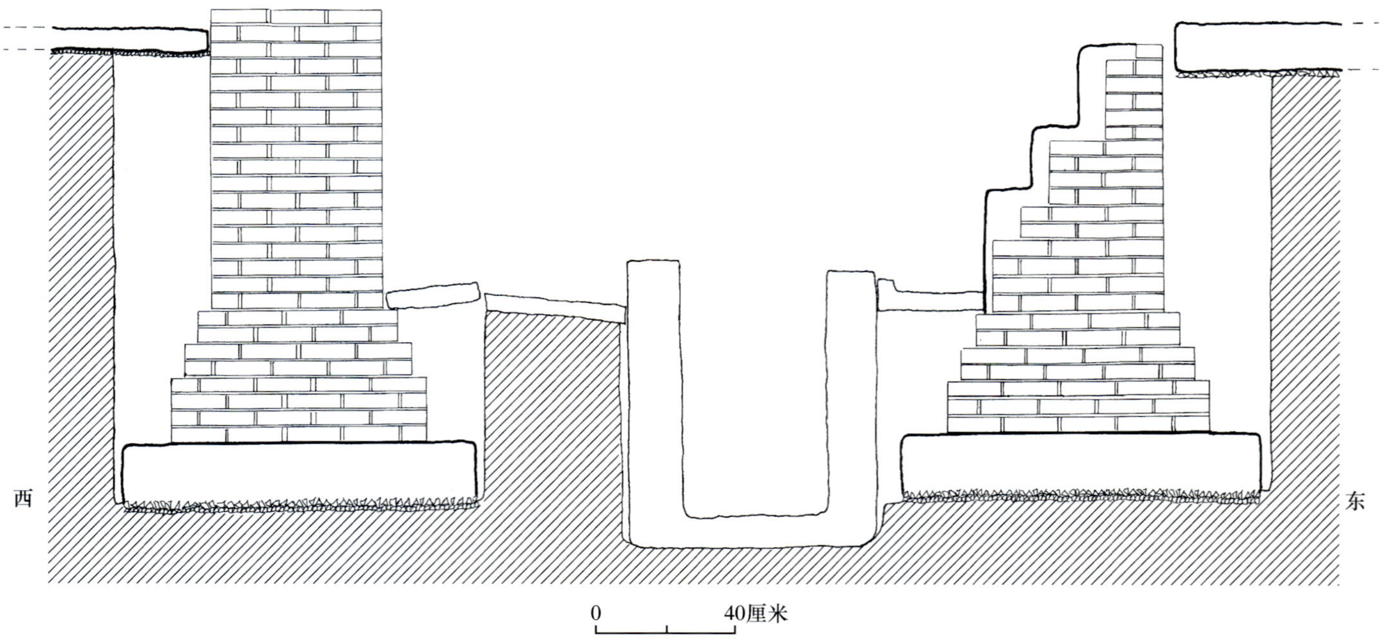

图二五　中心走廊检查口位置及结构剖面

表一三　中心走廊中段地下通道检查口位置及其结构自南向北检查口　（单位：米）

编号		检查口 1#	检查口 2#	检查口 3#	检查口 4#	检查口 5#	检查口 6#	检查口 7#	检查口 8#
距南端		1.44	13.94	23.44	31.86	61.40	72.90	88.00	101.12
距东墙		0.74	0.68	0.64	0.66	0.70	0.73	0.80	0.66
距西墙		1.22	1.28	1.04	1.02	0.98	0.95	1.16	1.30
东壁管道口四周距离	距上	0.16	0.25	无管道，内壁南北宽 0.60，上下深 0.81	墙体上有方孔，上下宽 0.36，南北宽 0.35，其内未发现管道			0.12	0.28
	距下	0.47	0.49					0.54	0.42
	距左	0.14	0.08					0.17	0.14
	距右	0.16	0.95					0.13	0.16
南壁管道口四周距离	距上	0.37	0.26	0.24	破坏			0.34	0.34
	距下	0.12	0.32	0.11	0			0.04	0.08
	距左	0.10	0.05	0.07	0.05			0.05	0.01
	距右	0.10	0.10	0.07	0.09			0.01	0.01
西壁管道口四周距离	距上	残 0.25	0.24	无管道，内壁南北宽 0.60，上下深 0.81				0.24	0.28
	距下	0.38	0.48					0.32	0.42
	距左	0.14	0.18					0.16	0.15
	距右	0.16	0.80					0.14	0.15
北壁管道口四周距离	距上	0.27	0.21	0.25				0.24	0.34
	距下	0.22	0.38	0.10				0.04	0.08
	距左	0.07	0.07	0.07				0.02	0.01
	距右	0.07	0.07	0.07				0.04	0.01

续表

编号	检查口 1#	检查口 2#	检查口 3#	检查口 4#	检查口 5#	检查口 6#	检查口 7#	检查口 8#
备注	检查口呈方形，边长为 0.60，深 0.93；表层水泥护口宽约 0.20。东西两侧管道外径 0.30，内径 0.25；北侧管道外径 0.46，内径 0.40；南侧口为方形，未发现管道，上下高 0.44，东西宽 0.40，其底层铺一块水泥板，板厚 0.06，东西宽 0.38	检查口为长方形，中间有一东西向横梁；深 1.04，南北长 1.30，东西宽 0.60；表层水泥护口宽 0.20。东侧管道内径 0.24，外径 0.30；南侧管道外径 0.46，内径 0.40；西侧管道外径 0.32，内径 0.26；北侧管道外径 0.46，内径 0.40；中间横梁，隔断宽 0.22，厚 0.17，长 0.61。在东北角上方有一铁管，直径 0.10	检查口仅有南、北两侧管口，东西两侧为直壁。检查口为方形，边长 0.60，深 0.81；表层水泥护口宽 0.20。南侧管道外径 0.46，内径 0.40；北侧管道外径 0.46，内径 0.40；东西两侧为直壁，南北宽 0.60，上下深 0.81	平面呈正方形，边长 0.60，残深 0.63，表层水泥护口宽 0.20。检查口东侧墙体上有方孔南北宽 0.35，上下高 0.36。西侧墙体上同样有方孔，南北宽 0.38，期内有管道，管道内径 0.15，外径 0.19。北侧残破。南侧管道内径 0.39，外径 0.46	检查口靠近地表部分被破坏，在底部保存尚可。检查口东西长 0.60，南北宽 0.50。东西两侧管口均被破坏。南北两侧管道口上层均遭破坏。检查口残深 0.74，南北两处检查口管道相距 0.49。东西两侧管道内径 0.15，外径 0.19。南北两侧管道内径 0.49，外径 0.58	检查口平面呈长方形，东西长 0.60，南北宽 0.50。东西两侧管口均被破坏。南北两侧管道口上层均遭破坏。检查口残深 0.74，南北两处检查口相距 0.49。东西两侧管道内径 0.15，外径 0.19。南北两侧管道内径 0.49，外径 0.58	检查口深 0.96，东西宽 0.64，南北宽 0.60；表层水泥护口厚 0.22。南北两侧管道内径 0.49，外径 0.58；东西两侧管道内径 0.24，外径 0.30	检查口呈方向，边长 0.60，深 1.00。南北管道内径 0.49，外径 0.58；东西管道内径 0.24，外径 0.30

注：1．距南端为检查口北侧沿到第 3 栋南端的距离，距东墙为检查口西侧沿到地下通道东墙距离，距西墙为检查口东侧沿到地下通道西墙距离。
2．东侧、南侧、西侧、北侧分别表述为检查口内壁的东面、南面、西面、北面。
3．上、下、左、右分别表述为检查口该面内管道外沿至检查口上沿、底、左侧面、右侧面的距离。

在地下通道中所发现的管道主要分 4 种规格。第一种内径 0.15 米，外径 0.19 米，因未出土完整管道，故其长度无法判断。第二种内径 0.24 ~ 0.25 米，外径 0.3 ~ 0.31 米，因未出土完整管道，故其长度无法判断。以上两种管道，都分布在检查口的东西两侧。第三种内径 0.4 米，外径 0.46 米，长 1 米，该种型号管道分布第 3 栋南端至地下通道与第 7 栋、第 8 栋相连处（即被彻底破坏的检查口南侧）。第四种内径 0.49 米，外径 0.58 米，长 1 米，分布在地下通道与第 7 栋、第 8 栋相连处（即被彻底破坏的检查口北侧口）至第 5 栋北端。

中心走廊地下通道南北向下水主干管道每节之间对接之后，再从外面用水泥勾缝封闭严实，以防渗漏（图版六五）。

南北向下水主干管道有落差，即南高北低，第 1# 检查口北侧管道内径下端较第 8# 检查口北侧管道内径下端高出约 0.34 米（按照考古坐标基点计算，第 1# 检查口北侧管道内径下端水平深度为－4.51 米，第 8# 检查口北侧管道内径下端水平深度为－4.85 米）。

4．竖向管道

竖向管道（图版六六，1；图版六七，1）系自上而下排水用的混凝土预制管道，采用了较高的施工工艺和养护措施，表面结构细密。其设置于地下通道两侧墙内，最下端通过东西横向管道与检查口相连，进入地下通道中央的南北向的排水主干线（图版六六，2）。竖向管道共计 8 个，分东西两侧，东侧由南向北依次编号为 EG1、EG2、EG3、EG4，西侧由南向北依次编号为 WG1、WG2、WG3、WG4（图二六）。

5．阶梯

阶梯主要分布在地下通道与第 3 栋及第 5 栋的中心建筑相连处（图二七；图版六七，2）。台阶应为 16 处，但由于后期破坏，地下通道北端地沟下水管口边南侧 2 处的台阶已不见。现存台阶共计 14 处，7 处分布在地下通道东侧墙体中（由南向北依次编号为 EJ1、

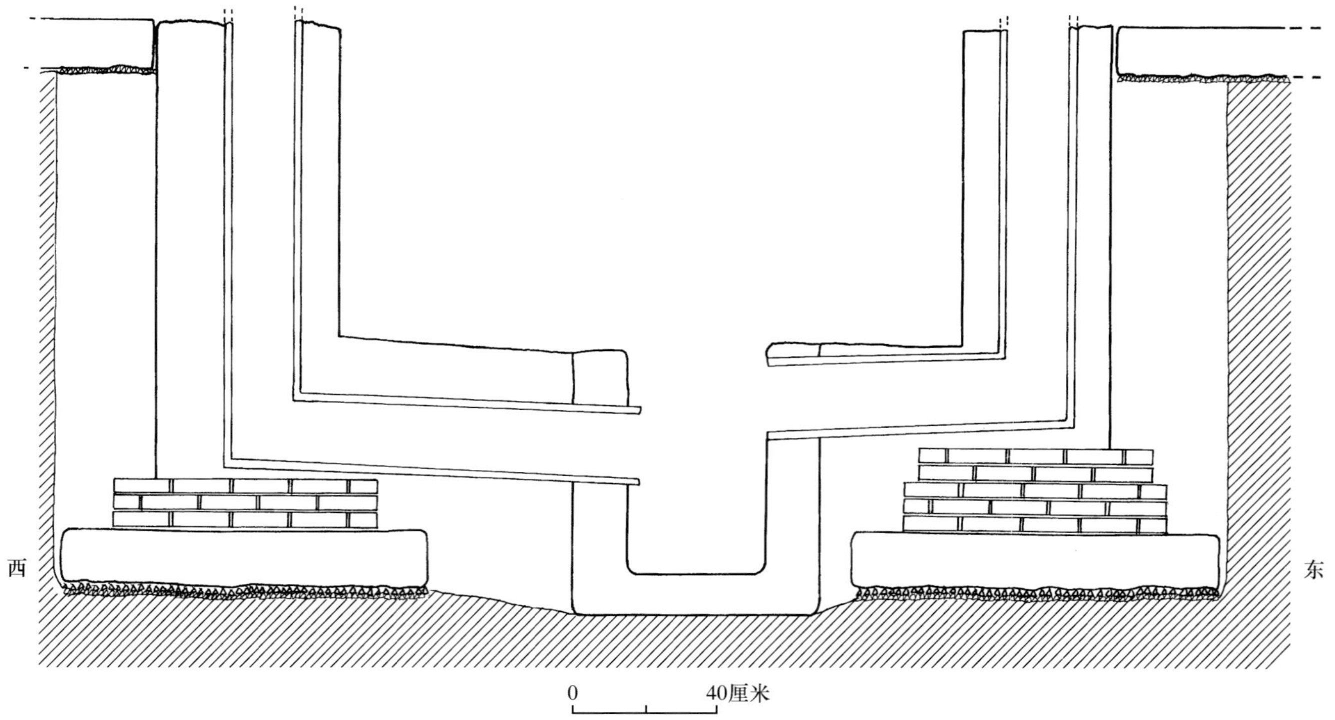

图二六　中心走廊竖向管道剖面

表一四　竖向管道位置及其尺寸数据　（单位：米）

编号		EG1	EG2	EG3	EG4	WG1	WG2	WG3	WG4
距南端		1.40	14.76	87.96	100.86	1.32	13.46	88.12	100.80
位置		第三栋东部南侧地沟西端，第1# 检查口东侧，EJ1 南侧	第三栋东部北侧地沟西端，第 2# 检查口东侧，EJ3 北侧	第五栋东部南侧地沟西端，第 7# 检查口东侧，EJ6 南侧	第五栋东部北侧地沟西端，第 8# 检查口东侧	第三栋西部南侧地沟东端，第 1# 检查口西侧，WJ1 南侧	第三栋西部北侧地沟东端，第 2# 检查口西侧，WJ3 北侧	第五栋西部南侧地沟东端，第 7# 检查口西侧，WJ5 南侧	第五栋西部北侧地沟东端，第 8# 检查口西侧
尺寸	南北长	0.79	0.80	0.60	0.84	0.82	0.58	0.62	0.96
	东西宽	0.60	0.54	0.63	0.70	0.50	0.66	0.62	0.64
	上下高	1.22	1.24	1.29	1.20	1.29	1.30	1.28	1.27
管道	东	0.15	0.15	0.16	0.27	0.11	0.19	0.14	0.14
	南	0.17	0.24	0.14	0.34	0.15	0.16	0.17	0.46
	西	0.15	0.09	0.17	0.13	0.09	0.17	0.18	0.20
	北	0.32	0.26	0.16	0.20	0.37	0.12	0.15	0.20
	内径	0.24	0.25	0.24	0.24	0.24	0.25	0.24	0.24
	外径	0.30	0.30	0.30	0.30	0.30	0.30	0.30	0.30
备注		西北角有一弧形管道，向下延伸至 1.00 米处。可能是铁管道	模板北面与第 2# 检查口北侧基本平行		北侧为墙体，南侧应为楼梯，被破坏不见	与第 1# 检查口和 EG1 平行	模板南面与第 2# 检查口南侧基本平行		北侧为墙体，南侧应为楼梯，被破坏不见

注：1. 距南端为竖向管道南侧距第 3 栋南端的距离。
2. 尺寸为竖向水泥混凝土制品的尺寸。
3. 管道为水泥混凝土制品内管道；东、南、西、北分别为管道距该侧水泥混凝土制品边缘的距离；内径、外径为管道的尺寸。

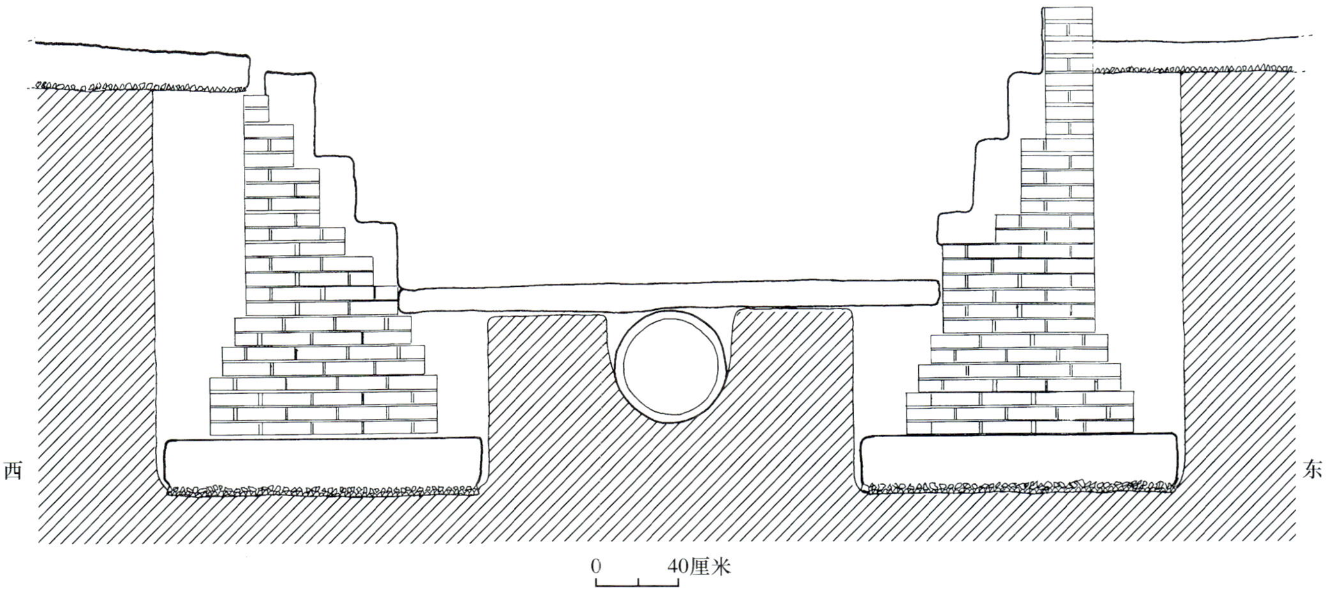

图二七　中心走廊阶梯剖面

EJ2、EJ3、EJ4、EJ5、EJ6、EJ7），6处分布在地下通道西侧墙体中（由南向北依次编号为WJ1、WJ2、WJ3、WJ4、WJ5、WJ6），还有一处位于地下通道北端（编号为NJ1）。台阶位置及数据见表一五。

表一五　台阶的位置及其详细情况　（单位：米）

编号	EJ1	EJ2	EJ3	EJ4	EJ5	EJ6	EJ7	WJ1	WJ2	WJ3	WJ4	WJ5	WJ6	NJ1
距南端	2.19	7.34	14.12	22.70	31.24	88.56	93.66	2.14	7.26	12.76	30.88	88.74	93.76	102.30
第一层台阶	0.66×0.20—0.31	0.86×0.20—0.44	0.64×0.19—0.38	0.86×0.20—0.46	0.90×0.20—0.50	0.63×0.20—0.38	0.74×0.22—0.45	0.64×0.20—0.40	0.80×0.20—0.35	0.70×0.20—0.40	1.00×0.20—0.45	0.64×0.20—0.36	0.74×0.20—0.42	2.56×0.35—0.31
第二层台阶	0.66×0.20—0.30	0.86×0.20—0.30	0.64×0.20—0.29	0.86×0.36—0.30	0.90×0.20—0.31	0.63×0.20—0.30	0.74×0.20—0.27	0.64×0.18—0.30	0.80×0.20—0.30	0.70×0.20—0.30	1.00×0.19—0.30	0.64×0.20—0.31	0.74×0.20—0.30	2.56×地面—0.16
第三层台阶	0.66×0.24—0.28	0.86×0.24—0.30	0.64×0.22—0.28	三栋附属	0.90×0.26—0.11	0.63×0.20—0.30	0.74×0.22—0.28	0.64×0.17—0.30	0.80×0.20—0.30	0.70×0.26—0.28	1.00×0.28—0.34	0.64×0.22—0.31	0.74×0.20—0.31	北端
第四层台阶	地沟	中间通道	地沟		三栋附属	地沟	中间通道	0.64×—0.29	中间通道	0.70×—0.22	三栋附属	0.64×—0.25	中间通道	
第五层台阶								地沟		地沟		地沟		
备注	三层与第三栋东部南侧地沟有机相连；台阶南侧	三层台阶与第三栋东部中间通道位置相连。台阶南	三层台阶上与第三栋东部北侧地沟有机相连；台	位于第三检查口东侧。三层台阶进入第三栋附属建	三层台阶进入第三栋附属建筑北端。第三层台	一层台阶为左侧完整，右侧为缺口。三层向上0.20	三层以上被破坏。台阶两侧均为墙体。之上进入	四层台阶面与第三栋西部南侧地沟有机相连。第	三层台阶与第三栋西部中间通道相连	四层台阶与第三栋西部北侧地沟有机相连，四层台	位于第四检查口西侧。第三层台阶有残破。三层上	四层台阶与五栋西部南侧地沟有机相连。台阶南	三层上被破坏。进入第五栋西部中间通道。台阶南	地下通道北端，之上已经伸出四方楼

续表

编号	EJ1	EJ2	EJ3	EJ4	EJ5	EJ6	EJ7	WJ1	WJ2	WJ3	WJ4	WJ5	WJ6	NJ1
备注	为地沟竖向管道，台阶北侧地下通道墙体不存在。均为水泥面。位于第一检查口东侧	侧墙体不存在。北侧墙体保存至1.10左右	阶北侧为地沟竖向管道。台阶为水泥面，水泥面下为砖结构。位于第二检查口东侧	筑中部	阶残破，残高0.11；位于第四检查口东侧。其北侧有管道口，该管道口应是进入第四检查口的东侧管道	进入五栋东部南侧地沟。台阶南侧为地沟竖向管道水泥柱。位于第七检查口东侧	第五栋东部中间通道	一层台阶底部为0.25厚的砖混层，之上为水泥抹平。台阶南侧为水泥浇筑竖向管道连接处。位于第一检查口西侧		阶上面为砖，其余为水泥面。台阶北侧为水泥浇筑竖向管道连接处。位于第二检查口西侧	0.26为第三栋附属建北端条形基础表面。在台阶的北侧有管道口，该管道口应是进入第四检查口东侧管道	侧为地沟竖向管道水泥柱。位于第七检查口西侧	北两侧均为墙体	

注：1．距南端为楼梯南侧到第3栋南端的距离。
2．第一层台阶为由地面开始的第一层梯蹬，之后依次上升为第二梯蹬、第三梯蹬、第四梯蹬。
3．每一层的尺寸为长 × 宽－高。

肆

庭　院

一、庭院的划分

以南北走向的中心走廊为中心，可将细菌实验室合围的院落分割为对称的近方形的东院和西院；又以东西走向的第 7 栋和第 8 栋为中心，分别将东院和西院分割成长方形的南半与北半两部分。

二、地　层

就该遗址现存地层而言，只有庭院部分保存相对较好（图二八；图版六八，1）：

第 1 层，表土，厚约 0.2 米。

第 2 层，建筑垃圾，厚约 0.5 米。

第 3 层，黄色垫土，较硬，应为当时活动地面，厚约 0.25 ~ 0.3 米。

第 4 层，黑褐色土，厚 0.6 ~ 0.7 米（图版六八，2）。

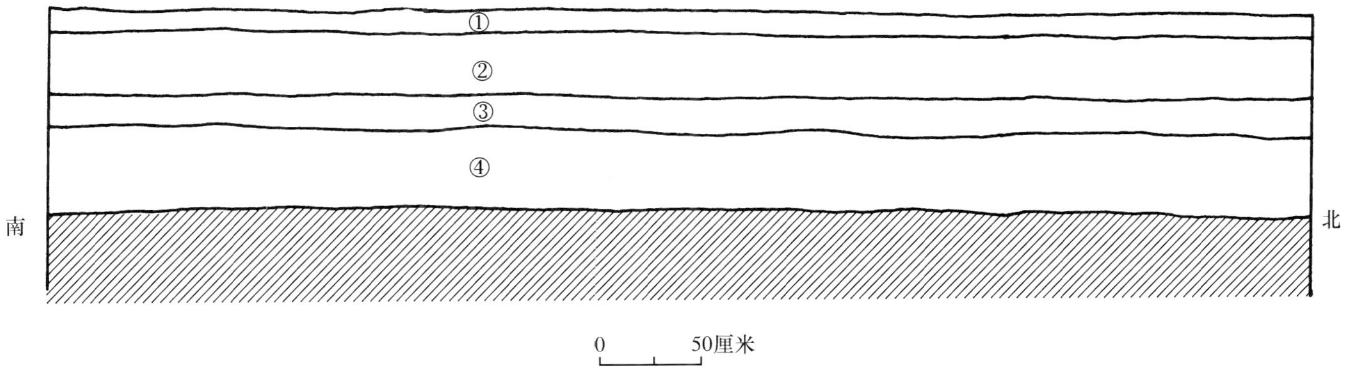

图二八　庭院地层堆积剖面

三、地面的相对高度

据实测，当时庭院黄色垫土地面的高度，较细菌实验室地上一层水泥地面低 0.23 米。

四、庭院内的遗迹

第 7 栋和第 8 栋北外侧发现两个分流井；第 7 栋南外侧和第 4 栋东外侧发现三个焚烧坑（H2 ~ H4），实际均位于细菌实验室及特设监狱的庭院内。

为了尽量保持庭院的完整性，发掘中并没有对庭院进行全部揭露，不排除其还有其他地下遗迹的可能性。

伍

其他遗迹

一、掩埋焚烧坑

本次清理发现的掩埋焚烧坑有 6 处，依次编号为 H1 ~ H6。

H1 位于中央走廊以西约 5 米，第 3 栋南侧约 3 米处（图二九）。

该坑上部已被破坏，坑口距现地面约 1.4 米，深 0.95 米。平面略呈不规则圆形，斜壁平底，底角抹圆，口径 3 米，底径 2.6 米。

从其剖面观察，主要遗物是作为实验用的玻璃器皿残片，如残破的玻璃器皿口沿、瓶盖、底部、导管以及试管等；另可见军用水壶、带有日文商标的啤酒瓶等。除上述遗物外，坑内还发现大量的焚烧痕迹，如烧焦的木头和炭化的碎木屑、一些被烧毁变形以及被熏黑的玻璃器皿等（图版六九）。

根据坑内堆积判断，其掩埋焚烧程序是：先在实验室外就近挖一土坑，然后把木材架于坑底部点燃，待充分燃起时，将实验室器皿集中投入焚烧，最后用坑内挖出的土回填压实。

H2 位于第 4 栋东外侧，西院南半西侧，北邻 H3（图三〇，右；图版七〇，1）。

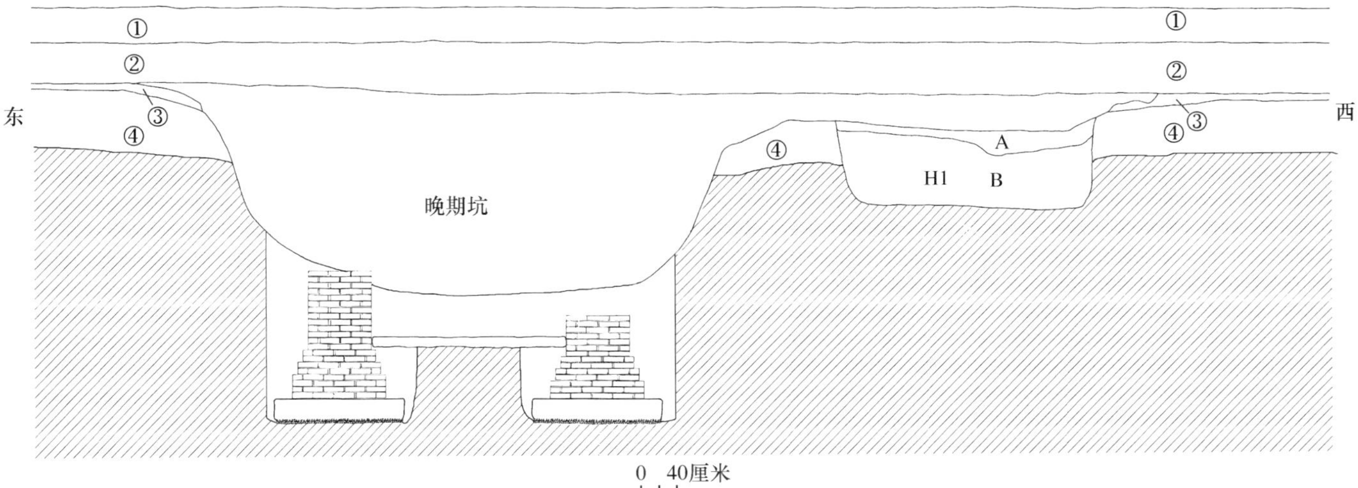

图二九　H1 剖面图

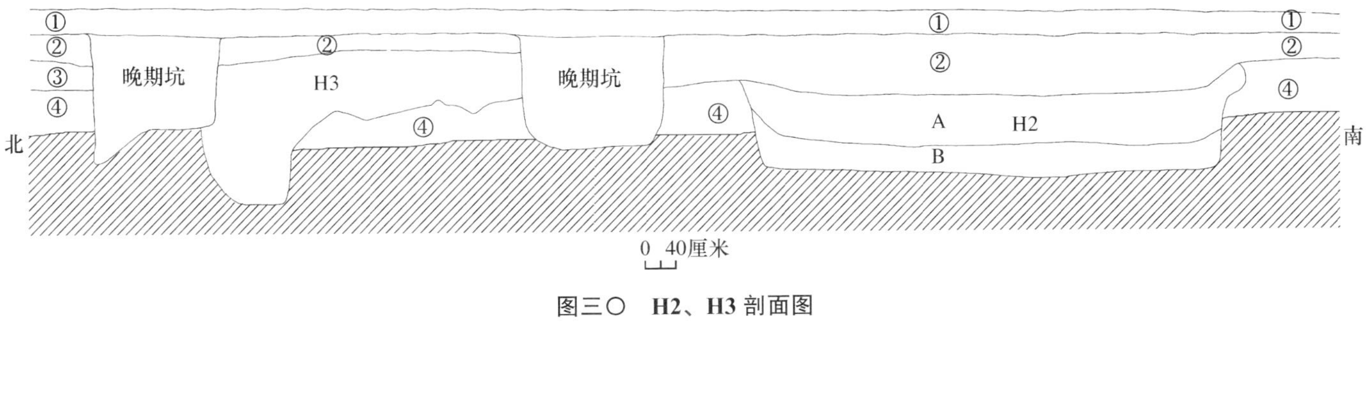

图三〇　H2、H3 剖面图

该坑上部已被破坏，坑口距现地面约 1 米，深约 1 米。斜壁平底，口径 6.4 米，底径 5.85 米。

坑内包含遗物及掩埋焚烧情况与 H1 基本一致，另出土了零散兽骨。

H3 位于第 4 栋东外侧，西院南半西侧，南邻 H2（图三〇，左；图版七〇，2）。

该坑上部已被破坏，坑口距现地面约 0.6 米，深约 0.8 米。该坑从上至下两边都被后来坑破坏，口部残长 3.85 米，底凸凹不平。

坑内包含遗物及掩埋焚烧情况与 H1 和 H2 接近。

H4 位于第 7 栋南外侧，西院南半北侧偏西（图三一）。

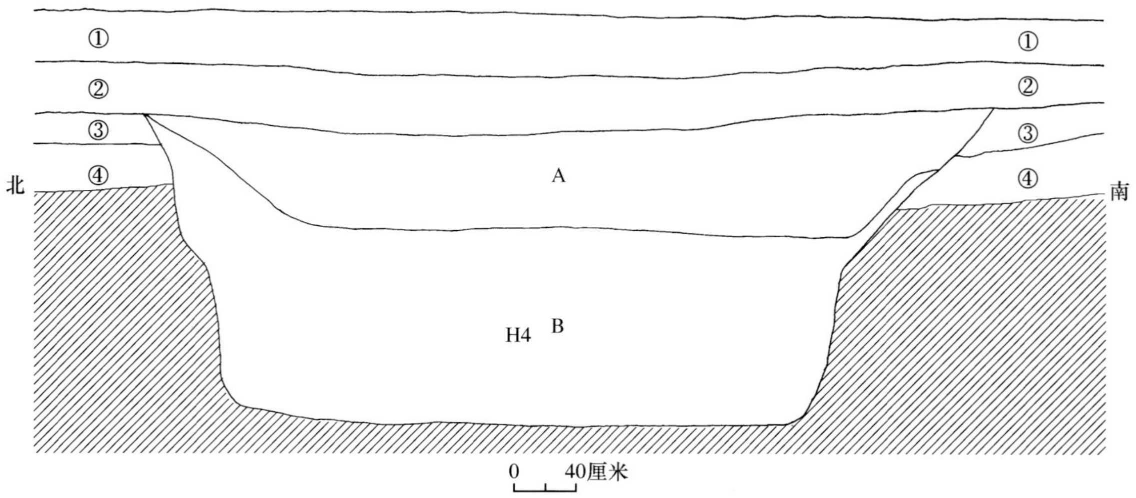

图三一 H4 剖面图

该坑上部已被破坏，坑口距现地面约 0.8 米，深 1.7 米。斜壁平底，坑壁上部明显外张，底角抹圆，口径 5.4 米，底径 3.5 米。

坑内包含遗物及掩埋焚烧情况与上述接近。

H5 位于第 5 栋以北 5.4 米，中心走廊以东 12.5 米，西距 H6 约 8 米（图三二）。

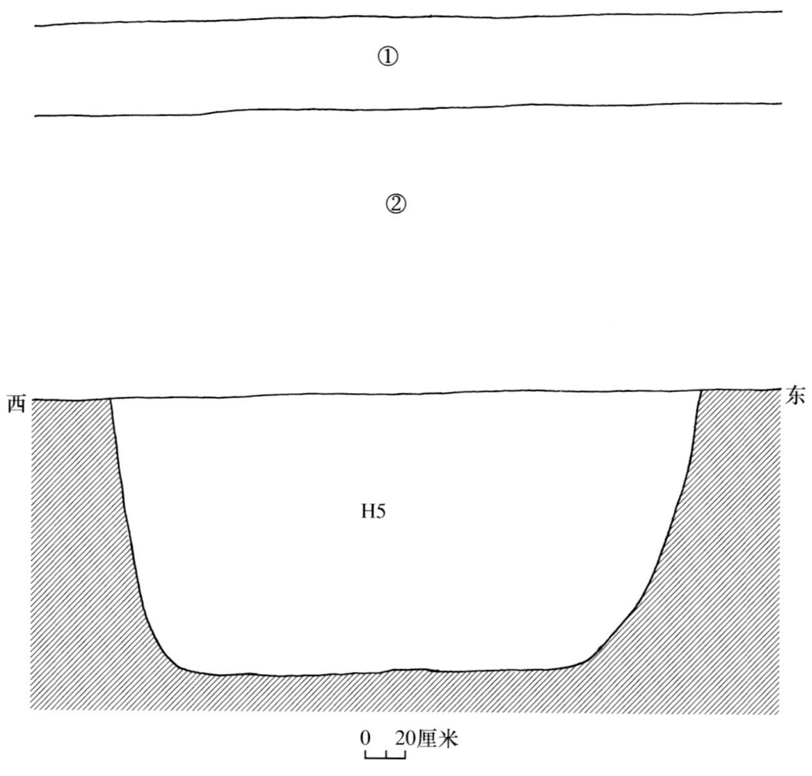

图三二 H5 剖面图

坑口距地面 2.1 米，深 1.4 米。坑壁倾斜，平底，口径 3 米，底径 2 米。

坑内没有发现焚烧痕迹，确切说应为单纯的掩埋坑。出土各种实验玻璃器皿等 70 余件。

H6 位于第 5 栋以北 4.5 米，中心走廊以东 4.1 米，东距 H5 约 8 米（图三三）。坑口距地面 1.9 米，深 0.6 米。坑壁倾斜，平底，口径 1.7 米，底径 1.5 米。

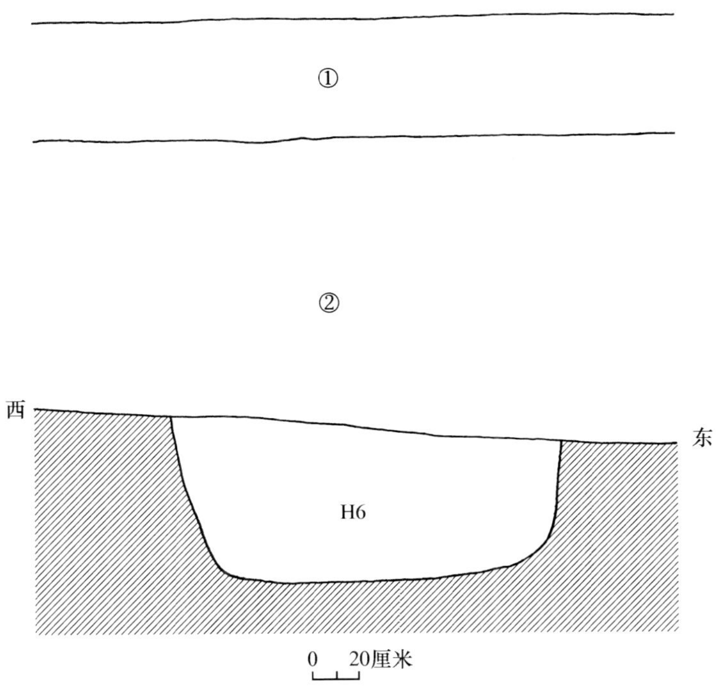

图三三 H6 剖面图

与 H5 一样，坑内没有发现焚烧痕迹，亦应为单纯的掩埋坑。出土装有原液体的各种实验玻璃瓶 200 余个，个别瓶子外面贴有日文标明，如“赤痢预防接种液”“XX 毒”等字样。

二、爆 炸 点

本次清理发现的爆炸点有 4 处，依次编号为 B1 ~ B4。

B1 位于第 3 栋东边，连系梁 A25、B25 附近。

爆炸直接形成了一个东西 2.2 米，南北 4.2 米的椭圆形坑口，坑内填满残砖碎瓦。A25、B25 锥形基础及 B25 与 C25 之间的连接部分被摧毁；C25 锥形基础的钢筋裸露向上竖起；第 3 栋南侧条形基础被炸断，断面钢筋清晰可见，且两侧断口均向外拱起。另在爆炸波的冲击下，B26、C26，B27、C27 锥形基础上的混凝土柱向东倾斜（图版七一），第 3 栋东南角部外墙亦向外倾斜（图版七二，1）。

爆炸点之上东侧有一大型金属设备，被炸断扭曲变形。该设备呈圆盘状，直径约 2 米；中心部位为残长约 0.55 米的钢质中心轴，直径 0.13 米，上有旋转螺纹，部分外箍水泥，以防腐耐磨；圆盘为铁质，近中心部位较厚，以乳丁加固；一面可见焊接的放射式隔断，边缘翻卷。推测该设备可能是一旋转式大型容器之顶盖（图版七二，2）。另在爆炸坑内还发现一枚排击炮弹头。

B2 位于第 8 栋南侧偏西。

南侧东西向条形基础被炸断，出现约 5 米宽的豁口；附近南北向条形基础荡然无存（图版七三，1）。

B3 位于第 5 栋与第 6 栋内墙转角处，爆炸对第 5 栋条形基础稍有破坏，但对锥形基础影响不大。

B4 位于第 6 栋东侧，EF4 北半，北邻东西向中间通道。

爆炸形成椭圆形坑口，南北长 5.3 米，东西长 3.9 米。直接导致东侧南北向条形基础残断，并使附近东西向条形基础移位。

在爆炸点中南部有一组暖气片，推测其是爆炸后从楼上掉下来的（图版七三，2）。

陆

出土遗物

本次发掘出土遗物1000余件，其中选出标本超过500件，加上2000年发掘出土的22件，本文收录介绍的计约540件。

以质地区分，包括铁器、铜器、玻璃器、铝和铅以及陶瓷制品等，其中铁器和玻璃器为大宗。

从功能上看，铁器有各种建筑构件、机械设备（包括机电设备和制造设备）、生产工具、水暖器材、电器器材以及武器（炮弹）等；玻璃器大都为各种实验器具，如试管、导管、滴管、细菌培养器、药匙、注射器、针头、搅拌棒以及各种口径的溶液瓶等，是七三一部队进行细菌研制和活体实验的直接证据。

值得注意的现象，掩埋焚烧坑集中销毁的主要是多已破碎的实验用玻璃器皿，而较完整的玻璃器皿多见于单纯的掩埋坑中，如H5和H6（图版一一七；图版一一九，2、3；图版一二〇）；另细菌实验室及特设监狱出土的实验用玻璃器皿，主要分布于第3栋和第5栋，第7栋和第8栋少见，第4栋和第6栋基本不见，这种情况证明第3栋和第5栋是进行细菌研制和人体实验的主要场所。

本文以表格形式分别按单位详尽介绍所有出土遗物见表一六～表二五。

需要说明的是，H6实际集中出土了212个小瓶，相当数量的瓶中留存有当时的溶液。从防疫角度考虑，只对其中10个空瓶子进行了测量、描述和编号（2014P731SH6：1～10），而将其余202个瓶子直接进行了封存。对于被封存的202个瓶子，其一是统一编号为2014P731SH6：11，另外对个别外表残留有标签的瓶子进行了照相记录（图版一二一）。

一、第3栋出土遗物（表一六）

表一六　第3栋出土遗物描述及尺寸　（单位：厘米）

器物号	名称	质地	保存状况	形制与尺寸
2014P731SF3：1	活接外丝	铁	完整	环形，内有螺丝扣，外有8个竖档。外径9.8，内径8.8，高2.2（图三四，1；图版七四，1）
2014P731SF3：2	阀门手柄	铁	完整	呈圆形，内环通过六条放射状铁柱与外环6个直径为2球状体相连。外环直径8，内环直径2.4，厚1.6（图三四，3；图版七四，2）
2014P731SF3：3	上水管线	铁	残	由管线、阀门和活接组成，管线一端有螺丝扣。通长34，管线直径2.4（图三四，11；图版七四，3）
2014P731SF3：4	紧线器	铁	完整	一端为铁钩，中间为紧线装置，另一端为管卡子。通长25.8，直径3.2（图三四，10；图版七四，4）
2014P731SF3：5	开关盒罩	铁	完整	平面呈圆角方形，内圈为圆角长方形孔，且向上凸起。边长10.6，厚0.4，高1.4（图三四，5；图版七四，5）
2014P731SF3：6	根母螺丝	铁	完整	外侧为八边形，内侧为圆形，其内有螺丝扣。边长4，直径8.5，厚0.9（图三四，2；图版七四，6）

续表

器物号	名称	质地	保存状况	形制与尺寸
2014P731SF3：7	根母螺丝	铁	完整	同 F3：6
2014P731SF3：8	管卡子	铁	残	用宽 2 铁片弯成，一端用螺栓固定。圆环已残变形，长径约 12，短径 9（图三四，8；图版七五，1）
2014P731SF3：9	吊钩	铁	完整	用圆钢筋制作，呈“S”形，钩体一边大，另边小。通长 18，钢筋直径 0.8（图三四，9；图版七五，2）
2014P731SF3：10	紧线器	铁	完整	一端为管卡子，中间为紧线装置，另端为挂钩；其挂钩又与另一长挂钩相连。通长约 100（图三五，1；图版七五，3）
2014P731SF3：11	开关盒罩	铁	完整	平面呈圆角方形，内圈为圆形孔，且向上凸起。边长 10.6，厚 0.4，高 1.7，内圆直径 8.4（图三四，6；图版七五，4）
2014P731SF3：12	链条	铁	残	由多个长方框组合而成，每两个普通长方框间隔一个两侧有固定半圆耳的长方框；半圆耳中间有一螺丝孔。残长 64，宽 3.3，厚 0.7（图三五，3；图版七五，5）
2014P731SF3：13	梯蹬	铁	完整	由钢筋制作而成，整体呈“U”形。长 42，宽 30，钢筋直径 1.6（图三六，1；图版七五，6）
2014P731SF3：14	活结内外丝	铅	残	已残，应呈“凸”字形，由一个活接外丝及一个活接内丝组成；其外侧可见两个铆钉。残高 5.9（图三四，15）
2014P731SF3：15	丝堵	铁	完整	上方为六边形螺帽，边长 2.2，厚 1，中部为圆铁档，直径 6.4，厚 0.6；下部为环形螺丝，外径 4.6，内径 3.8，高 1.4（图三四，7；图版七六，1）
2014P731SF3：16	窗框	铁	残	横剖面呈“十”字形。残长 48，高 3.6，宽 2
2014P731SF3：17	炮弹壳	铁	残	应为迫击炮弹，中间爆开，两端有圆孔。通长 32，孔直径 1.6（图三四，12；图版七六，2）
2014P731SF3：18	下水杠	铁	残	一端为直径 10，长 6 的扩口，其下接直径 6，长 43 的管道（图三五，2；图版七六，3）
2014P731SF3：19	门把手底座	铁	完整	呈圆角长方形，其上有 6 个小圆孔。长 18，宽 7.2，厚 0.4（图三四，14；图版七六，4）
2014P731SF3：20	窗框	铁	残	已变形，外侧有合页，框体呈直角。通长 66，宽 2.8，厚 2.4（图版七六，5）
2014P731SF3：21	钢筋	铁	残	横截面呈正方形。通长 21，边长 1
2014P731SF3：22	铁构件	铁	完整	用圭形铁片制成，已变形。厚 0.4，宽 2.4，长 35（图三四，13；图版七六，6）
2014P731SF3：23	细菌培养箱插片	铝	残	呈圆角梯形。残长 18，宽 3.4，厚 0.2（图三五，5）
2014P731SF3：24	合页	铜	残	一侧为圆轴，另一侧为长方形铜板，上中下有 3 个固定孔。长 8.8，宽 4，厚 0.2，孔直径 0.6（图三四，4；图版七七，1）
2014P731SF3：25	陶制品	陶	完整	呈圆饼状，中间为圆孔。一侧有三处凹槽。外径 10，内径 3.4，厚 2.6（图版七七，2）
2014P731SF3：26	陶制品	陶	完整	整体呈馒头状，中间为圆孔。直径 12.6，孔径 2，通高 15（图三五，4；图版七七，3）
2014P731SF3：27	铅饼	铅	完整	呈圆饼状。直径 7.4，厚 0.8（图三五，6；图版七七，4）
2014P731SF3：28	铁构件	铁	残	由两根方管焊接而成。粗方管长 42，边长 6
2014P731SF3：29	铁锹	铁	完整	已变形，尖圆头。通长 41，宽 22.8（图三六，7；图版七七，5）
2014P731SF3：30	传动链条	铁	完整	每节长 4.9，厚 3.6；共 135 节，通长 385（图版七七，6）
2014P731SF3：31	铁皮	铁	完整	正方形，已卷曲。边长 48，厚 0.6
2014P731SF3：32	瓷砖	瓷	完整	白色，方形。边长 15.4
2014P731SF3：33	瓶塞	玻璃	残	黄绿色，瓶塞为磨砂圆柱体，上方手柄扁圆。残高 7.1，最大直径 3（图三六，6；图版七八，1）

续表

器物号	名称	质地	保存状况	形制与尺寸
2014P731SF3：34	注射器	玻璃	残	外面为白色空筒，其内为紫色活塞，活塞柄头上有“416”“☆”以及刻度等。残长 6，空筒直径 1（图三六，4；图版七八，3）
2014P731SF3：35	注射器	玻璃	残	绿色，器表有刻度。残长 9.4，直径 2.1（图版七八，4）
2014P731SF3：36	导管	玻璃	残	呈“十”字形。残高 4.7，残长 6.4（图三六，3；图版七八，5）
2014P731SF3：37	试管	玻璃	完整	白色。高 10.9，直径 1.5（图三七，4；图版七八，6）
2014P731SF3：38	试管	玻璃	完整	白色。高 9.5，直径 0.8（图三七，5）
2014P731SF3：39	纽扣	瓷	完整	白色，呈馒头状，上面有“H”符号。直径 1.6，高 0.6
2014P731SF3：40	纽扣	瓷	完整	圆饼状，边缘呈环状凸起，中间有两孔。直径 1，厚 0.2（图版七九，4）
2014P731SF3：41	瓶口	玻璃	残	浅黄，圆口方唇，直颈。直径 4.8，残高 4（图版八〇，1）
2014P731SF3：42	插座	瓷	残	三相插座，圆形。直径 5.8，残高 4（图三五，7；图版七九，1）
2014P731SF3：43	灯线座	瓷	残	圆形带孔，中间凸起。直径 5.8，高 2.2（图三五，8；图版七九，2）
2014P731SF3：44	注射针头	钢	完整	长 4.6（图三七，3；图版七九，5）
2014P731SF3：45	药匙	铜	完整	较平直，中间较细。通长 6
2014P731SF3：46	药匙	铜	完整	一端翘起，中间较细。通长 6（图三七，2；图版七九，6）
2014P731SF3：47	铜环	铜	完整	环上带有小抠。外径 2.3，内径 1.6
2014P731SF3：48	药匙	铜	完整	较平直，中间较细。通长 5.8
2014P731SF3：49	瓷壶	瓷	完整	圆柱体，上部中间有凹槽；表面有一绿色横向“S”字体，中间标有字母“K”“D”。直径 3.4，高 5（图三六，2；图版七九，3）
2014P731SF3：50	小口矮颈瓶	玻璃	残	透明，口残，端肩直腹，平底。残高 2.5，最大直径 2.3，底径 1.8（图三七，8；图版八〇，3）
2014P731SF3：51	中口瓶	玻璃	完整	褐色，圆唇直颈，溜肩直腹，凹底。通高 4，口径 1.8，底径 2.5，最大径 2.5（图三七，9；图版八〇，4）
2014P731SF3：52	瓶塞	玻璃	完整	无色透明，塞盖为圆饼状、塞部磨砂实心圆锥体。通高 3.7，盖直径 4.9（图三六，5；图版七八，2）
2014P731SF3：53	小口细颈瓶	玻璃	完整	褐色，圆唇直颈，圆肩直腹，凹底。通高 6.2，口径 2.1，底径 3.7，最大径 3.7（图三七，11；图版八〇，5）
2014P731SF3：54	瓶口	玻璃	残	黄绿色，圆唇直颈。残高 9.1，口径 5.1（图版八〇，2）
2014P731SF3：55	培养皿	玻璃	残	无色透明，圆形平底，底部有残破。高 2，直径 9.5
2014P731SF3：56	培养皿	玻璃	完整	无色透明，圆形平底。高 2.1，直径 9（图三七，6；图版八一，3）
2014P731SF3：57	瓷瓶	瓷	残	白色，圆柱体。口下部有螺丝扣。高 5.7，直径 5.3
2014P731SF3：58	瓷瓶	瓷	完整	白色，圆柱体。口下部有螺丝扣。高 5.7，直径 5.3（图三七，7）
2014P731SF3：59	小口细颈瓶	玻璃	完整	无色透明，方唇直颈，圆肩直腹，凹底。口径 2.4，腹径 4.5，高 6.5（图三七，12；图版八〇，6）
2014P731SF3：60	啤酒瓶	玻璃	完整	褐色，腹上部、下部以及底部均有文字及符号等。口径 2.4，腹径 7.6，高 29（图三七，1；图版八一，1），“大日本麦酒株式会社”：1906 年由大阪麦酒、日本麦酒、札幌麦酒三家株式会社合并成立，垄断了日本国内麦酒市场 7 成以上的份额。1949 年，根据有关避免经济力量过分集中的法律，大日本麦酒株式会社分解为朝日麦酒株式会社和日本麦酒株式会社
2014P731SF3：61	啤酒瓶	玻璃	完整	褐色，腹上部、下部以及底部均有文字及符号等。口径 2.4，腹径 7.6，高 29（图三七，10；图版八一，2），文字同 F3：60
2014P731SF3：62	玻璃珠	玻璃	完整	褐色及无色透明，不规则圆形。直径约 0.5 ~ 1

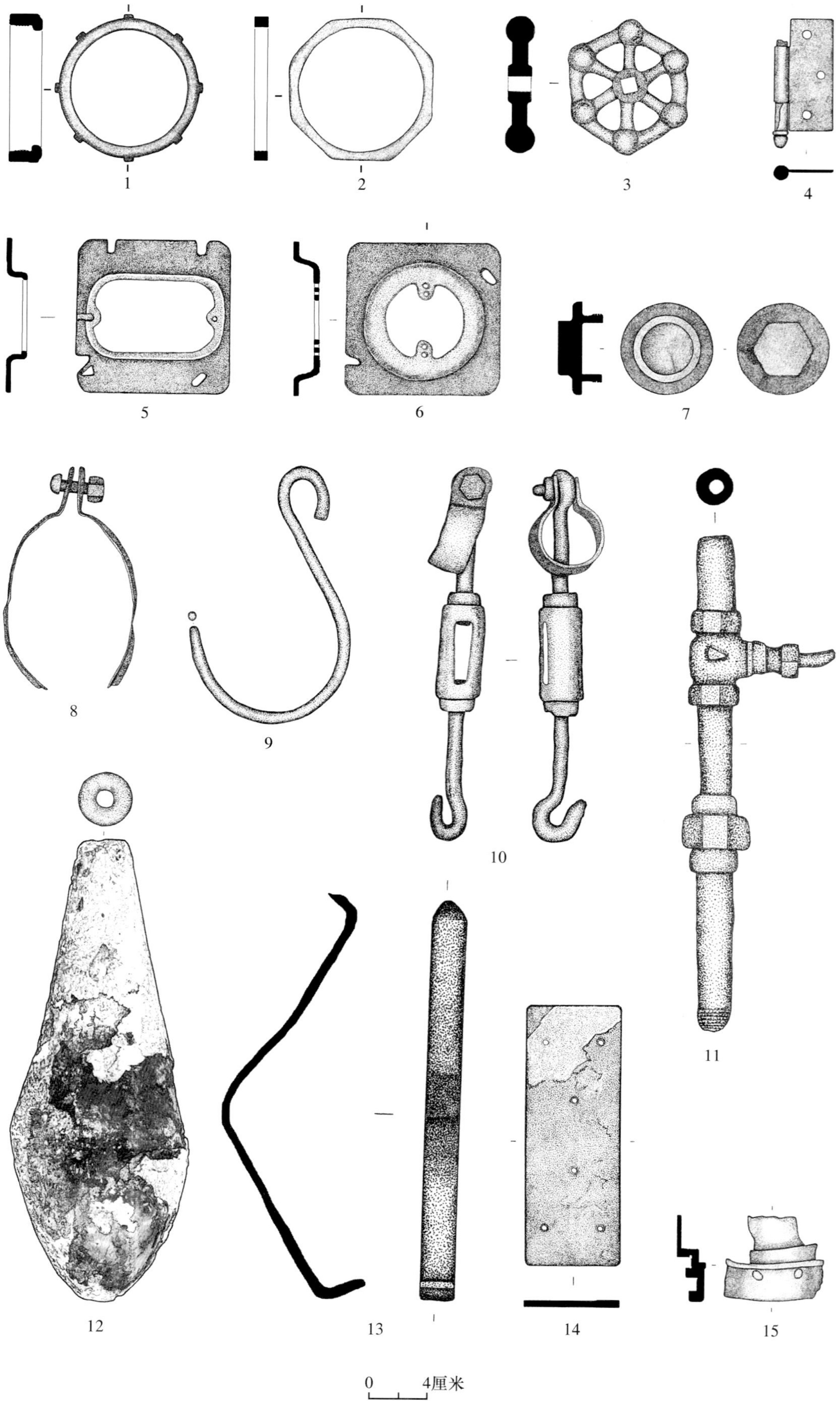

图三四 第 3 栋出土铁器

1. 活结外丝（SF3：1） 2. 根母螺丝（SF3：6） 3. 阀门手柄（SF3：2） 4. 合页（SF3：24）
5、6 开关盒罩（SF3：5、SF3：11） 7. 丝堵（SF3：15） 8. 管卡子（SF3：8） 9. 吊钩（SF3：9）
10. 紧线器（SF3：4） 11. 上水管线（SF3：3） 12. 炮弹壳（SF3：17） 13. 铁构件（SF3：22）
14. 门把手底座（SF3：19） 15. 活结内外丝（SF3：14）

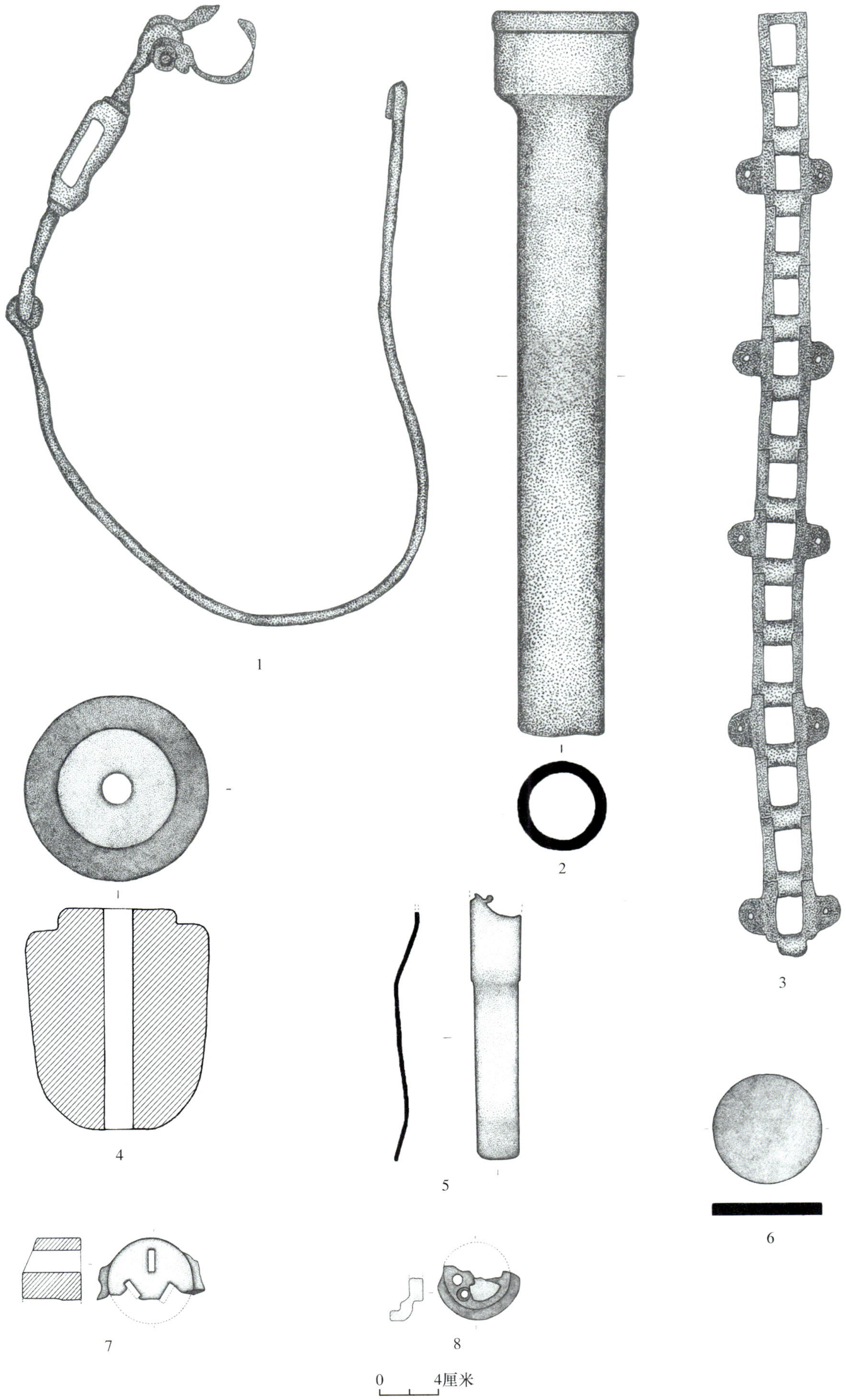

图三五　第 3 栋出土铁器及陶制品

1. 紧线器（SF3：10）2. 下水杠（SF3：18）3. 链条（SF3：12）4. 陶制品（SF3：26）
5. 细菌培养箱插片（SF3：23）6. 铅饼（SF3：27）7. 插座（SF3：42）8. 灯线座（SF3：43）

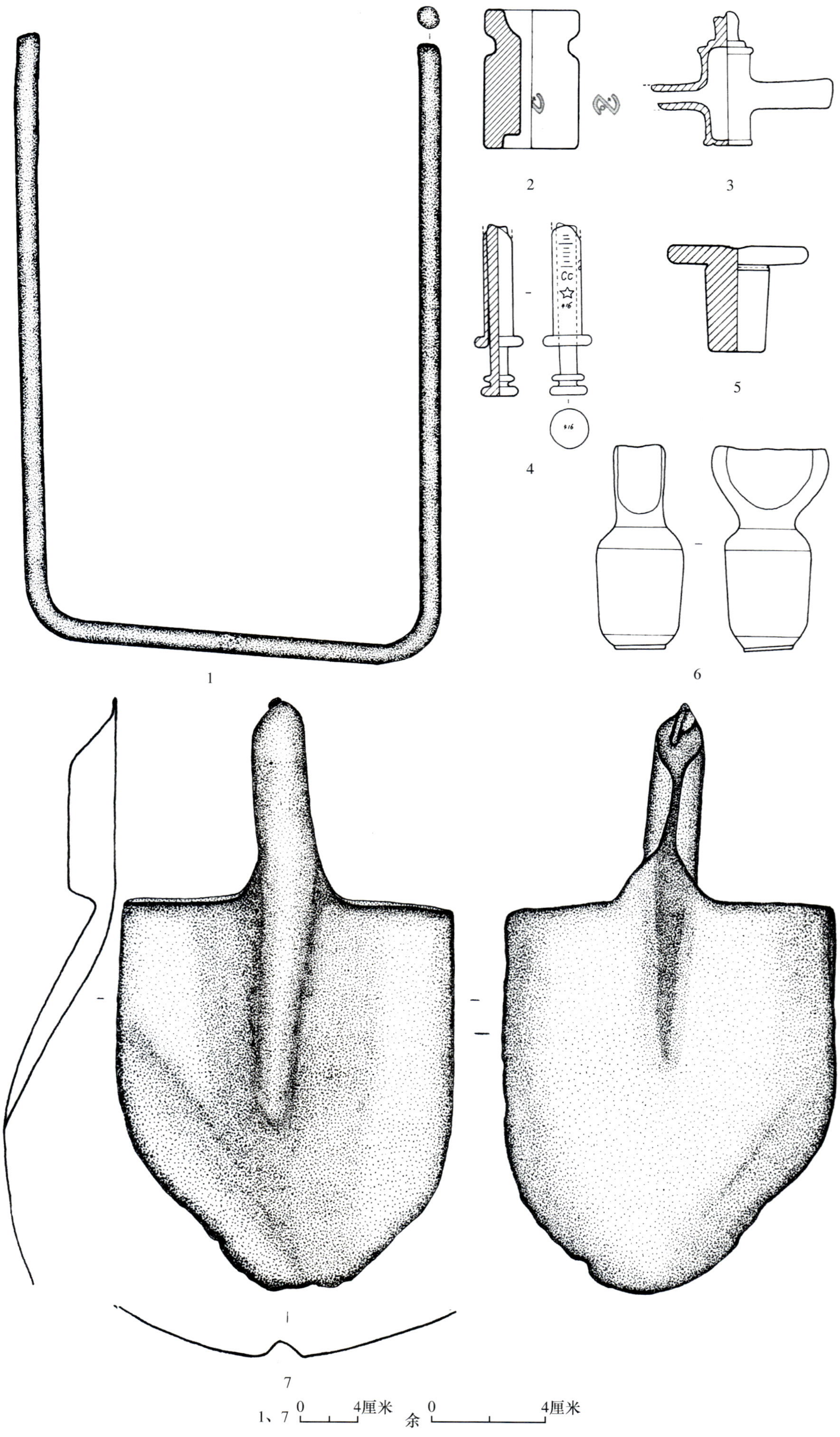

图三六　第 3 栋出土铁器及玻璃器皿

1. 梯蹬（SF3：13） 2. 瓷壶（SF3：49） 3. 导管（SF3：36） 4. 注射器（SF3：34）

5、6. 瓶塞（SF3：52、SF3：33） 7. 铁锹（SF3：29）

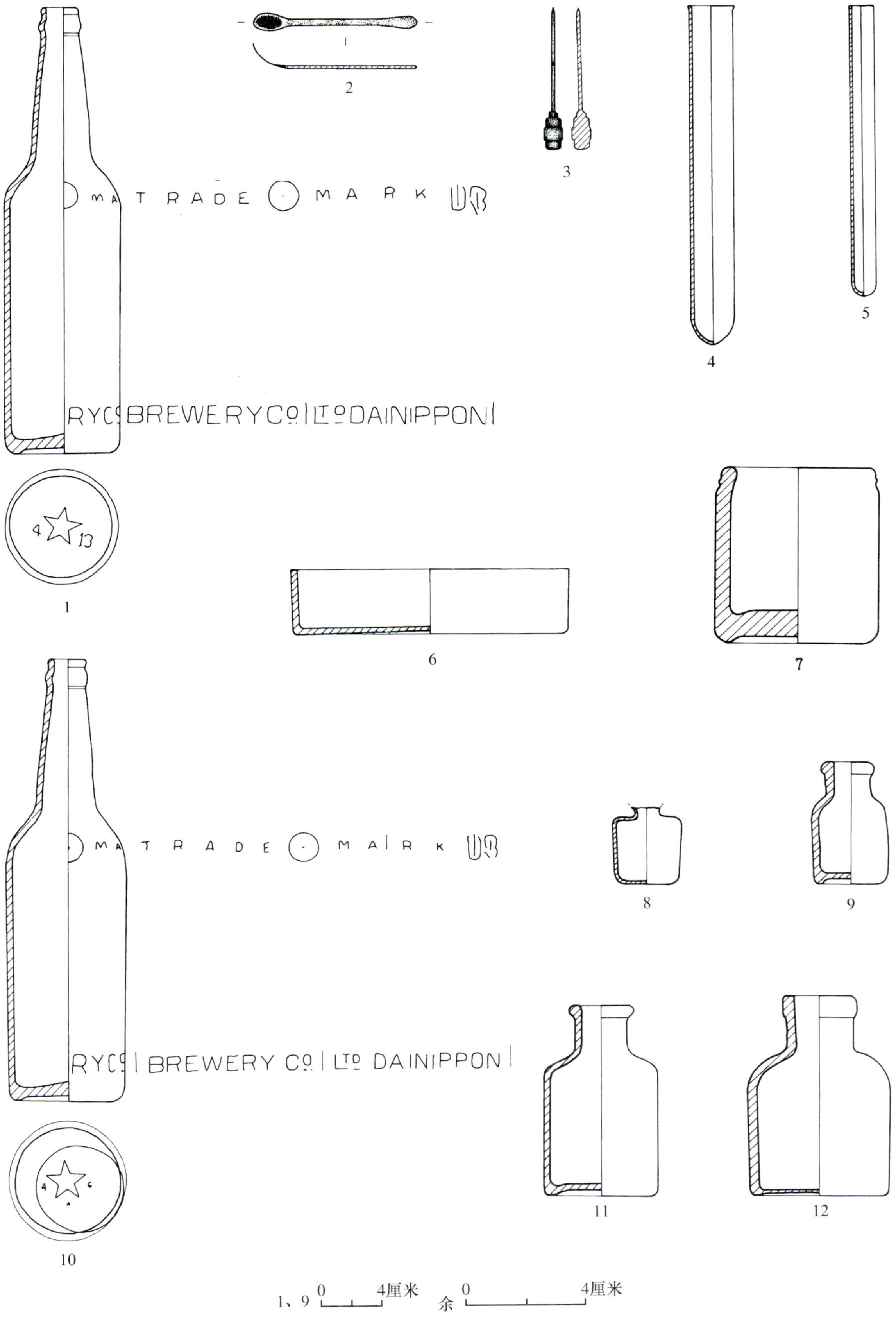

图三七 第 3 栋出土玻璃器皿

1、10. 啤酒瓶（SF3∶60、SF3∶61） 2. 药匙（SF3∶46） 3. 注射针头（SF3∶44）
4、5. 试管（SF3∶37、SF3∶38） 6. 培养皿（SF3∶56） 7. 瓷瓶（SF3∶58）
8. 小口矮颈瓶（SF3∶50） 9. 中口瓶（SF3∶51） 11、12. 小口细颈瓶（SF3∶53、SF3∶59）

二、第 4 栋出土遗物（表一七）

表一七　第 4 栋出土遗物描述及尺寸　（单位：厘米）

器物号	名称	质地	保存状况	形制与尺寸
2014P731SF4：1	管卡子	铁	完整	用长条铁片弯成管箍，一端用螺栓与紧线器固定相连。管箍直径 9.4，通长 19.4（图三八，1；图版八一，4）
2014P731SF4：2	挂钩	铁	完整	由圆钢筋制成，一端为半圆弧，另一端为圆环。通长 23.6，钢筋直径 1.2（图三八，2；图版八一，5）
2014P731SF4：3	锔钉	铁	完整	两端为尖头。长 24.8，高 10，钢筋直径 1（图三八，4；图版八一，6）
2014P731SF4：4	铁器	铁	残	应为六边形，残存四边，用方钢制成。边长 4.2，方钢厚 1.6（图三八，5；图版八二，1）
2014P731SF4：5	地漏	铁	残	仅存一部分地漏外壁。残长 21，残高 13.2，厚 0.8（图三八，3；图版八二，2）

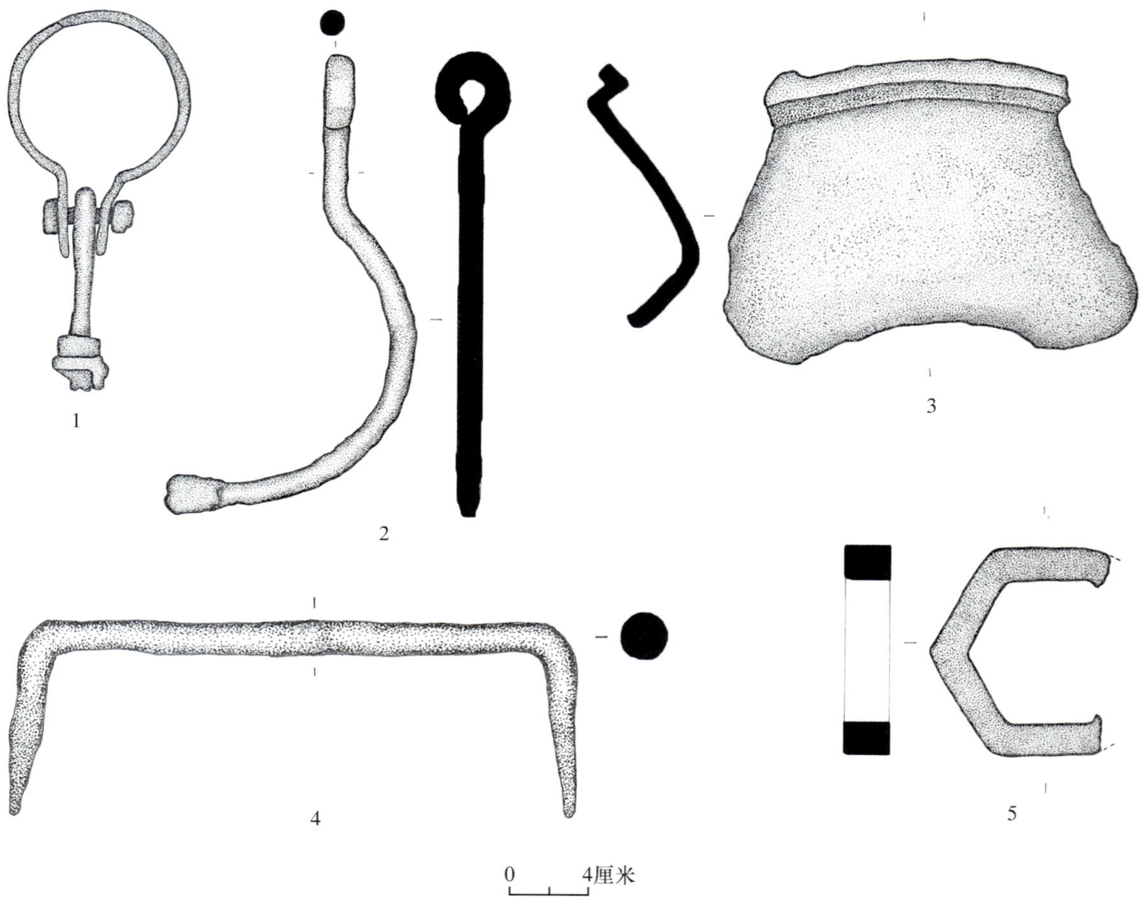

图三八　第 4 栋出土铁器

1. 管卡子（SF4：1）2. 挂钩（SF4：2）3. 地漏（SF4：5）4. 锔钉（SF4：3）5. 铁器（SF4：4）

三、第 5 栋出土遗物（表一八）

表一八　第 5 栋出土遗物描述及尺寸　　（单位：厘米）

器物号	名称	质地	保存状况	形制与尺寸
2014P731SF5：1	紧线器	铁	完整	中间为紧线装置，一端为管卡子，另一端为铁钩。通长 31.2，管卡直径 9（图三九，1；图版八三，1）
2014P731SF5：2	吊环	铁	完整	上半用铁板弯成，上部漫圆，下部平直重叠；下半为铁钩。上下以螺丝相连。铁板宽 3.8，厚 0.2，通长 23.4（图三九，4；图版八二，3）
2014P731SF5：3	吊环	铁	完整	用长条铁片弯成管箍，一端用螺丝与紧线器相连。通长 30.4，管箍直径 11.2（图三九，3；图版八二，4）
2014P731SF5：4	双立柱吊环	铁	完整	用圆钢筋制成，一端为一横向大环，另端为二竖向小环，以两根立柱相连。通长 13，大环内径 5，小环内径 1，钢筋直径 1（图三九，5；图版八二，5）
2014P731SF5：5	管卡子	铁	残	以长条铁片弯成的大小管箍通过中间螺栓相连。通长 21.2，小环直径 3.6，大环直径 10（图三九，11；图版八三，2）
2014P731SF5：6	细菌培养箱插片	铝	完整	大致呈圆角梯形，一端有轴，轴另端为方孔构件。通长 26.2，宽 3 ~ 3.6，厚 0.2（图四〇，7；图版八五，1）
2014P731SF5：7	吊钩	铁	完整	由圆钢筋弯成，约呈“几”字形。通长 14，钢筋直径 1.6（图四〇，10；图版八二，6）
2014P731SF5：8	暖气挂钩	铁	完整	中间为直钢筋，其下端为半圆弧钩，较扁；另一端有分叉。通长 27.8（图三九，2；图版八四，1）
2014P731SF5：9	铁制品	铁	完整	由扁铁条制成，略呈“几”字形，上下共七处螺丝孔；上方近中部有一铁条通过螺丝与之相连。长 32.6，宽 3.2，厚 0.2（图四〇，9；图版八四，2）
2014P731SF5：10	丁字铁	铁	完整	由铁片制成，呈“T”字形，其上有五个孔。高 14.6，长 15；铁片宽 2.6，厚 0.4（图三九，6；图版八四，3）
2014P731SF5：11	阀门手柄	铁	完整	呈圆形，内环通过六条放射状圆柱与外环 6 个直径为 2 的球状体相连。外环直径 5.3，内环直径 2.1，厚 1.2（图四〇，1；图版八三，3）
2014P731SF5：12	阀门手柄	铁	完整	呈圆形，一铜螺丝杆通过六棱螺丝与其中心相连。通高 8.7，阀门栓直径为 7（图四〇，3）
2014P731SF5：13	阀门手柄	铁	完整	相对扁平，呈六瓣外圆弧形，中间为方孔。方孔边长 0.9，通长 8.4，厚 1.4（图四〇，2；图版八三，4）
2014P731SF5：14	阀门手柄	铁	完整	呈圆形，内环通过六条放射状圆柱与外环 6 个直径为 2.4 的球状体相连。外环直径 13.2，内环直径 3.8，中心方孔边长 1.2，厚 2（图四〇，4；图版八三，5）
2014P731SF5：15	阀门手柄	铁	完整	呈圆形，内环通过六条放射状圆柱与外环 6 个直径为 3.2 的球状体相连。外环外径 14.8，内环外径 3.6，中心方孔边长 1，厚 2（图四〇，5；图版八三，6）
2014P731SF5：16	瓷壶	瓷	残	瓷壶顶部呈“十”字内凹，通过中部带圆档的螺丝杆与下端物体相连。通长 24，瓷壶高 5.8，顶端直径 4.8，最大直径 7.4，螺丝杆直径 1.2（图四〇，8；图版八四，4）
2014P731SF5：17	箅子	铁	残	呈圆形，圆内通过横向方铁条均匀相连。直径 22，铁条厚 1.2（图四〇，6；图版八四，5）
2014P731SF5：18	灯罩	铁	残	外部涂绿漆，内部为白瓷，呈圆锥状，中间为灯座。直径 28，高 7.6（图四一，1；图版八四，6）

续表

器物号	名称	质地	保存状况	形制与尺寸
2014P731SF5：19	瓷砖	瓷	完整	白瓷，呈方形，表面光亮，底面均匀分布方形凹槽。边长 15，厚 0.8
2014P731SF5：20	陶制品	陶	完整	呈圆柱体，中间有圆孔，一端较细。高 15，细端直径 9.2，粗端直径 13，中心孔直径 3.8（图四一，2；图版八五，2）
2014P731SF5：21	箱卡扣	钢	完整	银色，扁体，中间以轴连接，在细菌培养箱上有见相同遗物。通长 10.9，宽 4.3，厚 0.2（图四一，3；图版八五，3）
2014P731SF5：22	箱卡扣	钢	完整	银色，扁体，中间以轴连接，在细菌培养箱上有见相同遗物。通长 10.9，宽 4.3，厚 0.2（图版八五，4）
2014P731SF5：23	烟斗	电木	残	略呈“S”形，中心为金属材料，外部用较厚电木包裹，斗部有竖向凹槽。通长 13.5，斗口内直径 2.6，斗高 3（图四一，4；图版八五，5、6）
2014P731SF5：24	滴管	玻璃	残	无色透明，呈圆柱体，中空，口部呈圆锥状，器表有刻度，上部残断。通长 9.8，直径 0.7（图版八六，1）
2014P731SF5：25	滴管	玻璃	残	无色透明，呈圆柱体，中空，口部呈圆锥状，在器表有刻度，尾部残断。通长 17.4，直径 0.6（图四二，1；图版八六，2）
2014P731SF5：26	滴管	玻璃	残	无色透明，呈圆柱体，中空，尾部呈圆球状，器表有刻度，上部残断。通长 11.2，直径 0.6（图四二，2；图版八六，3）
2014P731SF5：27	滴管	玻璃	残	透明，呈圆柱体，中空，下部呈圆球状，器表有刻度，上部残断，在刻度的对侧有一层白底。通长 13.8，直径 0.75（图四二，3；图版八六，4）
2014P731SF5：28	滴管	玻璃	残	透明，中空圆柱体，下部呈圆锥状，器表有刻度及字母、数字等，在刻度的对侧有一层白底，上部残断。通长 5.8，直径 0.4
2014P731SF5：29	注射器	玻璃	残	外面空筒及其里面活塞均为淡蓝色，空筒外面有黄色刻度以及字母等。残长 8.7，管直径 0.8（图四二，5；图版八六，5）
2014P731SF5：30	注射器	玻璃	残	外面空筒及其里面活塞均为淡蓝色，空筒外面有白色刻度以及英文字母（“专利品”）等。残长 5.4，管直径 1.5（图四二，6）
2014P731SF5：31	导管	玻璃	残	无色透明，呈圆锥状，口与器身相连处有束颈。残长 5.7
2014P731SF5：32	导管	玻璃	残	无色透明，直管中间有一圆球体。残长 13，管直径 0.7（图四二，4；图版八六，6）
2014P731SF5：33	烧杯	玻璃	残	无色透明，呈圆柱体，直颈，圜底，口部残断。残高 8.6，直径 1.6（图四二，7；图版八七，1）
2014P731SF5：34	搅棒	玻璃	完整	无色透明，圆柱体，一端有小圆球。长 9.7，直径 0.3（图版八七，2）
2014P731SF5：35	试管	玻璃	残	无色透明，圆柱体，圜底，口残。长 15.4，直径 1.5（图四二，10）
2014P731SF5：36	试管	玻璃	完整	无色透明，圆柱体，圜底。长 15，直径 1.5（图版八七，3）
2014P731SF5：37	试管	玻璃	残	无色透明，圆柱体，圜底。口残。长 12.1，直径 1.5（图四二，9）
2014P731SF5：38	试管	玻璃	完整	无色透明，口稍外敞，圆柱体，圜底。长 9.3，直径 0.8（图四二，8；图版八七，4）
2014P731SF5：39	试管	玻璃	完整	无色透明，圆柱体，圜底。长 19.7，直径 3.2（图四二，11；图版八七，5）
2014P731SF5：40	试管	玻璃	完整	无色透明，圆柱体，圜底。长 19.7，直径 3.2
2014P731SF5：41	小口瓶	玻璃	完整	无色透明，圆唇直颈，圆肩直腹，凹底。口径 3.3，底径 6.5，高 13.1（图四二，12；图版八八，1）
2014P731SF5：42	小口瓶	玻璃	完整	无色透明，圆唇直颈，圆肩直腹，凹底。口径 2.4，底径 4，高 8（图四二，13；图版八八，2）
2014P731SF5：43	小口瓶	玻璃	完整	无色透明，方唇直颈、平圆肩直腹，凹底。口径 1.8，底径 3，高 6.5（图四二，14；图版八八，3）

续表

器物号	名称	质地	保存状况	形制与尺寸
2014P731SF5：44	小口瓶	玻璃	完整	无色透明，方唇直颈、平圆肩直腹，凹底。口径1.8，底径3，高6.5（图版八八，4）
2014P731SF5：45	小口瓶	玻璃	完整	棕色透明，尖圆唇直颈，圆肩直腹，凹底。口径1.8，底径2.6，高4.6（图四二，15；图版八八，5）
2014P731SF5：46	玻璃瓶	玻璃	完整	棕色透明，尖圆唇直颈，圆肩直腹，凹底。口径1.8，底径2.6，高4.6（图版八八，6）
2014P731SF5：47	中口瓶	玻璃	完整	棕色透明，圆唇直颈，圆肩直腹，凹底。口径1.8，底径2.4，高4.2（图四二，16；图版八九，1）
2014P731SF5：48	中口瓶	玻璃	完整	棕色透明，圆唇直颈，圆肩直腹，凹底。口径1.8，底径2.4，高4.2（图版八九，2）
2014P731SF5：49	瓶塞	玻璃	完整	无色透明，整体呈“T”形，柄部中空呈梭形，塞部为磨砂圆锥体，中部有3个孔，底部为平底。高5.4，顶长4.1，塞部最大直径1.6，底直径1.3（图四三，1）
2014P731SF5：50	瓶塞	玻璃	完整	无色透明，瓶塞呈“T”字形，柄部中空呈梭形。塞部为磨砂圆锥体，中部有3个孔，平底。高5.4，顶长4.1，塞部最大直径1.6，底直径1.3（图版八九，3）
2014P731SF5：51	瓶塞	玻璃	完整	无色透明，瓶塞呈“T”字形，柄部中空呈梭形。塞部为磨砂圆锥体，中部有一穿孔，底部略凸。高6.2，顶长4.2，塞部最大直径1.4，底直径1（图四三，2）
2014P731SF5：52	瓶塞	玻璃	完整	无色透明，柄部为圆饼状，其上有“22”字样，塞部为磨砂圆锥体，底面略凸。高8.1，厚1.6，顶部圆直径3.9，塞部最大直径3.5，底直径3（图版八九，4）
2014P731SF5：53	瓶塞	玻璃	完整	无色透明，柄部为圆饼状，塞部为磨砂圆锥体，底面略凸。高5.8，顶部圆直径2.6，厚1，塞部最大直径2，底直径1.6（图四三，3；图版八九，5）
2014P731SF5：54	瓶塞	玻璃	完整	无色透明，柄部为摸角长方体，塞部为磨砂圆锥体，平底。高4.2，顶部长1.7，宽1.4，厚0.9，塞部最大直径1.9，底直径1.6（图四三，4；图版八九，6）
2014P731SF5：55	瓶塞	玻璃	残	草绿色透明，柄部为抹角长方体，塞部为磨砂圆锥体，底残。高4.5，顶部长1.9，宽1.6，厚1，塞部最大直径1.7
2014P731SF5：56	瓶塞	玻璃	残	无色透明，呈“T”字形，上为凸面圆饼，下为中空磨砂圆锥体。通高4.7，盖直径7.7（图四三，5；图版九〇，1）
2014P731SF5：57	瓶塞	玻璃	完整	褐色，呈“T”字形，上为凸面圆饼，下为中空磨砂圆锥体。通高5.1，盖直径8.2（图四三，6；图版九〇，2）
2014P731SF5：58	瓶塞	玻璃	完整	褐色，呈“T”字形，上为凸面圆饼，下为中空磨砂圆锥体。通高4.2，盖直径6.2（图版九〇，3）
2014P731SF5：59	瓶塞	玻璃	完整	无色透明，呈“T”字形，上为凸面圆饼，下为中空磨砂圆锥体。通高3.9，盖直径5.1（图四三，7；图版九〇，4）
2014P731SF5：60	瓶塞	玻璃	残	无色透明，呈“T”字形，上为凸面圆饼，下为中空磨砂圆锥体。通高4.1，盖直径6.3（图四三，8）
2014P731SF5：61	瓶塞	玻璃	完整	无色透明，呈“T”字形，上为平面圆饼，下为实心磨砂圆锥体。通高4.2，盖直径4.9（图四三，9；图版九〇，5）
2014P731SF5：62	瓶塞	玻璃	残	无色透明，呈“T”字形，上为凸面圆饼，下为中空磨砂圆锥体。通高4，盖直径5.1
2014P731SF5：63	瓶塞	玻璃	完整	褐色，呈“T”字形，上为凸面圆饼，下为中空磨砂圆锥体。通高3.3，盖直径4.8

续表

器物号	名称	质地	保存状况	形制与尺寸
2014P731SF5：64	瓶塞	玻璃	残	褐色，呈“T”字形，上为凸面圆饼，下为中空磨砂圆锥体。残高2.3，盖直径4.8
2014P731SF5：65	瓶口	玻璃	残	无色透明，圆唇外侈、斜直颈上部略粗，颈内侧磨砂。残高6，口径6.7（图四三，10；图版九一，1）
2014P731SF5：66	瓶口	玻璃	残	无色透明，厚圆唇，斜直颈下部略粗，颈内侧磨砂。残高7.3，口径7.7（图四三，11；图版九一，2）
2014P731SF5：67	瓶口	玻璃	残	茶色透明，方圆唇直颈。残高4.3，口径5.3（图四三，12；图版九一，3）
2014P731SF5：68	器盖纽	玻璃	残	褐色，实心圆球柄。残高8.9，球直径8（图四三，13；图版八七，6）
2014P731SF5：69	器底	玻璃	残	无色透明，凹底。残高3.8，底径18，溶液瓶直径15（图四三，14；图版九〇，6）

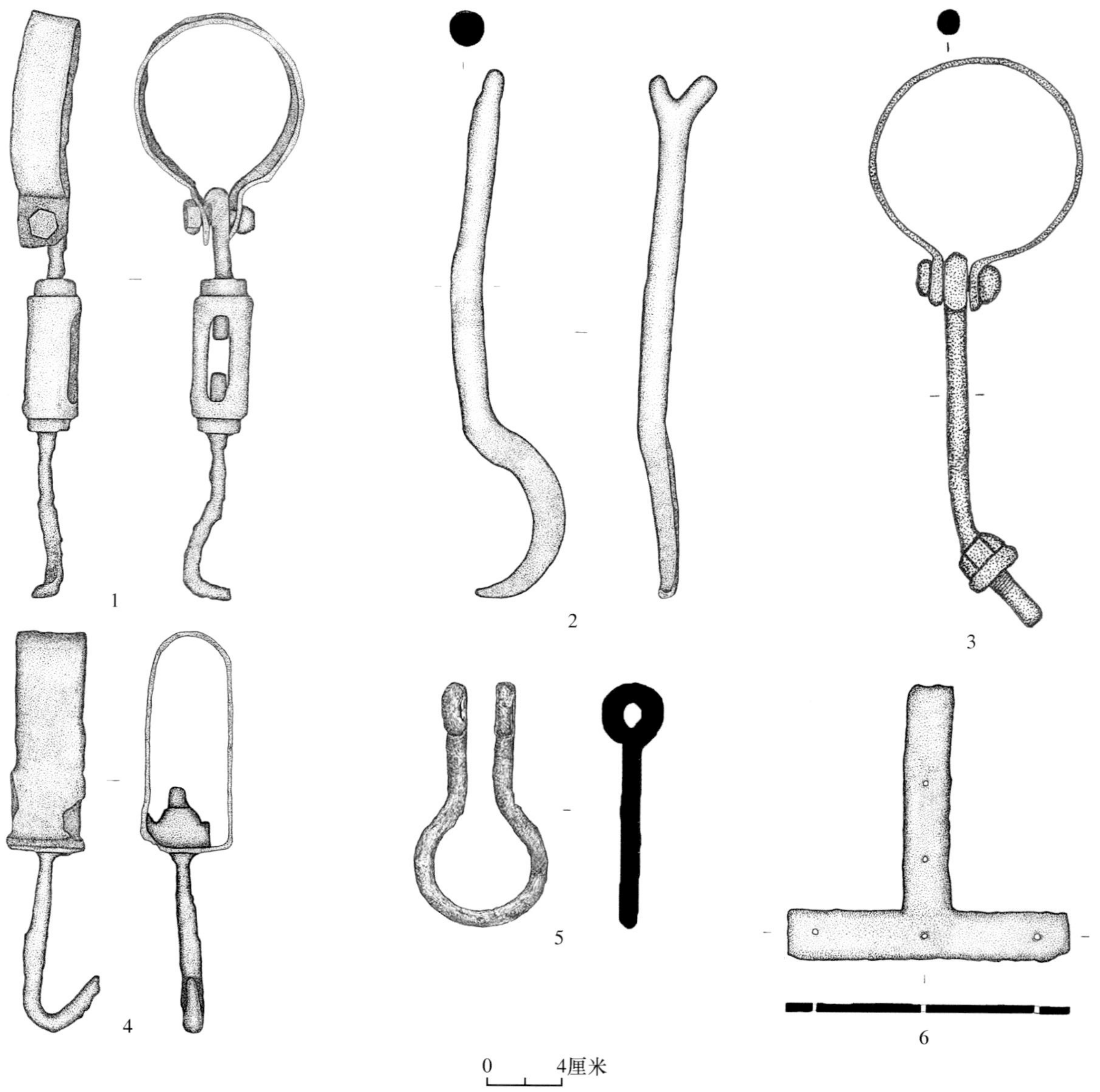

图三九　第5栋出土铁器

1. 紧线器（SF5：1） 2. 暖气挂钩（SF5：8） 3、4. 吊环（SF5：3、SF5：2）
5. 双立柱吊环（SF5：4） 6. 丁字铁（SF5：10）

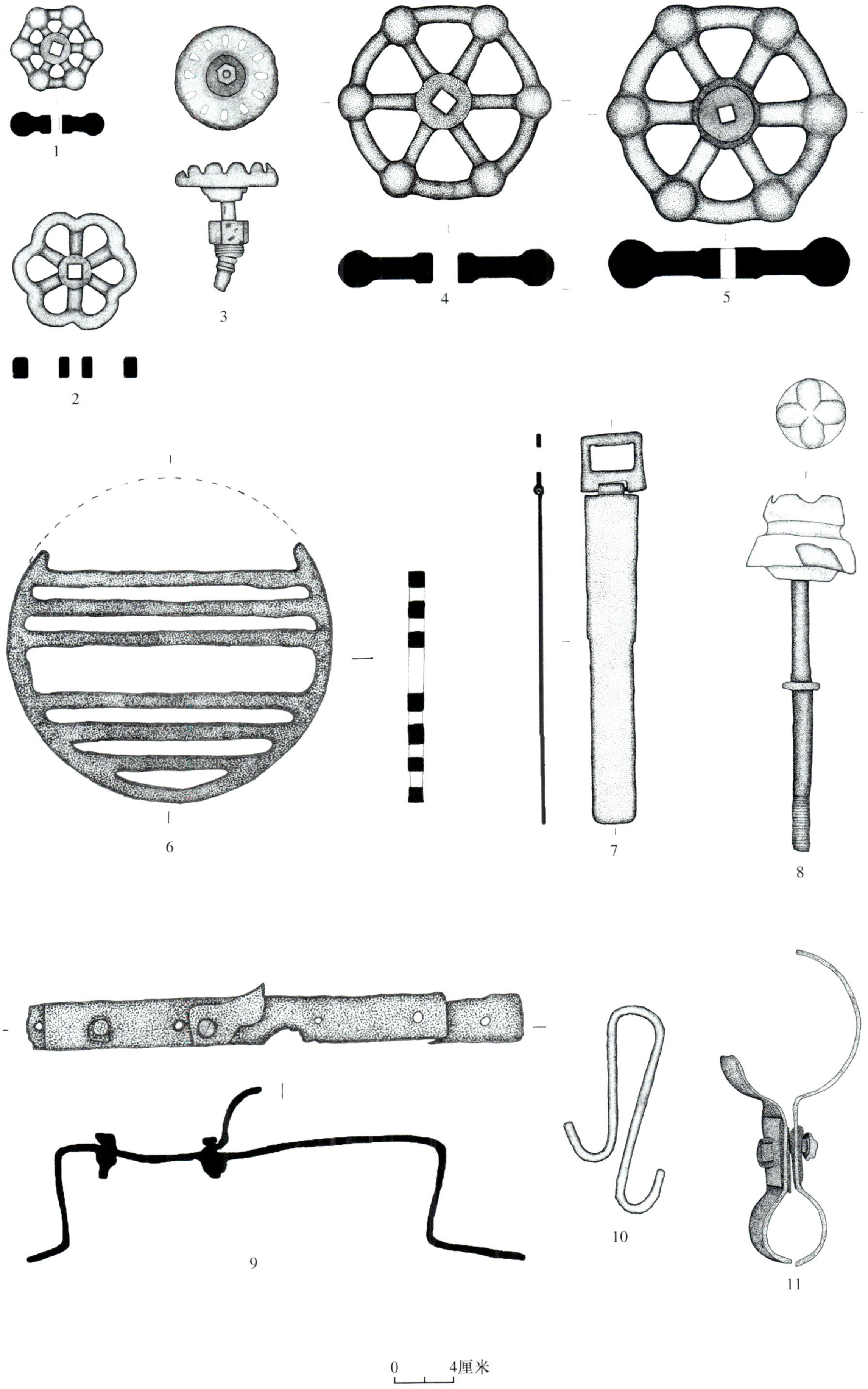

图四〇 第 5 栋出土铁器

1～5. 阀门手柄（SF5：11、SF5：13、SF5：12、SF5：14、SF5：15） 6. 箅子（SF5：17）
7. 细菌培养箱插片（SF5：6） 8. 瓷壶（SF5：16） 9. 铁制品（SF5：9） 10. 吊钩（SF5：7）
11. 管卡子（SF5：5）

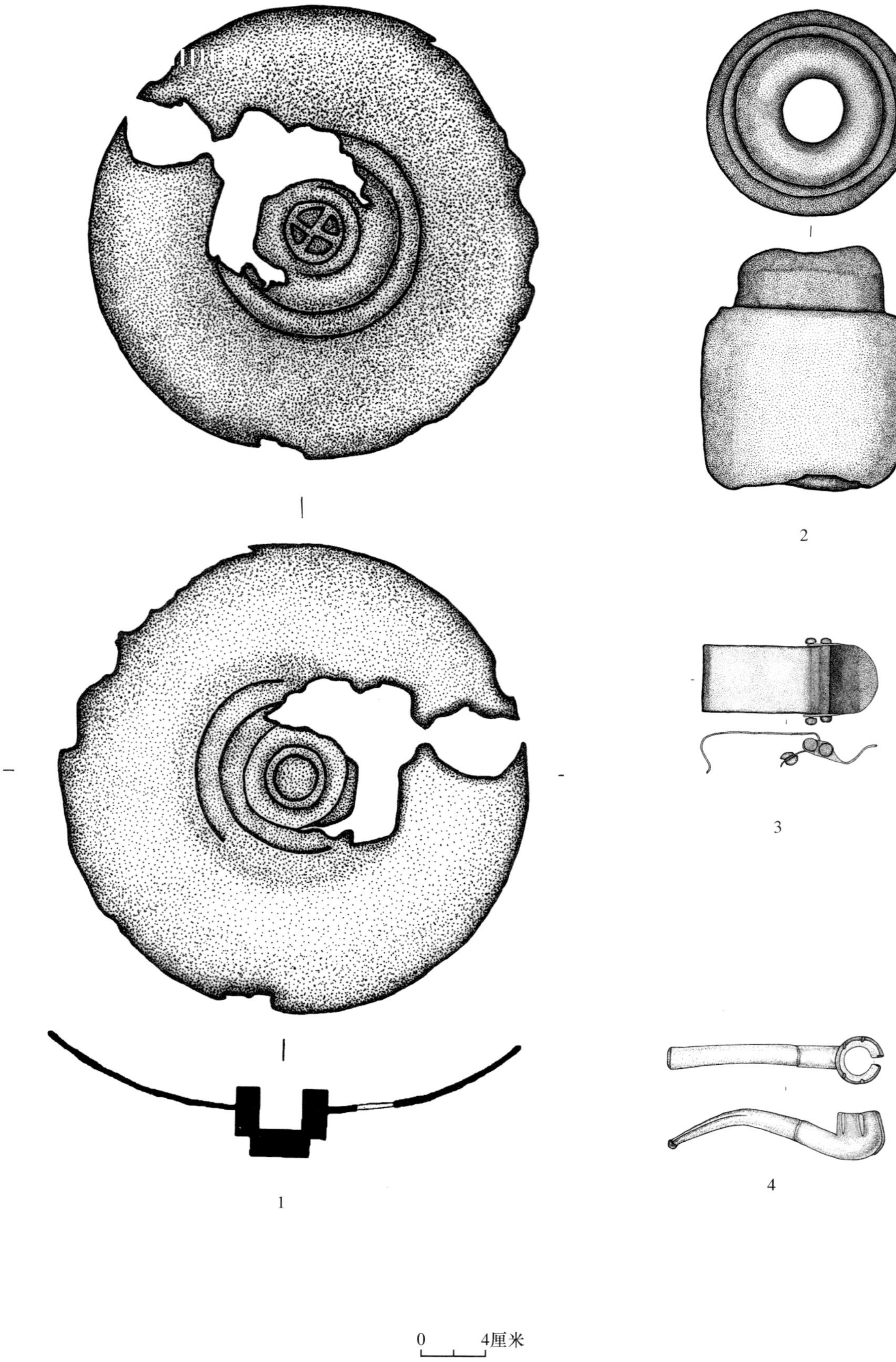

图四一 第5栋出土铁器及陶器

1. 灯罩（SF5：18） 2. 陶制品（SF5：20） 3. 箱卡扣（SF5：21） 4. 烟斗（SF5：23）

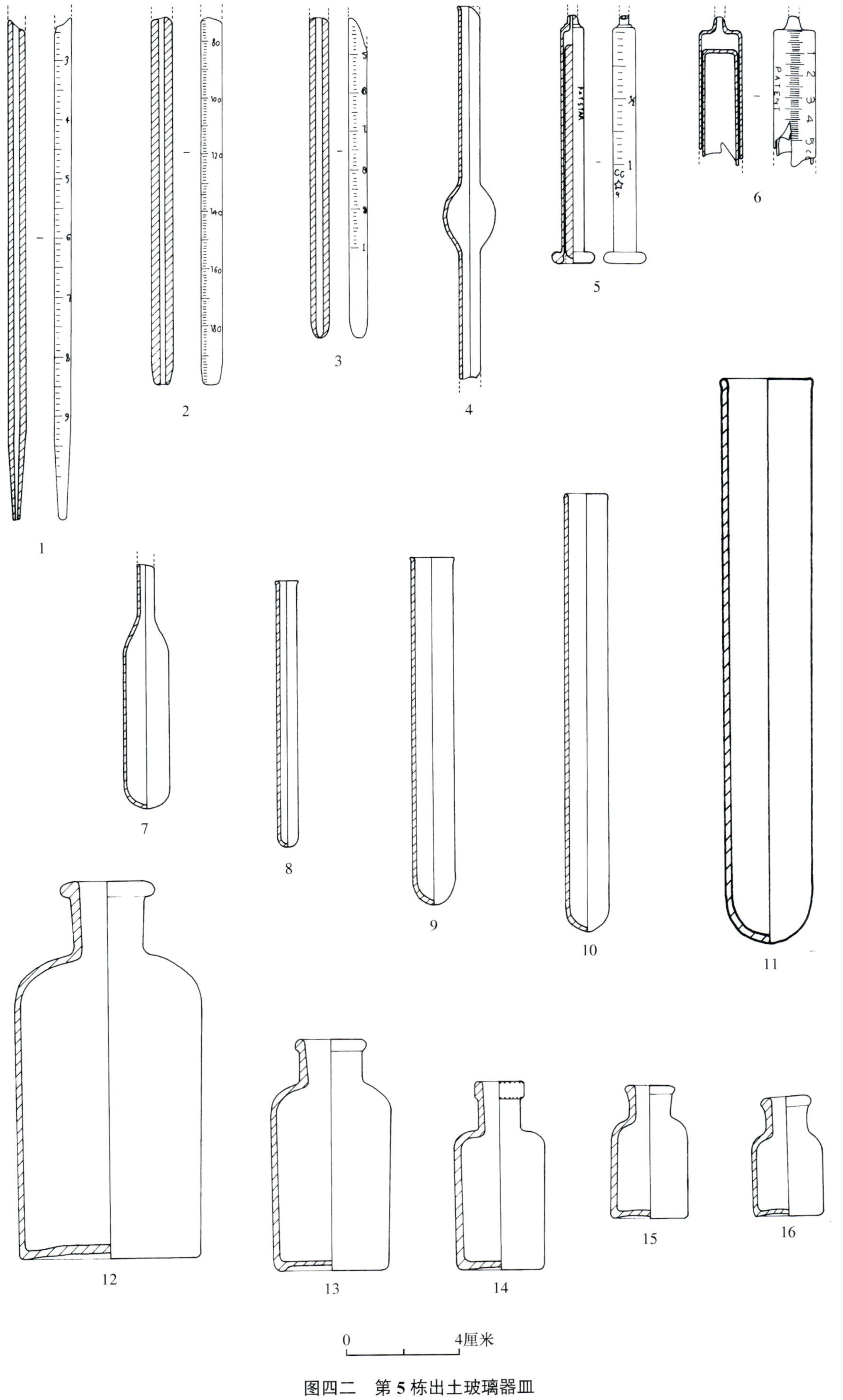

图四二　第 5 栋出土玻璃器皿

1～3. 滴管（SF5：25、SF5：26、SF5：27） 4. 导管（SF5：32） 5、6. 注射器（SF5：29、SF5：30）
7. 烧杯（SF5：33） 8～11. 试管（SF5：38、SF5：37、SF5：35、SF5：39）
12～15. 小口瓶（SF5：41、SF5：42、SF5：43、SF5：45） 16. 中口瓶（SF5：47）

图四三　第5栋出土玻璃器皿

1～9. 瓶塞（SF5：49、SF5：51、SF5：53、SF5：54、SF5：56、SF5：57、SF5：59、SF5：60、SF5：61）
10～12. 瓶口（SF5：65、SF5：66、SF5：67） 13. 器盖纽（SF5：68） 14. 器底（SF5：69）

四、第 6 栋出土遗物（表一九）

表一九　第 6 栋出土遗物描述及尺寸　（单位：厘米）

器物号	名称	质地	保存状况	形制与尺寸
2014P731SF6：1	砸麻口工具	铁	完整	尖部较扁平弯曲，中间为直钢筋，尾部为六棱螺帽。通长 31，钢筋直径 1.8（图四四，1；图版九一，4）
2014P731SF6：2	扳手	铁	完整	扁平，一端口为方口，长 2.4；另一端为六棱口，长 2。通长 20，厚 0.6（图四四，10；图版九一，5）
2014P731SF6：3	紧线器	铁	完整	一端为铁钩、中间为紧线装置、另端系以螺栓相连的管卡子，通长 20.4，直径 3（图四四，5）
2014P731SF6：4	锤子	铁	完整	呈方柱体，两端使用痕迹明显，中间方口装有木柄。锤头长 5，宽 4.8，高 10.8，通长 22.6（图四四，9；图版九二，1）
2014P731SF6：5	扳手	铁	完整	方椎体，一端为长 2.4 的六棱口，另端为尖头。通长 36.2，厚 1.8（图四四，6；图版九一，6）
2014P731SF6：6	管钳子	铁	完整	器体扁平，锈蚀较重，通长 35.6（图四四，3；图版九二，2）
2014P731SF6：7	铁构件	铁	完整	圆钢筋制成，一端为四棱方尖，另端弯成直角。通长 35.4，直径 1.8（图四四，2；图版九三，1）
2014P731SF6：8	吊环	铁	完整	用圆钢筋制成，横向大环的两端为相对竖向小环。大环内径 11.2，钢筋直径 1（图四四，4；图版九二，3）
2014P731SF6：9	门把手底座	铁	完整	用长方形铁皮制成，其上有 5 处用来固定的小圆孔以及一处长 2，宽 0.8 的钥匙孔，另有把手底座 2 处。长 36，宽 6，厚 0.6（图四四，7；图版九二，4）
2014P731SF6：10	紧线器	铁	完整	中间为紧线装置，一端为管卡子，另一端为铁钩。通长 25.2，管箍直径 5（图四四，8；图版九二，5）
2014P731SF6：11	铁卡子	铁	完整	呈拱桥状，中间为半圆形，两端各有一个螺丝钉。长 9，宽 2.5，高 4（图四四，11；图版九二，6）
2014P731SF6：12	铁构件	铁	残	由一个横向细圆管与竖向粗短圆柱管焊接而成，其后者堵头为一扁平圆铁柄。细管直径 2.8，粗管直径 8，圆铁片直径 12.8，通长 23.4，高 7（图四五，1；图版九三，2）
2014P731SF6：13	挂钩	铁	完整	呈“S”形。大钩直径 4.9，小钩直径 2，通长 8.6（图四四，12；图版九三，3）
2014P731SF6：14	轴杠	铁	残	中间为圆钢，一端有大小各一齿轮、另一端为固定件。通长 60，圆钢直径 1.6，齿轮直径分别为 8、6（图四五，5；图版九三，4）
2014P731SF6：15	设备架	铁	残	整体呈方形，底座四角为竖向槽钢，横向由两根直径为 2.4 的圆钢相连，纵向由一根槽钢连接在一侧竖向槽钢上，其上有多处螺丝构件。长 60，宽 54.4，高 26.4（图四九，1；图版九三，5）
2014P731SF6：16	铁构件	铁	完整	用厚 0.4，宽 2.4，长 32.4 的圭形铁片弯成“Z”字形，两端较短（图四五，3；图版九三，6）
2014P731SF6：17	铁构件	铁	完整	用厚 0.4，宽 2.4，长 32.4 的圭形铁片弯成“Z”字形，两端较短
2014P731SF6：18	铁构件	铁	完整	用厚 0.4，宽 2.4，长 32.4 的圭形铁片弯成“Z”字形，两端较短
2014P731SF6：19	暖气挂钩	铁	完整	通体较扁平，一端为半圆弧，其余部分较直。通长 26.4，宽 1，厚 0.6（图四五，6；图版九六，1）
2014P731SF6：20	线盒	铁	残	圆角正方体，线盒盖中心为圆孔且向上凸起，线盒底部有 6 个直径 0.4 的圆孔和 2 个 2.2 的圆孔，侧面有 2 个 2.2 的圆孔。边长 10.6，高 7.4，线盒壁厚 0.4（图四五，2；图版九四，1）

续表

器物号	名称	质地	保存状况	形制与尺寸
2014P731SF6：21	变向弯头	铁	完整	二个管道通过弯头相连，长管道另一端为活接，短管道另一端为弯头。管道直径 3.2，通长 26.4（图四五，4；图版九四，5）
2014P731SF6：22	吊钩	铁	完整	圆钢筋制成，一端为钩，另一端为圆环，圆环与另一个小钩相套接，小钩的另一端为螺丝扣。长挂钩通长 86.4，钢筋直径 0.8（图四六，1；图版九六，2）
2014P731SF6：23	箍筋	铁	完整	呈圆角方形。长 20，宽 14，钢筋直径 0.6（图四五，7；图版九六，3）
2014P731SF6：24	地漏	铁	残	呈盆状，上部为螺旋状漏网。口径 21.6，底径 11.6，高 10（图四六，2；图版九四，2）
2014P731SF6：25	暖气	铁	残	呈长方形，顶端有暖气管道，下端通过漏水孔与散热器相连。长 33.2，宽 10（图四六，4；图版九四，3、4）
2014P731SF6：26	阀门	铁	完整	阀门上边为涂有红漆的阀门栓，下边一侧连接上水管道。阀门栓直径 7，管道直径 3.6，通高 16（图四七，1；图版九五，1）
2014P731SF6：27	上水管道	铁	完整	管道通过活接与三通相连，呈曲尺状。直径 2.4，通长 31.6（图四六，3；图版九五，2）
2014P731SF6：28	阀门	铁	残	一端连接管道及至弯头。高 16，管道直径 4（图四七，3；图版九五，3）
2014P731SF6：29	下水管道	铁	完整	管道有变形，一端有弯头，另一端为活接。通长 39.6，管道直径 6（图四七，2；图版九四，6）
2014P731SF6：30	管道及阀门	铁	完整	管道与弯头、三通、阀门相连。管道直径 2.4（图四八，1；图版九五，4）
2014P731SF6：31	上水管道	铁	完整	管道上可见管卡子，一端连接三通。通长 104，管道直径 4（图四九，2；图版九五，5）
2014P731SF6：32	管道及阀门	铁	完整	管道与三通、弯头、活接、阀门、器堵组合。通长 47.2，管道直径 2（图四八，2；图版九五，6）
2014P731SF6：33	管道	铁	残	一端残断、一端为弯头。直径 4.4，通长 26.6（图四七，4）
2014P731SF6：34	螺栓	铁	完整	螺杆一端带有螺丝。通长 10.8，螺杆直径 2（图四四，13）
2014P731SF6：35	电线管	铁	残断	中间包有 2 根电线。通长 60，直径 2.2
2014P731SF6：36	铁架子	铁	残	由二横二纵角铁通过螺栓相连构成。长 56，宽 42.4(图四九,4；图版九六，4）
2014P731SF6：37	管道	铁	残	中间通过活接相连。直径 8，通长 88（图四九，3）

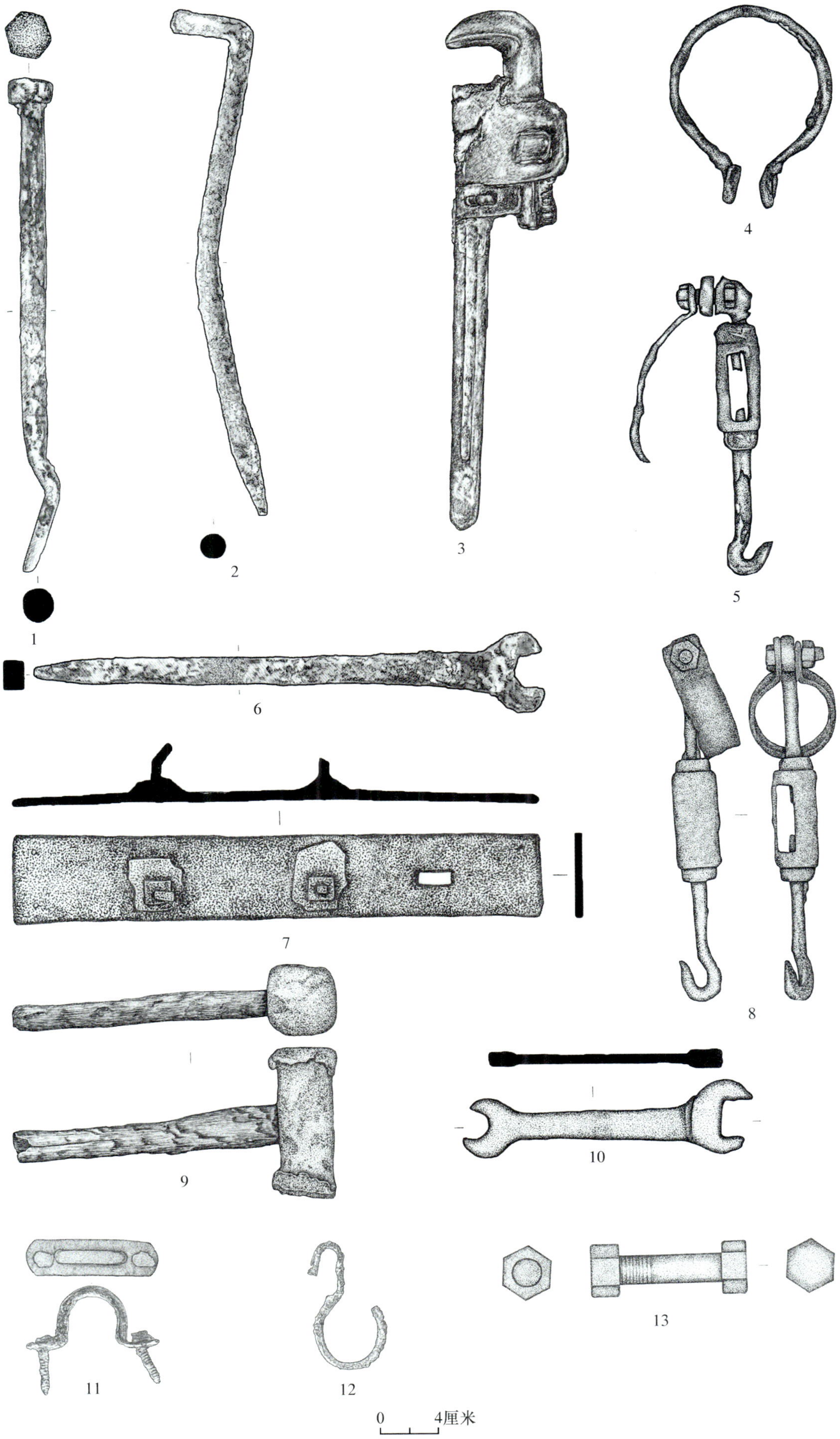

图四四 第6栋出土铁器

1. 砸麻口工具（SF6：1） 2. 铁构件（SF6：7） 3. 管钳子（SF6：6） 4. 吊环（SF6：8）
5、8. 紧线器（SF6：3、SF6：10） 6、10. 扳手（SF6：5、SF6：2） 7. 门把手底座（SF6：9）
9. 锤子（SF6：4） 11. 铁卡子（SF6：11） 12. 挂钩（SF6：13） 13. 螺栓（SF6：34）

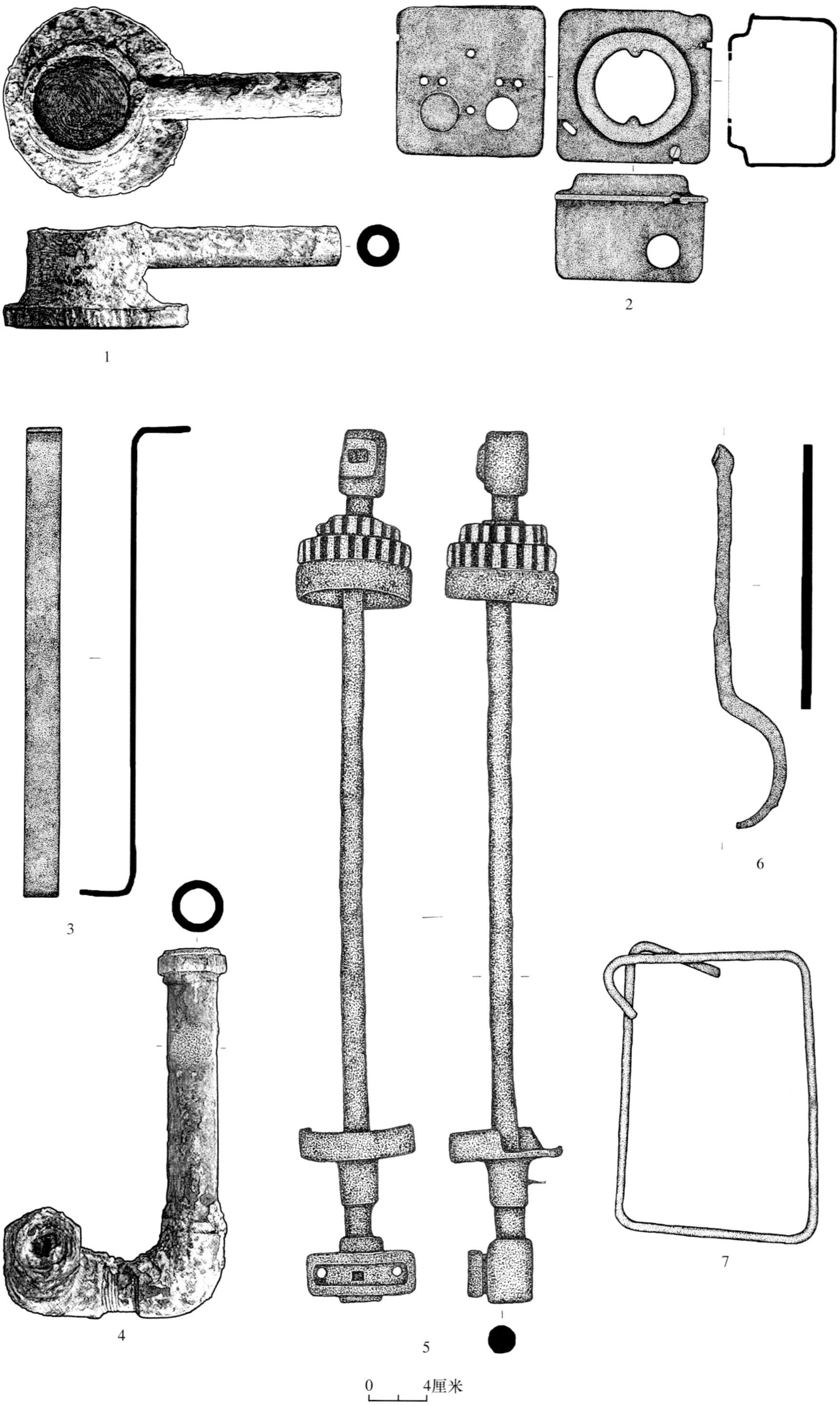

图四五　第 6 栋出土铁器

1、3. 铁构件（SF6：12、SF6：16） 2. 线盒（SF6：20） 4. 变向弯头（SF6：21）
5. 轴杠（SF6：14） 6. 暖气挂钩（SF6：19） 7. 箍筋（SF6：23）

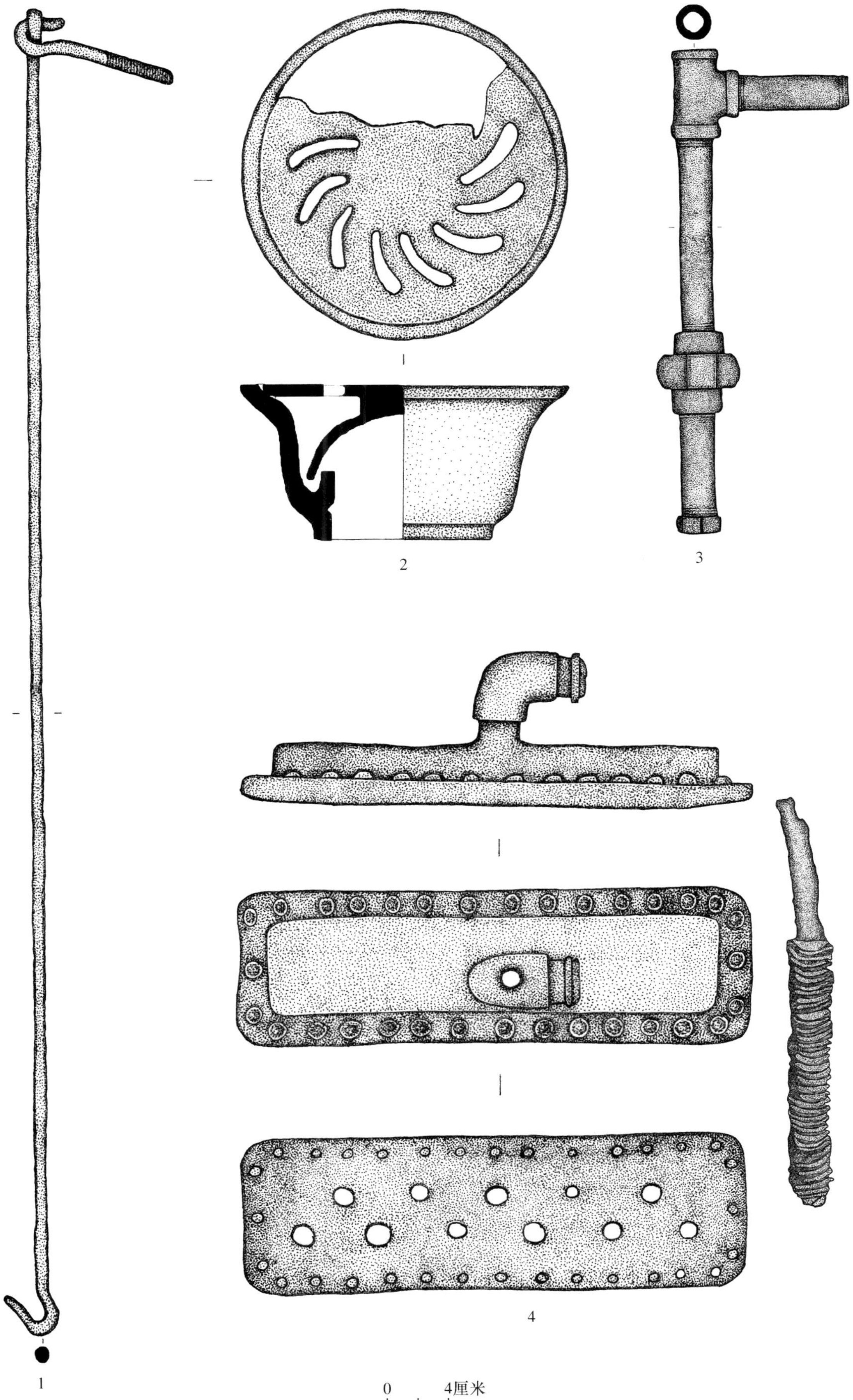

0 4厘米

图四六 第6栋出土铁器

1. 吊钩（SF6：22） 2. 地漏（SF6：24） 3. 上水管道（SF6：27） 4. 暖气（SF6：25）

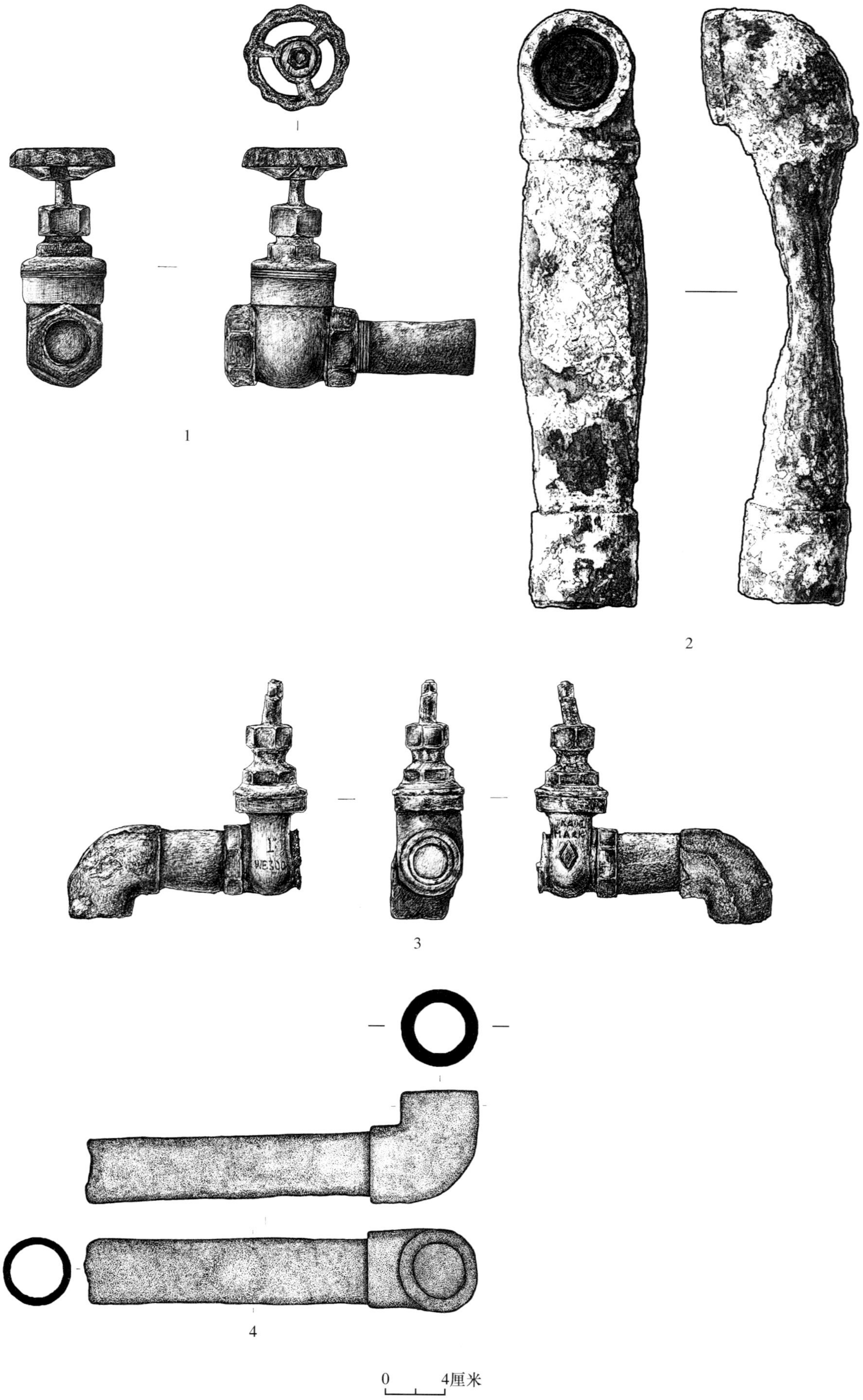

图四七　第6栋出土铁器

1、3. 阀门（SF6：26、SF6：28）2. 下水管道（SF6：29）4. 管道（SF6：33）

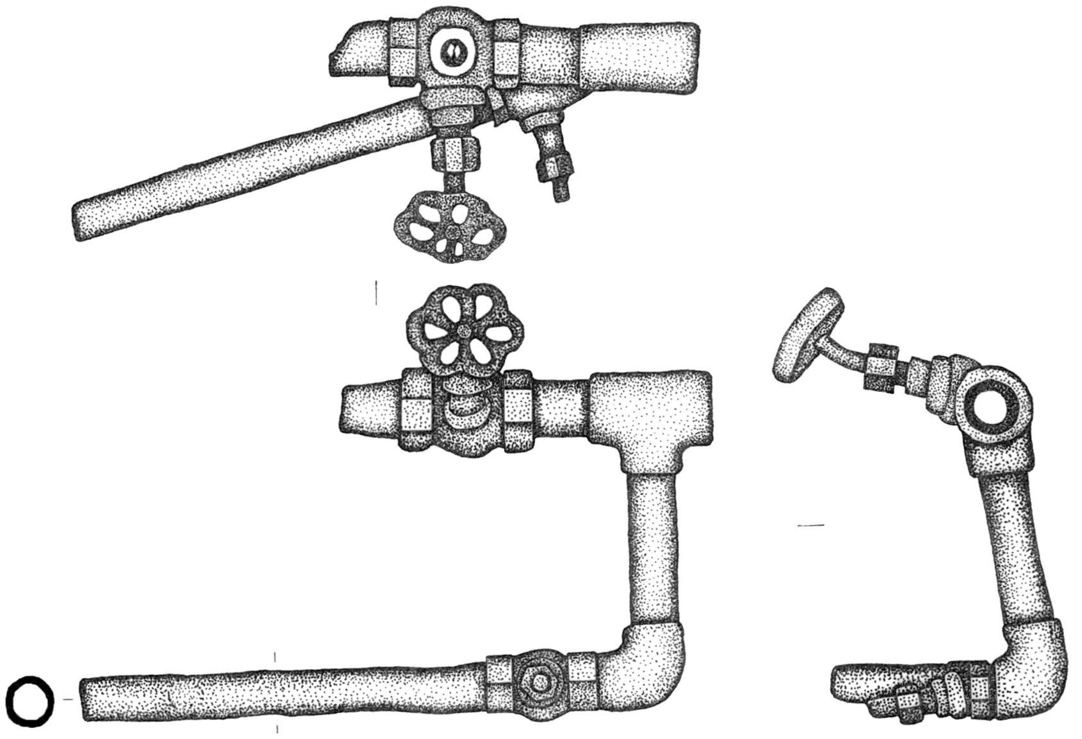

1

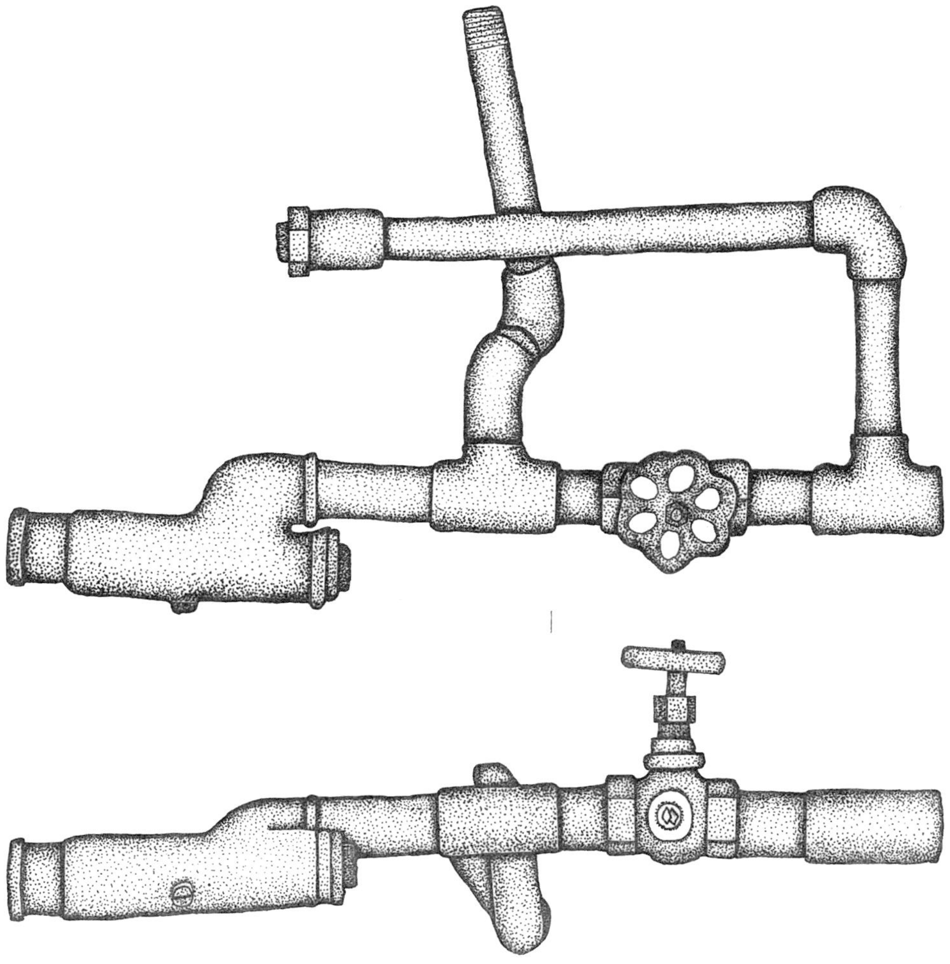

2

0 4厘米

图四八　第 **6** 栋出土管道及阀门

1. SF6：30　2. SF6：32

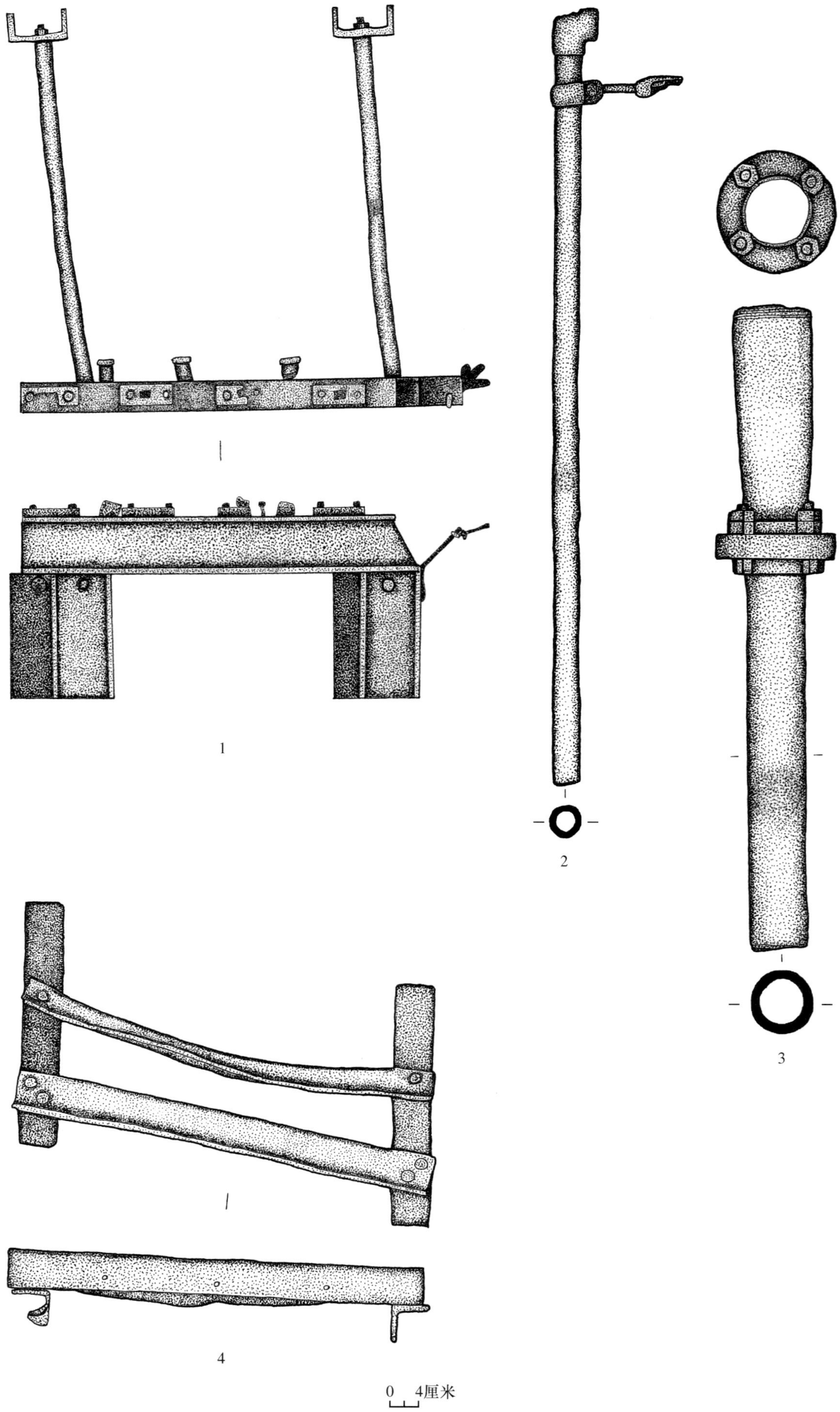

图四九　第6栋出土铁器

1. 设备架（SF6：15）2. 上水管道（SF6：31）3. 管道（SF6：37）4. 铁架子（SF6：36）

五、第 7 栋出土遗物（表二〇）

表二〇　第 7 栋出土遗物描述及尺寸　（单位：厘米）

器物号	名称	质地	保存状况	形制与尺寸
2014P731SF7：1	铁构件	铁	完整	呈“凹”字形铁片。长 11，宽 7，厚 0.4（图五一，5；图版九六，5）
2014P731SF7：2	机械件	铁	完整	圆管顶端有两道竖向相距 2.5 梯形构件，其上各有直径 0.5 的圆孔。通长 47，管径 11（图五一，3；图版九六，6）
2014P731SF7：3	角铁	铁	完整	中部有一圆角方孔。通长 32，宽 5.2，厚 0.4
2014P731SF7：4	下水管道	铁	残	由一个弯头相连，一端长，另端短。通长 40.4，管直径 6（图五一，1；图版九七，1）
2014P731SF7：5	细菌培养箱插排	铝	残	呈长方形扁盒体，盒顶为敞口平沿，中间有两处横梁。盒体长 33.2，宽 24，厚 2.8（图五一，2；图版一〇〇，5）
2014P731SF7：6	槽钢	铁	完整	呈“门”字形。长 12.8，宽 5.4，厚 0.8（图五一，4；图版九七，2）
2014P731SF7：7	铁锹	铁	残	锹头部锈蚀严重。长 33.6，宽 24（图五〇，1；图版九七，3）
2014P731SF7：8	线盒盒体	铁	完整	呈圆角正方体，底部四角和中心分布着 5 处圆孔，间有 6 处螺丝孔；盒体四侧面各有一处圆孔。边长 10，高 4，盒壁厚 0.2（图五〇，10；图版九七，4）
2014P731SF7：9	铁构件	铁	残	实心圆轴，外套接一圆管构件，其上有细长凹槽。通长 17.8，轴直径 4，管外径 6.6，凹槽长 5.6（图五〇，4）
2014P731SF7：10	紧线装置	铁	完整	圆管上部中间有一圆穿孔，圆钢筋从其穿过；圆管上下两端有残断细铁丝穿过。高 14，管直径 2.8，钢筋长 10（图五一,6；图版九七，5）
2014P731SF7：11	螺杆	铁	残	顶端为六棱螺帽，底端残断，杆部弯曲。通长 30，直径 1（图五〇，3；图版九七，6）
2014P731SF7：12	箱体卡扣	钢	完整	银色，在细菌培养箱上有见相同遗物，中间以轴连接，扁体。通长 10.4，宽 4.3，厚 0.2（图五二，8；图版一〇〇，4）
2014P731SF7：13	铁件	铁	完整	圆桶状，底中部有一圆孔，器壁上不规则分布着五处凸起。高 14，直径 10，圆孔直径 1.6（图五〇，2；图版九八，1、2）
2014P731SF7：14	管箍	铁	完整	圆管形，其内有螺丝扣。外径 5，内径 4，长 6
2014P731SF7：15	瓷壶	瓷	完整	白色亚腰形，圆柱体，中间有直径 0.7 的圆孔。高 3，最大直径 3.4（图五三，1；图版一〇一，1）
2014P731SF7：16	吊钩	铁	完整	由圆钢筋制作而成，中部较直，一端为圆环，另一端为铁钩。通长 18，直径 1（图五〇，5；图版九九，1）
2014P731SF7：17	环头螺杆	铁	完整	顶部为圆环、杆部为螺丝扣。通长 17（图五〇，6；图版九九，2）
2014P731SF7：18	铁卡子	铁	完整	呈拱桥状，中间为半圆形，两端外折并各有一个螺丝孔。长 7.9，宽 2.2，高 4.8（图五〇，12）
2014P731SF7：19	锉	钢	残	扁体，长方形。通长 28.8，宽 3，厚 0.8（图五〇，7；图版九九，3）
2014P731SF7：20	管道	铁	残	管道一端有螺丝扣。残长 60，直径 6
2014P731SF7：21	铁卡子	铁	完整	呈拱桥状，中间为半圆形，两端外折并各穿有一个螺丝钉。长 6.3，宽 2.6，高 3（图五〇，13；图版九八，3）
2014P731SF7：22	蛇皮管	钢	完整	中间为螺旋式扁钢条制成的主管，两端用中空螺丝扣与主管相接。通长 29.2（图五〇，8；图版九九，4）
2014P731SF7：23	钢钎	钢	完整	呈圆柱椎体，顶部敲砸堆痕明显。通长 35.6，直径 4（图五〇，9；图版九九，5）

续表

器物号	名称	质地	保存状况	形制与尺寸
2014P731SF7：24	铁卡子	铁	完整	呈拱桥状，中间为半圆形，两端外折并各穿有一个螺丝钉。长14，宽3.4，高7（图五〇，11；图版九八，4）
2014P731SF7：25	箅子	铁	残	呈圆形，以方铁条均匀间隔。残长21.4，铁条厚1（图五二，2；图版九九，6）
2014P731SF7：26	吊环	铁	完整	由圆钢筋制作而成，中部较直，一端为小圆环，另端铁钩挂于12.4长钢筋中间。通长30.4，直径1（图五二，5；图版九八，5）
2014P731SF7：27	铁卡子	铁	完整	呈拱桥状，中间为半圆形，两端外折并各穿有一个螺丝钉。长7.7，宽2，高3.2
2014P731SF7：28	紧线器	铁	残	中间为紧线装置，一端为铁钩，另端残断。通长16.2（图五二，7）
2014P731SF7：29	紧线装置	铁	完整	圆管上有三个对穿圆孔，一端圆孔有残断细铁丝穿过。高14，管直径2.8（图五二，3；图版九九，7）
2014P731SF7：30	上水管道	铁	完整	通过两个弯头和一个管箍将三个直管相连。长32.8，管直径3（图五二，9；图版一〇〇，1）
2014P731SF7：31	挂钩	铁	完整	由圆钢筋制作而成，中部较直，一端弯成圆环，另一端为铁钩。通长73.6，钢筋直径1（图五二，4；图版一〇〇，2）
2014P731SF7：32	铁管	铁	完整	中间被水泥填实。长2.8，直径6
2014P731SF7：33	管道	铁	残	一端有管箍。通长70，管直径3
2014P731SF7：34	齿轮	铁	残	圆形，中间薄、边缘厚，齿槽较深。残长15，宽8（图五二，1；图版一〇〇，3）
2014P731SF7：35	吊环	铁	完整	由圆钢筋制作而成，中部较直，一端弯成圆环，另端铁钩挂于11.8长钢筋中间。通长13.4，直径1（图五二，6；图版九八，6）
2014P731SF7：36	紧线器	铁	残	残破严重。残长14.6
2014P731SF7：37	管道	铁	残	长5，管直径3.6
2014P731SF7：38	紧线器	铁	残	仅存钩端。长15.4
2014P731SF7：39	铁片	铁	残	呈弧形。长19.6
2014P731SF7：40	钩	铁	完整	由钢筋制成。通长42.8，直径1.2
2014P731SF7：41	瓶口	玻璃	残	棕色透明，直口圆唇，直颈。口径4.6，残高4.5（图五三，2；图版一〇二，3）
2014P731SF7：42	墨水瓶	玻璃	完整	草绿色透明，直口溜肩，直腹上有四道凹槽，底略凹；塑料瓶盖，其上有“harbin”字样。口径1.6，腹径5.3，高6.2（图五三，3；图版一〇一，3）
2014P731SF7：43	试管	玻璃	完整	无色透明，直口，圜底。直径1.4，高11.9（图五三，6；图版一〇一，5）
2014P731SF7：44	器底	玻璃	残	草绿色透明，底略凹。直径5.2，残高3.7（图版九九，4）
2014P731SF7：45	小口瓶	玻璃	完整	棕色透明，圆唇直颈，直腹凹底。口径1.7，腹径2.7，高4.7（图五三，8；图版一〇一，2）
2014P731SF7：46	瓶塞	玻璃	完整	草绿色透明，顶部为抹角长方体，塞部为磨砂圆锥体。高4，顶部长1.8，宽1.3，厚1，塞部最大直径1.7（图五三，9；图版一〇二，1）
2014P731SF7：47	瓶塞	玻璃	残	棕色透明，顶部为圆饼状，塞部为磨砂圆锥体，下面残断。高4.6，顶部圆直径1.7，厚0.8，塞部最大直径1.9（图五三，10；图版一〇二，2）
2014P731SF7：48	小瓶	玻璃	残	草绿色透明，直口圆唇，直颈溜肩，直腹上部凸起，底略凹。口径2.7，腹径4.8，底径5.2，高6.8（图五三，4；图版一〇一，4）
2014P731SF7：49	漏斗	玻璃	残	无色透明，下端残断，器壁有图案。口直径7.5，残高12.7（图五三，7；图版一〇二，5）
2014P731SF7：50	试管	玻璃	残	无色透明，圜底。直径3，残高16.5（图五三，5；图版一〇一，6）

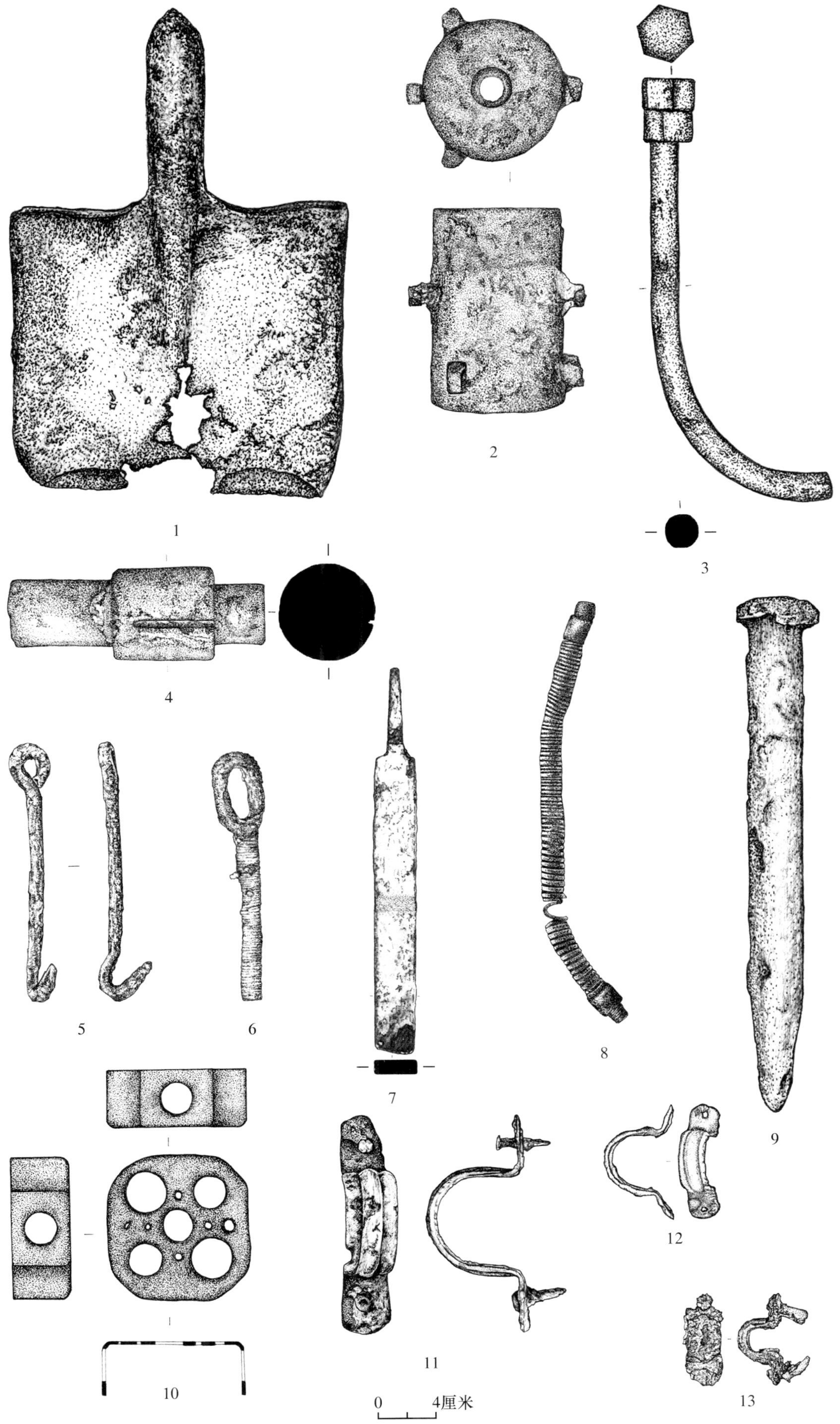

图五〇　第 7 栋出土铁器

1. 铁锹（SF7：7） 2. 铁件（SF7：13） 3. 螺杆（SF7：11） 4. 铁构件（SF7：9）
5. 吊钩（SF7：16） 6. 环头螺杆（SF7：17） 7. 锉（SF7：19） 8. 蛇皮管（SF7：22）
9. 钢钎（SF7：23） 10. 线盒盒体（SF7：8） 11～13. 铁卡子（SF7：24、SF7：18、SF7：21）

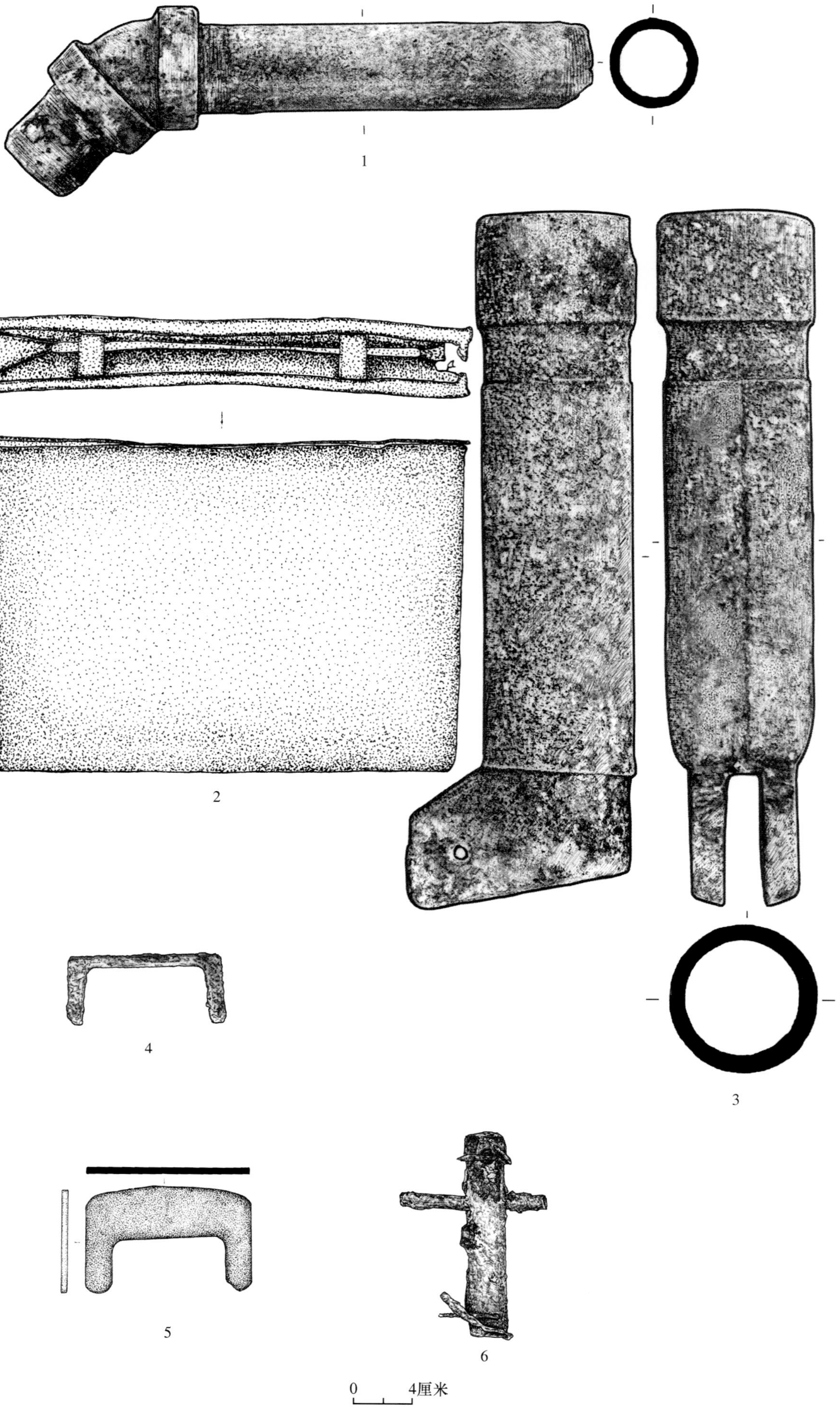

图五一　第 7 栋出土铁器

1. 下水管道（SF7：4） 2. 细菌培养箱插排（SF7：5） 3. 机械件（SF7：2）
4. 槽钢（SF7：6） 5. 铁构件（SF7：1） 6. 紧线装置（SF7：10）

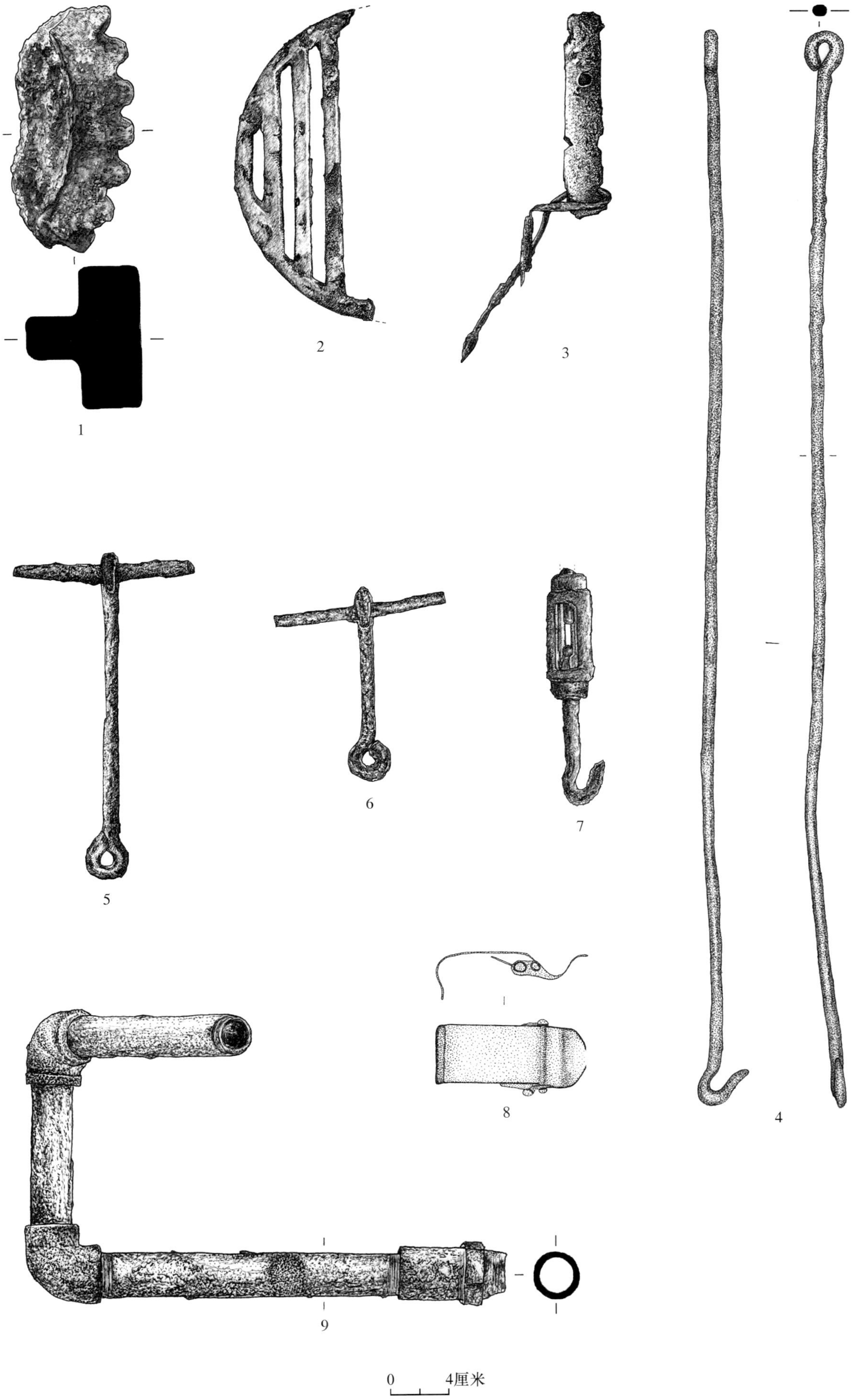

图五二 第 7 栋出土铁器

1. 齿轮（SF7：34） 2. 箅子（SF7：25） 3. 紧线装置（SF7：29） 4. 挂钩（SF7：31）
5、6. 吊环（SF7：26、SF7：35） 7. 紧线器（SF7：28） 8. 箱体卡扣（SF7：12） 9. 上水管道（SF7：30）

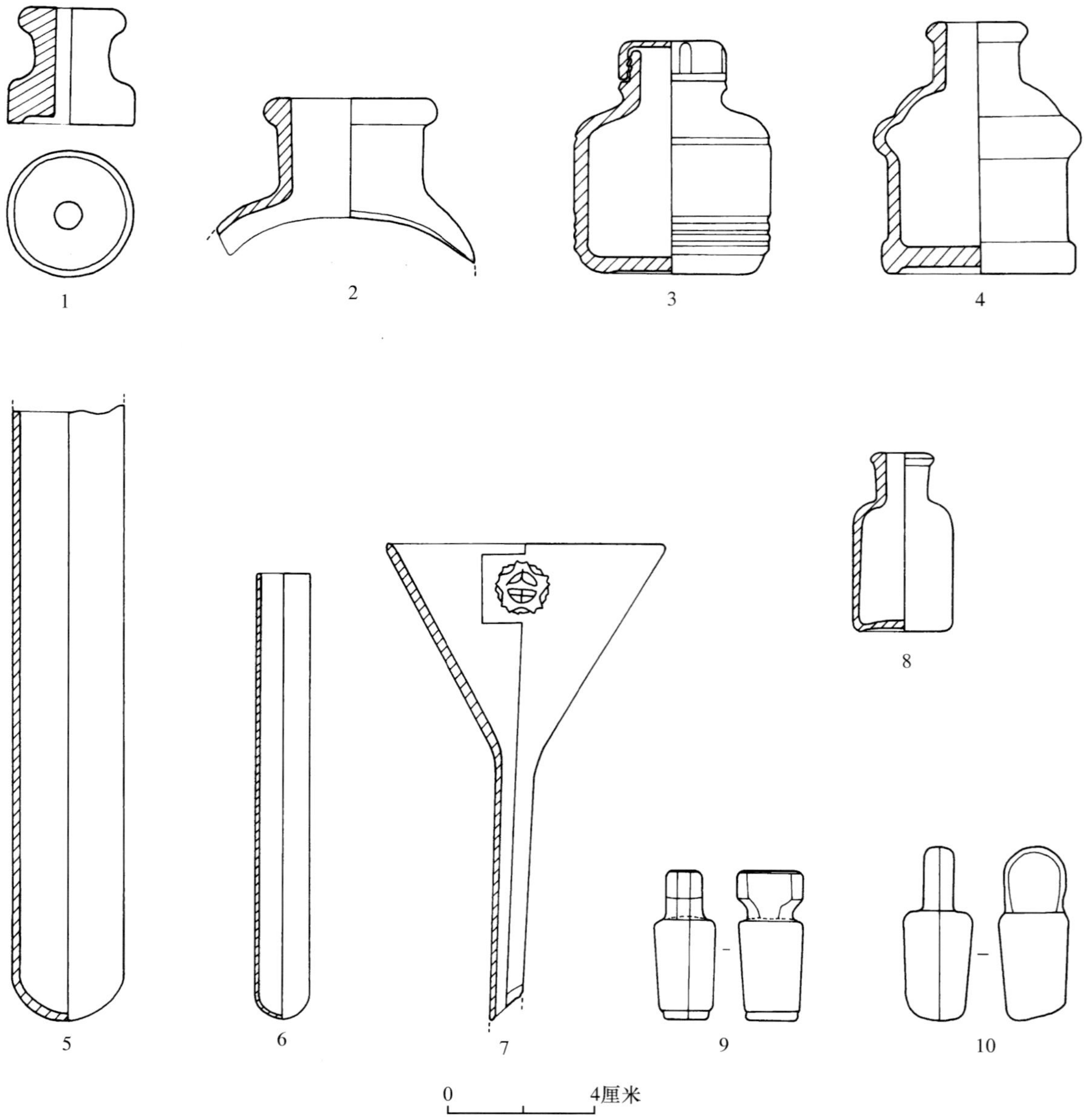

图五三　第 7 栋出土瓷器及玻璃器皿

1. 瓷壶（SF7：15）2. 瓶口（SF7：41）3. 墨水瓶（SF7：42）4. 小瓶（SF7：48）5、6. 试管（SF7：50、SF7：43）7. 漏斗（SF7：49）8. 小口瓶（SF7：45）9、10. 瓶塞（SF7：46、SF7：47）

六、第 8 栋出土遗物（表二一）

表二一　第 8 栋出土遗物描述及尺寸　（单位：厘米）

器物号	名称	质地	保存状况	形制与尺寸
2014P731SF8：1	管道	铁	完整	一端有三通。通长 63，直径 4（图五五，5；图版一〇五，6）
2014P731SF8：2	铁铲	铁	完整	平头、銎柄。宽 8，通长 36（图五四，1；图版一〇四，1）
2014P731SF8：3	线管	铁	残	中间包有 3 根电线。通长 58（图五四，6；图版一〇四，2）
2014P731SF8：4	吊钩	铁	完整	由圆钢筋制成，一端为圆环，另端为弯钩。通长 18.8，钢筋直径 1.2（图五五，3；图版一〇三，1）
2014P731SF8：5	螺杆	铁	完整	顶端为螺母，下有一方形垫片，另端头部弯曲。通长 16，直径 1.6（图五五，2；图版一〇四，3）
2014P731SF8：6	箱体卡扣	钢	残	银白色薄片，一端为轴孔。长 10.5，宽 4，厚 0.2（图五四，4）

续表

器物号	名称	质地	保存状况	形制与尺寸
2014P731SF8：7	挂钩	铁	完整	用较细圆钢筋制成，一端焊接在角铁上。通长 16，钢筋直径 0.6；角铁长 5，厚 0.6（图五五，1；图版一〇三，2）
2014P731SF8：8	根母	铁	完整	八边形，内圆有螺丝扣。圆直径 4.4，厚 0.5（图五四，9；图版一〇四，5）
2014P731SF8：9	铁卡子	铁	完整	呈拱桥状，中间为半圆形，两端外折且各有一个螺丝孔。长 8.5，宽 2，高 3.5（图五四，2；图版一〇四，6）
2014P731SF8：10	铁卡子	铁	完整	呈拱桥状，中间为半圆形，两端各有一个螺丝孔。长 6.3，宽 2，高 2.5（图五四，3）
2014P731SF8：11	锔钉	铁	完整	以圆钢筋制成，两端为扁头。长 10.6，高 3，钢筋直径 1（图五四，8；图版一〇三，5）
2014P731SF8：12	螺丝杆	铁	完整	一端头部为螺帽，另端近头部有一螺母。通长 16.6，杆直径 1.2（图五五，4；图版一〇四，4）
2014P731SF8：13	锔钉	铁	完整	以圆钢筋制成，两端弯成尖头。长 14，高 6，钢筋直径 1（图五四，5；图版一〇三，6）
2014P731SF8：14	吊环	铁	完整	两个半圆环，顶端通过螺栓相连，另一端较扁平且有圆孔。通长 20，钢筋直径 1（图五四，7；图版一〇三，3）
2014P731SF8：15	吊件	铁	完整	由圆钢筋制成，一端为圆环，另一端为铁钩。通长 130，直径 1（图五五，6；图版一〇三，4）

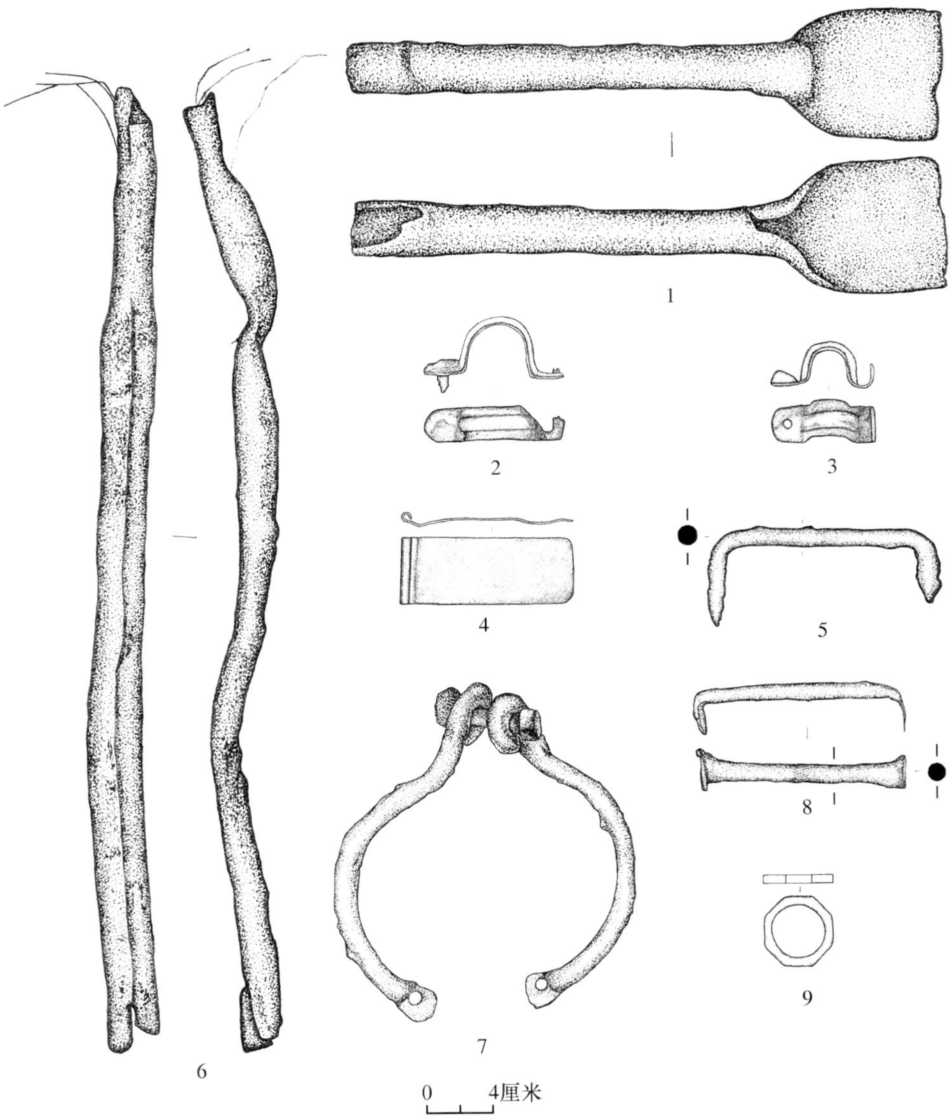

图五四　第 8 栋出土铁器

1. 铁铲（SF8：2） 2、3. 铁卡子（SF8：9、SF8：10） 4. 箱体卡扣（SF8：6）
5、8. 锔钉（SF8：13、SF8：11） 6. 线管（SF8：3） 7. 吊环（SF8：14） 9. 根母（SF8：8）

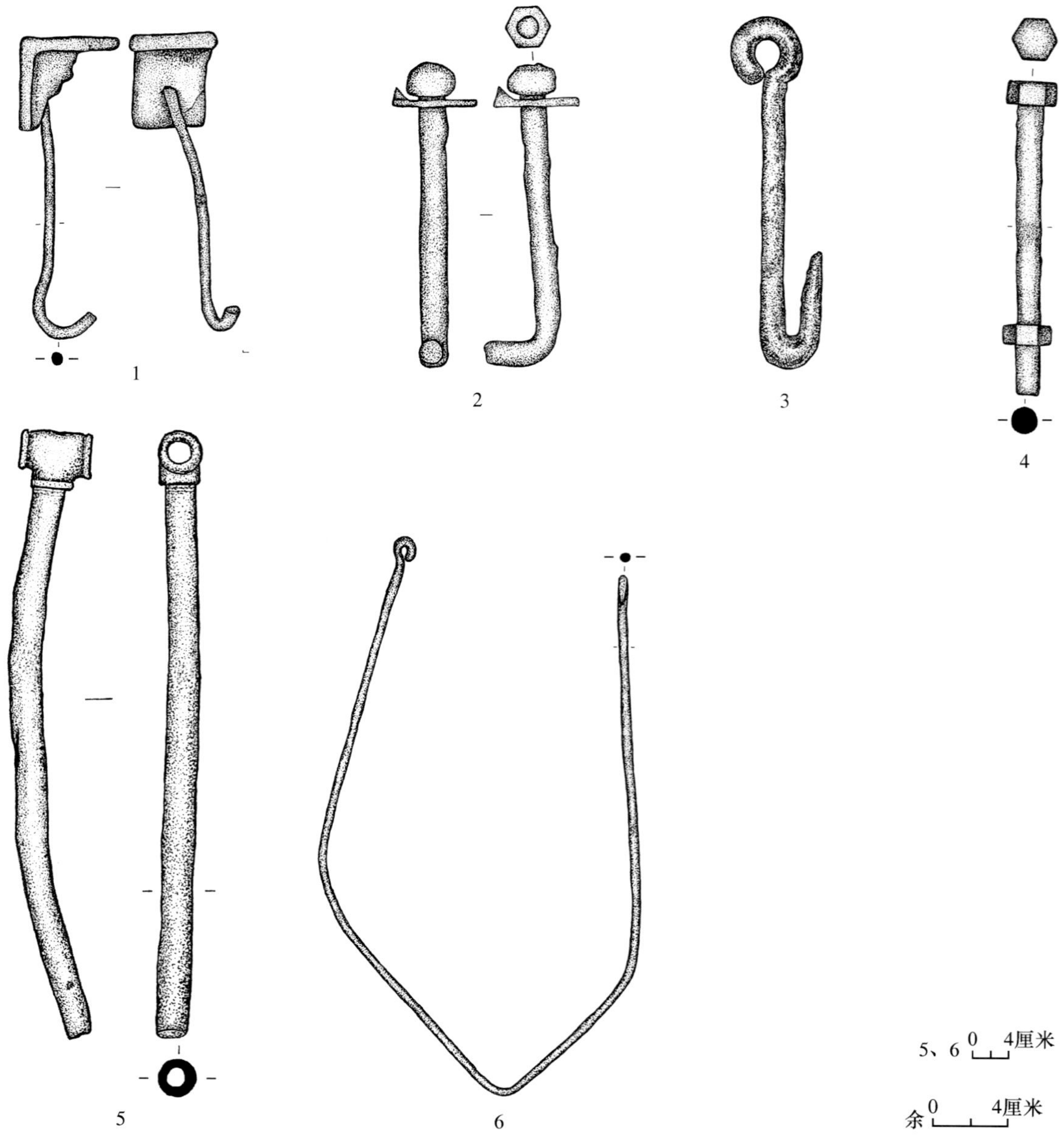

图五五　第 8 栋出土铁器

1. 挂钩（SF8：7）2. 螺杆（SF8：5）3. 吊钩（SF8：4）4. 螺丝杆（SF8：12）
5. 管道（SF8：1）6. 吊件（SF8：15）

七、中心走廊出土遗物（表二二）

表二二　中心走廊出土遗物描述及尺寸　（单位：厘米）

器物号	名称	质地	保存状况	形制与尺寸
2014P731SFZ：1	线盒	铁	残	圆角正方体，线盒盖不见，底部有 6 个小孔，在侧面有 2 处直径 2.8 圆孔。边长 10.6，高 4，线盒壁厚 0.4（图五六，2；图版一〇五，1）
2014P731SFZ：2	箱体卡扣	钢	残	银色，常见于细菌培养箱，扁体，中间轴已缺失。长 10.8，宽 4.3，厚 0.2（图五六，5；图版一〇五，2）
2014P731SFZ：3	镐	铁	完整	弧形，中间为圆孔，一端圆尖、另端扁平。通长 50.8，中间高 6.8（图五六，1；图版一〇五，3）
2014P731SFZ：4	啤酒瓶	玻璃	完整	棕色，上腹近肩部有樱花图案，两侧可见“登録”“商標”字样；下腹近底部分别用英文和日文片假名标明“樱花”字样；底部有“B4”字样。口径 2.4，腹径 7.6，高 29（图五六，7；图版一〇六，1）。“樱花啤酒”：1913 年由帝国麦酒株式会社创立，1943 年被大日本麦酒株式会社合并

续表

器物号	名称	质地	保存状况	形制与尺寸
2014P731SFZ：5	瓶	玻璃	完整	白色透明，呈扁平三角形；口下部有螺旋，旋盖已缺失；腹部有竖槽棱，近底部内收；凹底呈椭圆形，可见“意匠登録”字样。高 8.9，口径 2.2，腹径长轴 5，短轴 2.8（图五六，6；图版一〇二，6）
2014P731SFZ：6	螺丝	铁	完整	六边形，圆孔。边长 1.7，孔直径 1.5，高 2.2（图五六，3；图版一〇五，4）
2014P731SFZ：7	活接外丝	铁	完整	环形，内有螺丝扣、外有 8 个竖档。外径 3.1，内径 2，高 1.1
2014P731SFZ：8	活接外丝	铁	完整	环形，内有螺丝扣、外有 8 个竖档。外径 3.1，内径 2，高 1.1（图五六，4；图版一〇五，5）

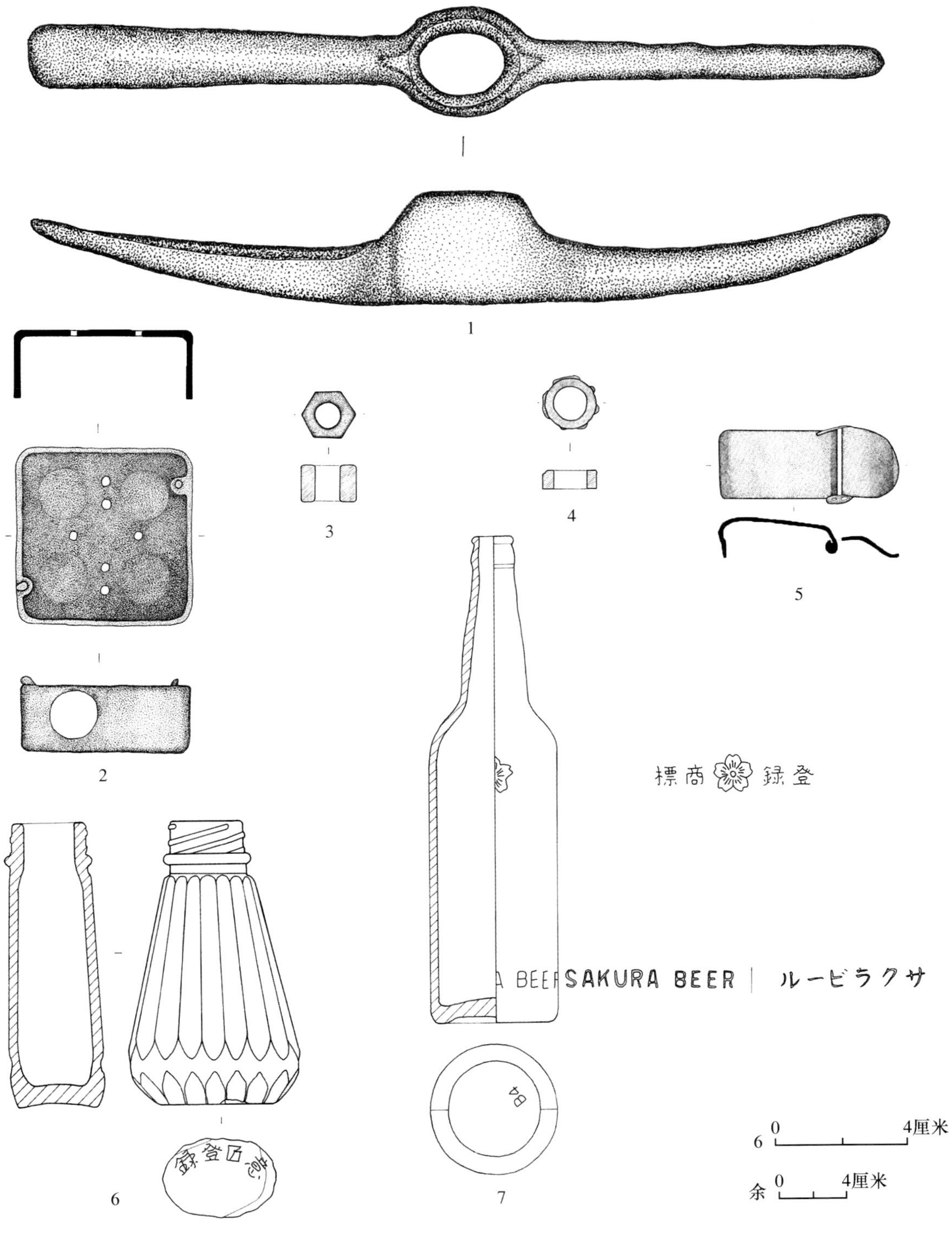

图五六　中心走廊出土铁器及玻璃器皿

1. 镐（SFZ：3） 2. 线盒（SFZ：1） 3. 螺丝（SFZ：6） 4. 活接外丝（SFZ：8）
5. 箱体卡扣（SFZ：2） 6. 瓶（SFZ：5） 7. 啤酒瓶（SFZ：4）

八、H5出土遗物（表二三）

表二三　H5出土遗物描述及尺寸　（单位：厘米）

器物号	名称	质地	保存状况	形状与规格
2015P731SH5：1	带流瓶	玻璃	流残	无色透明，平口、沿部外侈，直颈，颈下有一流、已残，斜肩垂腹、接近底部内敛，平底、中部略内凹。口外直径4，口内直径2.3，颈高2.5，流直径2.2，腹最大直径10，底直径9，通高14（图五七，11；图版一〇七，6）
2015P731SH5：2	瓶盖	玻璃	完整	无色透明、中空，上部圆饼状，下堵磨砂圆柱状。上盖厚0.5～1，直径8，下堵高3.5，直径5.2，通高4.8（图五七，1；图版一〇八，3）
2015P731SH5：3	瓶盖	玻璃	完整	无色透明、中空，上部一橄榄状横纽，一侧有“拾七”字样，其下有一横剖面呈椭圆形颈部连接下堵，下堵为倒梯形磨砂圆柱，中间有一圆形穿孔。上纽长5，颈高0.8，下堵高5，中间直径2，孔径0.8，通高7（图五七，3；图版一〇八，1）
2015P731SH5：4	瓷器盖	瓷	完整	圆形，上部中央有一球形纽，一侧中间有一气孔，另册有凸起半圆花边装饰，器表釉色呈绿，以同心白圈相间。直径8，纽径1.8（图五七，10；图版一〇七，1）
2015P731SH5：5	瓶盖	玻璃	完整	蓝色透明，由两部分组成，上部一板状纽，下堵为倒梯形磨砂圆柱。纽高1，下堵高2.2，通高3.2（图五七，4；图版一〇八，2）
2015P731SH5：6	瓶盖	玻璃	完整	褐色不透明，上部圆饼状，下堵圆柱状。上部厚0.3～0.8，直径6.3，下堵高2.7，直径4.2，通高4.8（图五七，2；图版一〇八，4）
2015P731SH5：7	瓶	玻璃	完整	纯白不透明，直筒状，瓶盖缺失，上部有拧盖的螺旋纹，凹底。直径5.3，高5.2（图五七，5；图版一〇七，3）
2015P731SH5：8	茶壶	残	残	白色，灰蓝花草图案，圆腹，嘴部及盖尚存。盖直径7.6，残高10.5（图版一〇七，2）
2015P731SH5：9	试管	玻璃	完整	无色透明，圜底。口径3，直径2.8，通高20.5（图五八，5；图版一一〇，1）
2015P731SH5：10	瓶	玻璃	完整	同H5：7（图版一〇七，4）
2015P731SH5：11	瓶	玻璃	完整	同H5：7（图版一〇七，5）
2015P731SH5：12	试管	玻璃	完整	无色透明，圜底。口径2.8，直径2.7，通高20.5（图五八，6；图版一一〇，2）
2015P731SH5：13	试管	玻璃	完整	同H5：12（图版一一〇，3）
2015P731SH5：14	试管	玻璃	完整	无色透明，圜底，口下有英文（“硬质玻璃”）。口径3.1，直径3.1，通高19.5（图五八，7；图版一一〇，4）
2015P731SH5：15	器底	玻璃	残	无色透明，为一大型器皿的底部，内凹。直径27.5（图五七，12；图版一〇八，5）
2015P731SH5：16	大口瓶	玻璃	完整	蓝色透明，大口、口下有拧盖的螺旋纹，直腹，平底略内凹。口径4.4，腹径5.5，底径5.5，通高6.3（图五七，6；图版一〇九，1）
2015P731SH5：17	玻璃瓶	玻璃	完整	同H5：16
2015P731SH5：18	玻璃瓶	玻璃	完整	同H5：16（图版一〇九，2）
2015P731SH5：19	细菌培养盒	玻璃	完整	无色透明，圆形，上下套合而成。盖径9.5，底径9，高2.2（图五七，13、14；图版一〇九，5）
2015P731SH5：20	细菌培养盒	玻璃	完整	同H5：19底盒
2015P731SH5：21	细菌培养盒	玻璃	完整	同H5：19底盒（图版一〇九，6）
2015P731SH5：22	细菌培养盒	玻璃	完整	无色透明，圆形，较小。直径4.8，高1.5（图五七，9）
2015P731SH5：23	扁盒	玻璃	完整	蓝色透明，盖缺失，大口、口下有拧盖的螺旋纹，直腹，凹底。口径6.2，腹径6.8，底径6.8，高2.7（图五七，8；图版一〇九，3）
2015P731SH5：24	啤酒瓶	玻璃	完整	褐色略透明，溜肩直腹，凹底，肩上和腹下部均有一圈英文（“大日本麦酒株式会社”）。口径2.5，腹径7.5，底径7.5，通高28.8（图六一，1；图版一〇六，2）
2015P731SH5：25	啤酒瓶	玻璃	完整	褐色略透明，圆肩直腹，凹底，腹下部有两行英文。口径2.5，腹径7.5，底径6.7，通高28.8（图六二，3；图版一〇六，3）

续表

器物号	名称	质地	保存状况	形状与规格
2015P731SH5：26	啤酒瓶	玻璃	完整	褐色略透明。斜肩直腹，凹底，肩部及腹下部有“登録商標”及日语片假名“麒麟啤酒”字样。口径2.5，腹径7.5，底径7.7，通高28.8（图六二，1；图版一〇六，4）。“麒麟啤酒”成立于1907年，是一个享有百年盛誉的世界性品牌啤酒
2015P731SH5：27	酒瓶	玻璃	完整	无色透明，圆唇竖直颈，斜肩直筒腹，凹底，肩部有商标印记，近底部有“日本麥酒礦泉株式會社製造”字样。口径2.5，腹径6.4，底径5，通高23.4（图六一，3；图版一〇六，5）“日本麦酒矿泉株式会社”：该公司1887年在爱知县成立，1933年被大日本麦酒株式会社合并
2015P731SH5：28	酒瓶	玻璃	完整	同H5：27
2015P731SH5：29	酒瓶	玻璃	完整	绿色透明，形制与H5：27相同，但表面无字（图六一，2；图版一〇六，6）
2015P731SH5：30	大口瓶	玻璃	完整	蓝色透明，直口，其下有螺旋纹，瓶盖缺失，直腹，底部内凹。口径4.3，腹径4.7，底径4.3，高4（图五七，7；图版一〇九，4）
2015P731SH5：31	试管	玻璃	完整	无色透明，圜底。口径1.8，直径1.8，通高17.9（图五八，8；图版一一〇，5）
2015P731SH5：32	试管	玻璃	完整	无色透明，圜底。口径1.7，直径1.7，通高10.8（图五八，10；图版一一〇，6）
2015P731SH5：33	试管	玻璃	完整	无色透明，圜底。口径1.8，直径1.7，通高10.8（图版一一一，1）
2015P731SH5：34	试管	玻璃	完整	无色透明，圜底。口径1.5，直径1.5，通高11.8（图版一一一，2）
2015P731SH5：35	试管	玻璃	完整	无色透明，圜底。口径1.6，直径1.6，通高15.8（图五八，9；图版一一一，3）
2015P731SH5：36	试管	玻璃	完整	无色透明，圜底。口径1.7，直径1.6，通高12（图版一一一，4）
2015P731SH5：37	试管	玻璃	完整	无色透明，圜底。口径1.6，直径1.4，通高10.7（图五八，4；图版一一一，5）
2015P731SH5：38	滴管	玻璃	残	无色透明，呈圆柱体，中空，口部呈圆锥状，在器表有刻度，上部标明“東京”和“100CC”字样，上部残断。直径1.5，残长23（图五八，3；图版一〇八，6）
2015P731SH5：39	小口细颈瓶	玻璃	完整	白色透明，圆唇直颈，圆肩直腹，平底略内凹；上部有一瓶盖，其形状为板状纽下接倒梯形磨砂圆柱堵。瓶口外径2.6，颈高2.7，腹径6.3，底径6.2，盖高4，瓶高15.5（图五九，2；图版一一一，6）
2015P731SH5：40	小口细颈瓶	玻璃	完整	蓝色透明，圆唇直颈，溜肩直腹，平底内凹；上部有一瓶盖，其形状为板状纽下接倒梯形圆柱堵。瓶口内径1.8，外径2.8，颈高2.5，腹径6.5，底径6.3，盖高3.5，瓶高16.8（图五九，1；图版一一二，1）
2015P731SH5：41	中口粗颈瓶	玻璃	完整	白色透明，方唇直颈，圆肩直腹，凹底，底部有“400”字样。瓶口内径3.3，外径4.1，颈高1.4，腹径7.1，底径6.8，通高15.5（图六二，4；图版一一四，5）
2015P731SH5：42	小口细颈瓶	玻璃	完整	蓝色透明，圆唇细直颈，溜肩直腹，底内凹。瓶口内径1.6，外径2.8，颈高2.7，腹径7.1，底径5.6，瓶高18.3（图五九，5；图版一一二，2）
2015P731SH5：43	中口粗颈瓶	玻璃	完整	蓝色透明，方圆唇直颈，平圆肩直腹，底内凹。瓶口内径3.2，外径3.9，颈高2.6，腹径6.5，底径6，通高17.3（图版一一三，1）
2015P731SH5：44	中口粗颈瓶	玻璃	完整	白色透明，圆唇直颈，溜肩斜腹，最大径在肩部，凹底。瓶口内径3.2，外径4.2，颈高3，肩径6.5，中腹径5，通高15.6（图五九，4；图版一一四，2）
2015P731SH5：45	中口粗颈瓶	玻璃	完整	蓝色透明，方圆唇直颈，平圆肩直腹，底略内凹。瓶口内径3.2，外径3.8，颈高2.5，腹径6.5，底径5.6，通高17.6（图五九，3；图版一一三，2）
2015P731SH5：46	小口细颈瓶	玻璃	完整	白色透明，方圆唇细直颈，端圆肩直腹，底略内凹。瓶口内径1.9，外径2.7，颈高2，腹径8.5，底径8，通高19（图五九，6；图版一一四，3）
2015P731SH5：47	小口细颈瓶	玻璃	完整	白色透明，平唇细直颈，圆肩直腹，底略内凹。瓶口内径2，外径2.9，颈高2.4，腹径8.3，底径7.8，通高19（图五九，7；图版一一四，4）
2015P731SH5：48	小口细颈瓶	玻璃	完整	绿色透明，平口细直颈，圆肩直腹，凹底。瓶口内径1.8，外径2.7，颈高1.8，腹径8，底径7，通高20.5
2015P731SH5：49	小口细颈瓶	玻璃	完整	同H5：48（图版一一二，3）
2015P731SH5：50	小口细颈瓶	玻璃	完整	蓝色透明，平口细直颈，圆肩直腹，凹底。瓶口内径1.8，外径2.8，颈高1.8，腹径7.8，底径6.5，通高19.9（图六〇，1）
2015P731SH5：51	小口细颈瓶	玻璃	完整	形制同H5：50，但瓶底菱形框内有“NBK”字样（图六一，4；图版一一二，4）

续表

器物号	名称	质地	保存状况	形状与规格
2015P731SH5：52	小口细颈瓶	玻璃	完整	绿色透明，平口细直颈，圆肩直腹，凹底。瓶口内径 1.8，外径 2.7，颈高 1.8，腹径 8，底径 7，通高 20.5（图版一一二，5）
2015P731SH5：53	小口细颈瓶	玻璃	完整	褐色透明，圆唇细直颈，圆肩直腹，底部略凹，中心有大小各一同心圆。瓶口内径 1.8，外径 3，颈高 3.2，腹径 7.2，底径 6.5，通高 19.4（图六〇，2；图版一一三，3）
2015P731SH5：54	小口细颈瓶	玻璃	完整	褐色透明，圆唇细直颈，圆肩直腹，底部略凹。瓶口内径 1.9，外径 2.8，颈高 3，腹径 6.8，底径 6，通高 17.5（图版一一三，4）
2015P731SH5：55	小口细颈瓶	玻璃	完整	褐色透明，平圆唇细直颈，圆肩直腹，底部略凹，可见凸起菱形框，内有“C.T”字样。瓶口内径 1.9，外径 2.8，颈高 3，腹径 6.8，底径 6，通高 17.2（图六二，2）
2015P731SH5：56	小口细颈瓶	玻璃	完整	形制同 H5：55，但略矮。通高 16.8（图版一一三，5）
2015P731SH5：57	中口粗颈瓶	玻璃	完整	蓝色透明，圆唇粗矮直颈，圆肩直腹，平底略内凹。瓶口内径 3.5，外径 4.5，颈高 1.3，腹径 8，底径 7，通高 19.5（图六〇，3；图版一一二，6）
2015P731SH5：58	中口粗颈瓶	玻璃	完整	褐色透明，方圆唇粗矮直颈，端圆肩直腹，平底略内凹。瓶口内径 3.8，外径 4.9，颈高 1.8，腹径 10，底径 9.6，通高 20.4（图六〇，4；图版一一四，5）
2015P731SH5：59	小口细颈瓶	玻璃	完整	褐色透明，方圆唇粗直颈，端圆肩直腹，平底略内凹。瓶口内径 3.7，外径 4.6，颈高 2.6，腹径 9.3，底径 9.2，通高 21.2（图六〇，5；图版一一三，6）
2015P731SH5：60	中口细颈瓶	玻璃	完整	白色透明，方圆唇粗矮直颈，端圆肩直腹，凹底，可见“500”字样。瓶口内径 3.7，外径 4.3，颈高 1.2，腹径 7.8，底径 6.7，通高 16.3（图六二，5；图版一一四，6）
2015P731SH5：61	中口细颈瓶	玻璃	完整	白色透明，方圆唇粗矮直颈，端圆肩直腹，凹底，可见“560”字样。瓶口内径 3.6，外径 4.5，颈高 2.2，腹径 7.8，底径 7.6，通高 17.7（图六二，6；图版一一五，1）
2015P731SH5：62	中口细颈瓶	玻璃	完整	白色透明，方圆唇粗高直颈，端圆肩直腹，凹底。瓶口内径 3.3，外径 4.2，颈高 3，腹径 7.6，底径 6.6，通高 19.1（图五八，1；图版一一五，2）
2015P731SH5：63	中口细颈瓶	玻璃	完整	白色透明，方圆唇粗矮直颈，端圆肩直腹，凹底。瓶口内径 3.7，外径 4.8，颈高 1.5，腹径 8.4，底径 8.4，通高 19（图五八，2；图版一一五，3）
2015P731SH5：64	中口粗颈瓶	玻璃	完整	白色透明，方圆唇粗矮直颈，端圆肩直腹，凹底。瓶口内径 4.1，外径 5，颈高 1.8，腹径 8.6，底径 7.4，通高 20（图六〇，6；图版一一五，4）
2015P731SH5：65	中口粗颈瓶	玻璃	完整	绿色透明，方圆唇粗直颈，端圆肩直腹，凹底，可见“SGF”字样。瓶口内径 4.3，外径 5.4，颈高 2.5，腹径 9.4，底径 8.4，通高 22.1
2015P731SH5：66	中口粗颈瓶	玻璃	完整	同 H5：65（图版一一五，5）
2015P731SH5：67	中口粗颈玻璃瓶	玻璃	完整	同 H5：65（图六一，5；图版一一五，6）
2015P731SH5：68	中口粗颈瓶	玻璃	完整	同 H5：65（图版一一八，1）
2015P731SH5：69	中口粗颈瓶	玻璃	完整	同 H5：65
2015P731SH5：70	中口粗颈瓶	玻璃	完整	同 H5：65
2015P731SH5：71	中口粗颈瓶	玻璃	完整	同 H5：65（图版一一六，2）
2015P731SH5：72	中口粗颈瓶	玻璃	完整	同 H5：65（图版一一六，3）

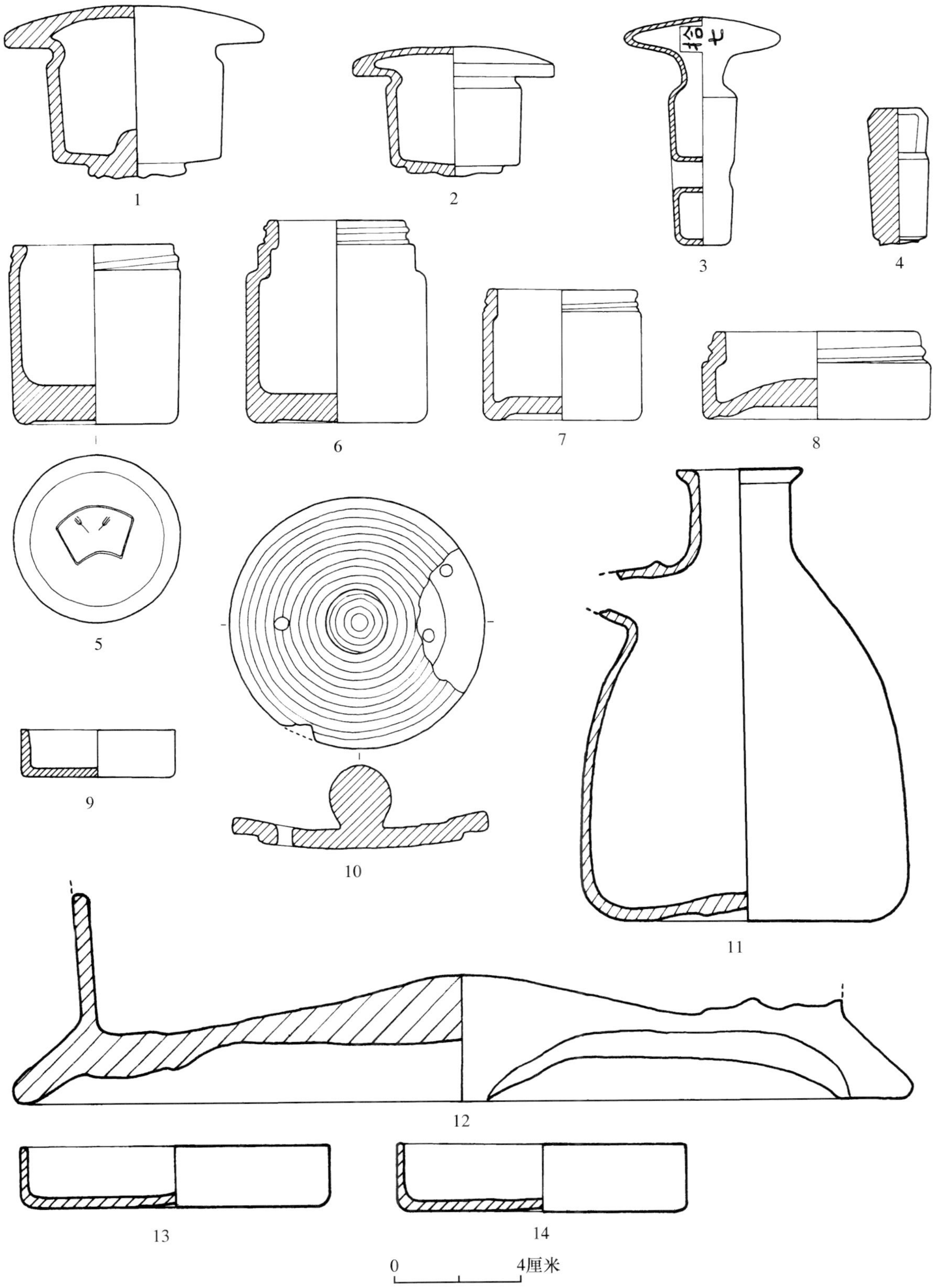

图五七　H5出土瓷器及玻璃器皿

1～4. 瓶塞（SH5：2、SH5：6、SH5：3、SH5：5）　5. 瓶（SH5：7）　6、7. 大口瓶（SH5：16、SH5：30）

8. 扁盒（SH5：23）　9、13、14. 细菌培养盒（SH5：22、SH5：19上、SH5：19下）

10. 瓷器盖（SH5：4）　11. 带流瓶（SH5：1）　12. 器底（SH5：15）

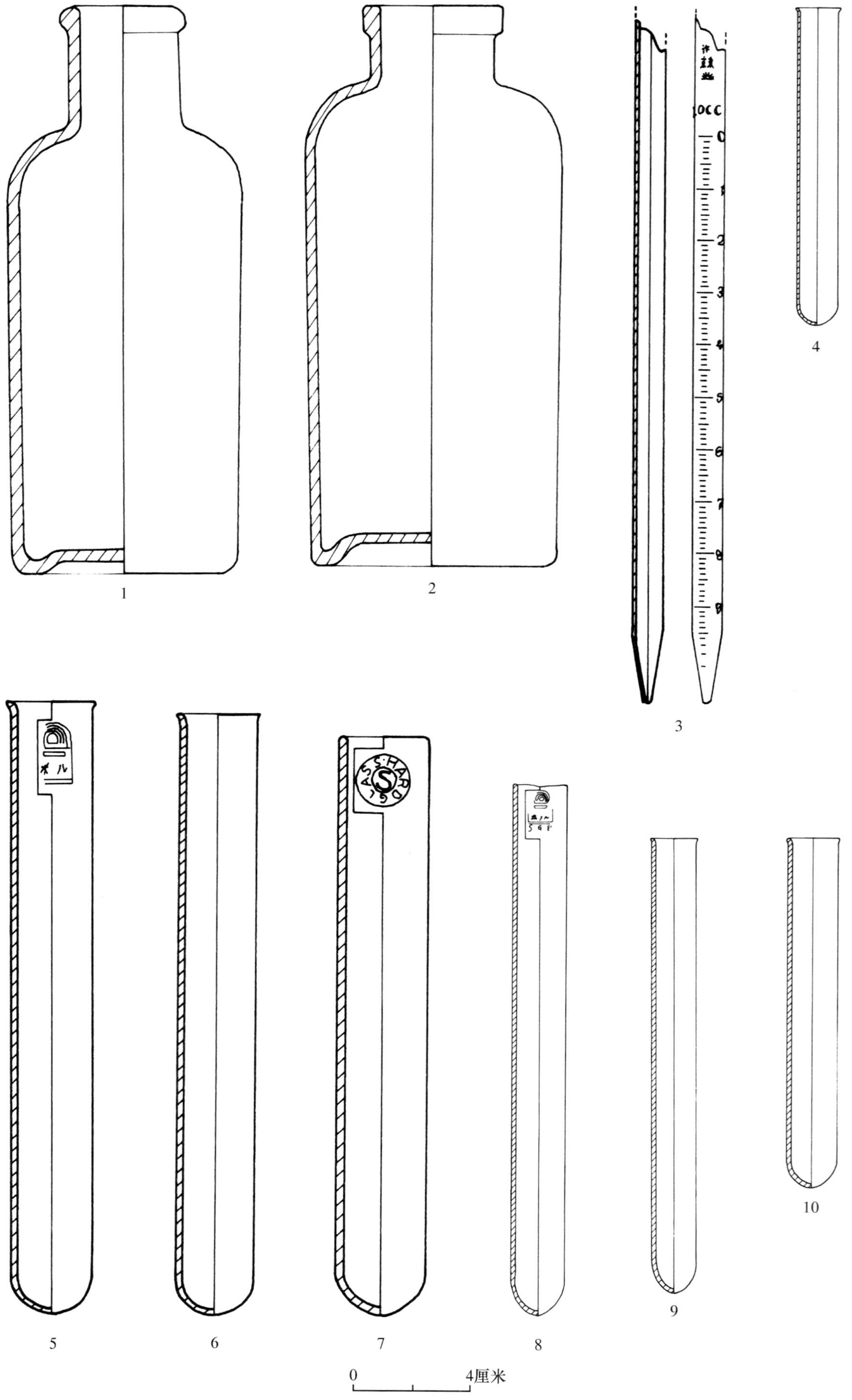

图五八　H5出土玻璃器皿

1、2. 中口细颈瓶（SH5：62、SH5：63）3. 滴管（SH5：38）

4～10. 试管（SH5：37、SH5：9、SH5：12、SH5：14、SH5：31、SH5：35、SH5：32）

图五九 **H5**出土玻璃器皿

1、2、5～7. 小口细颈瓶（SH5：40、SH5：39、SH5：42、SH5：46、SH5：47）

3、4. 中口粗颈瓶（SH5：45、SH5：44）

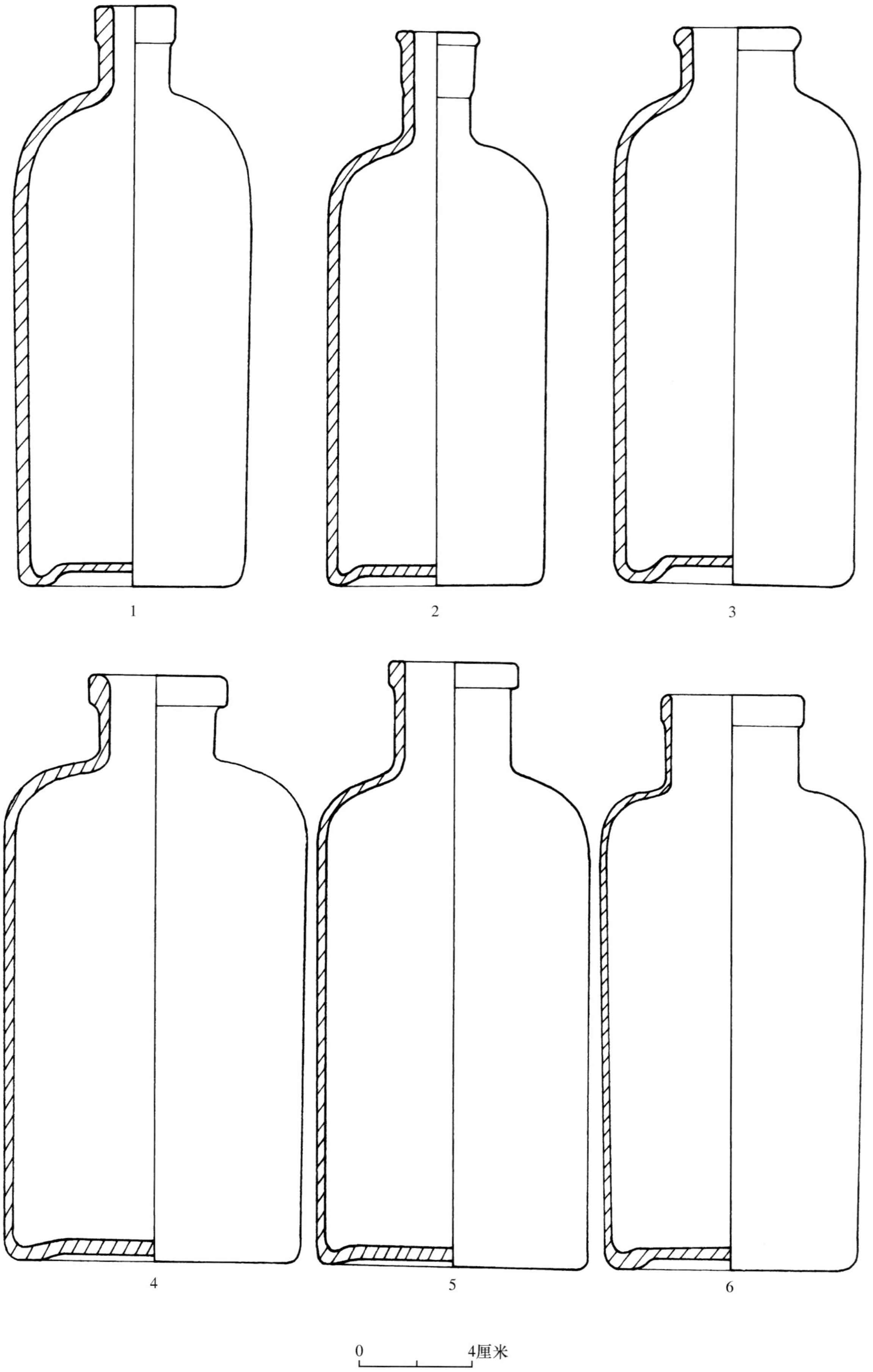

图六〇 **H5出土玻璃器皿**

1、2、5. 小口细颈瓶（SH5：50、SH5：53、SH5：59） 3、4、6. 中口粗颈瓶（SH5：57、SH5：58、SH5：64）

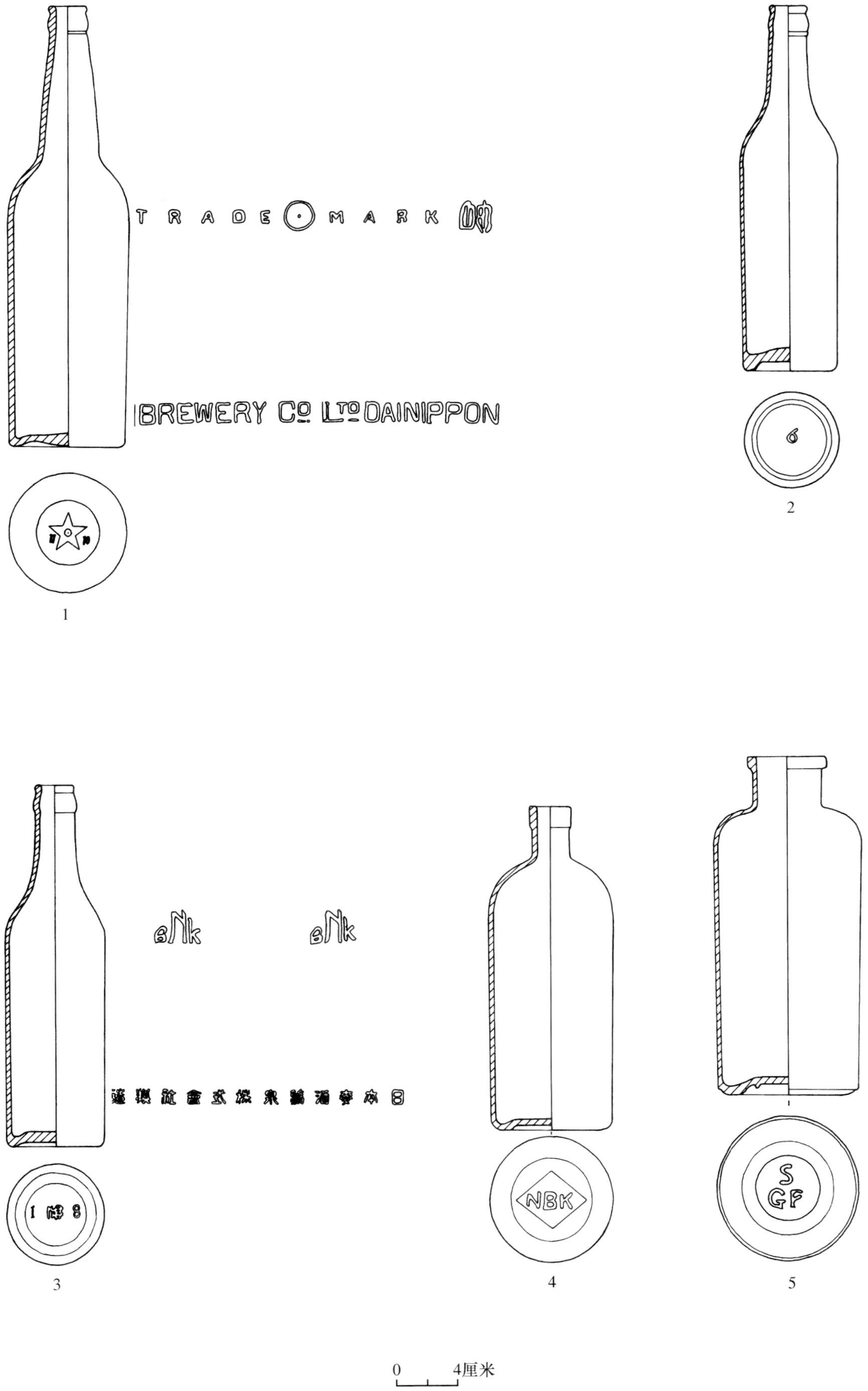

图六一 **H5** 出土玻璃器皿

1. 啤酒瓶（SH5：24） 2、3. 酒瓶（SH5：29、SH5：27） 4. 小口细颈瓶（SH5：51）
5. 中口粗颈玻璃瓶（SH5：67）

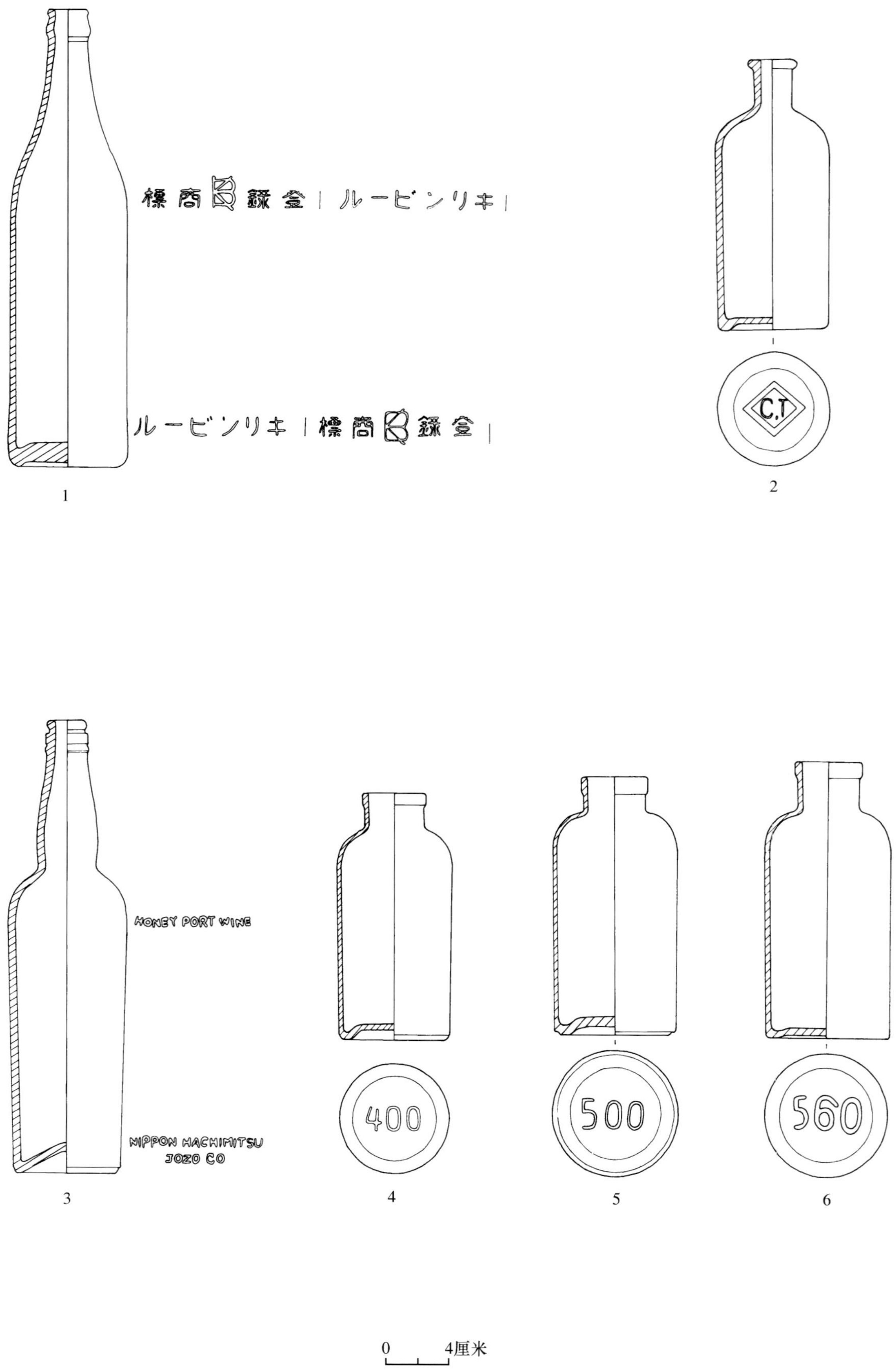

图六二　H5出土玻璃器皿

1、3. 啤酒瓶（SH5：26、SH5：25）2. 小口细颈瓶（SH5：55）

4～6. 中口粗颈瓶（SH5：41、SH5：60、SH5：61）

九、H6出土遗物（表二四）

表二四　H6出土遗物描述及尺寸　（单位：厘米）

器物号	名称	质地	保存状况	形状与规格
2015P731SH6：1	中口粗颈瓶	玻璃	完整	白色透明，方唇直颈，平圆肩直腹，器内壁有紫色残渍，可见“50”字样。瓶口内径2.1，外径2.7，颈高1，腹径3.9，底径3.9，通高8（图六三，1；图版一一六，4）
2015P731SH6：2	中口粗颈瓶	玻璃	完整	褐色透明，口内有一木质瓶塞，方唇直颈，圆肩直腹，底中部内凹，可见“40”字样。瓶口内径1.8，外径2.5，颈高1.3，腹径3.9，底径3.5，通高8.3（图六三，2；图版一一六，5）
2015P731SH6：3	小口细颈瓶	玻璃	完整	褐色透明，方圆唇直颈，圆肩直腹，底略内凹。瓶口内径1.4，外径2.2，颈高1.4，腹径4.2，底径4.2，通高7（图六四，1；图版一一六，6）
2015P731SH6：4	中口粗颈瓶	玻璃	完整	白色透明，方唇直颈，平圆肩直腹，底中部内凹，可见“30”字样。瓶口内径1.8，外径2.4，颈高1.2，腹径3.5，底径3.2，通高7（图六三，3；图版一一八，1）
2015P731SH6：5	中口粗颈瓶	玻璃	完整	褐色透明，方唇直颈，斜肩直腹，底部略内凹，六角框内似有“？0”字样。瓶口内径1.9，外径2.3，颈高1，腹径3.3，底径3.2，通高6.5（图版一一八，2）
2015P731SH6：6	中口粗颈瓶	玻璃	完整	形制同H6：5，但略矮，通高6.3，底部菱形框内有“片山”字样（图六三，4；图版一一八，3）
2015P731SH6：7	大口粗颈瓶	玻璃	完整	白色透明，圆唇直颈，平圆肩直腹，底略凹。瓶口内径2.6，外径3.5，颈高1.4，腹径4.4，底径4.4，通高5.1（图六四，4；图版一一八，4）
2015P731SH6：8	小口粗颈瓶	玻璃	完整	白色透明，方唇直颈，颈外缠绕3圈纤细金属丝，平圆肩直腹，平底。瓶口内径1.2，外径1.7，颈高1.1，腹径3，底径3，通高6.5（图六四，2；图版一一八，5）
2015P731SH6：9	小口粗颈瓶	玻璃	完整	褐色透明，方唇直颈，斜肩直腹，底部略内凹，六角框内似有“？0”字样。瓶口内径1.9，外径2.3，颈高1，腹径3.3，底径3.2，通高6.5（图版一一八，6）
2015P731SH6：10	中口粗颈瓶	玻璃	完整	白色透明，平口内有一软木塞，方唇直颈，圆肩直腹，底略内凹，瓶内壁上挂有黄色残渍，显然系原有液体干缩所致。瓶口内径1.2，外径1.9，颈高1.2，腹径2.4，底径2.4，通高5（图六四，3；图版一一九，1）
2015P731SH6：11	小瓶	玻璃		202个，其中个别器表残留标签可见“XX中毒”“赤痢预防接种液”等字样

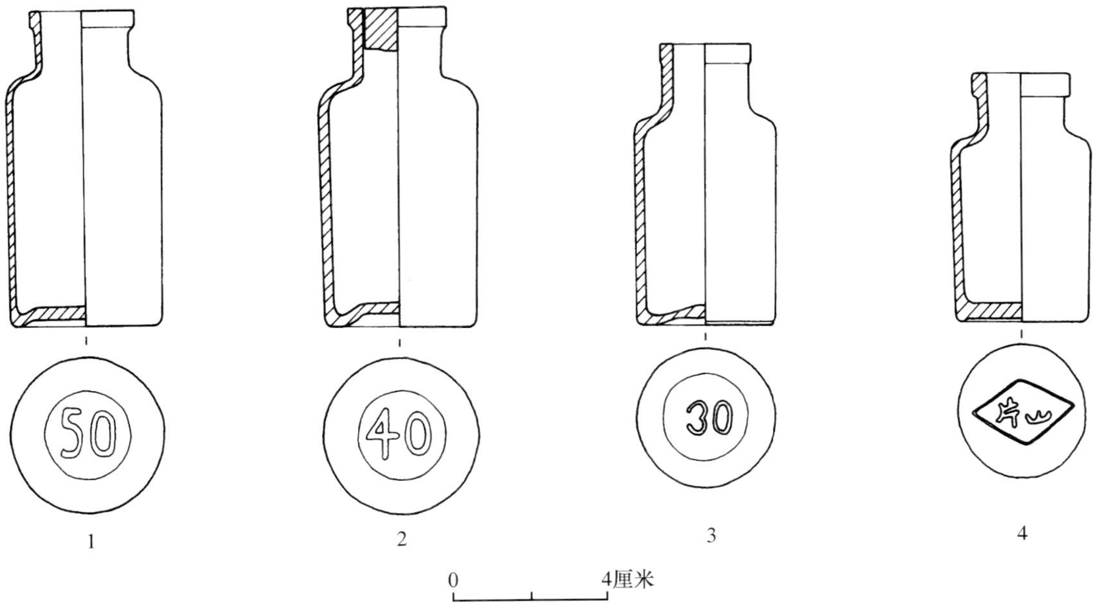

图六三　H6出土中口粗颈瓶

1. SH6：1　2. SH6：2　3. SH6：4　4. SH6：6

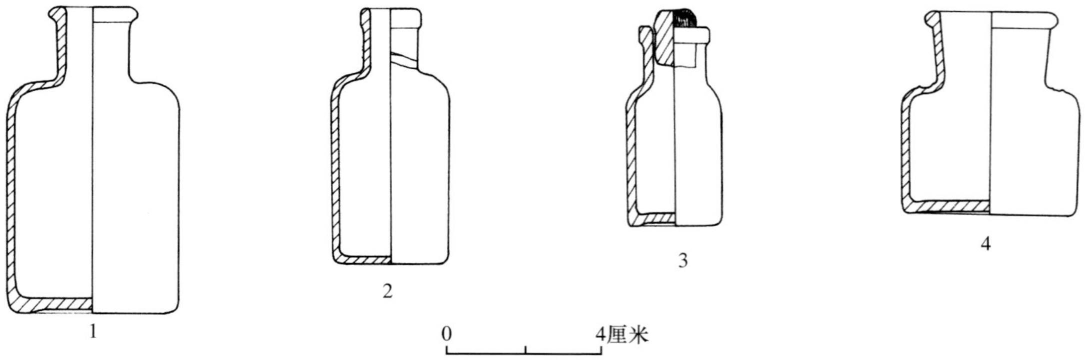

图六四　H6 出土玻璃器皿

1. 小口细颈瓶（SH6：3） 2. 小口粗颈瓶（SH6：8） 3. 中口粗颈瓶（SH6：10）
4. 大口粗颈瓶（SH6：7）

十、2000 年出土遗物（表二五）

表二五　2000 年出土遗物描述及尺寸　（单位：厘米）

器物号	名称	质地	保存状况	形状与规格
2000P731S：1	铁盒	铁	残	长方形，在长侧面各有 5 个圆孔。长 52，宽 20（图六五，1；图版一二四，1）
2000P731S：2	铁桶	铁	残	中空，变形较严重，残长 120（图版一二四，2）
2000P731S：3	管道	铁	残	已弯曲变形，一端有三通，上有堵帽。长 100，管直径 6（图六五，3；图版一二二，1）
2000P731S：4	铁圈	铁	完整	呈环形，三层叠压，以平均分布的 16 处螺栓将其固定。外径 67，内径 57.6，厚 1.6（图六五，4；图版一二二，2）
2000P731S：5	细菌弹堵头	陶	完整	砖红色，呈“T”字形，弧形顶盖，边缘呈花瓣状；下端为螺丝扣，中空。顶盖直径 7.9，下端直径 4.8，内径 3.3，通高 5.6（图六六，4；图版一二三，1、2）
2000P731S：6	细菌弹弹片	陶	残	器表施青黄色釉，清晰可见两道弯曲凹槽。残长 15，壁厚 0.8（图六六，5；图版一二三，3）
2000P731S：7	细菌弹器底	陶	残	平底，内壁施透明釉，器底灰白无釉，有三道凹槽。残长 18.4，厚 1.2
2000P731S：8	细菌弹弹头	陶	残	圆尖口呈砖红色，口中部有一斜向直径 1.2 的圆孔内外相通。螺旋下连接施青黄釉的残断器身，推测可能是细菌弹的内胆瓶，残高 10，壁厚 0.8（图六六，3；图版一二三，4）
2000P731S：9	铁框	铁	完整	呈长方形，双层，其上均匀分布着 20 处螺栓，将上下两层铁框固定，应系某种设备架子的一部分。长 64，宽 40，高 6.4，厚 4（图六五，2；图版一二二，3）
2000P731S：10	铁构件	铁	残	由铁片和角铁通过螺栓相连。残长 96（图版一二二，4）
2000P731S：11	窗框	铁	残	用长条铁片制成，有一直角。残长 97（图版一二二，5）
2000P731S：12	窗框	铁	残	用长条铁片制成，已变形。残长 84（图六六，2）
2000P731S：13	窗框	铁	残	用长条铁片制成，已变形，中间有一圆孔。残长 91
2000P731S：14	窗框	铁	残	用长条铁片制成，已变形。残长 92
2000P731S：15	铁架子	铁	残	由四根角铁通过螺栓相连构成，呈“口”字形，变形严重。长 52，宽 32（图六六，1；图版一二二，6）
2000P731S：16	窗架	铁	残	横截面呈“十”字形，已弯曲。残长 45
2000P731S：17	窗框	铁	残	用长条铁片制成，近似角铁。残长 43
2000P731S：18	窗架	铁	残	横截面呈“十”字形，略有弯曲。残长 48

续表

器物号	名称	质地	保存状况	形状与规格
2000P731S：19	铁条	铁	完整	长 208，宽 6（图版一二四，3）
2000P731S：20	小口细颈瓶	玻璃	完整	无色透明，圆柱体，直口方唇，束颈直腹，凹底。口径 1.8，腹径 3.2，高 6.2（图六六，6；图版一二四，4）
2000P731S：21	注射器	玻璃	残	空筒无色透明，上有刻度及字母等，助推器为紫色。残长 9.8，空筒直径 1（图六六，7；图版一二四，5）
2000P731S：22	试管	玻璃	残	无色透明，圜底，近口端有图案。长 20.1，直径 3（图六六，8；图版一二四，6）
2000P731S：23	高压灭菌箱	铁	残	用铁板制成的长方箱体，已严重变形且箱盖缺失，箱内近底部可见设备残件，上沿均匀分布小铆钉孔，长边 15 个、短边 11 个，箱体长 130，宽 88，高 116，小铆钉孔直径 1.8；箱体短边一侧上下各有一个大孔与箱体外管道相接，大孔周围均匀分布八个中孔，大孔径与管道内径 20，管道壁厚 0.37，中孔直径 2；另一侧上部有二个大孔，推测其亦应与管道相通，周围均匀分布八个中孔，大孔直径 26，中孔直径 2（图版一二三，5、6）

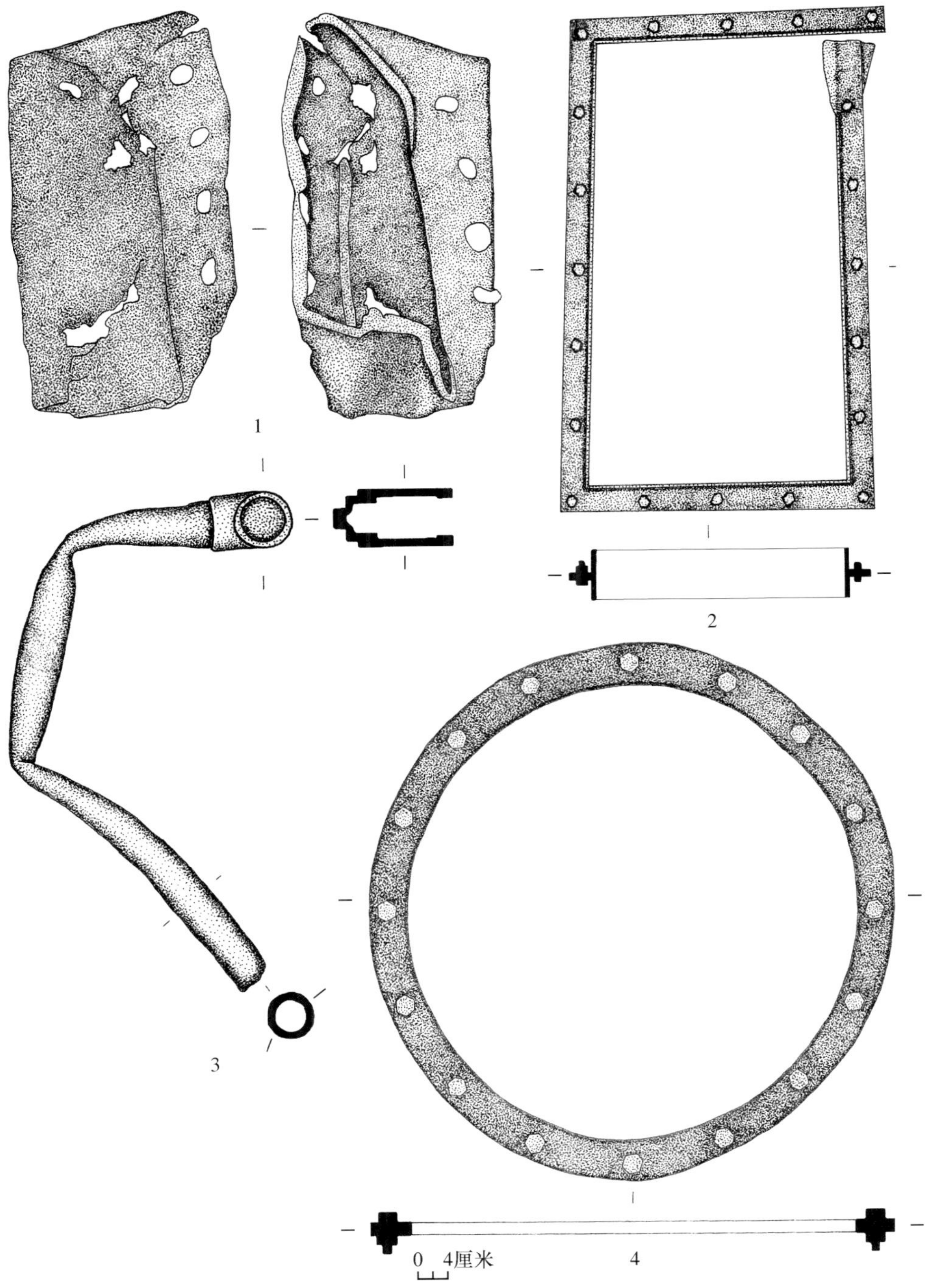

图六五　**2000 年出土铁器**

1. 铁盒（2000S：1） 2. 铁框（2000S：9） 3. 管道（2000S：3） 4. 铁圈（2000S：4）

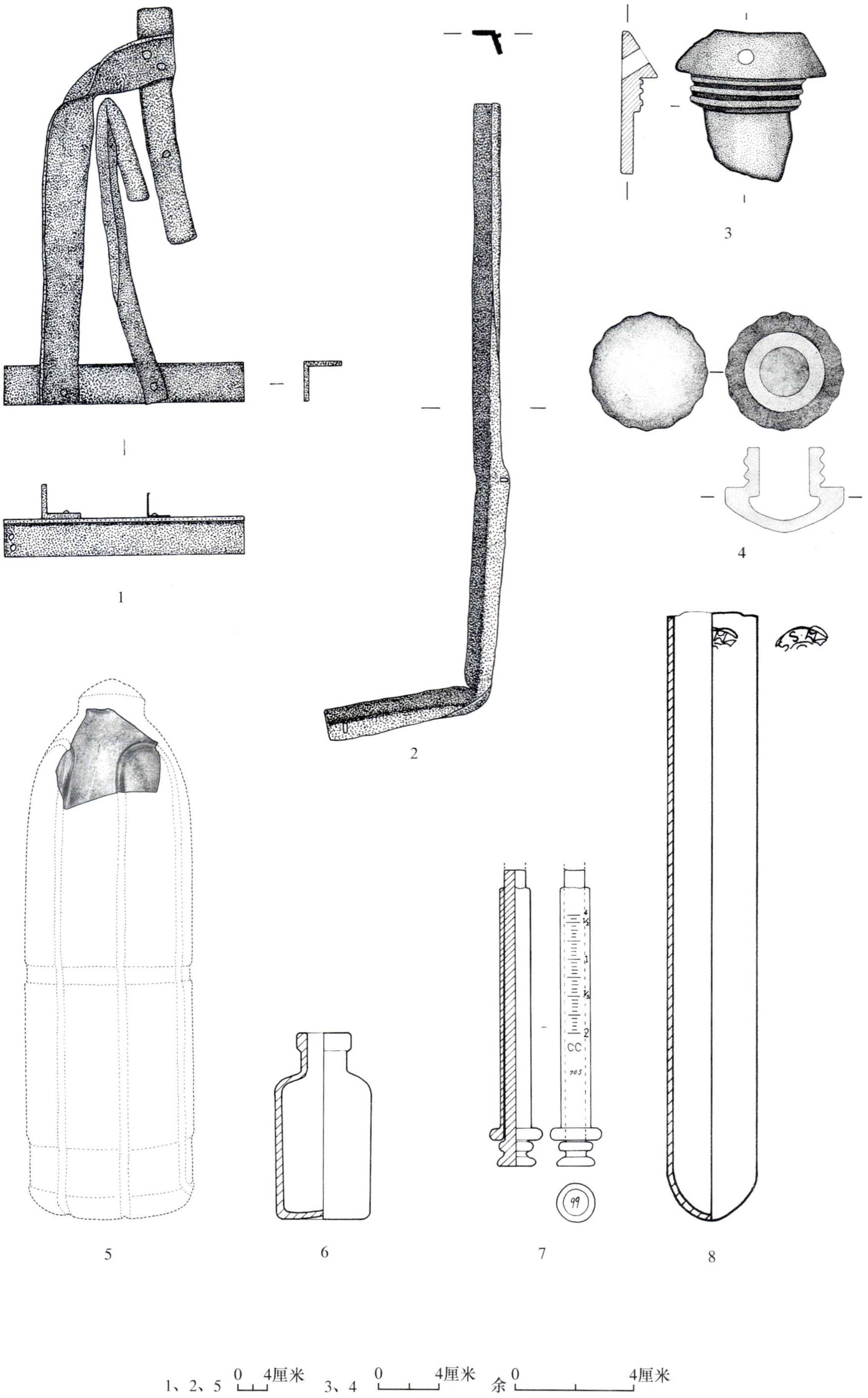

图六六　2000年出土铁器、陶瓷器及玻璃器皿

1. 铁架子（2000S：15） 2. 窗框（2000S：12） 3. 细菌弹弹头（2000S：8）

4. 细菌弹堵头（2000S：5） 5. 细菌弹弹片（2000S：6） 6. 小口细颈瓶（2000S：20）

7. 注射器（2000S：21） 8. 试管（2000S：22）

十一、早年采集遗物（表二六）

表二六　采集遗物描述及尺寸　　（单位：厘米）

器物号	名称	质地	保存状况	形状与规格
1945P731S 采：1	血清瓶	铝	完整	侈口，细长直颈，球腹，底略凹。表面经阳极化处理，有光泽。口径6.2，颈高23，腹径29，底径10，通高50。1945年8月末，朝阳乡金星村农民王俊达采集；1984年4月10日，王桂华捐献七三一馆，编号00002（图六七，1；图版一二五，1）
1945P731S 采：2	血清瓶	铝	完整	侈口，细长直颈，球腹，底略凹。表面经阳极化处理，有光泽。口径6.4，颈高24，腹径29.5，底径10，通高50。1945年8月末，王英凤采集；1985年4月16日，其子王有信捐献七三一馆，编号00006（图版一二五，2）
1945P731S 采：3	血清瓶	铝	完整	侈口，细长直颈，球腹，底略凹。表面经阳极化处理，有光泽。口径4.7，颈高11，腹径13，底径6，通高23。1945年8月末，平新乡平乐村农民傅世英采集；1987年5月8日，捐献七三一馆，编号00008
1945P731S 采：4	血清瓶	铝	完整	侈口，细长直颈，球腹，底略凹。表面经阳极化处理，有光泽。口径6.5，颈高23，腹径28，底径10，通高50。1945年秋季，双城县周家镇苏家窝棚农民苏承斌采集；1992年4月20日，捐献七三一馆，编号00012
1945P731S 采：5	细菌培养箱	铝	完整	长方形，箱体可分为上下两部分，以铆钉连接。箱体下部较深，略呈倒梯形，短边两侧正中有扣手；上部较宽大但低矮，两短边有卡扣。盖内向对折开启，两侧有扣别。箱内有插格，以铆钉固定，现内匣已失。底部四角有4个乳丁，以支撑箱体。上盖一短边箱扣内侧有“NTK”“園田工場”“14，5納”字样。底箱长52、宽33，通高27。1945年8月，朝阳乡金星村农民赵汝坤采集；1984年4月7日捐献七三一馆，编号00015
1945P731S 采：6	细菌培养箱	铝	完整	长方形，箱体可分为上下两部分，以铆钉连接。箱体下部较深，略呈倒梯形，短边两侧正中有扣手；上部较宽大但低矮，两短边有卡扣。盖内向对折开启，两侧有扣别。箱内有插格，以铆钉固定，现内匣已失。底部四角有4个乳丁，以支撑箱体。上盖一短边箱扣内侧有“NTK”“園田工場”“15，5納”字样。底箱长52、宽34，通高26。1945年8月，高洪录采集；1984年4月27日高彩兰捐献七三一馆，编号00016
1945P731S 采：7	细菌培养箱	铝	完整	长方形，箱体可分为上下两部分，以铆钉连接。箱体下部较深，略呈倒梯形，短边两侧正中有扣手；上部较宽大但低矮，两短边有卡扣。盖内向对折开启，两侧有扣别。箱内有插格，以铆钉固定，现内匣已失。底部四角有4个乳丁，以支撑箱体。上盖一短边箱扣内侧有“NTK”“園田工場”“14，5納”字样。底箱长52、宽34，通高26。1945年秋季，王凤仙采集；1987年4月29日捐献七三一馆，编号00026
1945P731S 采：8	细菌培养箱	铝	完整	长方形，箱体可分为上下两部分，以铆钉连接。箱体下部较深，略呈倒梯形，短边两侧正中有扣手；上部较宽大但低矮，两短边有卡扣。盖内向对折开启，两侧有扣别。箱内有插格，以铆钉固定，现内匣已失。底部四角有4个乳丁，以支撑箱体。上盖一短边箱扣内侧有“NTK”“園田工場”“15，2納”字样。长52、宽33.5，通高26。1945年8月，李明志采集；1984年4月27日高彩兰捐献七三一馆，编号00017
1945P731S 采：9	细菌培养箱	铝	完整	长方形，箱体可分为上下两部分，以铆钉连接。箱体下部较深，略呈倒梯形，短边两侧正中有扣手；上部较宽大但低矮，两短边有卡扣。盖内向对折开启，两侧有扣别。箱内有插格，以铆钉固定，现内匣已失。底部四角有4个乳丁，以支撑箱体。上盖一短边箱扣内侧有“NTK”“園田工場”“14，7納”字样。底箱长52、宽34；上盖长57、宽39；通高26。1945年8月，吴邦富采集；1987年8月17日捐献七三一馆，编号00027

续表

器物号	名称	质地	保存状况	形状与规格
1945P731S采：10	细菌培养箱	铝	完整	长方形，箱体可分为上下两部分，以铆钉连接。箱体下部较深，略呈倒梯形，短边两侧正中有扣手；上部较宽大但低矮，两短边有卡扣。盖内向对折开启，两侧有扣别。箱内有插格，以铆钉固定，现内匣已失。底部四角有4个乳丁，以支撑箱体。上盖一短边箱扣内侧有“NTK”“園田工塲”“14，12納”字样。底箱长52、宽34；上盖长57、宽39；通高26。1945年8月，李万福采集；1987年8月17日其女李玉华捐献七三一馆，编号00031
1945P731S采：11	细菌培养箱	铝	完整	长方形，箱体可分为上下两部分，以铆钉连接。箱体下部较深，略呈倒梯形，短边两侧正中有扣手；上部较宽大但低矮，两短边有卡扣。盖内向对折开启，两侧有扣别。箱内有插格，以铆钉固定，现内匣已失。底部四角有4个乳丁，以支撑箱体。上盖一短边箱扣内侧有“NTK”“園田工塲”“14，2納”字样。底箱长52、宽34；上盖长57、宽39；通高26。1945年8月，杜德清采集；1984年12月21日王永山捐献七三一馆，编号00020（图六七，2；图版一二六～图版一二八）
1945P731S采：12	引火帽桶	铝	完整	圆筒形，盖侧有“2649”字样，筒身上部有“701”字样，底部正中有一印记。口径4.8、通高9.1。1945年夏，陈方林采集；1987年2月17日陈怀云捐献七三一馆，编号00035（图六七，3；图版一二九）
1945P731S采：13	引火帽桶	铝	完整	圆筒形，盖侧面与筒身有“1015”字样。口径4.4、通高7。1945年夏，陈方林采集；1987年2月17日陈怀云捐献七三一馆，编号00036
1945P731S采：14	引信管盒	铁	完整	长方形，有盖，底部四周有凹槽。器身长面两侧有“八八式短延期信管”“野山加”（“十箇”）”字样；短面两侧有“八八短”“野山加”“(十箇)”字样；器盖上有“八八式短延期信管”字样。器身长17.3、宽7.2、通高9.6。1945年8月王增采集；其子王显玉1984年12月14日捐献七三一馆，编号00166（图六七，4；图版一三〇、图版一三一）
1945P731S采：15	截骨手锯	铁	完整	弓背略弯，锯条平直，锯齿细密锋利。一侧为手柄，上有齿纹防滑，便于把握；另侧有小环纽，以调节锯条。长35，宽8.5。吴邦富1946年夏采集；1984年4月4日捐献七三一馆，编号00075（图版一三二）
1945P731S采：16	止血钳	铁	完整	部分锈蚀。头部双内侧有齿，较细密。器身中部为轴，其中一面轴两侧分别有“☆”和“XVI？”印记。柄端为对称之椭圆双环。通长11.9。李广珍1945年8月采集；1984年12月4日捐献七三一馆，编号00038（图六七，5；图版一三三，1、2）
1945P731S采：17	止血钳	铁	完整	整体细长、光亮。头部双内侧有齿，浅而细密。柄端为对称之椭圆双环。一侧中部可见“YY64”字样。通长18.8。李广珍1945年8月采集；1984年12月4日捐献七三一馆，编号00039（图版一三三，3、4）
1945P731S采：18	镊子	铁	完整	头部圆尖，双内侧有细密齿纹。上部相对较宽，双外侧有便于持拿的细密齿纹。长22.7，宽1.1。傅士英1945年采集；1987年捐献七三一馆，编号00052（图六七，6；图版一三三，5、6）
1945P731S采：19	烧杯	玻璃	完整	束颈，斜口，圆唇。腹部斜直，呈梯形，近底部圆收。颈高3.8，口径3.6，底径9，通高21.7。穆朝阳1945年夏采集；穆传利1987年5月8日捐献七三一馆，编号00376（图六七，7；图版一三四，1）
1945P731S采：20	人体标本瓶	玻璃	完整	器身为圆桶状，上沿外奢。器盖圆隆；其上中央有一球形纽，平顶。器身上端与器盖下端均为磨砂口。器底宽大厚实，内凹。另器身上部可见一绿色圆形印记，中间为一“N”，周边字母个别模糊，其意不详。器身高29.5、口外径17.3、内径15，盖径17.3、球径3.2，底最大径17.3，通高35.7。王凤友1945年8月采集；周世彦1985年1月7日捐献七三一馆，编号00377（图六七，8；图版一三四，2～6）
1945P731S采：21	解剖挂架	铁	完整	已锈蚀。最上部为一吊钩，其下有横竖大小不一的两个圆铁片，竖向圆铁片上可见“394”字样。主体部分，是在竖直铁棍上横向焊五根铁条；铁条两端上翘，由上至下逐次变小，间隔9厘米。通高56。王起堂1945年夏采集；1992年8月1日捐献七三一馆，编号00072（图版一三五）

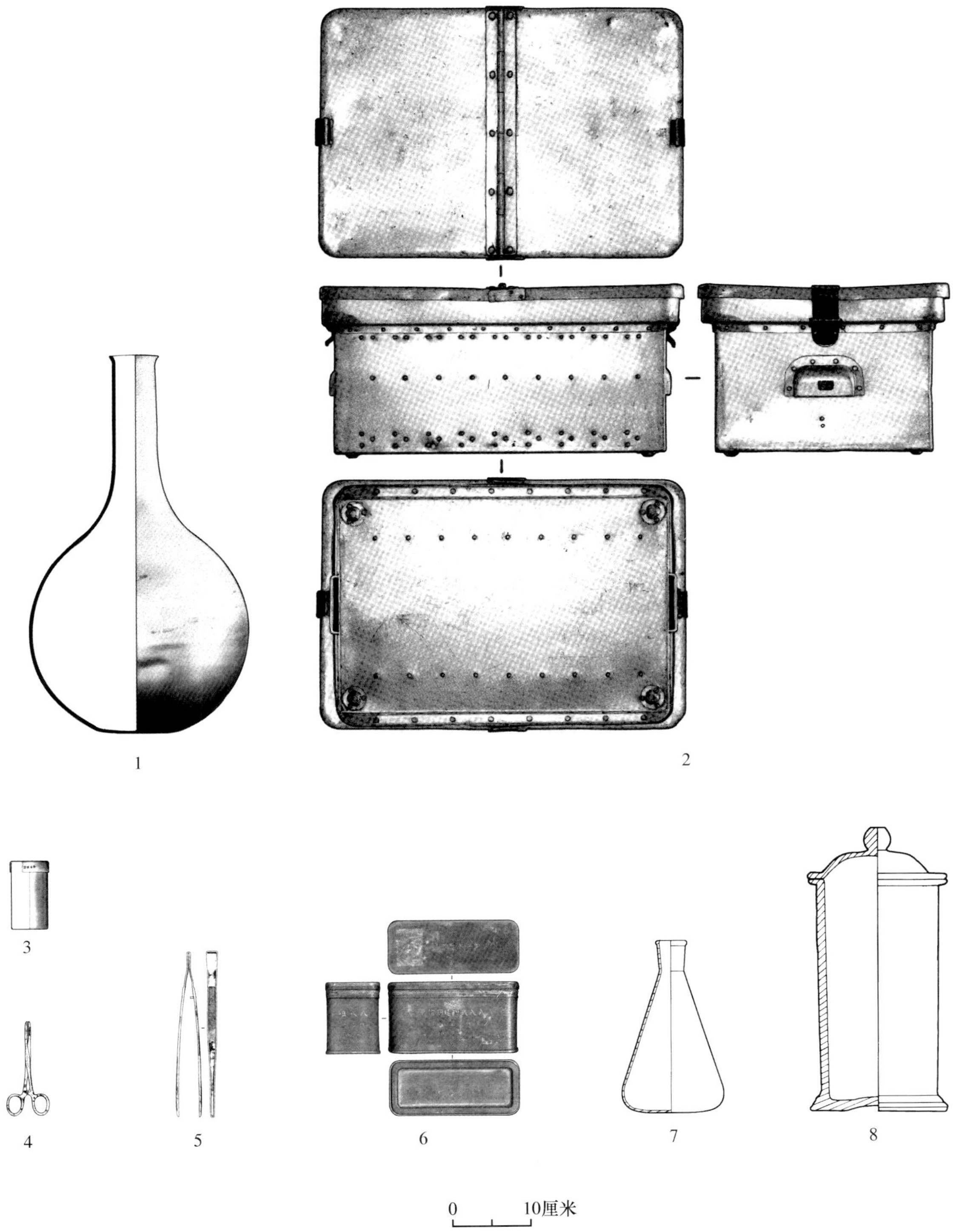

图六七 采集遗物

1. 血清瓶（1945P731S采：1） 2. 细菌培养箱（1945P731S采：11）
3. 引火帽桶（1945P731S采：12） 4. 引信管盒（1945P731S采：14）
5. 止血钳（1945P731S采：16） 6. 镊子（1945P731S采：18）
7. 烧杯（1945P731S采：19） 8. 人体标本瓶（1945P731S采：20）

下编

七三一部队细菌实验室及特设监狱建筑结构与建筑技术研究

为开展七三一部队旧址细菌实验室及特设监狱建筑的建筑结构和建筑技术研究，2014年9月至11月，哈尔滨工业大学土木工程学院与黑龙江省文物考古研究所，选派专业人员进驻旧址现场，完成了对旧址建筑的现场勘查、驻场分析、建筑材料现场检测以及试验材料的取样的工作，并聘请结构、机电专家作为顾问，指导、分析和解答了发掘和研究过程中遇到的问题。其后，2014年12月至2015年3月，完成了建筑材料性能的试验和分析工作。

现将侵华日军七三一部队旧址细菌实验室及特设监狱（以下简称细菌实验室及特设监狱）建筑结构和建筑技术研究结果报告如下：

1 建筑结构技术研究

1.1 钢筋混凝土柱结构技术研究

细菌实验室及特设监狱主体建筑分为细菌实验室、特设监狱和中心走廊三部分，其编号方式遵循考古报告（自南顺时针分别称为3、4、5、6栋），其中3栋和5栋采用双排柱内框架结构，4栋和6栋采用单廊砖混结构。钢筋混凝土柱的建筑布局既以中心走廊为对称轴对称布置，又以特设监狱轴线为对称轴对称布置。细菌实验室及特设监狱平面示意图见附图1。

旧址现场钢筋混凝土柱数量总计128个，分布于细菌实验室3栋总计64个，分布于细菌实验室5栋总计64个，现存钢筋混凝土柱实际情况如图1所示。其中多数钢筋混凝土柱由于历史原因损坏严重，损坏情况十分严重的钢筋混凝土柱只能根据钢筋混凝土柱底部与柱下基础连接处的残存轮廓进行研究和判断，故驻场勘查过程中以现存残柱为主要研究对象，对其进行结构技术的研究分析。旧址现场可供结构技术分析研究的钢筋混凝土柱共计105个，驻场勘查中分析研究了这105个柱的具体情况，通过对其截面尺寸、纵筋配筋形式和数量、箍筋配筋形式和数量以及钢筋保护层厚度等方面的分析研究，经105个样本的统计分析，可推断出钢筋混凝土柱各项结构参数，对了解钢筋混凝土结构的发展历史具有借鉴意义。

现场勘查过程中，采用数显游标卡尺测量钢筋混凝土柱内纵筋直径和箍筋直径，如图2所示，测量时挑选被测钢筋两处保存较完好截面进行测量，并取两处保存较完好截面的平均值作为钢筋直径代表值。

本次钢筋混凝土纵筋间距和箍筋间距采用HILTI Ferrosacn RV 10型号钢筋扫描仪进行测量，如图3所示，测量时选取钢筋混凝土柱较平整表面进行测量，通过钢筋扫描仪的感应器的滑动测量纵筋和箍筋间距，测量时感应器与钢筋方向平行，以保证测量结果的准确性。钢筋混凝土保护层厚度同样采用HILTI Ferrosacn RV 10型号钢筋扫描仪进行测量，通过测量旧址现存保存较完好的钢筋混凝土柱，得出钢筋混凝土保护层厚度的实测值。

图 1　旧址现存钢筋混凝土柱

图 2　数显游标卡尺测量钢筋直径

图 3　钢筋扫描仪测量钢筋间距

通过现场勘查钢筋混凝土柱截面形式和截面尺寸、钢筋定位、钢筋外观情况、钢筋直径、钢筋间距以及钢筋混凝土柱保护层厚度，应用普查的方式仔细勘察旧址现场可供研究的钢筋混凝土柱，得出真实而详细的数据如下：

1）钢筋混凝土柱为方形柱，柱内纵筋和箍筋的类型均为光圆钢筋，其按截面纵筋配筋数量不同归类为两种类型：第一种类型柱的纵筋配筋为：角部配置 4 根钢筋，宽度方向中部配置 2 根钢筋，高度方向中部配置 2 根钢筋；第二种类型柱的纵筋配筋为：角部配置 4 根钢筋，宽度方向中部配置 3 根钢筋，高度方向中部配置 4 根钢筋；两种不同类型的钢筋混凝土柱的分布位置并没有规律性可循，其柱截面按我国现在的表示方法归类如图 4 所示。柱网的形式为矩形柱网，矩形柱网相比其他柱网形式较为经济合理；梁跨度主要归为 3m、4.5m 和 5m，梁跨度的大小主要与建筑的使用功能、荷载大小以及当时的建筑技术水平相关。

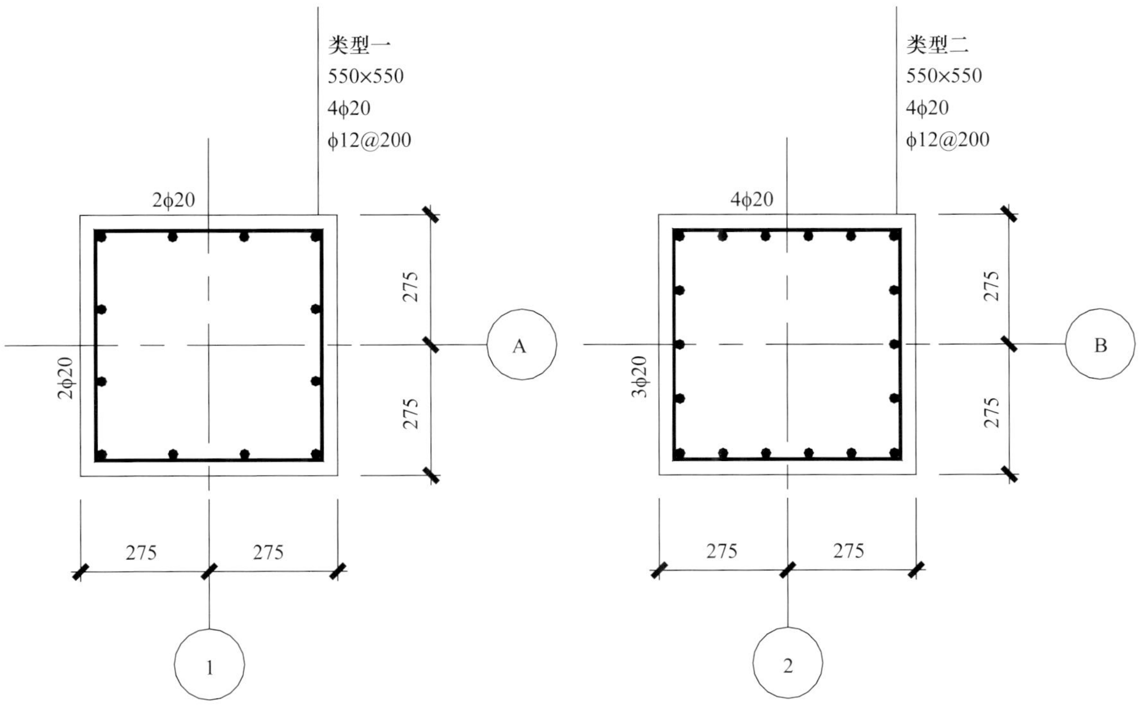

图 4　钢筋混凝土柱截面图

2）两种类型钢筋混凝土柱的截面尺寸归为一类：截面尺寸归为 $b\times h$（截面宽度 × 截面高度）=550mm × 550mm，但也存在个别柱的柱截面尺寸加大的情况，如轴号 B/4 和轴号 C/4 处的钢筋混凝土柱，以上两个位置的柱截面尺寸归为 $b\times h$（截面宽度 × 截面高度）=700mm × 700mm。

3）旧址现场实测第一类钢筋混凝土柱的柱内纵筋尺寸为：角部纵筋直径平均值为 19.44mm、中部纵筋直径平均值为 18.18mm；第二类钢筋混凝土柱的柱内纵筋尺寸为：角部纵筋直径平均值为 22.34mm、中部纵筋直径平均值为 19.55mm。

4）旧址现场实测箍筋数据如下：两种类型柱的箍筋形式均为矩形箍，且不存在附加箍筋；箍筋接头处采用 90° 弯钩的搭接方式，搭接长度小于 10mm，如图 5 所示。第一类钢筋混凝土柱的柱内箍筋直径平均值为 9.45mm，箍筋间距平均值为 209mm；第二类钢筋混凝土柱的柱内箍筋直径平均值为 9.32mm，箍筋距平均值为 207mm；从实测数据中可以发现，两种类型钢筋混凝土柱的箍筋形式、配筋直径、箍筋间距和构造措施基本相同，所以两种类型钢筋混凝土柱的柱内箍筋配筋方式可归为一类。

5）旧址现场实测第一类钢筋混凝土柱的保护层厚度为：第一类钢筋混凝土柱的保护层厚度平均值为 35.7mm；第二类钢筋混凝土柱的保护层厚度平均值为 46.9mm。

图 5　箍筋弯钩形式

6）钢筋混凝土柱的具体实测数据见附表 1。

从旧址现场实际调查结果和实测数据中能够看出，20 世纪 20 ~ 30 年代日本钢筋混凝土结构的做法，如：钢筋混凝土柱截面的选型、尺寸、配筋量；加大柱内角部纵筋的尺寸；钢筋混凝土柱中已经存在箍筋，且箍筋接头的搭接处采用弯钩的构造措施；柱内钢筋的外侧存在一定厚度的混凝土保护层。以上做法说明当时日本对钢筋混凝土结构的理解已经达到了一定的水平，同时也说明了 20 世纪 30 年代日本在该领域的领先性。

但当时的做法也有其局限性，与现在我国做法相比较，当时日本的部分做法还欠缺科学性和合理性，如：现在我国箍筋间距分为非加密区箍筋间距和加密区箍筋间距，而现场检测中并未发现箍筋间距存在加密区和非加密区的差别，都是统一的箍筋间距；现在我国箍筋接头处一般采用 135° 弯钩的构造措施，且接头处的最小搭接长度有明确的限值；现在我国对钢筋混凝土柱内箍筋的肢间距有明确要求，且在特定工况下不允许使用简单箍筋，如：柱边长大于 400mm 的钢筋混凝土柱不允许使用简单箍筋这种箍筋形式。以上情况均说明 20 世纪 20 ~ 30 年代日本在钢筋混凝土结构的做法方面存在其局限性，例如：虽然意识到箍筋对于钢筋混凝土柱结构的重要性，但是对于箍筋间距、箍筋构造措施方面的理解还不够充分。

1.2　地基基础结构技术研究

现在我国地基基础按基础设计方案分类主要分为四类：天然地基上的浅基础、不良地基人工处理后的浅基础、桩基础和深基础。通过旧址现场实地勘察和研究，将侵华日军七三一部队旧址细菌实验室及特设监狱的地基基础归类为天然地基上的浅基础。按结构类型分类浅基础主要分为独立基础、条形基础、十字交叉基础、筏板基础和箱形基础；按基础的材料分类浅基础分为无筋扩展基础（旧称刚性基础）和扩展基础（旧称柔性基础）。

虽然日本的建筑结构设计水平在当时达到了一定的水平，但是和现在我国的建筑设计理论相比，仍有其局限性，对于地基基础的刚性和柔性的理解还不科学，如墙下基础由两部分组成：墙下钢筋混凝土条形基础和墙下砖砌体条形基础，砖砌体条形基础为刚性基础而钢筋混凝土条形基础为柔性基础，这说明当时日本对基础的刚性和柔性的区分并不严格，所以本次研究中地基基础按结构类型归类，共归类为三种：柱下独立基础、柱下联合基础和墙下条形基础。

1.2.1 柱下独立基础及柱下联合基础结构技术研究

柱下独立基础和柱下联合基础的功能是承担钢筋混凝土柱传递下来的荷载，并将上部荷载均匀地传递给地基，其结构布局与钢筋混凝土柱的结构布局相同。

柱下独立基础的具体形式为钢筋混凝土锥台式扩展基础，如图 6 所示；柱下联合基础具体形式也为钢筋混凝土锥台式扩展基础，如图 7 所示，但其放坡形式与柱下独立基础存在差异，柱下联合基础为双面放坡形式而柱下独立基础为四面放坡形式。

图 6 柱下独立基础

图 7 柱下联合基础

柱下联合基础只存在于以下轴号位置：B/1、B/4、B/8、B/21、B/25、B/28、F/1、F/4、F/8、F/21、B/25、F/28，其余柱下基础均为柱下独立基础。另轴号位置为 A/4、A/8、A/21、A/25、D/4、D/8、D/21、D/25、E/4、E/8、E/21、E/25、H/4、H/8、H/21、H/25 的柱下独立基础与地梁连接方式独特，其连接方式并没有采取直接浇筑在一起这种形式，而是同样采用了一个放坡的连接形式，如图 8 所示，此类构造形式能够使基础与地梁连接处的相互作用均匀地传递，提高结构的整体性。

在旧址现场勘查柱下独立基础和柱下联合基础的截面形式和截面尺寸的过程中，由于柱下基础配筋位置在基础底部，且由于基础高度较高，其上表面距离基础内钢筋的距离已超过 HILTI Ferrosacn RV 10 型号钢筋扫描仪所能达到的钢筋测量感应的最大距离，所以无法通过仪器扫描钢筋的方法测量钢筋定位。但由于日军撤退时将细菌实验室及特设监狱炸毁，所以旧址现场存在因爆炸等原因损坏的柱下独立基础，此类柱下独立基础的破坏断面裸露钢筋，可看做柱下独立基础立面的剖面图，如图 9 所示，通过测量此处柱下独立基础的钢筋间距和钢筋直径来研究柱下独立基础的结构技术，具体实测数据如下：

图 8　柱下独立基础与地梁特殊连接方式

图 9　柱下独立基础钢筋裸露处

1）柱下独立基础按基础的尺寸不同归为两类：第一类基础底面尺寸归为：$b \times l$（底面短边 × 底面长边）=2600mm × 3000mm，顶面尺寸归为 $b_1 \times l_1$（顶面短边 × 顶面长边）=850mm × 850mm，基础高度归为 H_0=900mm；第二类基础底面尺寸归为：$b \times l$（底面短边 × 底面长边）=2300mm × 3000mm，顶面尺寸归为 $b_1 \times l_1$（顶面短边 × 顶面长边）=850mm × 850mm，基础高度归为 H_0=800mm。

2）柱下联合基础按基础的尺寸不同归为两类：第一类基础底面尺寸归为：$b \times l$（底面短边 × 底面长边）=2600mm × 6000mm，顶面尺寸归为 $b_1 \times l_1$（顶面短边 × 顶面长边）=850mm × 850mm，基础高度归为 H_0=900mm；第二类基础底面尺寸归为：$b \times l$（底面短边 × 底面长边）=2300mm × 6000mm，顶面尺寸归为 $b_1 \times l_1$（顶面短边 × 顶面长边）=850mm × 850mm，基础高度归为 H_0=800mm。

3）柱下独立基础配筋形式为双向配筋，钢筋直径平均值为 18.05mm，钢筋间距平均值为 152.4mm，钢筋端部存在 180° 弯钩的构造措施。柱下独立基础按我国现在基础的表示方法归类为图 10 所示（图中配筋只包括现场可测量数据）。

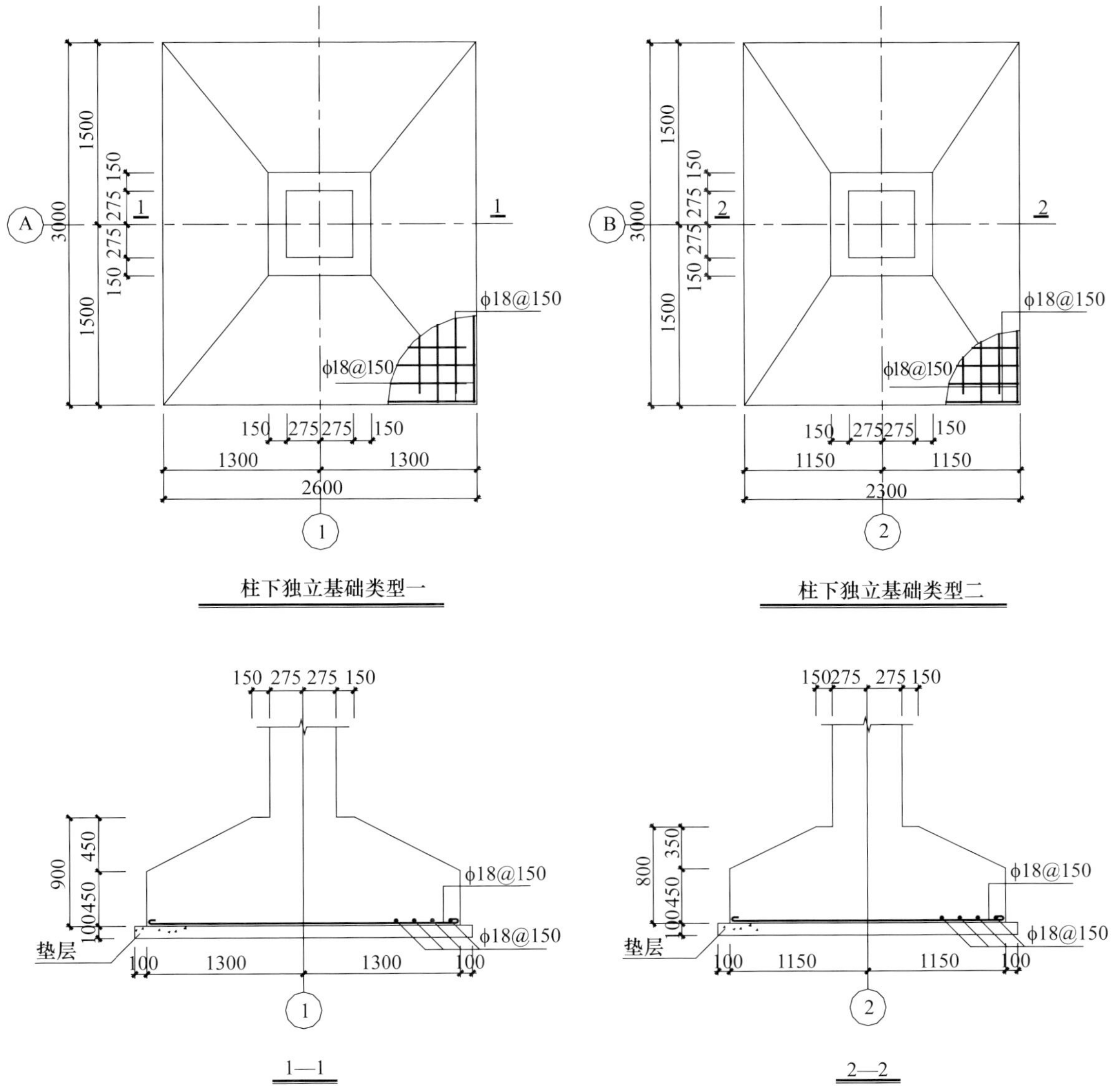

图 10 柱下独立基础配筋图

4）柱下独立基础和柱下联合基础的具体实测数据见附表 2。

从以上旧址现场实际调查结果和实测数据能够看出，20 世纪 20 ~ 30 年代日本柱下独立基础和柱下联合基础的结构做法已经十分接近现在我国的做法，现在我国柱下独立基础一般采用双向配筋的形式，且钢筋端部根据不同情况采取 135° 和 180° 弯钩的构造措施，这些结构做法当时日本就已经采用，说明日本当时对柱下独立基础和柱下联合基础的理解比较深，但现在我国墙下条形基础的做法与本建筑墙下条形基础做法不同，不同之处在于现在我国柱下独立基础全部采用钢筋混凝土结构，按我国现在的说法，柱下独立基础和柱下联合基础按材料的组成归类为扩展基础（也称刚性基础）。而本建筑墙下条形基础对无筋扩展基础和扩展基础（也称刚性基础和柔性基础）在基础分类分析方面尚存在理解的偏差，细菌实验室及特设监狱墙下条形基础中既存在无筋扩展基础，即墙下砖砌体条形基础，也存在扩展基础，即墙下钢筋混凝土条形基础，使用上存在概念上的混淆。

1.2.2 墙下条形基础结构技术研究

本建筑墙下条形基础由两部分组成：墙下钢筋混凝土条形基础和墙下砖砌体条形基础，如图 11 所示。

图 11　墙下基础

1.2.2.1　墙下钢筋混凝土条形基础

通过现场勘查条形基础的截面形式和截面尺寸，应用普查的方式仔细勘察旧址现场可供研究的钢筋混凝土条形基础，得到出真实而详细的数据：外墙钢筋混凝土条形基础尺寸归为：宽度为 b=2m，高度为 h=0.1m。

现场勘查和测量过程中，由于条形基础配筋位置为基础底部，且由基础高度较大，其上表面距离基础内钢筋的距离已超过 HILTI Ferrosacn RV 10 型号钢筋扫描仪所能达到的钢筋测量感应的最大距离，所以无法通过仪器扫描钢筋的方法测量钢筋定位。但由旧址现场存在因爆炸等原因而损坏的钢筋混凝土条形基础，且中心走廊处也存在条形基础断面，以上位置的条形基础均存在裸露钢筋，如图 12 所示，通过测量以上位置条形基础的钢筋间距和钢筋直径，得到如下实测数据：

1）钢筋混凝土条形基础配筋形式为双向配筋。

2）纵筋直径平均值为 12.19mm。

3）纵筋间距平均值为 157.83mm。

4）纵向钢筋和横向钢筋端部均存在 180° 弯钩的构造措施如图 12 所示。

5）钢筋混凝土条形基础的具体数据见附表 3。

从以上数据可以看出，细菌实验室及特设监狱钢筋混凝土条形基础结构与现在我国钢筋混凝土条形基础的配筋方式和构造措施十分接近，均配有横向钢筋和纵向钢筋，且钢筋端部采用 180° 弯钩的构造措施，说明当时日本对钢筋混凝土条形基础结构的理解已经较深，达到了一定的水平。

图 12　条形基础钢筋裸露处

1.2.2.2 墙下砖砌体条形基础

为满足承载力的需求，减小基础不均匀沉降等原因，本建筑墙下条形基础形式为钢筋混凝土底板上采用砖砌体放大脚，如图 13 所示。放大脚形式为：把基础底面做得比墙体宽，呈阶梯形逐级加宽。本建筑墙下条形基础对无筋扩展基础和扩展基础（也称刚性基础和柔性基础）在基础分类分析方面尚存在理解的偏差，细菌实验室及特设监狱墙下条形基础中既存在无筋扩展基础，即墙下砖砌体条形基础，也存在扩展基础，即墙下钢筋混凝土条形基础，使用上存在概念上的混淆。但细菌实验室及特设监狱放大脚形式的砖砌体条形基础均满足现在我国对刚性基础的刚性角要求，其宽高比均小于砖基础的限制 1∶1.5，由此可见当时日本对刚性角的做法比较合理，对于刚性基础的结构形式理解较好。

图 13 放大脚基础

1.3 墙体结构技术研究

细菌实验室及特设监狱放大脚基础以上、一层底板以下部分外墙厚度归为 620mm，如图 14 所示，内部承重墙放大脚基础以上、一层底板以下部分存在厚度 490mm 的归类类型。本建筑地下部分隔墙主要归为两种形式：240mm 厚砖墙和 370mm 厚砖墙，如图 15 所示。

因细菌实验室及特设监狱所用黏土砖与我国现行普通黏土砖在尺寸上略有差异，所以以上墙体厚度的标明是为了描述方便，具体厚度存在略微误差，在此说明。

在细菌实验室及特设监狱 4 栋和 6 栋中存在纵向配筋扶壁砖柱砌体结构，如图 16 所示，采用此结构形式能够增加结构的抗弯刚度，提高结构的承载力和稳定性，而且采用

图 14 外墙形式

图 15　隔墙形式

图 16　纵向配筋扶壁砖柱砌体结构

纵向配筋扶壁砖柱砌体结构所增加的墙体材料不多，是经济性较好的截面形式。

另砖墙、墙下砖砌体条形基础的具体组砌方式等工艺将在施工工法章节具体说明。

1.4　建筑结构技术整体研究

细菌实验室及特设监狱 3 栋和 5 栋采用双排柱内框架结构，其基础、梁、板和柱配筋较完备，可满足结构较好的性能要求。因日本常年发生地震，其建筑结构在抗震设防方面发展速度快，结构形式和配筋形式先进，如此配筋方式和配筋量可能是考虑地震对建筑结构的影响而设计，也有可能是考虑该建筑的重要性以及战争防护的需求。

细菌实验室及特设监狱 4 栋和 6 栋采用单廊砖混结构，且其大开间中部设置纵向配筋扶壁砖柱砌体结构，因为扶壁砖柱砌体结构配有纵向钢筋，此结构已属配筋砌体结构范围。

现场勘查特设监狱和中心走廊过程中，并未发现结构存在配筋，所以其结构形式为砖混结构。

细菌实验室及特设监狱建筑结构布局紧密、对称，且本结构在很多部位都进行了结构的加强处理，应具有很好的安全性。此种结构设计理念和结构具体形式可能是以下原因：第一，细菌实验室及特设监狱安全性要求较高，其结构考虑抗震要求或战争防护要求等。第二，20 世纪 20 ~ 30 年代日本的设计理论还没有达到进行认真的设计分析和计算的水平，尚存在经验设计方法进行结构设计。

2 建筑施工工法研究

2.1 钢筋混凝土施工工法研究

侵华日军七三一部队旧址细菌实验室及特设监狱内部分结构构件采用了钢筋混凝土材料，如：钢筋混凝土条形基础、柱下独立基础和柱下联合基础、梁、板和柱等。这些现存混凝土构件的施工工法也有效的反映了当时日本的建筑技术施工水平。

通过混凝土抗压试验得出的结论：混凝土抗压强度离散值较大。再考虑当时机械的参与情况，推断细菌实验室及特设监狱中混凝土的制备方式系采用现场搅拌混凝土。

通过旧址现场勘查，发现混凝土表面留有使用木材做模板的痕迹，如图 17 所示，且旧址现场的钢筋混凝土柱上仍存在固定木模板所用的钢丝，柱下独立基础底部亦发现固定木模板所用的木方，所以细菌实验室及特设监狱中的混凝土材料系采用木模板支模浇筑成型，现在普遍使用的工具式模板可见在当时尚未在本工程出现。

图 17　木材模板痕迹

模板工程作为混凝土建筑工程中的必要工艺组成部分，在其发展过程中都经历了相当长的过程，最初的混凝土模板多采用木模板，按结构形状拼成混凝土的成型模型，这种模板装拆费时费力，拆模后成为一堆散板，材料损耗很大。大约在 20 世纪初期开始出现了装配式定型木模板，根据工程需要预先设计出一套有多种不同尺寸的定型模板，由加工单位进行批量生产，施工时按结构形式，预制处配板设计，现场按配板图进行拼装，拆模后还可以重复利用。这种装配式定型木模板使用了很长一段时间，直到现在一些地方仍在使用。之后在 20 世纪 50 年代后半期，开始出现大型模板，60 年代出现组合式定型模板，现在钢模板、木胶模板、竹胶模板等也已广泛应用。

细菌实验室及特设监狱所用模板为木模板，虽然木模板对材料的耗损较大，但其取材和制作十分方便，又考虑到当时东北地区木材资源丰富和模板技术的发展，细菌实验室及特设监狱使用木模板作为模板材料有其合理性。

本建筑的钢筋混凝土条形基础、柱下独立基础和柱下联合基础的下面为基础垫层，如图 18 所示，基础垫层的主要作用有以下几点：第一，在寒冷地区垫层主要作用是抗冻胀。第二，方便施工放线定位和绑扎钢筋。第三，增强地基的承载力和减小地基不均匀沉降等。

图 18　柱下独立基础下的碎石垫层

现场勘查中发现柱下独立基础分先后两次浇筑而成，混凝土分界面如图 19 所示。柱下独立基础第一次浇筑底部矩形部分，第二次浇筑上部锥体部分，且第二次浇筑并没有采用模板成型，成型面相对较粗糙。采用这种施工工法的原因可能是柱下独立基础侧面支模方便，侧面支好模板后在其内部先浇筑，然后锥体部分采用边浇筑边挡模板的方式进行浇筑成型。

现场勘查中发现细菌实验室及特设监狱中存在构造柱，但构造柱为矩形柱，并没有设置成马牙槎的形式，如图 20 所示，构造柱是一种结构构造措施，设置构造柱能够提高建筑的整体刚度和延性，约束墙体裂缝的开展，提高结构的抗震性能。在我国，构造柱和

图 19　混凝土分两次浇筑的分界面

图20　构造柱形式

圈梁是在1976年唐山大地震之后才提出的有效且重要的抗震措施，而日本在20世纪20～30年代就已经采用了构造柱的形式，虽然其构造柱结构还不是十分完善，如设置数量较少、构造柱与墙体的连接中并没有设置拉结筋、与构造柱连接处的墙体并没有砌筑成马牙槎的形式等，但在那个年代就已经采用了构造柱这种结构形式，说明当时日本对结构整体性或结构抗震的理解已经有了更多的认识。

通过勘查现场残留的一层混凝土板，发现一层混凝土板的施工方法为现场浇筑，并不是预制板，且一层板也是分两次浇筑成型，如图21所示。

预制板在我国的发展历史大致分为三个阶段，第一个阶段为建国初期，当时各项建设均在大规模进行，设计标准化、生产工业化、施工机械化正在发展，预制板于此时进入第一次发展阶段；第二个阶段为20世纪80年代，为了满足住房匮乏的问题，国家大力推行

图21　一层板分两次浇筑分界面

预制板住房；第三个阶段为20世纪90年代中后期，预制板逐渐退出历史舞台。预制板由于经济性好，施工速度快等优点，非常符合建筑工业化的潮流，一度代表着先进的结构形式，但随着时代的进步，预制板的缺点也逐渐暴露出来：如开间预制板模数尺寸的限制，板与板之间存在缝隙，容易造成楼板开裂和漏水，不宜在楼板上按住户要求随意砌筑隔墙等。

从一层板采用现场建筑成型的方式能够看出，当时日本在中国建造的建筑还没有达到生产工业化和施工机械化的水平，但板的配筋方式与现在我国类似，都采用双向配筋。

2.2　黏土砖施工工法研究

黏土砖施工工法主要为黏土砖的组砌方式，组砌方式即是指砖块在砌体中的排列方式，而组砌的关键是通过错缝搭接形成整体，因为砂浆是砌体中的薄弱部分，若组砌时产生通缝，砌体整体则产生薄弱部位，会导致砌体在通缝处提前破坏。

我国砖墙按常用厚度分类分为以下几种：半砖墙、3/4砖墙、一砖墙、一砖半墙、二砖墙和二砖半墙，且我国标准黏土砖规格为：240mm × 115mm × 53mm。

通过现场勘查细菌实验室及特设监狱旧址等工作，按厚度不同将细菌实验室及特设监狱砖墙归为以下几种：一砖墙、一砖半墙、二砖墙和二砖半墙，且细菌实验室及特设监狱所用黏土砖与我国标准黏土砖在规格上略有差异，其规格归为：230mm × 110mm × 62mm，具体尺寸规格数据见本报告中“黏土砖外观质量研究”部分。

细菌实验室及特设监狱中一砖墙的组砌方式同我国一砖墙的一顺一丁砌法相同，如图22所示；细菌实验室及特设监狱中一砖半墙的组砌方式同我国一砖半墙常用组砌方式相同，如图22所示；细菌实验室及特设监狱中两砖墙和两砖半墙的组砌方式与我国同样厚度砖墙的组砌方式存在差异，我国两砖墙和两砖半墙的组砌方式通常有“三顺一丁式”和“五顺一丁式”，即多层错位法，每隔三皮顺砖或五皮顺砖加铺一皮丁砖相互间隔叠砌而成，这种砌法在顺砖皮数的中间出现连续的三皮或五皮的通缝，因此不如一顺一丁式牢固，如用来砌筑两砖以上的厚墙时，不会影响墙身的强度，却可以提高砌筑速度，而细菌实验室及特设监狱中两砖墙和两砖半墙的砌筑方式如图22所示，细菌实验室及特设监狱中厚墙的砌筑方式也采用每皮均错缝搭接的砌筑方式。从以上分析可以看出当时细菌实验室及特设监狱砖墙的组砌方式遵循的依据主要为错缝搭接，比较重视砖墙的牢固程度；而现在我国砖墙的标准组砌方式综合了墙体牢固程度和施工速度两个方面，既保证了墙体的牢固程度，又加快了墙体的施工速度。

放大脚基础的组砌方式不是同一的形式，其暴露在外的部分一般为顺丁相间砌筑，如图23所示，放大脚内部黏土砖的砌法形式不一，其砌筑施工也并不规范，但其基本原则是错缝搭接，即砌筑时，以砖的不同组砌方式防止砂浆形成通缝。

由于错缝搭接的要求，我国砖墙在转角处或门窗洞口处，第一块砖采用3/4砖，一般把砖敲去1/4，称3/4找砖。细菌实验室及特设监狱砖墙的转角处也存在类似的做法，如图24所示，砖墙的转角处的第一块砖相比其他统一规格的黏土砖长度略短，其缩短长度约为1/4砖，和现在我国标准做法（图25）相似；我国砖基础的转角或交接处，为错缝搭接需要加砌配砖，即3/4砖、半砖或1/4砖，且在转角或交接处，纵横墙要隔皮砌通。细菌实验室及特设监狱由于砖基础的转角处破坏严重，并没有发现明显

一砖墙：我国一顺一丁砌法

一砖墙：我国三顺一丁砌法

一砖墙：我国梅花丁砌法

一砖半墙：我国常用砌法

二砖墙：细菌实验室及特设监狱砌法

二砖半墙：细菌实验室及特设监狱砌法

图 22　砖墙组砌方式

图 23　放大脚组砌方式

图 24　细菌实验室及特设监狱砖墙转角处组砌方式

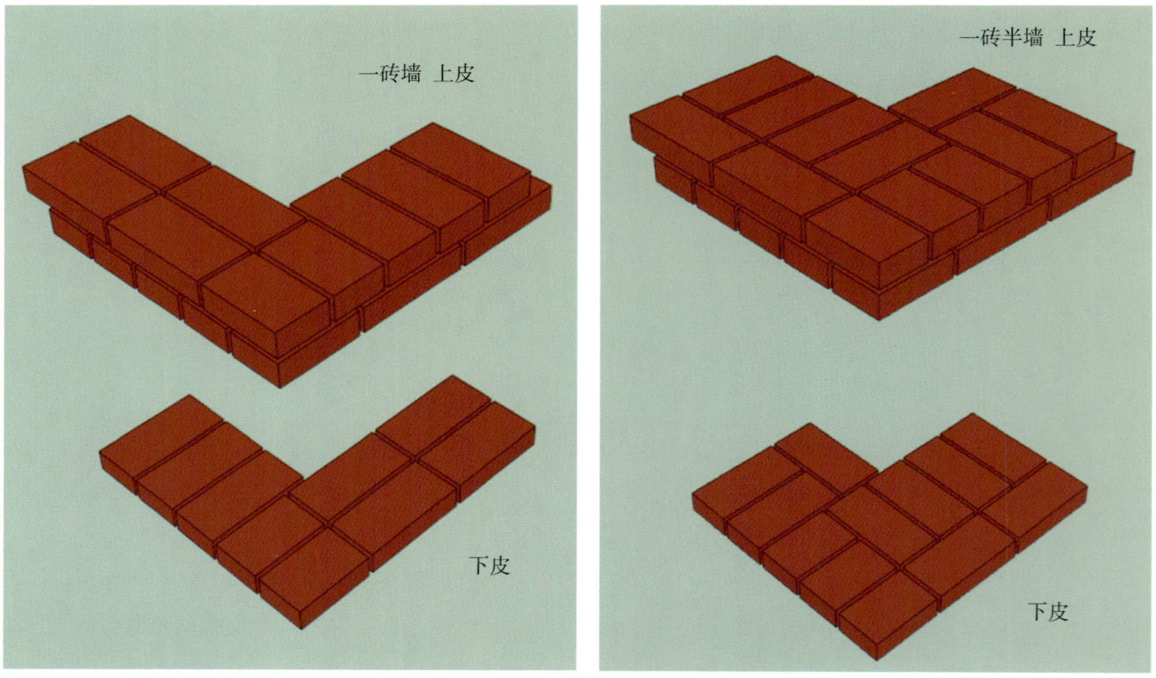

图 25　我国砖墙转角处标准砌筑方式示例

的加砌配砖形式，但转角内侧纵墙和横墙连接处存在黏土砖搭接咬砌的砌筑形式，如图 26 所示。

综上所述，当时细菌实验室及特设监狱的砖墙和砖基础的组砌方式已经比较成熟，在关键的部位如转角或交接处都存在满足错缝搭接的组砌方式，且在砖墙的转角处存在 3/4 找砖，这些转角处的特殊砌法是保证纵横墙有效拉结的重要措施，但与我国现在的砖墙和砖基础标准组砌方式相比较，细菌实验室及特设监狱的组砌方式还缺乏规范性、多样性和实用性。

图 26　细菌实验室及特设监狱砖基础转角处组砌方式

2.3　建筑防潮、防水工艺研究

现场勘查中发现本建筑防潮、防水工艺采用三毡四油，如图 27 所示，三毡四油的材料为沥青油毡和液体柏油，其具体做法为底层和面层涂刷液体柏油，中间五层为沥青油毡和液体柏油相间铺设和涂刷，这样一共铺设三层沥青油毡，涂刷四层液体柏油，故称为三毡四油。

细菌实验室及特设监狱防潮、防水结构先砌筑内墙，然后用砂浆抹灰找平，再施工三毡四油，最后施工外墙，外墙是三毡四油的保护墙。这种做法既可以保护防潮、防水的三毡四油层不受侵蚀，同时增加了墙体的厚度，墙体也成为防潮、防水层的一部分，提升了

图 27　三毡四油防水层

建筑的防潮、防水性能。在三毡四油层之外再砌筑保护外墙说明当时日本对防潮、防水层的保护十分重视。

三毡四油属于传统的防水工艺做法，使用历史较长，防潮、防水性能好，但由于环保性能差，建设部已经禁止使用这种防水材料，现在防水设计多用新型防水卷材如：聚氨酯防水涂料、聚氯乙烯防水卷材和聚合物水泥防水砂浆等。

2.4 建筑防冻、保温隔热工艺研究

黑龙江地区土层为季节性冻土，季节性冻土在冬季冻结而夏季融化，其所造成的影响是：冬季土冻结时引起土体膨胀和隆起，形成冻胀现象。夏季冻结土解冻时造成土体饱和及软化，强度降低，建筑物下陷。细菌实验室及特设监狱建筑的防冻措施是将地基基础的埋深控制在冻土层以下，采用这种措施防止季节性冻土对建筑的不良影响。排水管道的防冻也采用相同的方式，这与我国当前的防冻做法是相同的，可见当时日本在防止土体冻害方面积累了有效的经验。

细菌实验室及特设监狱建筑外墙厚度较大，从外墙做法来看，本建筑保温隔热方式为传统做法，即采取加大构件厚度的做法改善外维护构件的热工性能。传统保温隔热做法比较简单，在材料和技术并没有发展到一定程度的情况下采用传统做法是合理的，但从目前土木工程保温隔热的发展来看，传统做法很不科学，现在多采用复合材料构造墙体方法综合处理。

3　建筑材料性能研究

3.1　混凝土材料性能研究

3.1.1　回弹法测量混凝土强度

为了得出细菌实验室及特设监狱混凝土强度指标，同旧址现场采用回弹法对旧址混凝土进行了无损检测，并用酒精酚酞溶液检测混凝土碳化深度。本次检测的对象为钢筋混凝土柱下基础和钢筋混凝土框架柱，并对检测结果进行了评定。本次回弹法检测混凝土强度共计检测 32 个构件，其中钢筋混凝土柱下基础共计检测 21 个构件，钢筋混凝土框架柱共计检测 11 个构件。由于旧址现存钢筋混凝土构件较少，所以此次混凝土强度评定采用单个构件评定的方法。

本次检测依据的规范和标准为：《建筑结构检测技术标准》（GB/T 50344-2004）、《回弹法检测混凝土抗压强度技术规程》（JGJ/T 23-2011）、《混凝土强度检验评定标准》（GB/J 50107-2010）。

现场检测过程中，我方严格按照相关规范进行检测，首先用粉笔在检测构件上均匀的划分出 10 个回弹测区，再用磨石将混凝土表面磨平，然后在测区内选取平整无破损的表面进行回弹并记录数据，如图 28 所示。

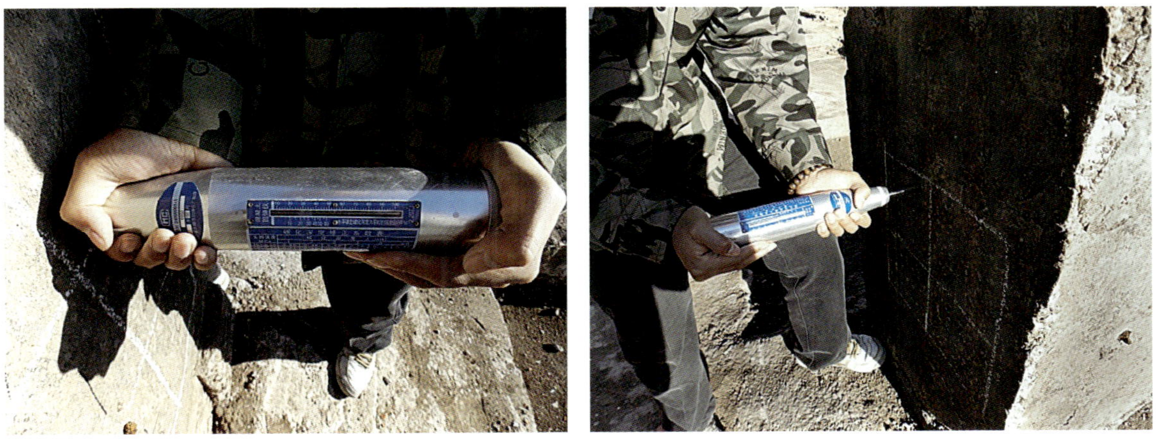

图 28　回弹法现场检测混凝土强度

回弹工作完成后，用冲击钻在混凝土表面钻入直径 15mm，深度 100mm 的孔洞，将孔洞上浮灰清理干净后，用酒精酚酞溶液喷洒孔洞表面，并用数显游标卡尺测量碳化深度并记录数据，如图 29 所示。回弹法检测混凝土抗压强度结果：钢筋混凝土柱下基础见表 1。钢筋混凝土柱见表 2。柱下基础构件测区回弹值原始记录报告见附表 4。钢筋混凝土柱构件测区回弹值见原始记录报告见附表 5。

回弹法测量混凝土强度结果可以看出，细菌实验室及特设监狱混凝土强度约在

图 29　酒精酚酞溶液检测混凝土碳化深度

20MPa 到 30MPa 不等，从这样的混凝土强度可以在一定程度上反映当时日本混凝土材料的生产力水平。而我国在建国初期所用的混凝土标号多数为 150#、200#、250#，比较小的标号还有 100#，考虑标准试件尺寸的变化和强度等级的数理统计定义，混凝土标号和我国现行混凝土强度等级可以近似换算，标号 100#、150#、200#、250# 可近似换算为强度等级 C8、C13、C18、C23，也即相应的强度低于 8MPa、13MPa、18MPa、23MPa 的百分率低于 5%，这说明当时那个年代我国制作较高强度混凝土是比较困难的，其原因是当时水泥的磨细程度不足，工艺比较粗糙。

“四方楼”混凝土强度的离散型比较大，可能原因是当时的施工质量还不是很高，且推断当时混凝土采用现场搅拌配制，也是造成混凝土强度离散型较大的原因之一。

表 1　回弹法柱下基础强度表

构件名称	构件位置	碳化深度（mm）	平均值（MPa）	标准差（MPa）	最小值（MPa）	推定值（MPa）
柱下基础	A/8	1.0	23.2	3.60	18.0	17.3
柱下基础	B/1	1.0	32.3	2.77	28.4	22.1
柱下基础	B/12	2.0	25.7	2.17	21.7	22.1
柱下基础	C/12	1.5	29.4	2.01	26.0	26.1
柱下基础	C/13	3.0	27.9	3.14	24.6	22.7
柱下基础	C/14	1.0	33.6	2.21	31.1	30.0
柱下基础	C/7	1.5	28.0	2.39	24.5	24.1
柱下基础	D/8	1.5	18.7	1.87	16.0	15.6
柱下基础	E/8	5.0	22.0	2.15	19.2	18.5
柱下基础	F/1	0.5	27.7	4.26	23.6	20.7
柱下基础	F/10	1.0	29.9	4.00	23.4	23.3
柱下基础	F/11	3.0	29.2	2.63	25.7	24.9
柱下基础	F/15	0.5	34.5	4.58	29.8	27.0
柱下基础	F/16	1.0	29.0	2.79	25.1	24.4
柱下基础	F/17	1.0	29.9	2.64	26.5	25.6
柱下基础	F/2	2.0	27.9	4.64	23.6	20.3
柱下基础	F/27	4.0	24.1	3.38	19.8	18.5
柱下基础	F/5	3.0	24.0	2.85	19.4	19.3
柱下基础	F/6	5.0	22.2	2.47	19.0	18.1
柱下基础	G/13	0.5	43.4	7.41	33.0	31.2
柱下基础	G/5	1.0	31.2	6.19	23.4	21.0

表 2　回弹法钢筋混凝土柱强度表

构件名称	构件位置	碳化深度（mm）	平均值（MPa）	标准差（MPa）	最小值（MPa）	推定值（MPa）
柱	B/4	1.0	29.1	2.41	24.9	25.1
柱	C/2	1.0	36.8	2.98	33.0	31.9
柱	C/3	1.0	40.3	1.75	37.8	37.4
柱	C/4	0.0	37.7	3.42	31.6	32.1
柱	F/16	1.0	34.0	2.56	31.1	29.8
柱	F/2	0.5	35.7	2.09	31.7	32.3
柱	F/26	3.0	29.6	2.23	27.3	25.9
柱	G/16	1.0	33.1	3.92	28.2	26.7
柱	G/17	0.0	30.1	3.33	24.8	24.6
柱	G/19	1.0	32.3	2.77	28.4	27.7
柱	G/2	0.0	38.3	1.92	34.8	35.1

3.1.2　钻芯法测量混凝土强度

为更加准确的评定细菌实验室及特设监狱混凝土构件抗压强度，本次研究在回弹法测量混凝土强度的同时，采用钻芯法修正法对混凝土回弹强度进行修正。本次检测依据标准为《钻芯法检测混凝土强度技术规程》（CECS 03：2007），单个芯样取样位置如图 30 所示。

图 30　单个芯样取样位置

芯样采用自动双面切割锯按规定的高度 100mm 进行切割，芯样切割完成后将其放置于打磨机器上用金刚砂进行打磨，如图 31 所示。芯样打磨完成后，用万能量角器、塞尺、数显游标卡尺和直尺对打磨后的芯样的各项数据进行合格性判定。只有芯样的高

图 31　打磨混凝土芯样

度、高径比、平整度和垂直度全部符合《钻芯法检测混凝土强度技术规程》（CECS 03：2007）规定的芯样才是有效芯样。芯样试件尺寸偏差及外观质量超过下列数值时，相应的测试数据无效：

1）芯样试件的实际高径比（h/d）小于要求高径比的 0.95 或大于 1.05。

2）沿芯样试件高度的任一直径与平均直径相差大于 2mm。

3）抗压芯样试件端面的平整度在 100mm 长度内大于 0.1mm。

4）芯样试件端面与轴线的不垂直度大于 1°。

5）芯样有裂缝或其他较大缺陷。

在芯样切割和打磨后，个别芯样无法满足要求，将不合格芯样剔除，芯样合格性检测如图 32 所示，有效芯样的具体数据见表 3。芯样图示如图 33 所示。按照标准要求，将上述有效芯样按照规范规定的加载速度进行单轴抗压强度试验，并在试验后通过计算和分析得出钻芯法混凝土抗压强度结果，最后根据钻芯法实测混凝土抗压强度结果对混凝土回弹强度进行修正。柱下基础芯样试验实测破坏荷载和实抗压强度等数据见表 4，钢筋混凝土柱芯样试验实测破坏荷载和抗压强度等数据见表 5；钻芯法修正后的混凝土回弹强度见表 6；芯样加载图示如图 34 所示，芯样破坏形式如图 35 所示。

从钻芯法检测混凝土强度结果可以看出，柱下基础和钢筋混凝土柱的抗压强度实测值基本相同，所以推断当时两种构件的所用混凝土为同一批。混凝土强度是混凝土材料性能最重要的指标，通过钻芯法修正回弹强度，可以更准确的评估细菌实验室及特设监狱所用混凝土强度。

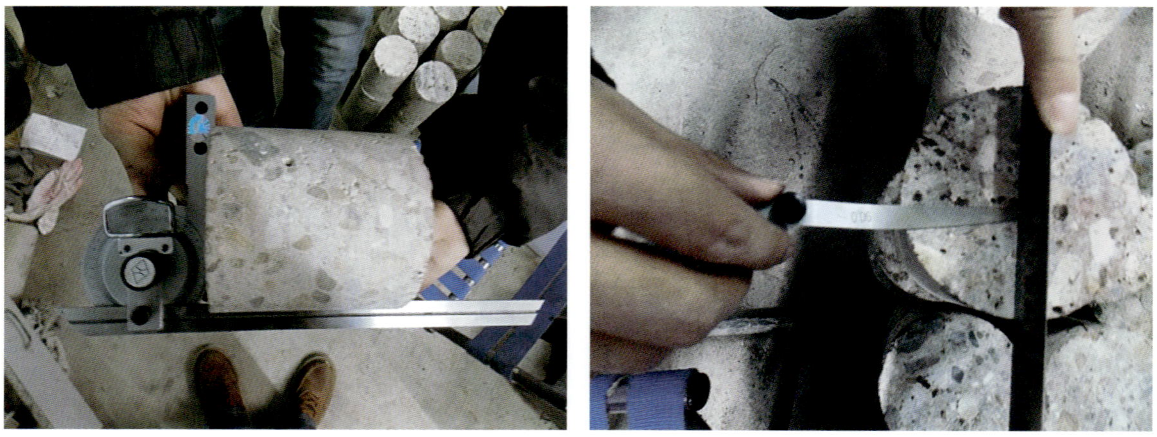

图 32　芯样合格性检测

图 33　芯样图示

图 34　芯样加载图

图 35　芯样破坏形式

表 3　有效芯样数据表

构件名称	构件位置	$d1$ (mm)	$d2$ (mm)	$h1$ (mm)	$h2$ (mm)	d 平均值 (mm)	h 平均值 (mm)	高径比 h/d	两端面母线夹角	不平整度 (mm)
柱	G/19	98.24	97.74	100.9	100.8	98.0	101	1.03	90°00′	0.04
柱	F/16	98.16	98.20	103.6	101.9	98.0	103	1.05	90°00′	0.04
柱	C/4	99.93	99.55	101.6	101.2	100.0	101	1.01	90°30′	0.02
柱	F/2	98.17	98.22	101.3	101.2	98.0	101	1.03	90°20′	0.02
柱	G/16	98.07	98.22	101.8	102.1	98.0	102	1.04	90°10′	0.04
柱	F/26	98.30	98.26	102.0	102.2	98.5	102	1.04	90°00′	0.02
柱	G/3	98.29	98.01	102.0	102.0	98.0	102	1.04	90°00′	0.02
柱	C/2	97.56	98.04	101.7	101.5	98.0	102	1.04	90°00′	0.02
柱	G/17	98.19	97.79	101.9	102.0	98.0	102	1.04	90°00′	0.04
柱	C/3	99.75	99.35	101.9	102.2	100.0	102	1.02	90°20′	0.02
柱	B/4	99.43	99.20	100.9	102.1	99.5	102	1.02	90°30′	0.02
柱下基础	F/5	98.91	99.75	101.9	101.4	99.5	102	1.02	90°00′	0.02
柱下基础	D/8	99.55	99.57	102.2	100.8	100.0	102	1.02	90°10′	0.02
柱下基础	F/6	99.76	99.43	101.9	101.7	100.0	102	1.02	90°20′	0.02
柱下基础	F/16	99.24	99.93	102.0	101.0	100.0	102	1.02	90°30′	0.02
柱下基础	B/1	97.85	97.30	101.2	100.9	98.0	101	1.03	90°00′	0.04
柱下基础	F/11	99.17	99.76	101.0	101.9	99.5	101	1.02	90°00′	0.02

续表

构件名称	构件位置	d1（mm）	d2（mm）	h1（mm）	h2（mm）	d平均值（mm）	h平均值（mm）	高径比 h/d	两端面母线夹角	不平整度（mm）
柱下基础	A/8	99.89	99.38	101.6	100.9	100.0	101	1.01	90°20′	0.02
柱下基础	F/2	97.95	98.27	101.6	102.0	98.0	102	1.04	90°00′	0.02
柱下基础	C/12	97.58	97.53	101.4	102.1	98.0	102	1.04	90°00′	0.04
柱下基础	E/8	99.27	99.12	97.6	97.4	99.0	98	0.98	90°00′	0.04
柱下基础	F/27	99.73	99.68	101.3	101.9	99.5	102	1.02	90°20′	0.02
柱下基础	C/14	97.94	98.11	100.9	101.6	98.0	101	1.03	90°30′	0.02
柱下基础	C/7	99.60	99.48	101.4	101.3	100.0	101	1.01	90°30′	0.02
柱下基础	G/13	97.97	97.46	101.4	101.2	98.0	101	1.03	90°00′	0.02
柱下基础	G/5	99.79	99.77	100.9	101.6	100.0	101	1.01	90°00′	0.02
柱下基础	F/15	99.44	99.15	100.3	101.6	99.5	101	1.01	90°20′	0.02
柱下基础	B/12	97.62	97.55	100.0	100.9	98.0	100	1.03	90°00′	0.02
柱下基础	F/10	100.04	100.21	102.7	101.4	100.0	102	1.02	90°20′	0.04
柱下基础	F/1	98.14	98.17	101.3	102.0	98.0	102	1.04	90°00′	0.02
柱下基础	F/17	100.44	100.18	102.0	101.8	100.5	102	1.01	90°20′	0.04
柱下基础	C/13	97.22	97.38	102.2	100.9	97.0	102	1.05	90°30′	0.02

表 4 柱下基础芯样试验实测强度

构件名称	构件位置	截面面积（mm^2）	破坏荷载（kN）	实测抗压强度（MPa）	实测抗压强度均值（MPa）
柱下基础	F/5	7775.64	200.49	25.78	30.92
柱下基础	D/8	7853.98	128.64	16.38	
柱下基础	F/6	7853.98	244.34	31.11	
柱下基础	F/16	7853.98	210.55	26.81	
柱下基础	B/1	7542.96	293.70	38.94	
柱下基础	F/11	7775.64	230.94	29.70	
柱下基础	A/8	7853.98	218.79	27.86	
柱下基础	F/2	7542.96	298.15	39.53	
柱下基础	C/12	7542.96	209.79	27.81	
柱下基础	E/8	7697.69	239.20	31.07	
柱下基础	F/27	7775.64	226.88	29.18	
柱下基础	C/14	7542.96	232.17	30.78	
柱下基础	C/7	7853.98	218.08	27.77	
柱下基础	G/13	7542.96	364.44	48.31	
柱下基础	G/5	7853.98	234.43	29.85	
柱下基础	F/15	7775.64	315.94	40.63	
柱下基础	B/12	7542.96	183.89	24.38	
柱下基础	F/10	7853.98	179.00	22.79	
柱下基础	F/1	7542.96	265.59	35.21	
柱下基础	F/17	7932.72	323.88	40.83	
柱下基础	C/13	7389.81	182.11	24.64	

表5 钢筋混凝土柱芯样试验实测强度

构件名称	构件位置	截面面积（mm^2）	破坏荷载（kN）	实测抗压强度（MPa）	实测抗压强度均值（MPa）
柱	G/19	7542.96	218.21	28.93	29.90
柱	F/16	7542.96	228.07	30.24	
柱	C/4	7853.98	185.31	23.59	
柱	F/2	7542.96	201.44	26.71	
柱	G/16	7542.96	269.27	35.70	
柱	F/26	7620.13	271.78	35.67	
柱	G/3	7542.96	189.98	25.19	
柱	C/2	7542.96	235.17	31.18	
柱	G/17	7542.96	198.39	26.30	
柱	C/3	7853.98	277.25	35.30	
柱	B/4	7775.64	234.14	30.11	

表6 钻心法修正后回弹法强度评定表

构件名称	构件位置	回弹测区修正量（MPa）	修正后混凝土强度定值（MPa）
柱下基础	F/5	6.9	27.78
柱下基础	D/8	12.3	28.85
柱下基础	F/6	8.7	28.20
柱下基础	F/16	1.9	27.84
柱下基础	B/1	4.4	27.43
柱下基础	F/11	1.7	28.02
柱下基础	A/8	7.7	26.95
柱下基础	F/2	3.1	25.80
柱下基础	C/12	1.5	28.71
柱下基础	E/8	8.9	28.55
柱下基础	F/27	6.8	27.19
柱下基础	C/14	−2.7	28.48
柱下基础	C/7	2.9	28.28
柱下基础	G/13	−12.5	22.74
柱下基础	G/5	−0.3	24.09
柱下基础	F/15	−3.5	25.87
柱下基础	B/12	5.3	28.53
柱下基础	F/10	1.1	26.51
柱下基础	F/1	3.3	26.22
柱下基础	F/17	1.0	28.00
柱下基础	C/13	3.1	27.46
柱	G/19	−2.4	25.57
柱	F/16	−4.1	25.90
柱	C/4	−7.8	24.57
柱	F/2	−5.8	26.64
柱	G/16	−3.2	23.79
柱	F/26	0.3	26.42

续表

构件名称	构件位置	回弹测区修正量（MPa）	修正后混凝土强度定值（MPa）
柱	G/3	−8.4	26.90
柱	C/2	−6.9	25.25
柱	G/17	−0.2	24.70
柱	C/3	−10.4	27.17
柱	B/4	0.8	26.13

3.1.3　混凝土密度研究

密度测量试样采用自动双面切割锯按高度 50mm 进行切割，切割后将其放置于打磨机器上用金刚砂进行打磨，打磨完成后，用数显游标卡尺和钢直尺测量试样尺寸，计算得出试样的体积 V。将已完成尺寸测量的密度试样放入烘干箱中，在 100℃的温度下烘干 48 小时，待试样完全烘干后将其取出，将试样冷却至室温后用电子秤测量密度试样的质量 M，如图 36 所示。

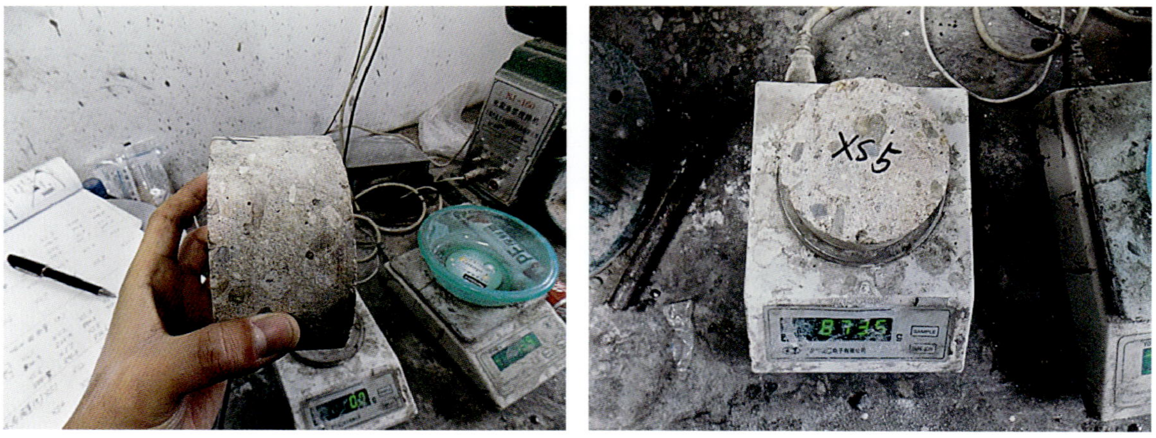

图 36　称量密度试样质量

混凝土试样的密度 P=M/V，混凝土试样密度数据见表 7。

表 7　混凝土试样密度

试样名称	试件位置	直径平均值（mm）	高度平均值（mm）	体积（mm³）	质量（g）	密度（kg/m³）	密度均值（kg/m³）
柱	C/4	99.68	51.70	403456	873.5	2165.04	2188.5
柱	F/26	98.16	52.45	396880	876.6	2208.72	
柱	C/2	98.05	51.85	391461	852.6	2177.99	
柱下基础	G/13	98.09	52.40	395937	891.3	2251.11	
柱下基础	D/8	99.89	51.65	404766	823.0	2033.27	
柱下基础	A/8	99.71	51.85	404870	840.5	2075.97	
柱下基础	B/1	98.07	52.40	395816	912.6	2305.62	
柱下基础	F/8	98.42	52.30	397885	888.8	2233.81	
柱下基础	G/13	98.09	52.40	395937	891.3	2251.11	
柱下基础	C/12	98.51	51.75	394421	860.8	2182.44	

3.1.4 混凝土吸水性能研究

混凝土吸水性能为混凝土耐久性的一部分，为检测混凝土吸水性能，进行了混凝土吸收率试验。

将处理好的混凝土吸水率试件放入烘干箱中，在100℃的温度下烘干48小时，待试样完全烘干后将其取出，冷却至室温后用电子秤测量吸水率试样的质量m_0。称量完毕后，将吸水率试样放置于水槽中，试件浸入水的高度为试件高度的一半，即25mm。应经常加水，并在水槽要求的水面高度处开溢水孔，以保持水面恒定，水槽应加盖，放入温度（20±3）℃，相对温度80%以上的恒温室中，但注意试件表面不得有结露或水滴，然后在（48±0.5）h取出，用拧干的湿布擦去表面水，称其质量。混凝土吸水率应按下式计算：

$$W_x=m_1-m_0/m_0$$

式中：W_x——混凝土吸水率（%）；

m_1——吸水后试件质量（g）；

m_0——干燥试件的质量（g）。

取试件的平均值，精确至1%，吸水率数据见表8。

表8 混凝土试样吸水率

试件名称	试件位置	干燥质量（g）	吸水后质量（g）	吸水率（%）	吸水率平均值（%）
柱	C/4	873.5	929.7	6.43	5.92
柱	F/26	876.6	938.3	7.04	
柱	C/2	852.6	909.6	6.69	
柱下基础	G/13	891.3	937.2	5.15	
柱下基础	D/8	823.0	881.3	7.08	
柱下基础	A/8	840.5	894.4	6.41	
柱下基础	B/1	912.6	950.7	4.17	
柱下基础	F/8	888.8	931.3	4.78	
柱下基础	G/13	891.3	937.2	5.15	
柱下基础	C/12	860.8	915.3	6.33	

3.1.5 混凝土抗渗性能研究

混凝土抗渗性能为混凝土耐久性的一部分，抗渗性过差将导致氯离子侵蚀钢筋的速度加快，使钢筋发生锈蚀，进而降低钢筋与混凝土黏结力，降低钢筋混凝土耐久性。为检测混凝土抗渗性，本次研究采用电通量法测量混凝土抗氯离子渗透性能，即测定规定时间内通过混凝土试件的电通量为指标来确定混凝土抗氯离子渗透性能。

电通量试件采用直径100±1mm，高度50±2mm的圆柱体试件。本次试验依据标准为《普通混凝土长期性能和耐久性能试验方法标准》（GB/T 50082-2009）。

电通量试验前将试件进行真空饱水：将试件放入真空容器中，然后启动真空泵，并在5分钟内将真空容器中的绝对压强减少至（1～5）kPa，应保持该真空3小时，然后在真空泵仍然运转的情况下，注入足够的蒸馏水或者去离子水，直至淹没试件，应在试件浸没 1 小时后恢复常压，并继续浸泡（18±2）小时。真空饱水结束后，将试件从真空容器中取出，并用湿毛巾抹掉试件上多余的水分。将试件安装在电通量的试验槽内，并用螺杆使试验槽加紧试件。试件安装完毕后，用蒸馏水注入试验槽检查试件与试验槽之间的密封性，若密封性良好，则不会露水；若密封性较差，会有蒸馏水沿试验槽与试件的缝隙中流出，此时用玻璃胶涂抹露水处，直至不露水为止。试件与试验槽的密封性检查完毕后，将浓度为 3.0% 的 NaCl 溶液和摩尔浓度为 0.3mol/L 的 NaOH 溶液分别注入试验槽的电源负极和电源正极中，正确连接电源线并开始试验，电通量试验情况如图 37 所示，此次试验所用仪器能够自动计算出电通量，所以无需手算，试验实测混凝土电通量见表 9。

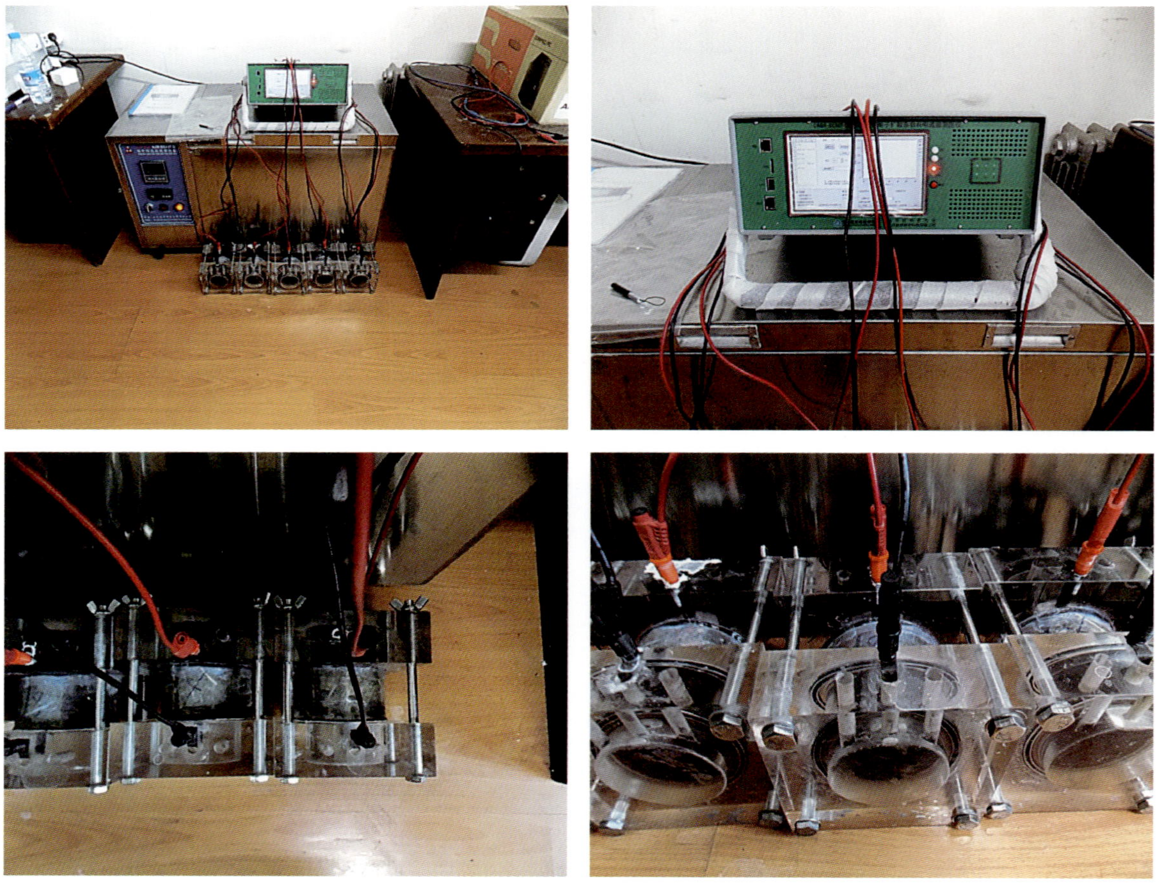

图 37　混凝土电通量试验

表 9　混凝土试样电通量

试件名称	试件位置	电通量（库伦）	电通量均值（库伦）
柱	F/16	1586.54	994.46
柱	F/2	683.62	
柱	C/2	1337.28	
柱	F/26	1608.95	
柱下基础	C/14	696.48	
柱下基础	F/2	907.44	
柱下基础	C/13	1191.56	
柱下基础	D/8	3488.36	
柱下基础	F/8	967.46	
柱下基础	B/1	473.73	
柱下基础	G/13	491.60	

由于混凝土曾经遭受爆炸等不良影响或施工质量原因，个别试样内部可能存在缺陷，所以电通量测量结果中存在异常值：柱下基础 D/8，剔除异常值计算电通量的平均值，电通量平均值为 994.46 库伦，说明混凝土抗氯离子渗透性能好，耐久性良好，这可能与混凝土的材料成分、级配以及养护条件有关。与之对比而言，C50 混凝土进行同样试验，电通量平均值约为 1500 库伦，一般来说，混凝土强度越高，抗渗性能越好，细菌实验室及特设监狱混凝土强度比 C50 混凝土低，但抗渗性能却高于 C50 混凝土，相互对比电通量试验结果也证明本建筑混凝土抗渗性能优良。但细菌实验室及特设监狱混凝土抗渗性较强也要考虑时间的因素，由于细菌实验室及特设监狱的混凝土为 70 余年之前浇筑成型，其内部水化等化学反应十分充分，水化等化学反应充分导致其内部结构致密，从而增强了混凝土的抗渗性。

3.2　钢筋材料性能研究

细菌实验室及特设监狱建筑中钢筋定位、钢筋直径、保护层厚度已于第一章：七三一部队旧址细菌实验室及特设监狱建筑结构技术研究中完成，本节主要内容为：钢筋外观质量和钢筋力学性能研究。

3.2.1　钢筋外观质量研究

本次外观研究主要通过现场勘查和取样分析来研究钢筋外观质量。

现场勘查过程中发现，由于爆炸的原因，多数钢筋混凝土柱和少量柱下独立基础遭到严重损坏，钢筋完全暴露在外，致使钢筋锈蚀十分严重。现场取样钢筋如图 38 所示，大部分钢筋表面锈坑十分严重，仅有少数钢筋锈蚀程度较轻，从钢筋切割面看，钢筋内部仍保存完好。

钢筋的锈蚀对钢筋力学性能的影响除了减少钢筋截面面积外，更为严重是钢筋表面形成的锈坑，布满钢筋表面的锈坑会造成应力集中，大大降低钢筋的力学性能。

3.2.2　钢筋力学性能研究

钢筋力学性能反映了当时日本建筑材料的生产力水平，通过对旧址取样的钢筋进行钢筋抗拉试验研究，可以得到当时日本所生产钢筋的力学性能，包括钢筋的极限强度，屈服强度，伸长率，位移 - 力曲线，应变曲线等，以上指标均为钢筋力学性能的主要标志，试验测得的数据能够反映当时日本所生产钢筋的力学性能。

现场勘查过程中发现。由于爆炸等原因细菌实验室及特设监狱部分结构构件内的钢筋暴露在外，采用角磨机切割的方式于旧址现场取样，得到了试验的原始试样。由于钢筋多年暴露在外，钢筋的锈蚀程度十分严重，多数钢筋表面布满锈坑，如图 38 所示。

现场切割的钢筋无法满足试验的要求，故首先在试验室处理原始试样，并在处理完成后统一切割为 400mm 长度，再将试样表面的锈蚀打磨干净，打磨完成后的钢筋即为试验试样。

由于钢筋锈蚀十分严重，已经无法精确测量钢筋直径，只能采取近似法测量钢筋的直径，进而得到钢筋的截面面积。本次试验测量钢筋上 10 个最大缺陷处的直径，并以 10 个直径值中的最小值作为本次试验的代表值，试样钢筋直径数据见表 10。由于锈坑的缺陷

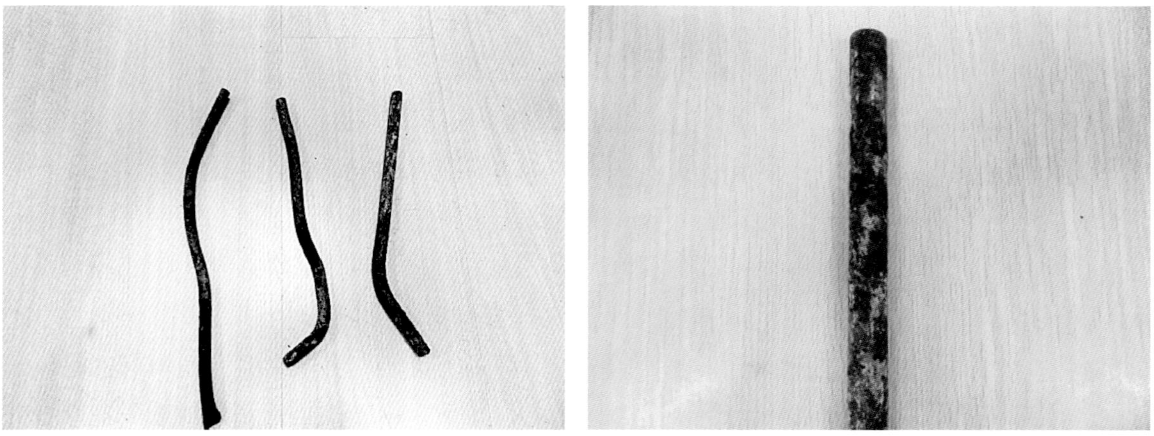

图 38　现场取样钢筋

会导致应力集中，降低钢筋的力学性能，本次试验不考虑锈坑导致的应力集中效应，所以试验测量所得的强度值相对保守。

表 10　抗拉试验钢筋直径表

试件名称	试件编号	钢筋直径（mm）										直径有效值（mm）
地梁	L1	17.57	18.15	17.80	17.98	16.83	16.85	15.12	17.46	17.46	18.34	15.12
地梁	L2	17.33	18.12	18.20	15.89	17.30	17.61	17.77	17.45	17.17	17.53	15.89
地梁	L3	18.64	18.90	18.40	18.44	18.96	19.12	18.72	19.26	18.55	19.08	18.41
地梁	L4	18.10	17.82	17.40	16.84	17.88	17.38	17.24	17.48	17.18	17.83	16.84
地梁	L5	16.87	17.95	17.60	18.34	18.30	17.60	17.84	18.10	17.73	17.91	16.87
地梁	L6	17.58	17.67	17.90	18.65	18.67	18.50	17.96	17.84	18.19	18.87	17.58
柱	Z1	15.67	15.77	15.60	15.57	15.45	15.42	15.73	15.31	15.86	15.56	15.31
柱	Z2	21.43	21.84	21.70	21.73	21.65	21.59	21.11	21.56	21.74	21.95	21.11
柱	Z3	15.85	15.71	16.20	15.72	15.98	15.87	15.59	15.77	15.23	15.36	15.23
柱	Z4	17.78	17.91	18.70	18.51	18.23	18.68	18.77	18.68	18.81	18.26	17.78
柱	Z5	18.49	18.11	18.20	18.15	18.36	18.25	18.28	18.04	18.26	18.15	18.04
柱	Z6	14.52	14.03	14.50	13.94	14.59	14.46	15.26	14.61	14.89	14.20	13.94
箍筋	G1	11.02	11.60	11.30	11.21	11.45	11.19	10.34	11.04	10.91	10.82	10.34
箍筋	G2	10.65	10.85	10.70	11.21	11.20	11.07	11.34	11.13	11.10	10.95	10.65
箍筋	G3	10.83	10.79	10.60	10.81	10.65	11.24	11.12	11.28	11.44	10.89	10.64
箍筋	G4	9.13	9.07	8.22	8.22	8.87	8.88	8.45	9.34	9.15	8.05	8.73
板	B1	10.74	10.64	10.80	10.40	10.41	10.52	11.16	11.00	10.78	10.56	10.40
板	B2	10.04	10.32	10.90	10.62	8.43	10.36	10.75	10.75	10.09	10.74	8.43
板	B3	11.48	11.89	12.10	11.60	11.80	11.51	11.46	11.74	11.65	11.82	11.46
板	B4	11.57	11.06	11.00	11.30	10.98	11.02	11.05	10.50	10.80	11.47	10.50
板	B5	10.61	10.48	11.20	10.24	11.08	11.46	11.46	10.87	10.86	11.39	10.24
板	B6	10.86	10.32	9.52	10.20	10.96	11.04	11.38	11.09	10.79	10.98	9.52

钢筋的应变采用应变片进行测量：首先将钢筋中部打磨出平整表面，再将应变片用 502 胶水粘贴在钢筋中部已打磨平整处，最后用焊锡将应变片与导线连接，如图 39 所示为已粘贴好应变片的钢筋，即试验试样。

本次试验拉力机和应变采集系统为 1000 吨电液伺服万能拉力机和 DH3816N 静态应变测试系统，如图 40 所示，试验开始前，将试验试样上的导线连接到 DH3815N 静态应变测试上系统，再将试样装配于拉力机上，调试好电液伺服拉力机和静态应变测试系统后，进行试验，试验过程和钢筋破坏形态如图 41 所示。

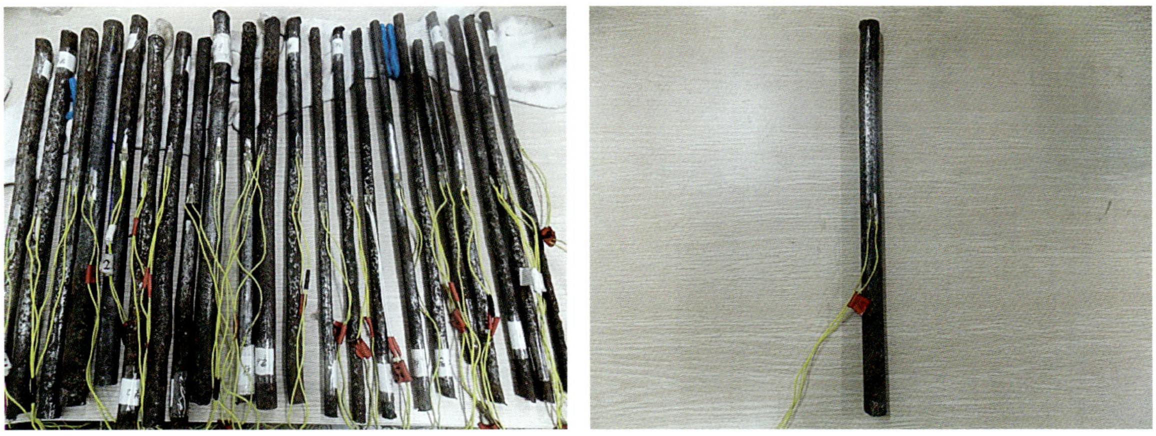

图 39　处理后的钢筋试样

图 40　静态应变测试系统

图 41　钢筋试验过程及破坏形态

在钢筋抗拉试验起始阶段，钢筋处于弹性范围内，钢筋应力增加的同时应变增长较慢。随着拉力不断增加，钢筋进入塑性阶段，应变增长逐渐加快。当钢筋拉力值接近极限时，钢筋变形急剧发展，并在此后的较短时间内发生钢筋断裂，同时伴随着响亮的断裂声，试件破坏，钢筋力 - 位移曲线如图 42 ~ 图 62 所示。

由于多数钢筋锈蚀十分严重，布满钢筋表面的锈坑在试验的过程中会影响钢筋的力学性能，所以本次试验以保存较完好的几根钢筋的试验结果作为钢筋力学性能的代表值，其余钢筋的试验结果作为代表值的补充和间接验证。试验过程中试样箍筋 G3 由于缺陷太大，所以剔除箍筋 G3 的抗拉试验数据。

本次试验选择板 B3、地梁 L3、柱 Z2 作为钢筋力学性能的代表值。选择以上三个试件作为钢筋力学性能代表值的原因是板 B3、地梁 L3、柱 Z2 的力 - 位移曲线具有明显的屈服点和强化阶段，而其他试件由于锈坑等原始缺陷的原因，造成钢筋抗拉过程中不存在明显的屈服点，这有悖于混凝土用钢筋的性能，所以选择以上三个试件作为钢筋力学性能的代表值是合理的。

通过钢筋的力 - 位移曲线能够得出钢筋抗拉试验屈服强度、极限强度；通过标距的测

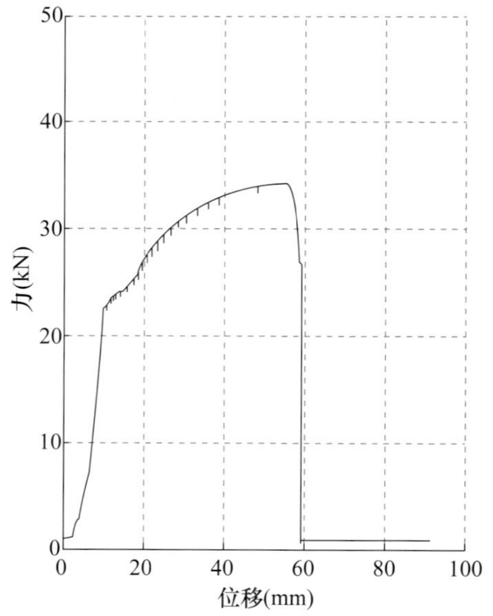

图 42　板 B1 力 - 位移曲线

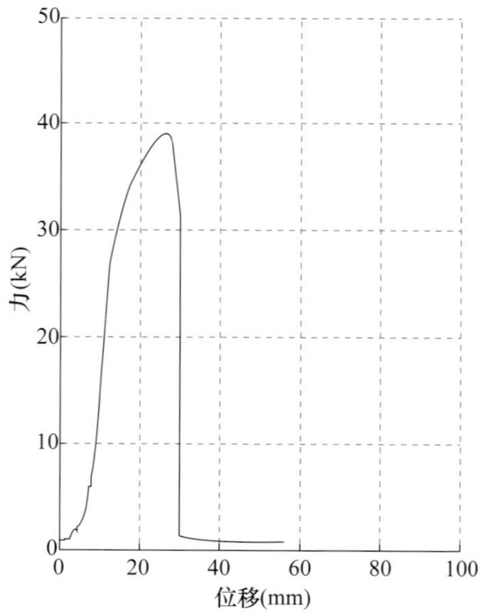

图 43　板 B2 力 - 位移曲线

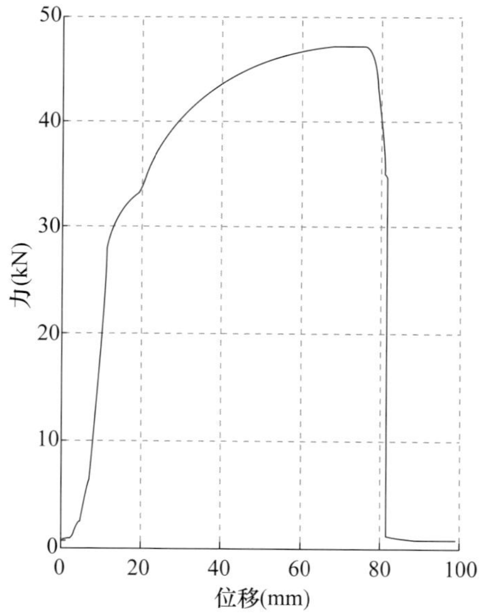

图 44　板 B3 力 - 位移曲线

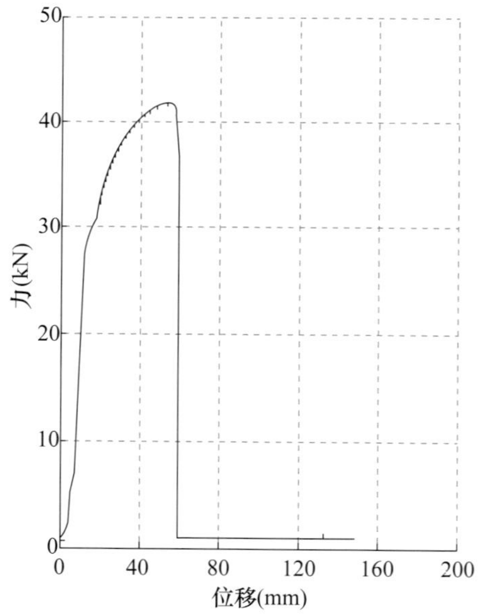

图 45　板 B4 力 - 位移曲线

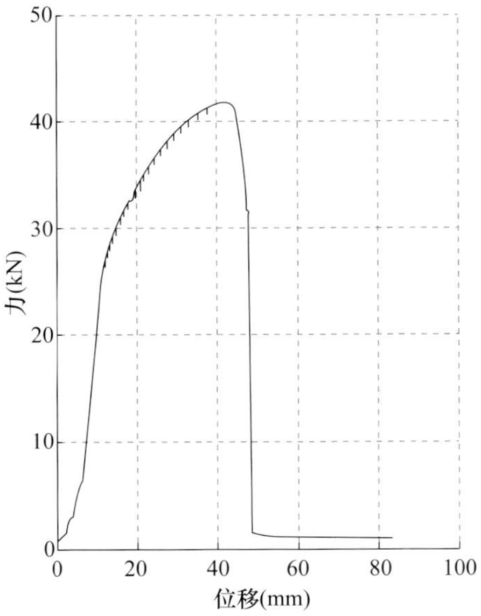

图 46　板 B5 力 - 位移曲线

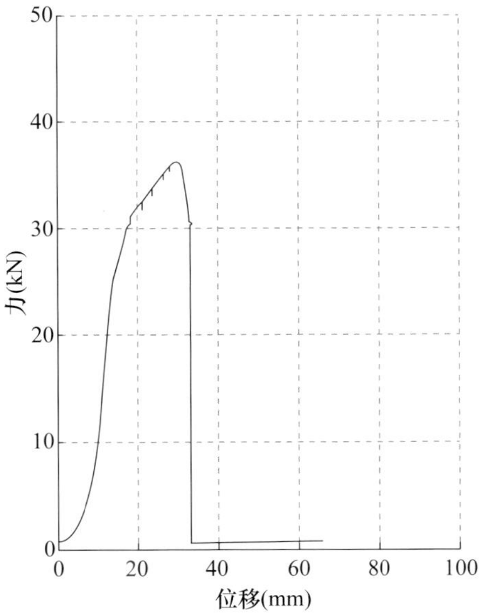

图 47　板 B6 力 - 位移曲线

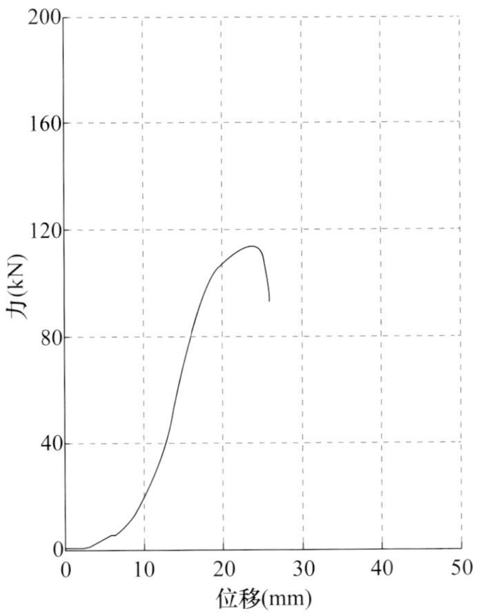

图 48　地梁 L1 力 - 位移曲线

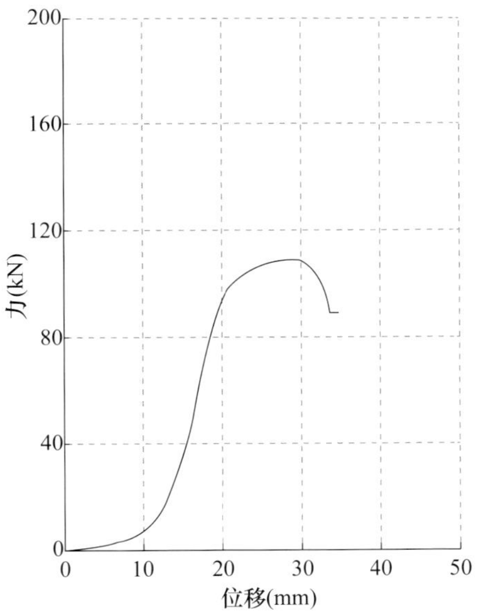

图 49　地梁 L2 力 - 位移曲线

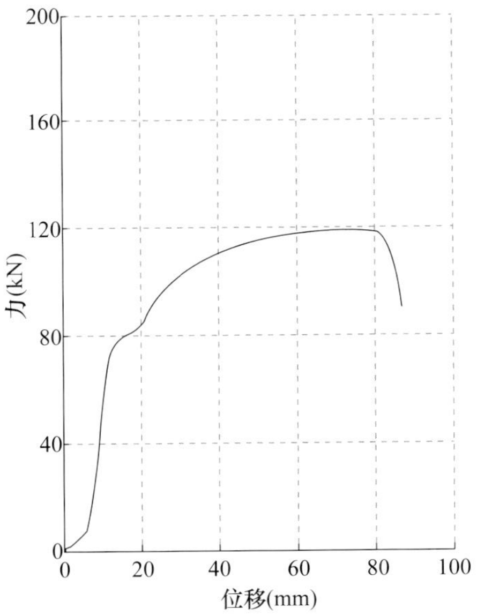

图 50　地梁 L3 力 - 位移曲线

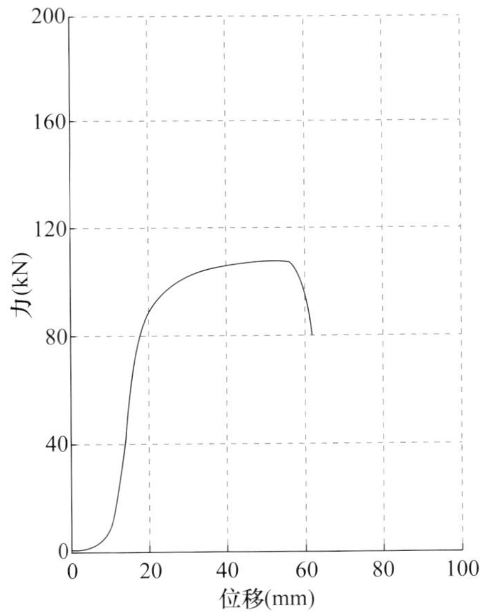

图 51　地梁 L4 力 - 位移曲线

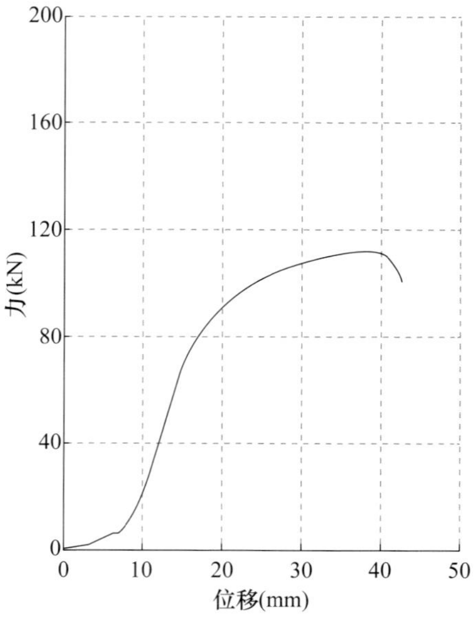

图 52　地梁 L5 力 - 位移曲线

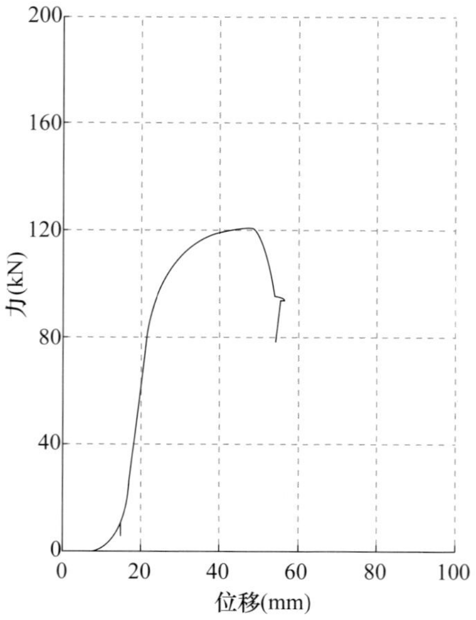

图 53　地梁 L6 力 - 位移曲线

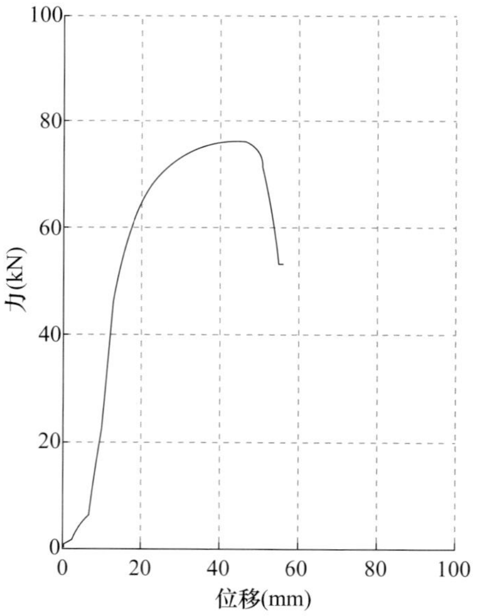

图 54　柱 Z1 力 - 位移曲线

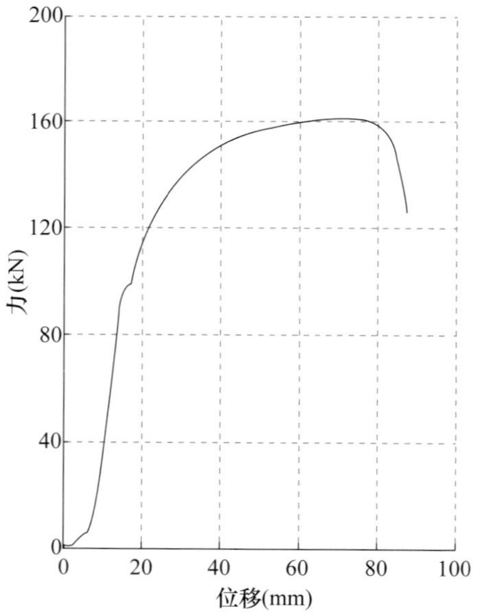

图 55　柱 Z2 力 - 位移曲线

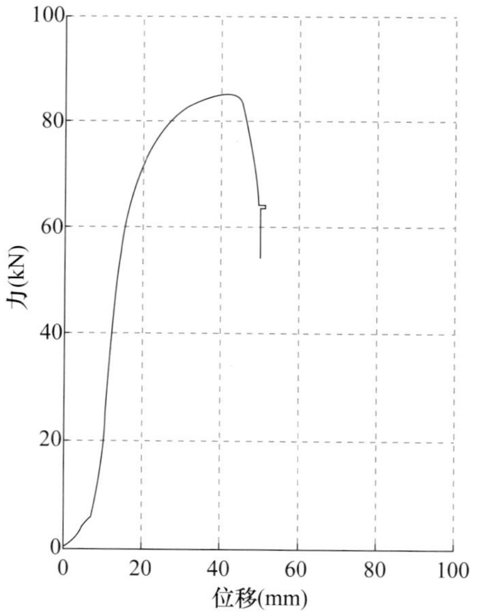

图 56　柱 Z3 力 - 位移曲线

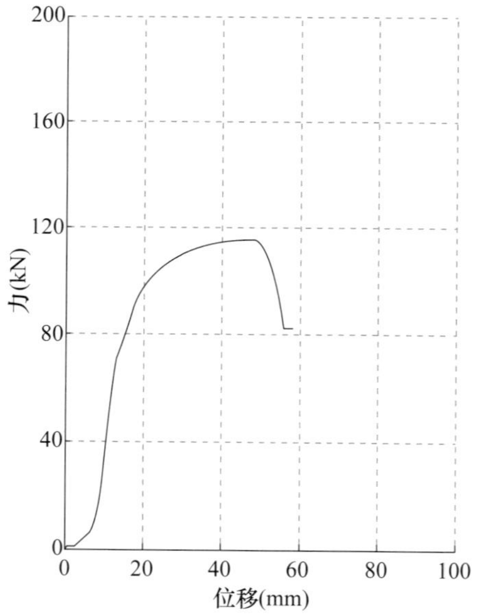

图 57　柱 Z4 力 - 位移曲线

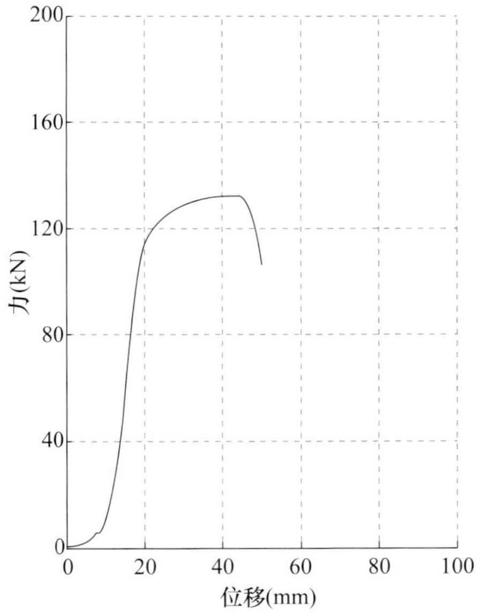

图 58 柱 Z5 力 - 位移曲线

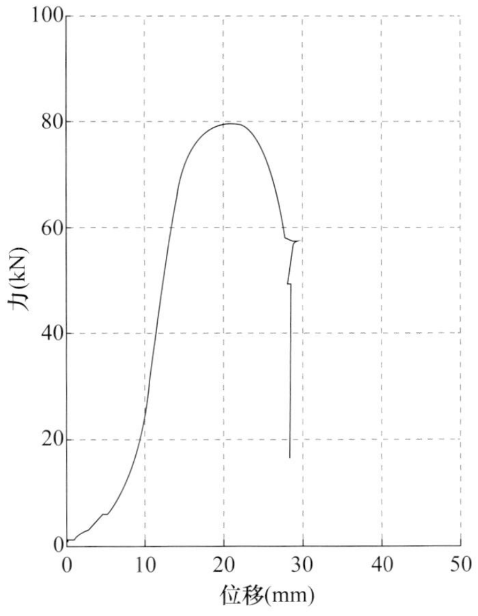

图 59 柱 Z6 力 - 位移曲线

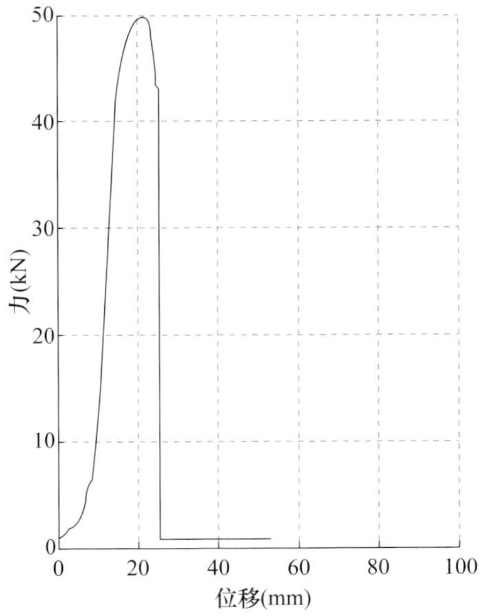

图 60 箍筋 G1 力 - 位移曲线

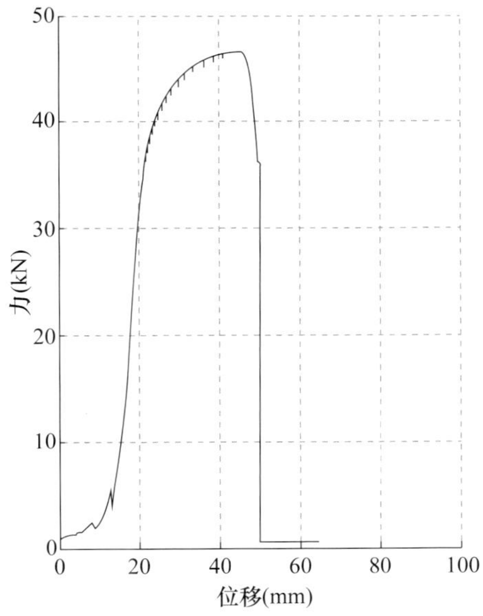

图 61 箍筋 G2 力 - 位移曲线

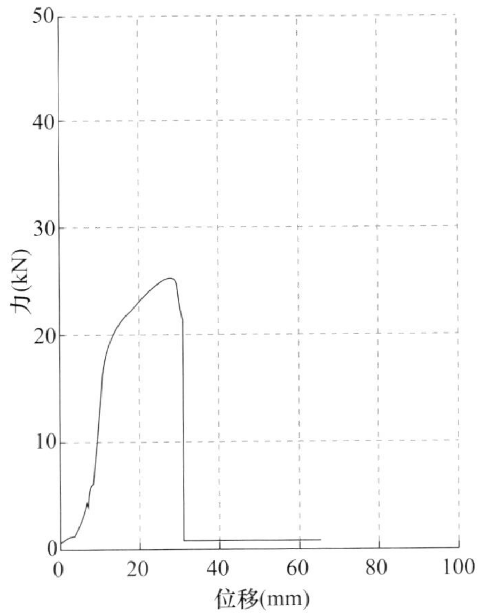

图 62 箍筋 G4 力 - 位移曲线

量测得钢筋断后伸长率。钢筋的应变曲线见附图 2，板 B3、地梁 L3、柱 Z2 的钢筋力学性能数据见表 11。

表 11　钢筋力学性能表

试件名称	试件编号	钢筋有效直径（mm）	钢筋有效截面面积（mm²）	屈服强度（MPa）	极限强度（MPa）	伸长率（%）	说明
板	B3	11.46	103.15	290.85	457.69	34.9%	屈服强度均值：283.55MPa 极限强度均值：455.54MPa 伸长率均值：37.63%
地梁	L3	18.41	266.19	285.51	447.87	37.0%	
柱	Z2	21.11	350.00	274.29	461.06	41.0%	

将钢筋力学性能代表值的屈服强度、极限强度和伸长率等力学性能指标与日本钢筋混凝土用钢筋标准：1975 版、1987 版、2004 版《钢筋混凝土用钢筋标准》（JISG 3112）中第 4 条力学性能进行对比。规范《钢筋混凝土用钢筋标准》（JISG 3112）中光圆钢筋共有两种型号：型号 SR235 和 SR295，SR295 型号钢筋的评定标准为：屈服强度≥295MPa，极限强度在 440 ~ 600 之间，伸长率：≥16%（钢筋直径≤16mm）、≥20%（钢筋直径＞16mm）。本次试验钢筋所得力学性能指标在极限强度和伸长率方面大于 SR295 型号的要求，屈服强度略微小于 SR295 型号的要求，但由于原始钢筋试样由于锈蚀和爆炸等原因存在初始缺陷，如锈坑和划痕等，此类缺陷会严重降低钢筋的力学性能指标，所以细菌实验室及特设监狱旧址钢筋混凝土用钢筋的力学性能与日本 SR295 型号光圆钢筋最为接近。

相比于我国钢筋的工艺水平，日本领先我国较多，我国在建国初期冶金工业基本属于空白，当时我国只能制造碳素钢 Q235 级别光圆钢筋，其屈服强度为 235MPa，而在 20 世纪 30 年代建造的细菌实验室及特设监狱建筑使用的钢筋，其力学性能已经超过新中国建国初期很多。

3.2.3　钢筋耐腐蚀性能研究

为了研究细菌实验室及特设监狱建筑所用钢筋的耐腐性性能，本次试验采用三电极法进行电化学测试，通过线性极化法测得钢筋的极化电阻值，以此对钢筋锈蚀状态进行定量分析。

试验中采用的初始钢筋是将现场取得的锈蚀钢筋经车床除去钢筋表面的锈层所得，并在台式激光钻床上钻取一定深度的孔，试验中三根钢筋的具体形状见图 63、编号和尺寸见表 12。

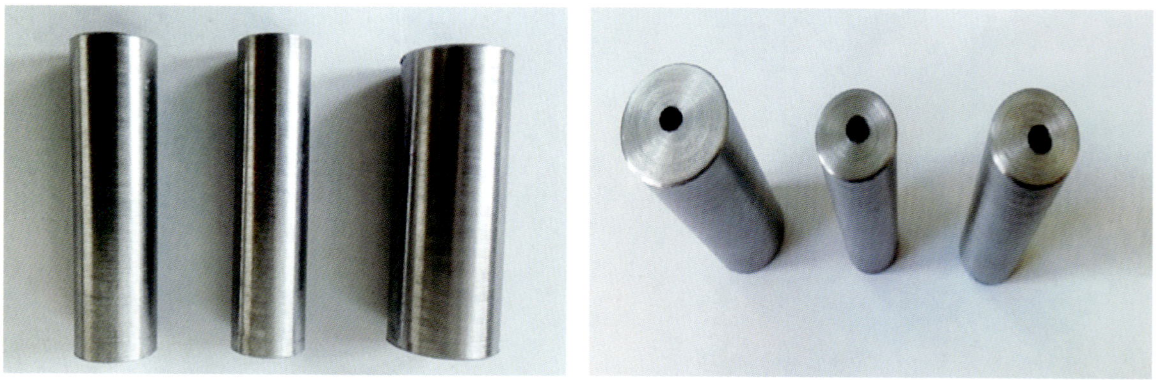

图 63　初始钢筋形状

表 12 初始钢筋编号和尺寸

编号	A1	A2	A3
直径（cm）	1.57	1.10	1.23
长度（cm）	4.06	4.47	4.40
有效面积（cm^2）	21.96	16.40	18.19

试验中采用的锈蚀钢筋为现场取得的钢筋，经石英砂轮机截断至近似相同长度，并在台式激光钻床上钻取一定深度的孔，试验中三根钢筋的具体形状见图 64、编号和尺寸见表 13。

图 64 锈蚀钢筋形状

表 13 锈蚀钢筋编号和尺寸

编号	A1	A2	A3
直径（cm）	1.90	1.94	1.74
长度（cm）	5.36	5.38	5.30
有效面积（cm^2）	34.83	35.75	31.35

混凝土模拟孔溶液采用蒸馏水按 0.2mol/LNaOH+0.6mol/LKOH+ 饱和 $Ca(OH)_2$ 溶液配制，同时配制饱和的 $NaHCO_3$ 溶液，待静置一段时间后取出上述溶液。用一定量体积的饱和 $NaHCO_3$ 溶液将混凝土模拟孔溶液的 pH 值调节到 13.4 左右。

试验主要采用三电极法进行电化学测试，通过线性极化法测得钢筋的极化电阻值，以此对钢筋锈蚀状态进行定量分析。在三电极法中，钢筋电极为工作电极，饱和甘汞电极（相对标准氢电极的电位为 241mV）为参比电极，镀铱钛网为辅助电极。

线性极化法（Linear Polarization Resistance）也叫极化电阻法，是由 Stern 和 Geary 于 1957 年提出并发展起来的测试腐蚀速度的一个简单、快速和无损的技术，主要包括动电位极化和动电流极化两种方法。线性极化法主要是通过对电位的微极化得到 Rp，以此求得腐蚀电流密度值和腐蚀速率，可以直观且定量地判断钢筋的锈蚀状态。具体过程见下式：

$$I_{corr}=\beta_a\beta_c\times\frac{1}{2.3(\beta_a+\beta_c)}\times\frac{1}{R_p}=\frac{B}{R_p}$$

$$R_p=\left[\frac{\Delta E}{\Delta I}\right]_{\Delta E\to 0}$$

式中：β_a，β_c——Tafel 常数；

B——Stern-Geary 常数；

R_p——极化电阻；kΩ。

上述公式中B的大小因钢筋的状态不同而变化，一般来说，钢筋所处状态越利于阻锈，B值也相应较高，常取钝化态钢筋的B值为52，活化态钢筋的B值为26。在实际工程中，应综合多种因素确定。其次，在线性极化中，为了保证极化电流和电位之间的线性关系，应保证腐蚀电位小幅度变化，一般小于20mV。

利用CS300电化学测试系统（如图65）测试自腐蚀电位、极化电阻值等。动电位扫描时，扫描速率为0.167mV/s，极化电位范围为－10 ~ 10mV。

试验过程中，采用如下的试验装置，如图66所示；各钢筋的极化电阻值均在混凝土模拟孔溶液中静置10min中左右后测得，具体数值见表14。

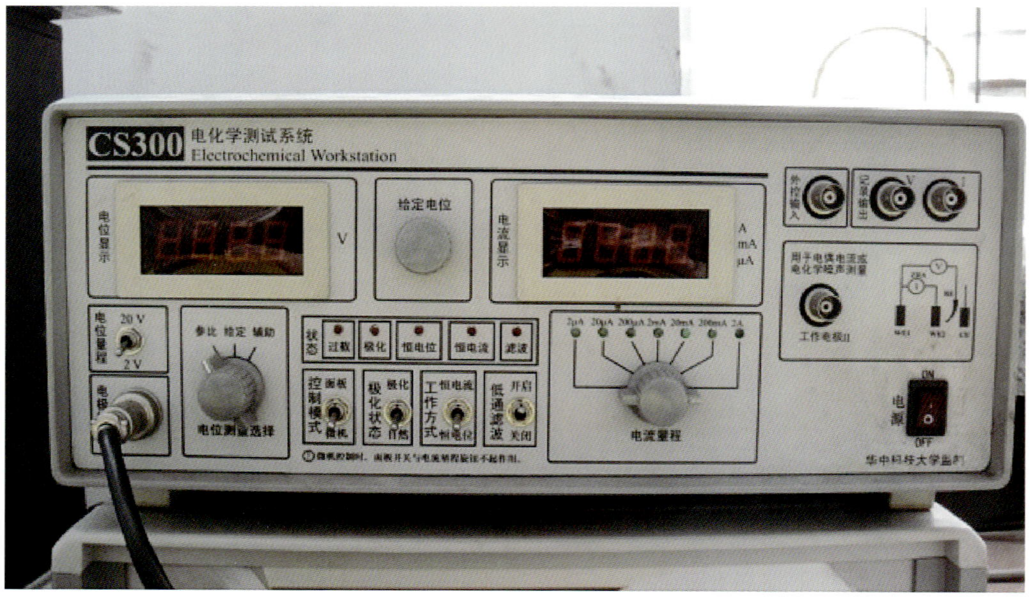

图65　CS300电化学测试系统

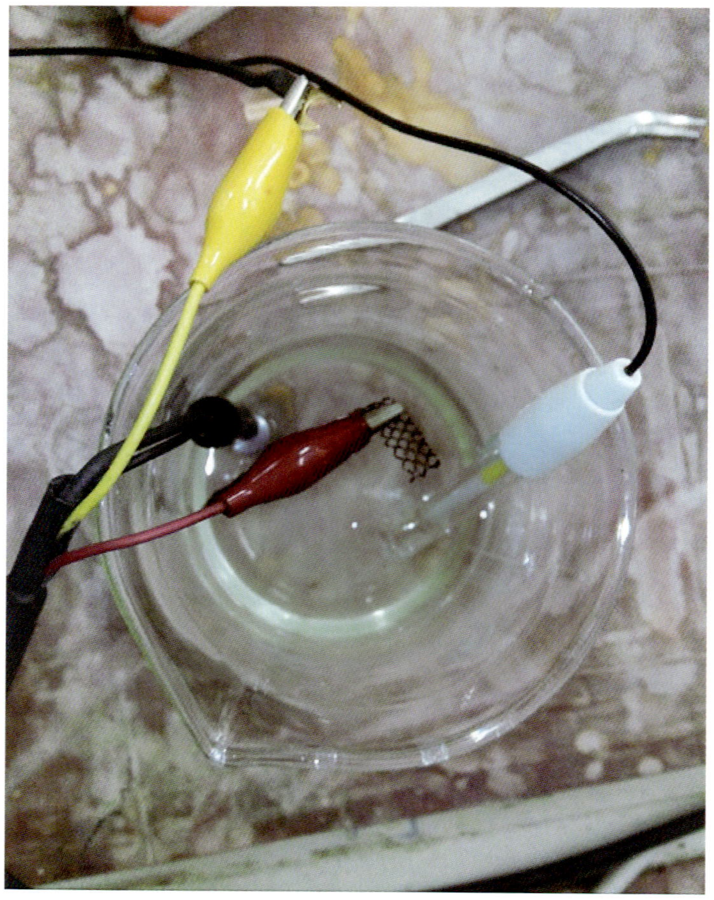

图66　试验测试装置图

表 14 钢筋的极化电阻值

初始钢筋	编号	A1	A2	A3
	极化电阻值（kΩ）	146.1100	68.4730	127.462
锈蚀钢筋	编号	B1	B2	B3
	极化电阻值（kΩ）	6.6707	4.7296	4.071

由表 14 可知，钢筋在外界因素作用下锈蚀后，其极化电阻值较初始值下降的幅度较大，表明了钢筋锈蚀的程度严重。另外，可以很好地说明，试验中采用极化电阻值可以合理且定性地判断钢筋的锈蚀程度。

图 67 为所测钢筋中部分钢筋的循环极化曲线图示，可以很明显地看出锈蚀钢筋在混

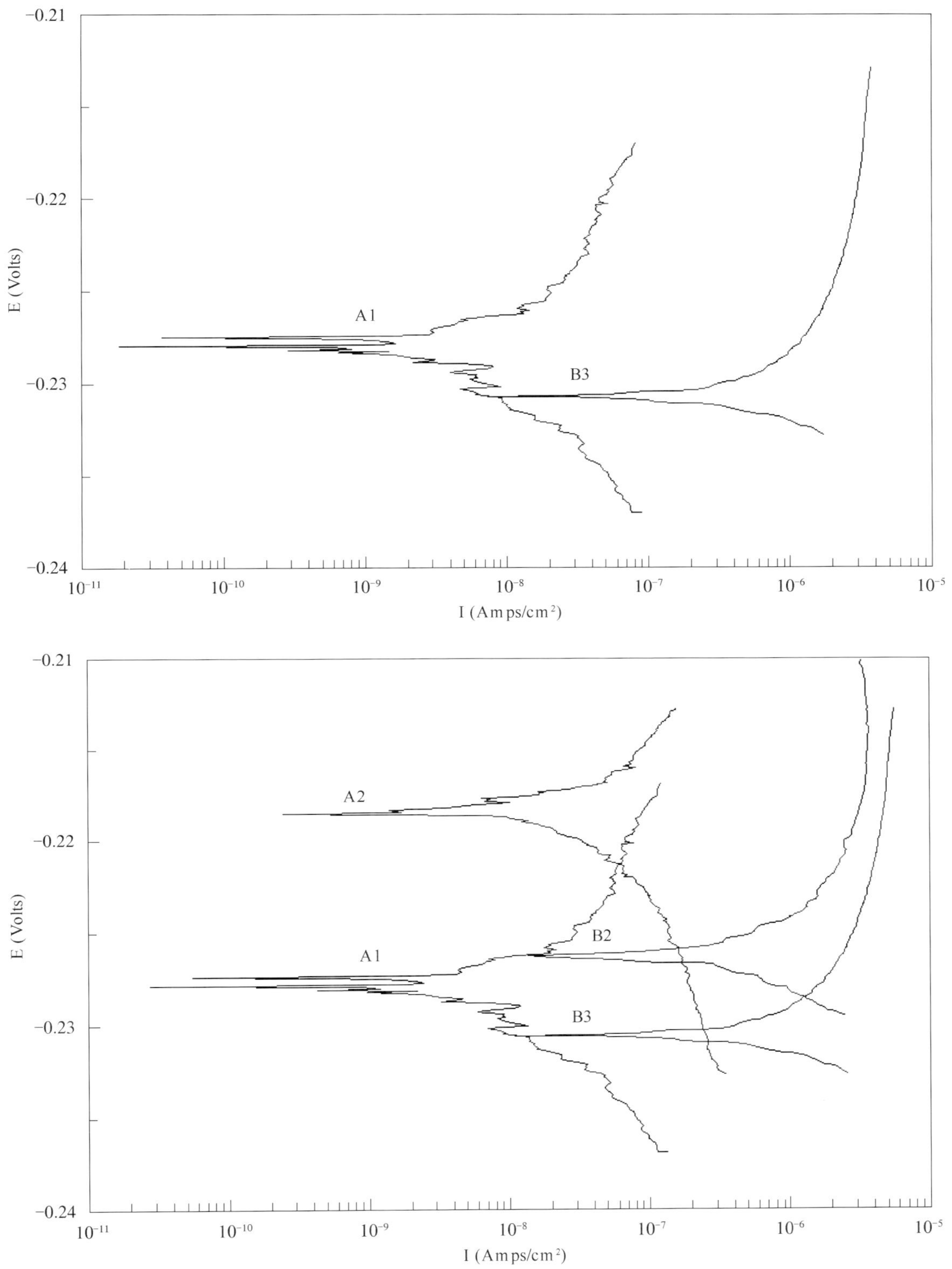

图 67 钢筋循环极化图示

凝土模拟孔溶液中具有较大电流，可知，钢筋在经过一定年限的环境因素作用下，发生了不同程度的腐蚀。线性极化法测得的其他电化学参数值见附表 6。

3.3 黏土砖材料性能研究

3.3.1 黏土砖外观质量研究

为了研究细菌实验室及特设监狱所用黏土砖的外观质量，同旧址现场随机取样黏土砖试样，并按照《烧结普通砖》（GB 5101-2003）的规定，对本建筑黏土砖的外观质量进行评定。

在现场取回的黏土砖中挑选 14 块保存较完好的试样，用钢直尺测量试样的尺寸。长度在黏土砖试样的两个大面的中间分别测量两个尺寸；宽度在黏土砖试样的两个大面的中间分别测量两个尺寸；高度在黏土砖试样的两个条面的中间分别测量两个尺寸，如图 68 所示。测量时被测处缺损或凹凸时，改为在其旁边测量。黏土砖试样的尺寸见表 15。

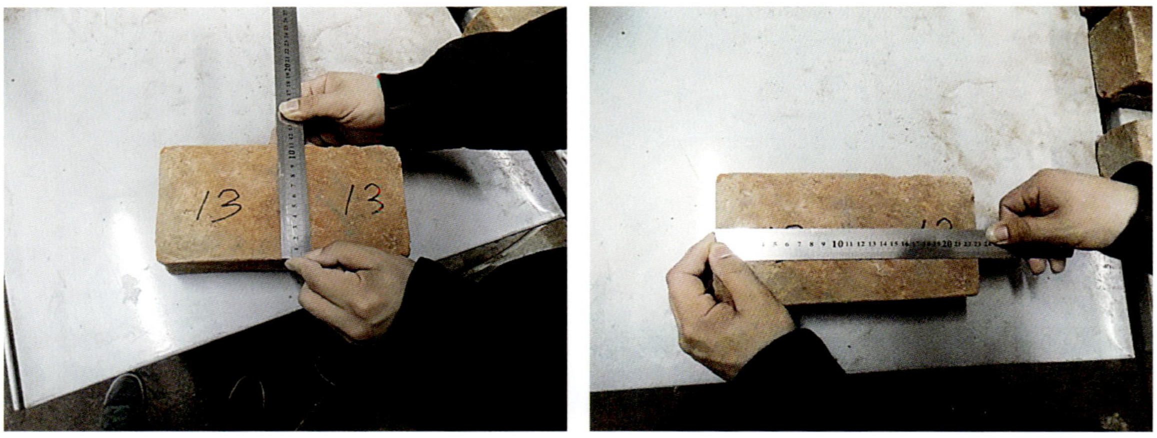

图 68 黏土砖尺寸测量

表 15 黏土砖试样尺寸

试样编号	长度 1（mm）	长度 2（mm）	长度平均值（mm）	宽度 1（mm）	宽度 2（mm）	宽度平均值（mm）	高度 1（mm）	高度 2（mm）	高度平均值（mm）	总体评定
1	229	231	230.0	109	107	108.0	63	62	62.5	长度平均值 228.9mm 宽度平均值 110.1mm 高度平均值 61.7mm
2	232	228	230.0	111	110	110.5	56	60	58.0	
3	231	226	228.5	113	110	111.5	61	63	62.0	
4	233	228	230.5	108	110	109.0	61	61	61.0	
5	225	225	225.0	113	112	112.5	62	62	62.0	
6	231	232	231.5	111	113	112.0	60	62	61.0	
7	227	224	225.5	108	110	109.0	63	62	62.5	
8	231	229	230.0	111	112	111.5	62	62	62.0	
9	224	223	223.5	106	107	106.5	62	61	61.5	
10	228	227	227.5	108	108	108.0	62	62	62.0	
11	226	228	227.0	112	113	112.5	61	62	61.5	
12	233	231	232.0	113	112	112.5	65	61	63.0	
13	227	230	228.5	109	108	108.5	61	63	62.0	
14	237	234	235.5	109	111	110.0	63	62	62.5	

由表 15 可知，黏土砖试样长度平均值为 228.9mm，宽度平均值为 110.1mm，高度平均值为 61.7mm。细菌实验室及特设监狱黏土砖的尺寸与我国烧结普通砖的尺寸存在差异，我国烧结普通砖的尺寸：长 × 宽 × 高 =240mm × 115mm × 53mm，而根据细菌实验室及特设监狱黏土砖试件的尺寸数据，可以得出细菌实验室及特设监狱黏土砖的尺寸可归为：长 × 宽 × 高 =230mm × 110mm × 62mm，虽然长度和宽度的尺寸略有差别，但都考虑了砌体砌筑时砂浆的厚度，即黏土砖长度等于黏土砖宽度的 2 倍加上砂浆厚度。

按照《烧结普通砖》（GB 5101-2003）规定，尺寸允许偏差见图 16。通过计算得出黏土砖试样的样本平均偏差为：样本长度平均偏差 2.43mm，样本宽度平均偏差 1.71mm，样本高度平均偏差 0.68mm。在样本平均偏差方面，细菌实验室及特设监狱黏土砖试样可评定为一等品，但黏土砖试样的极差偏大较多，这可能与黏土砖的施工工艺有关，也可能日本黏土砖存在不同的型号，不是同一的规格。

表 16　尺寸允许偏差　（单位：mm）

优等品		一等品		合格品	
样本平均偏差	样本极差≤	样本平均偏差	样本极差≤	样本平均偏差	样本极差≤
± 2.0	6	± 2.5	7	± 3.0	8
± 1.5	5	± 2.0	6	± 2.5	7
± 1.5	4	± 1.6	5	± 2.0	6

3.3.2 回弹法测量黏土砖抗压强度

黏土砖的抗压强度是黏土砖的主要力学性能指标之一，抗压强度的大小在一定范围内决定了其砌体的多种力学性能，并在一定范围内影响其适用范围，我方采用现场无损检测与抗压试验的方法对本建筑黏土砖抗压强度进行研究。

根据标准《砌体工程现场检测技术标准》（GB/T 50315-2011）对旧址现场烧结黏土砖进行回弹法强度检测。现场检测过程中挑选外观质量合格的完整黏土砖并用磨石将黏土砖表面磨平，在每块砖的侧面均匀布置 5 个弹击点，且弹击点应避开砖表面的缺陷，现场检测情况如图 69 所示。

根据《砌体工程现场检测技术标准》（GB/T 50315-2011）规定，细菌实验室及特设监狱旧址为一个检测单元，并在检测单元种随机选择 10 个测区进行测量。根据现场检测结果及回弹法检测普通烧结砖强度的计算方法，推定普通烧结砖的强度等级为 MU10，回弹强度数据见表 17，回弹测区原始记录见附表 7。

图 69　黏土砖回弹测强

表 17　黏土砖回弹强度推定值

检测单元强度平均值（MPa）	检测单元标准差（MPa）	检测单元强度变异系数	检测单元强度标准值（MPa）	黏土砖抗压强度等级推定值
11.3	1.7	0.15	9.5	MU10

3.3.3　黏土砖抗压强度试验研究

本次试验所用的黏土砖是由旧址现场取样得到，国家标准《砌墙砖试验方法》（GB/T 2452-2012）对黏土砖的抗压强度试验做出了规范，按照此规定对黏土砖进行单砖抗压试验。按《砌墙砖试验方法》（GB/T 2452-2012）的规定，试验试样数量为 10 块，但由于旧址现场所采集的黏土砖试样已使用较长时间，所以为防止由于黏土砖内部缺陷而导致的抗压强度异常值，本次试验试样数量为 14 块。用切割工具将砖从中间处一分为二，切割后每一半截砖长度应大于等于 110mm，再用不大于 5mm 后的水泥净浆把两块半截砖按黏结在一起，并且需将两半截砖切断口相反叠放，两块砖用于叠合部分的长度大于等于 100mm，同时上下表面用不大于 3mm 的水泥净浆找平。此后用钢直尺测量每块试件长度和宽度方向的尺寸，进行试验时，将试件平放在压力机垫板的中心位置，采用电液私服装置进行均匀平稳加载且加载速度控制在不大于 5kN/s，直至试件被压坏，测得黏土砖的极限压力值，再将压力值除以重叠部分面积，得到黏土砖的抗压强度实测试验值。黏土砖试件的抗压强度 f 按下式进行计算，计算结果精确值 0.01MPa。

$$f=\frac{N}{LB}$$

式中：f——抗压强度，MPa；

N——破坏荷载，kN；

L——受压截面有效长度，mm；

B——受压截面有效宽度，mm。

在黏土砖抗压强度试验过程中，加载前期试件基本没有发生变化，随着荷载的逐步增加，试件角部首先出现裂缝并由角部向试件中部发展并伴有酥脆的碎裂声，当荷载接近极限荷载时，试件突然碎裂，破坏主要是由于裂缝沿着自身发展并最终形成贯穿裂缝所致。黏土砖抗压强度的试验过程及破坏形态如图 70 所示，黏土砖抗压强度试验值见表 18。

由于现场采集黏土砖为 1940 年之前制造，已经正常使用承重 70 多年，并且期间经历过爆炸和挖掘等非正常使用破坏，所以不可避免的对黏土砖产生严重影响，一部分黏土砖试样在试验前已经存在内部微裂缝，这些内部缺陷会导致黏土砖试样试验实测值过小，不能反映当时黏土砖的实际强度，所以综合考虑黏土砖缺陷并且对比黏土砖回弹强度，剔除试验结果中的抗压强度实测值过低的异常值，得出黏土砖有效抗压强度，黏土砖有效抗压强度试验中见表 19。

图 70　黏土砖抗压试验情况

表 18　黏土砖抗压强度试验结果

试验编号	重叠部分长度（mm）	重叠部分宽度（mm）	重叠部分面积（mm²）	极限荷载（kN）	抗压强度（MPa）
KY1	107	105	11235	39.2	3.5
KY2	111	109	12099	50.0	4.1
KY3	102	109	11118	77.8	7.0
KY4	110	107	11770	33.3	2.8
KY5	111	108	11988	107.1	8.9
KY6	111	108	11988	69.2	5.8
KY7	110	108	11880	117.5	9.9
KY8	102	100	10200	22.5	2.2
KY9	110	109	11990	69.0	5.8
KY10	114	104	11856	105.8	8.9
KY11	112	110	12320	105.7	8.6
KY12	107	105	11235	55.1	4.9
KY13	113	111	12543	109.1	8.7
KY14	114	109	12426	67.1	5.4

表 19　黏土砖有效抗压强度试验结果

试验编号	重叠部分长度（mm）	重叠部分宽度（mm）	重叠部分面积（mm²）	极限荷载（kN）	抗压强度（MPa）	抗压强度平均值（MPa）
KY3	102	109	11118	77.8	7.0	8.7
KY5	111	108	11988	107.1	8.9	
KY7	110	108	11880	117.5	9.9	
KY10	114	104	11856	105.8	8.9	
KY11	112	110	12320	105.7	8.6	
KY13	113	111	12543	109.1	8.7	

按照我国国家标准《烧结普通砖》规定：烧结普通砖强度等级分为MU30、MU25、MU20、MU1、MU10五个等级，其抗压强度平均值30MPa、25MPa、20MPa、15MPa、10MPa，其中很大一部分工程所采用普通烧结砖的强度等级为MU10。根据黏土砖有效抗压强度试验结果，抗压强度平均值为8.7MPa，按黏土砖抗压强度试验的方法所推定细菌实验室及特设监狱黏土砖强度等级为MU7.5。

3.3.4 黏土砖抗折强度试验研究

在确定黏土砖强度等级时，只应用黏土砖抗压强度的平均值作为评定其强度等级的依据，存在较大的差异，仅仅用抗压强度评定黏土砖的强度等级有失科学性与合理性，所以对黏土砖有必要进行抗折强度试验研究，同时通过试验数据，分析黏土砖抗折强度对其砌体力学性能的影响。

本次抗折试验所用的黏土砖是由旧址现场取样得到，国家标准《砌墙砖试验方法》（GB/T 2452-2012）对黏土砖的抗折强度试验做出了规范，按照此规定对黏土砖进行单砖抗折试验。按《砌墙砖试验方法》（GB/T 2452-2012）的规定，试验试样数量为10块，但由于旧址现场所采集的黏土砖试样已使用较长时间，所以为防止由于黏土砖内部缺陷而导致的抗压强度异常值，本次试验试样数量为14块。黏土砖抗折试验前应在温度为（20±5）℃的水中浸泡24小时，用湿布拭去其表面水分进行抗折强度试验。

本次试验采用200kN电液伺服试验机，抗折试验的加荷形式为三点加荷，其上压辊和下支辊的曲率半径为15mm，下支辊有一个为铰接固定。在黏土砖两个大面的中间处分别测量两个尺寸的宽度，在两个条面的中间处分别测量两个尺寸的高度，分别取算数平均值，精确至1mm。调整抗折夹具下支辊的间距，使下支辊的跨距为200mm，将黏土砖试样的大面平放在下支辊上，并使试样两端面与下支辊的距离相同；加载时以（50～150）N/s的速度均匀加载，直至试样断裂并记录最大破坏荷载P。黏土砖抗折强度按下式计算，精确至0.1MPa。

$$f=\frac{3PL}{2BH^2}$$

式中：f——抗折强度，MPa；

P——最大破坏荷载，kN；

L——跨距，mm；

B——试件宽度，mm；

H——试件高度，mm。

黏土砖抗折强度的试验过程及破坏形态如图71所示，在黏土砖抗折试验的加载初期，试件基本没有发生变化，但在接近极限荷载时，黏土砖试件裂缝急剧开展，最后伴随一声清脆的声响，试件及宣告破坏，呈现出明显的脆性破坏特征。剔除存在内部缺陷的试样，缺陷芯样内部裂缝如图72所示，有效抗折试验结果见表20。

由表20的抗折强度试验结果可以看出，黏土砖抗折强度均值为2.01MPa。当砖砌体遭受压力时，砖块主要承受压、弯、剪、拉等复杂应力的综合作用，相关试验表明，块体的抗折强度越低，其砌体试件的开裂荷载值也越小，所以块体的抗折强度对砌体的抗压强度影响是极大的。《墙体材料应用统一技术规范》（GB 50574-2010）中给出了MU30、MU25、MU20、MU15的折压比限值，但并没有给出MU10的折压比限值，所以本试验黏土砖抗折强度并不直接参与评定黏土砖强度等级，只作为黏土砖材料性能的参考值。

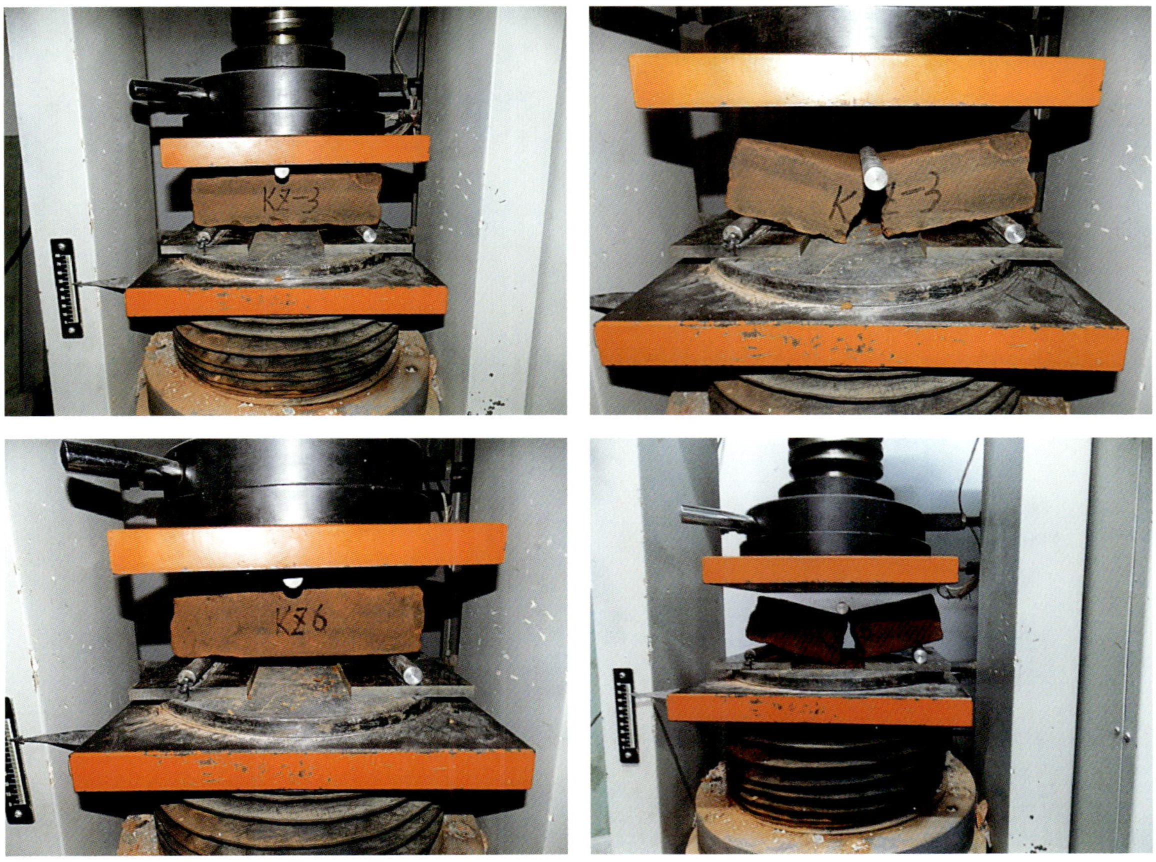

图 71　黏土砖抗折试验情况

图 72　黏土砖内部缺陷

表 20　黏土砖有效抗折强度试验结果

试件编号	试件宽度均值（mm）	试件高度均值（mm）	跨距（mm）	破坏荷载（kN）	抗折强度（MPa）	抗折强度均值（MPa）
KZ1	108.0	62.5	200	2.5	1.78	
KZ3	111.5	62.0	200	2.8	1.96	
KZ4	109.0	61.0	200	3.0	2.22	
KZ5	112.5	62.0	200	3.2	2.22	
KZ7	109.0	62.5	200	3.1	2.18	2.01
KZ9	106.5	61.5	200	2.8	2.09	
KZ10	108.0	62.0	200	2.6	1.88	
KZ11	112.5	61.5	200	2.8	1.97	
KZ13	108.5	62.0	200	2.5	1.80	

3.3.5 黏土砖吸水性能研究

黏土砖吸水性能为混凝土耐久性的一部分，为检测黏土砖吸水性能，进行了混凝土吸水率试验。由于黏土砖试样表面不平整且存在初始裂缝，所以本次试验试样采用黏土砖内部芯样进行试验。

将处理好的黏土砖吸水率试件放入烘干箱中，在100℃的温度下烘干至恒质，除去黏土砖表面的粉尘后称量其干质量 m_0。将称量完毕的干燥试样浸入温度为10 ~ 30℃的水中24小时，之后将试样去除并用湿毛巾拭去表面水分立即称量，称量时试样表面毛细孔渗出于秤盘中水的质量也计入吸水质量中，所得质量为浸泡24小时的湿质量 m_1。吸水率W按下式计算：

$$W = \frac{(m_1 - m_0) \times 100\%}{m_0}$$

式中：W——常温水浸泡24小时试样吸水率（%）；

m_0——试样干质量，单位为克（g）；

m_1——干试样浸水24小时的湿质量，单位为克（g）。

吸水率以试样的算数平均值表示，见表21。

表21 黏土砖试样吸水率表

试件编号	干燥质量（g）	吸水后质量（g）	吸水率（%）	吸水率平均值（%）
XS1	648.2	765.3	18.07	18.17
XS2	642.6	760.4	18.33	
XS3	643.7	769.9	19.61	
XS4	656.4	774.1	17.93	
XS5	649.8	769.6	18.44	
XS6	625.0	750.5	20.08	
XS7	647.3	765.5	18.26	
XS8	637.6	752.2	17.97	
XS9	671.7	777.5	15.75	
XS10	655.0	768.3	17.30	

3.3.6 黏土砖抗渗性能研究

黏土砖抗渗性能为混凝土耐久性的一部分，本次研究采用电通量法测量黏土砖抗氯离子渗透性能，即测定规定时间内通过黏土砖试件的电通量为指标来确定黏土砖抗氯离子渗透性能。

黏土砖电通量试件采用直径100 ± 1mm，高度50 ± 2mm的圆柱体试件。电通量试验前将试件进行真空饱水：将试件放入真空容器中，然后启动真空泵，并在5分钟内将真空容器中的绝对压强减少至（1 ~ 5）kPa，应保持该真空3小时，然后在真空泵仍然运转的情况下，注入足够的蒸馏水或者去离子水，直至淹没试件，应在试件浸没1小时后恢复常压，并继续浸泡（18 ± 2）小时。真空饱水结束后，将试件从真空容器中取出，并用湿毛巾抹掉试件上多余的水分。将试件安装在电通量的试验槽内，并用螺杆使试验槽加紧试件。试件安装完毕后，用蒸馏水注入试验槽检查试件与试验槽之间的密封性，若密封性良好，则不会露水；若密封性较差，会有蒸馏水沿试验槽与试件的缝隙中流出，此时用玻璃胶涂抹露水处，直至不露水为止。试件与试验槽的密封性检查完毕后，将浓度为 3.0% 的 Nacl 溶液和摩尔浓度为 0.3mol/L 的 NaOH 溶液分别注入试验槽的电源负极和电源正极中，正确连接电源线并开始试验，黏土砖电通量试验情况如图 73 所示，此次试验所用仪器能够自动计算出电通量，试验实测混凝土电通量见表 22。

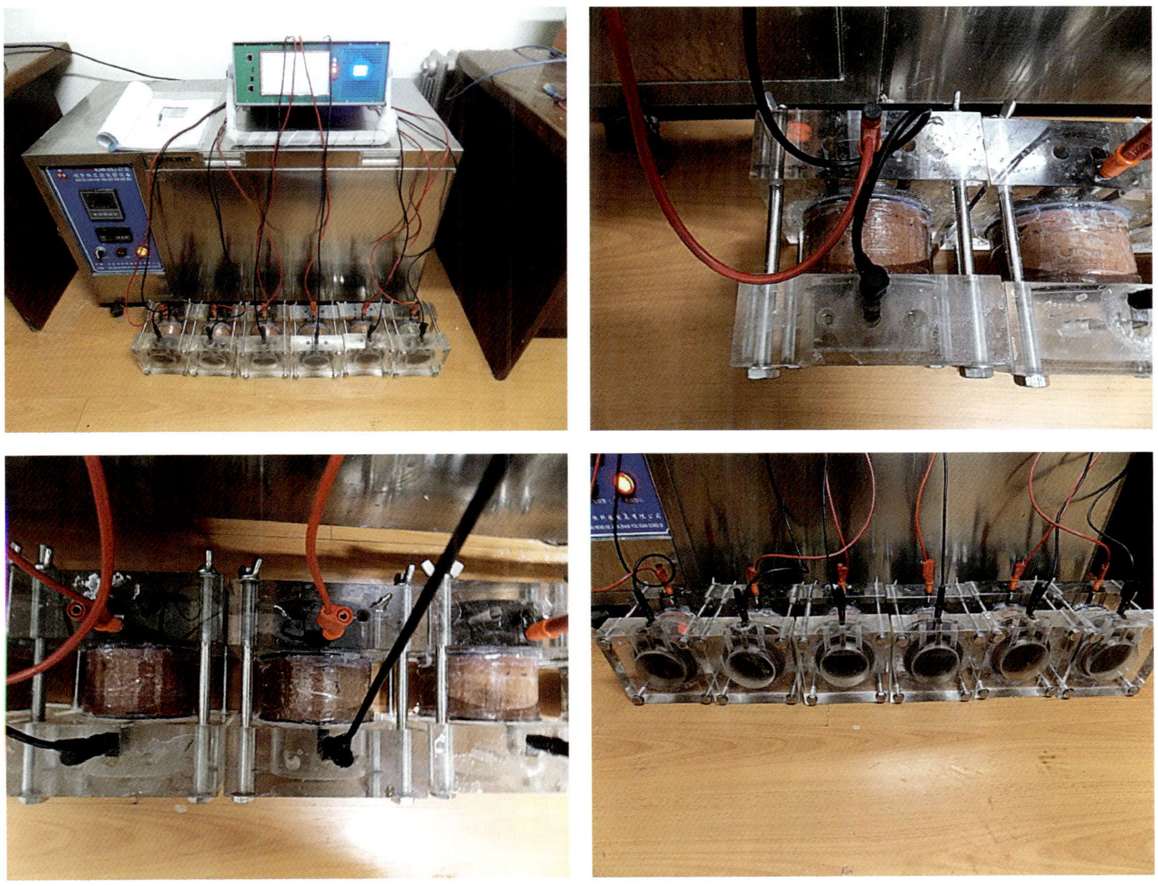

图 73　黏土砖抗渗试验

表 22　黏土砖试样电通量

试件编号	电通量（库伦）	电通量均值（库伦）
KS1	1670.39	880.26
KS2	1608.95	
KS3	818.84	
KS4	1194.60	
KS5	704.67	
KS6	660.05	
KS7	649.92	
KS8	459.18	
KS9	552.61	
KS10	483.43	

黏土砖的吸水率和抗渗性能够从侧面反映黏土砖的抗风化性能，影响黏土砖的耐久性，本次试验结果显示细菌实验室及特设监狱黏土砖吸水率正常，抗渗性能优良，其抗渗性能好的原因可能是烧结砖工艺水平高，砖内部比较密实，内部无贯通裂缝。

3.3.7 黏土砖抗冻性能研究

按《砌墙砖试验方法》（GB/T 2542-2012）规定，黏土砖冻融试验应采用整块砖作为试验试样，但遗址现场所采集的黏土砖表面裂缝较多，如果以这样的整块黏土砖进行冻融试验，将导致试验结果无法反应黏土砖实际抗冻性能，故本次试验采用的试样为黏土砖内部芯样，试验芯样需为表面完好且无裂缝芯样，以保证试验结果的准确性。

试验所用仪器为冻融试验（图 74）机进行，将试样放入冻融试验机的容器中，并向容器中加水直至水面高于试件，加水完毕后开启冻融试验机进行冻融循环试验，冻融循环次数为 25 次，质量损失率 G_m 按下式计算：

$$G_m = \frac{m_1 - m_0}{m_0} \times 100\%$$

式中：G_m——质量损失率（%）；

m_0——试样冻融前干质量，单位为克（g）；

m_1——试样冻融后干质量，单位为克（g）。

图 74　冻融试验仪器

我国规范《烧结普通砖》（GB/T 5101-2003）规定：冻融试验后，每块砖样不允许出现裂纹、分层、掉皮、缺棱、掉角等冻坏现象且质量损失不得大于 2%。本次冻融试验黏土砖试样质量损失见表 23。

表 23　黏土砖冻融试验质量损失

试件编号	冻融前质量（g）	冻融后质量（g）	质量损失率（%）
DR1	643.7	634.5	1.42
DR2	649.8	637.3	1.92
DR3	647.3	640.6	1.02
DR4	637.3	626.1	1.75
DR5	655.0	645.0	1.53
DR6	648.2	640.1	1.25

由试验结果可知，试样的质量损失率均小于 2%，但冻融循环完成后，试样存在掉皮现象，其原因可能是黏土砖已埋于地下 70 年，期间所经历的各种因素导致黏土砖耐久性指标降低。

3.4 砂浆材料性能研究

砌筑砂浆是砌体结构重要组成部分，由于大部分情况下，砌筑砂浆的强度要低于砌块强度，砌体的破坏大部分情况下是由砌筑砂浆破坏开始，所以砌筑砂浆的性能在一定程度上决定了砌体的性能。本次砂浆材料性能研究中的砂浆吸水率研究由于无法得到原砌筑砂浆的立方体试样，无法进行标准的砂浆吸水率试验，所以针对这种情况，我方依据现场取回的砂浆层在材料试验室进行了不规则形状砂浆的吸水率试验，试验结果显示砂浆吸水率约为 15%，吸水率为正常砂浆吸水率；砌筑砂浆的强度检测采用回弹法和贯入法两种方法，具体内容如下：

3.4.1 回弹法测量砂浆抗压强度

砂浆的抗压强度是的砂浆的主要力学性能指标之一，由于砂浆是砌体中的薄弱部分，一般情况下砌体破坏都是以砂浆破坏为主，所以砂浆强度对砌体强度的影响较大，砂浆抗压强度的大小在很大程度上决定了其砌体的多种力学性能，并在一定范围内影响其适用范围，本次研究我方采用回弹法和贯入法检测砌筑砂浆抗压强度。

根据《砌体工程现场检测技术标准》(GB/T 50315-2011)规定对砂浆强度进行回弹法检测，测位处应将粉刷层、勾缝砂浆和污物清除干净，并除去弹击点表面的浮灰且仔细打磨平整，磨掉表面砂浆深度 5 ~ 10mm，现场检测情况如图 75 所示。通过现场检测结果和计算分析，推定本建筑砌筑砂浆强度为 9.16MPa，回弹法测量砌筑砂浆抗压强度结果见表 24。

图 75　回弹法检测砂浆强度

表 24　回弹法测量砌筑砂浆抗压强度

测位编号	回弹值										碳化深度（mm）	测位强度换算值（MPa）	抗压强度平均值（MPa）
1	26	26	22	26	29	21	27	25	26	24	＞3	7.87	9.16
2	18	23	28	25	35	25	24	26	25	32	＞3	6.83	
3	25	29	29	22	29	30	25	23	27	26	＞3	9.02	
4	26	21	34	29	31	33	28	23	26	23	＞3	7.87	
5	30	33	36	29	34	30	34	24	26	32	＞3	7.87	

续表

测位编号	回弹值										碳化深度（mm）	测位强度换算值（MPa）	抗压强度平均值（MPa）
6	32	35	28	28	27	38	24	27	32	26	＞3	16.62	9.16
7	26	24	25	20	23	30	24	22	20	22	＞3	3.06	
8	28	31	28	22	35	29	25	36	27	38	＞3	9.02	
9	28	26	20	24	22	31	27	25	24	25	＞3	5.90	
10	25	32	21	23	26	24	21	23	22	23	＞3	4.31	

3.4.2 贯入法测量砂浆抗压强度

根据《贯入法检测砌筑砂浆抗压强度技术规程》（JGJ/T 136-2011）规定对砂浆强度进行贯入法检测，在清除测点表面的覆盖层和疏松层，将砂浆表面修理平整后，选取灰缝厚度不小于 10mm 的水平灰缝位置进行贯入法测试，现场检测情况如图 76 所示。

场勘查过程中所聘请土木工程专家判断砌筑砂浆类型为水泥砂浆，所以本次贯入法检测砌筑砂浆抗压强度按水泥砂浆进行评定，贯入法测量砌筑砂浆抗压强度结果见表 25。

图 76　贯入法测量砂浆强度

表 25　贯入法测量砌筑砂浆抗压强度

构件编号	贯入深度有效值（mm）					贯入深度平均值（mm）	抗压强度推定值（MPa）
1	3.30	3.10	2.97	3.41	3.03	3.3	11.8
	3.04	4.01	4.10	3.78	2.57		
2	3.54	3.93	2.26	2.53	2.48	3.0	14.5
	2.54	2.00	2.47	4.00	4.40		
3	2.84	3.36	5.39	2.93	4.79	3.8	8.7
	3.95	3.42	4.35	2.89	4.29		
4	1.66	2.43	1.76	1.62	2.21	2.2	＞15.6
	3.20	1.99	2.58	2.40	2.60		

从回弹法和贯入法的检测结果可以看出，砂浆抗压强度较高，但砂浆抗压强度离散型较大，离散性较大可能是施工质量的原因。砂浆抗压强度较高可以看出当时日本对砌体

结构中砂浆的重视，砂浆在砌体中属于薄弱部位，一般情况下砌体的破坏都是从砂浆破坏开始，所以砂浆的强度从一定程度上决定了砌体的强度，细菌实验室及特设监狱砂浆强度高，说明当时日本对砌体薄弱部位的理解比较成熟。

3.5 预制部品材料性能研究

通过旧址现场勘察发现，细菌实验室及特设监狱建筑中的预制部品主要为预制混凝土管，其建筑使用功能为排水作用。

预制管材料由混凝土和冷拔钢丝组成，且勘查中发现预制管横截面内侧骨料较细密，横截面外侧较粗大，如图 77 所示，所以该预制管的制造工艺为离心技术，即通过离心机的高速转动，使混凝土成型密实的成型方法。采用离心技术成型的混凝土管具有更好的密实度，能够提高混凝土管的材料强度和耐久性。

图 77　预制管截面情况

细菌实验室及特设监狱的预制管内部配有冷拔钢丝，且配筋方式为螺旋配筋，冷拔钢丝的作用是向混凝土施加预应力，从而充分发挥预制管中混凝土的材料性能。

我国在建国前后的时期仅有东北辽阳（1953 年）、北京（1938 年）、上海（1950 年）等少数几个厂采用简易离心法或手捣方式生产中、小口径混凝土排水管，之后国家在上海、包头和长春等地先后投资建了一批管厂生产混凝土和钢筋混凝土管。从以上数据可以看出，当时日本在混凝土管的工艺方面相对我国成熟很多，不仅离心工艺较先进，且混凝土管内配有冷拔钢丝，更提高了混凝土管的性能。

3.6 木材材料性能研究

3.6.1 木材微观结构分析及木材种类鉴定

为了进行木材的微观结构分析和木材种类的鉴定，特聘请东北林业大学木材学方面专家崔永志协助进行木材微观结构分析和木材种类鉴定工作。

本次鉴定依据标准为：《CSIRO ATLAS of HARDWOODS》、《中国木材志》、《中国树木志》、《中国主要木材名称》（GB/T 16734-1997）和《中国主要进口木材名称》（GB/T 18513-2001）。

现场所取木材的使用功能多为建筑模板，所取样品在东北林业大学材料科学与工程学院木材实验室进行了木材微观试验，试验所用仪器为：木材显微切片机、显微镜、测量仪等，并根据试验结果进行宏观与微观判定。木材微观特征鉴定结果见表 26，其微观形态特征如图 78 所示。

根据木材三个切面的微观特征及小木块的宏观特征，鉴定木材为松科，云杉属（Picea）的鱼鳞云杉（Picea jezoensis var.microsperma）。

表 26　木材微观特征鉴定结果

序号	检验项目	检测结果判定
1	横切面微观特征	生长轮分界明显，早材至晚材渐变至略急变，早材带占全轮宽度的大部分，管胞在放大镜下略明显。早材管胞横切面为方形及多边形，晚材管胞弦向为长方形。木射线每毫米 5 ~ 9 根，具树脂道，泌脂细胞厚壁型；轴向树脂道多分布于晚材部分，单独或两个相邻，道周泌脂细胞 6 ~ 15 个
2	径切面微观特征	早材管胞径壁具缘纹孔数目较多，单列或 2 偶尔有成对的纵向排列，纹孔圆形至椭圆形，具明显的眉条。有索状管胞存在。木射线管胞内壁平滑。薄壁细胞水平壁薄，纹孔多，端壁有节状加厚，偶尔有凹痕。交叉场纹孔式为云杉型，经常 4 个排成 1 列有时排成 2 列
3	弦切面微观特征	木射线具单列及纺锤形两类：单列射线高 1 ~ 25 细胞，多数 9 ~ 16 细胞，纺锤射线具径向树脂道，近道上下方射线细胞 3 ~ 4 列；上下端逐渐削尖成单列，单列部分高 3 ~ 16 细胞。射线细胞椭圆形，径向树脂道与轴向树脂道相比则小得多，道周泌脂细胞 7 ~ 14 个；泌脂细胞厚壁型
4	分析	根据上述三个切面的微观及小木块宏观特征，鉴定木材为松科，云杉属（ Picea）的鱼鳞云杉（Picea jezoensis var.microsperma）

3.6.2 木材密度检测

根据规范《木材密度测定方法》（GB/T 1933-2009）的要求，将旧址现场取样木材切割成尺寸约为 20mm × 20mm × 20mm 的试样，切割后木材的截面和木材试样如图 79 所示。试样制作完成后，用数显游标卡尺测量试样的实际尺寸，再用电子秤称量试样的质量，通过公式 P=M/V 计算得出木材试样的密度。木材试样的密度见表 27。

鉴定样板

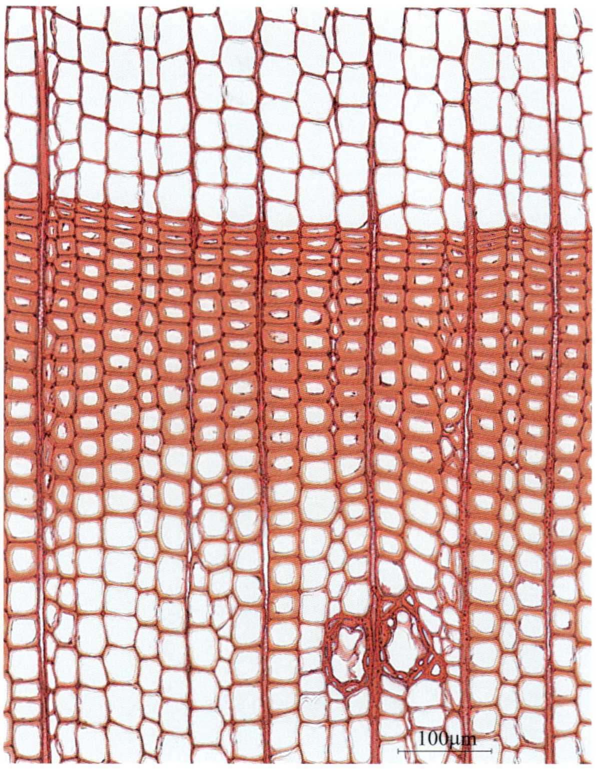

木材横切面

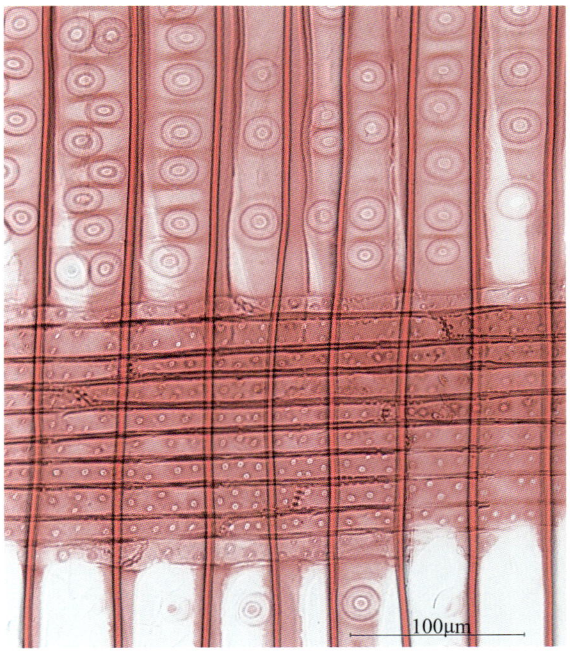

木材径切面

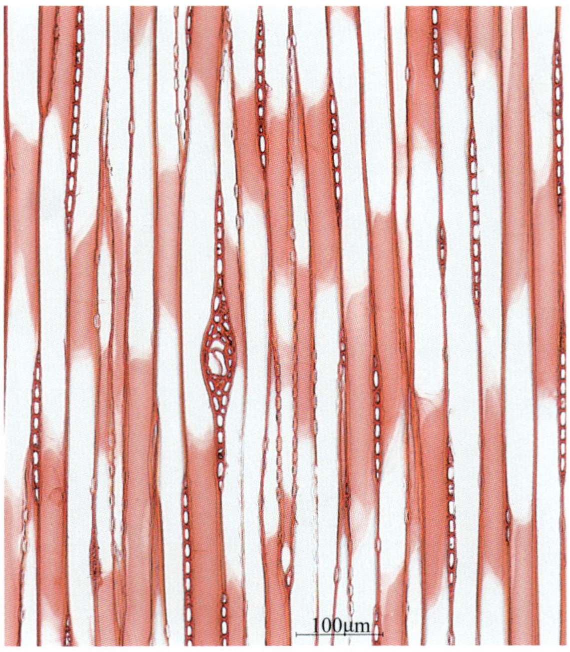

木材弦切面

图 78　检材微观形态特征

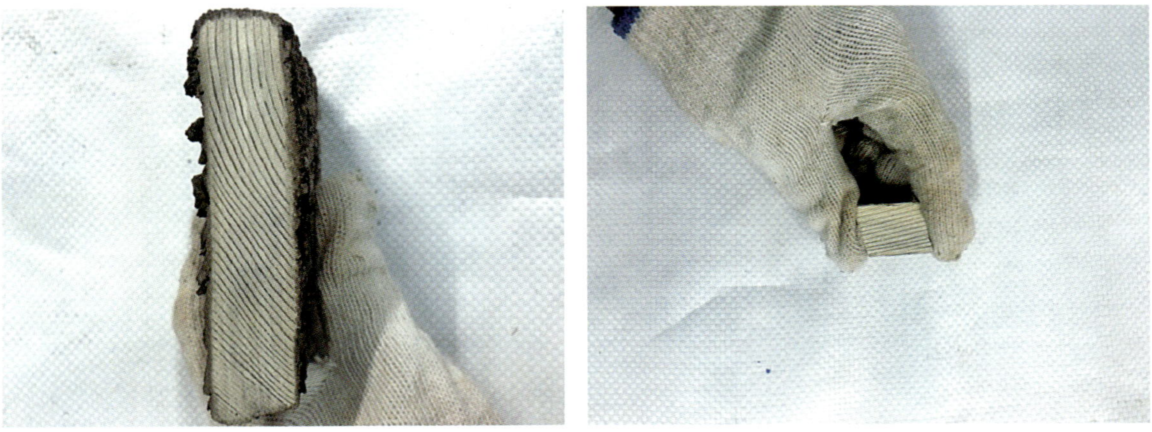

图 79　木材切割面和木材试样

表 27　木材密度

试样编号	长度（cm）	宽度（cm）	高度（cm）	体积（cm^3）	质量（g）	密度（g/cm^3）	密度均值（g/cm^3）
密度 1	2.09	2.18	2.59	11.80	5.02	0.43	0.41
密度 2	2.12	2.21	2.65	12.38	5.17	0.42	
密度 3	2.05	2.62	2.79	14.93	6.03	0.40	
密度 4	1.88	2.18	2.78	11.42	4.77	0.42	
密度 5	2.10	2.58	2.52	13.67	5.18	0.38	
密度 6	2.13	2.26	2.68	12.89	5.36	0.42	
密度 7	2.22	2.16	2.65	12.69	5.23	0.41	
密度 8	2.15	2.35	2.60	13.09	5.22	0.40	
密度 9	2.10	2.29	2.66	12.78	5.30	0.42	
密度 10	2.11	2.32	2.66	13.01	5.21	0.40	

3.6.3　木材含水率检测

根据规范《木材含水率测定方法》（GB/T 1931-2009）的要求，将木材试样切割成尺寸约为 20mm×20mm×20mm 的试样，并清除附在试样上的木屑和碎片。对切割完成后的试样尽快称量，称量后将试样放入烘干箱内，在（103±2）℃的温度下烘 8 小时后，从中选定 2～3 个试样进行一次称量，以后每隔 2 小时称量所选试样一次，至最后两次称量之差不超过试样质量的 0.5% 时，认为试样达到全干，将试样取出进行称量。试样的含水率按下式计算，吸水率数据见表 28。

$$W=\frac{m_1-m_0}{m_0}\times 100\%$$

式中：W——试样含水率（%）；

m_1——试样试验时的质量，单位为克（g）；

m_0——试样全干时的质量，单位为克（g）。

表 28　木材吸水率

试样编号	试验时质量（g）	全干时质量（g）	含水率（%）	含水率均值（%）
含水率 1	5.02	4.76	4.02	4.28
含水率 2	5.17	4.92	4.17	
含水率 3	6.03	5.74	5.03	
含水率 4	4.77	4.45	3.77	
含水率 5	5.18	4.92	4.18	
含水率 6	5.36	5.11	4.36	
含水率 7	5.23	5.01	4.32	
含水率 8	5.22	5.01	4.33	
含水率 9	5.30	5.10	3.92	
含水率 10	5.21	4.97	4.67	

3.7 地基土研究

为进行细菌实验室及特设监狱地基土部分研究，与黑龙江省林业设计研究院合作，通过旧址现场的钻探、原位测试、土工试验等工作，对地基土进行分析研究，研究成果如下：

3.7.1 概述

3.7.1.1 勘查任务和内容

根据《岩土工程勘察规范》（GB 50021-2001）的要求，本次勘察的目的是通过钻探、原位测试、土工试验等项工作，对建筑场地的工程地质条件进行综合评价并提供准确可靠的岩土工程参数。本次勘察工作主要完成以下内容：

1）明建筑场地地层结构及其均匀性，以及各层土的物理力学性质，论述场地的工程地质条件。

2）有无影响建筑场地稳定性的不良地质条件及其危害程度。

3）地下水埋藏情况、类型和水位变化幅度及规律，判定场地水和土对建筑材料的腐蚀性。

4）评价场地地震效应，划分对建筑抗震有利、不利和危险地段，划分场地土的类型，建筑场地类别。

5）对基坑开挖提供稳定计算和支护设计所需的岩土技术参数。本次勘察工作依据下列规范、规程：《岩土工程勘察规范》（GB 50021-2001）2009 版、《建筑地基基础设计规范》（GB 5007-2011）、《建筑抗震设计规范》（GB 50011-2010）、《黑龙江省地方标准建筑地基基础设计规范》（DB23/9-2005）、《哈尔滨市市区地基承载力特征值技术规定》（HDB001-2005）、《土工试验方法标准》（GB/T 500123-1999）。

3.7.1.2 建筑物概况

本项工程为侵华日军第七三一部队旧址细菌实验室及特设监狱建筑技术研究（地基土研究部分）土质条件研究，主要建筑为原侵华日军细菌实验室及特设监狱地基基础部分，根据工程的规模和特征以及场地的岩土工程条件，按照《岩土工程勘察规范》（GB 50021-2001）3.1 岩土工程勘察分级标准，确定该项工程的重要性等级为二级，场地等级为二级复杂场地，地基等级为二级复杂地基，综合确定该项工程的岩土工程勘察等级为乙级。

3.7.1.3 勘查方法及完成的工作量

1）勘察工作量布置：本项工程为侵华日军第七三一部队旧址细菌实验室及特设监狱建筑技术研究（地基土研究部分），依据《岩土工程勘察规范》（GB 50021-2001）的要求布置钻孔如下：沿建筑物周边及角点布孔，勘探孔间距 36 ~ 73m，共布置钻探孔 10 个，钻孔深度 10m，均为取土钻孔。本次勘察进行了钻探、原位测试、土工试验等项工作，原位测试主要有：标准贯入试验；室内土工试验有：黏性土的常规试验。

2）钻探和取样的要求：钻探设备使用SH30-2型钻机，采用锤击跟管钻进的方法进行。钻探和取土执行《建筑工程地质勘探与取样技术规程》（JGJ/T 87-2012），《原状土取样技术标准》（JGJ89-92），取土器使用厚壁敞口取土器、真空取土器，采用击入法取样，土试样质量等级为Ⅱ级。取样竖向间距2～3m，对厚度大于0.5m的夹层加取土样或进行原位测试，操作符合上述标准。

3）原位测试的要求：为了确定黏性土、砂类土的状态、变形参数、地基承载力、划分场地土类型、场地类别等进行标准贯入试验。操作符合《岩土工程勘察规范》（GB 50021-2001）2009版中的试验要求。

4）室内试验：根据国家现行规范、规程，以及对土工试验成果的严格要求，黏性土常规试验提供如下土工试验指标：比重、天然含水量、天然密度、天然孔隙比、饱和度，液限、塑限、液性指数、塑性指数，压缩系数、压缩模量、固结系数、各级压力下的孔隙比，直接剪切试验的c、Φ值。上述试验操作及试验仪器均符合《土工试验方法标准》（GB/T 50123-1999）的规定。室内土工试验所用仪器均为标准厂家生产，使用KTG数据自动采集系统。

5）完成的工作量：勘察队伍于2015年3月9日进入现场，2015年3月10日完成了外业钻探工作，采用的是SH-30型钻机。3月10日至3月12日完成室内土工试验工作，完成的工作量见表29。

表29　完成工作量统计表

<table>
<tr><td>钻孔数量</td><td>10个</td><td colspan="2">钻孔进尺</td><td colspan="2">100m</td></tr>
<tr><td>原位测试</td><td>标贯试验</td><td>10次/4孔</td><td>孔口测量</td><td colspan="2">10孔</td></tr>
<tr><td rowspan="2">取样</td><td>土样</td><td>45件</td><td rowspan="2">化验项目</td><td>土常规</td><td>45组</td></tr>
<tr><td>水样</td><td>1件</td><td>水质简分析</td><td>1组</td></tr>
</table>

3.7.2　场地工程地质条件

3.7.2.1　地形地貌

勘察场地位于哈尔滨市平房区新疆大街与兴建街交口处，原侵华日军第七三一部队遗址区。场地为原侵华日军细菌实验室及特设监狱地基基础部分，地形较平坦，场地标高在180.9～182.2m之间，勘察场地地貌单元属松嫩岗阜状平原。地层成因为第四纪冲积作用下形成的黏性土和砂类土。

3.7.2.2　区域地质概况

哈尔滨盆地基底为古老的松辽地块，进入新生代早、中期，受基底构造的控制，本区不均匀上升隆起，形成断块和局部隆起。早更新世至晚更新世，本区处于缓慢沉降为主的震荡运动环境，并伴有断裂的继承活动，沉积了厚度为80～100m的第四系更新统地层，晚更新世以来，本区新构造运动转为上升运动为主的不均匀垂直升降振荡运动。哈尔滨市区第四系松散堆积物分布普遍，厚度40～80m，由更新统及全新统地层组成。

3.7.2.3　气象、水文

哈尔滨市属中温带大陆性季风气候，冬季寒冷漫长干燥；夏季短暂温热多雨，春季多风，秋季凉爽。全年平均气温为3.5℃，1月最冷，7～8月最热；历史最高气温41℃，最低气温－41.4℃，全年无霜期150天左右，冬冰期190天左右，年平均降雨量530mm，多集中在7～8两个月。

松花江是哈尔滨市区内主干河流，自西南向东北流经市区北部，河道蜿蜒曲折，边滩及河心洲发育。其支流何家沟、马家沟、阿什河自西向东一字排开，南源北流，其中阿什河是主要支流，河道曲折。

3.7.2.4 地层岩性特征

建筑场地钻探深度范围内为第四系上更新统冲积成因地层，根据钻探揭露结合原位测试和室内土工试验结果，把地层自上而下分别描述如下：

① 层杂填土：黄褐色，欠固结状态，由建筑及生活垃圾组成，厚度1.4～2.8m。

$①_1$ 层新近沉积土：黑褐色，湿，局部含少量植物根系，该层顶面埋深1.7～2.3m，厚度0.3～0.7m。

② 层粉质黏土：黄褐色，湿，硬塑状态，局部为黏土，中压缩性土，无摇震反应，稍有光泽，干强度中等，韧性中等，该层顶面埋深2.6～4.5m，层厚0.4～2.8m。

③ 层粉质黏土：黄褐色，湿，可塑状态，中压缩性土，无摇震反应，稍有光泽，干强度中等，韧性中等，顶面埋深4.5～6.3m，层厚1.7～2.7m。

④ 层粉质黏土：黄褐色，湿，软塑状态，中压缩性土，局部具有高压缩性，无摇震反应，稍有光泽，干强度中等，韧性中等，该层顶面埋深4.5～6.3m，层厚3.7～5.5m。

3.7.2.5 地基土的物理力学指标

本次勘察对黏性土做了物理力学指标常规试验，下面分别加以统计：本次勘察共做了45组土常规试验，各层土指标见物理力学指标统计见附表8。

3.7.2.6 原位测试结果

本次勘察进行了标准贯入试验现根据试验结果进行统计：本次勘察中在4个孔做了标准贯入试验，经杆长修正后（21m以上杆长按21m进行修正），各层土的标贯试验数据见标准贯入试验成果见附表9。

3.7.2.7 水文地质条件

地下水条件：勘察场地地下水分为上层滞水和第四纪孔隙潜水。本次勘察时发现该场地勘探深度内有地下水，根据赋存条件确定地下水类型为上层滞水，地下水补给源主要为大气降水形成地表水沿土层渗透汇集形成，其水位在不同地段也受季节变化、大气降水和蒸发的影响而变化，其补给区与分布区一致，无承压性，层状分布，易受污染，由于土层渗透性差，地下水补给速度较缓慢，但补给量较充足，勘察时上层滞水初见水位6.7～7.9m；稳定水位6.2～6.9m不等，稳定水位标高为174.8～175.2m。测得②、③、④层粉质黏土渗透系数为1.9～9.8（cm/s）$\times 10^{-06}$。

第四纪孔隙潜水，赋存于粉细砂、中砂层中，富水条件一般，勘察期间未揭露该层地下水，根据资料勘察场地稳定水位标高116～117m之间。根据哈尔滨地区气象水文资料，本区地下水动态变化规律是：4～5月份为枯水期，7月上旬～9月中旬为丰水期，年最大变幅2.5m左右。

腐蚀性评价：通过现场取水样，进行工程地质简分析，地下水为H-C型水，PH值7.4，根据该场地水质分析报告，按照《岩土工程勘察规范》（GB 50021-2001）（2009年版）中地下水腐蚀性的判定标准，判定地下水对混凝土有微腐蚀性。

3.7.3 岩土工程评价

3.7.3.1 地基土承载力评价

依据《建筑地基基础设计规范》（GB 5007-2011）及《黑龙江省建筑地基基础设计规范》（DB 23/902-2005）的标准，对地基土承载力以多种方法进行评价，根据物理力学指标及原位测试法进行对比，结合经验值综合给出各层地基土承载力特征值见附表30。

表30 地基土承载力综合评价表

地层编号	岩性名称	物理力学指标					标贯试验		建议采用特征值 f_{ak}（KPa）
		W（%）	r（kn/m^3）	e	I_L	f_{ak}（KPa）	$N_{63.5}$（击）	f_{ak}（KPa）	
①$_1$	新近沉积土	21.9	19.0	0.758	0.20				
②	粉质黏土	21.6	19.6	0.699	0.18	287.00	8.7	210	180
③	粉质黏土	24.2	19.8	0.708	0.52	208.58	5.5	154	160
④	粉质黏土	30.5	19.0	0.874	0.96	118.90	4.0	128	120

3.7.3.2 场地类型评价

场地地基土为第四纪冲积成因地层，上部为黏性土，下部由粉细砂、中、粗砂组成，场区土层剪切波速VS一般在130～260m/s之间，按照《建筑抗震设计规范》中表4.1.3可确定场地土上部为中软场地土，本场地覆盖层厚度大于50m，由表4.1.6可确定场地类别为Ⅲ类场地。

3.7.3.3 场地稳定性评价

勘察场地地貌单元属松嫩岗阜状平原，无发生滑坡、崩塌、泥石流等危险的可能性，地层岩性为第四纪冲积成因地层，上部为粉质黏土，下部为细砂、中、粗砂，场地稳定性较好，按照《建筑抗震设计规范》第4.1.1条中表4.1.1可确定建筑场地地段类别为可进行建设的一般场地，适宜建筑。

按照《建筑抗震设计规范》第3.2.1条及第3.2.2条中表3.2.2可确定建筑场地设计基本地震加速度值为0.05g。设计地震分组为第一组，设计特征周期为0.45s。

根据国家地震局颁布的《中国地震动参区划图》（GD 18306-2001）的规定，哈尔滨市地区抗震设防烈度为7度。

3.7.3.4 季节冻土冻胀性评价

勘察区内只有②层粉质黏土在季节冻深范围内，测得②层天然含水量W=21.6，塑限WP=18.4，即符合关系式WP+2＜W＜WP+5，按照《建筑地基基础设计规范》中的分类标准，判定季节冻土冻胀类别为弱冻胀性土，冻胀等级为Ⅱ类。

3.7.4 总体研究结论

1）通过对野外钻探、原位测试、室内试验资料的综合分析：建筑场地为第四纪冲积成因地层，上部为杂填土、粉质黏土，厚度较大，呈不同状态分布，分布较均匀；下部为粉质黏土，埋深较大，地基土为中软场地土，场地类别为Ⅲ类场地；

2）勘察场地上部②层、③层粉质黏土呈可塑 ~ 硬塑状态，工程地质条件较好，承载能力较强；④层粉质黏土呈软塑状态，承载能力差；

3）地基土物理力学指标见物理力学指标统计表；

4）季节冻深按 2m 考虑，季节冻土冻胀类别为弱冻胀，冻胀等级为Ⅱ类；

5）哈尔滨市地区抗震设防烈度为 6 度。建筑场地设计基本地震加速度值为 0.05g，设计地震分组为第一组，设计特征周期为 0.45s；

6）勘察场地地貌单元属松嫩岗阜状平原，无发生滑坡、崩塌、泥石流等危险的可能性，稳定性较好，按照《建筑抗震设计规范》第 4.1.1 条中表 4.1.1 可确定建筑场地地段类别为可进行建设的一般场地，适宜建筑；

7）本次研究所用标高为绝对标高，基准点由建设单位提供，引测点高程为 181.03m。

3.8 建筑材料 SEM 扫描电镜分析

为研究细菌实验室及特设监狱内建筑材料的表面物理形态和微观结构，于哈尔滨工业大学科技园微系统与微结构制造教育部重点实验室对细菌实验室及特设监狱的建筑材料进行了扫描电镜分析，所用仪器为场发射环境扫描电子显微镜（FEIQUANTA 200F）。本次 SEM 扫描电镜分析的对象为混凝土、砂浆、黏土砖、预制管和钢筋表面，每种材料的扫描电镜分析共计 6 个测点，通过认真分析扫描电镜所得建筑材料的表面形态和微观结构，得出结论如下：

3.8.1 混凝土 SEM 扫描电镜分析

在整个 6 个测点混凝土的 SEM 图中，未见到未水化的矿渣粉、硅灰或者粉煤灰，这说明由于建筑物历经年代较长，水化龄期较长，矿物掺和料已与水泥充分反应，其产生的水化产物填充在水泥石基体之中，使整个混凝土表面和内部更加致密。

混凝土测点 1 分析：混凝土的表面有大量的 CSH 凝胶，无明显的可见裂缝。典型的

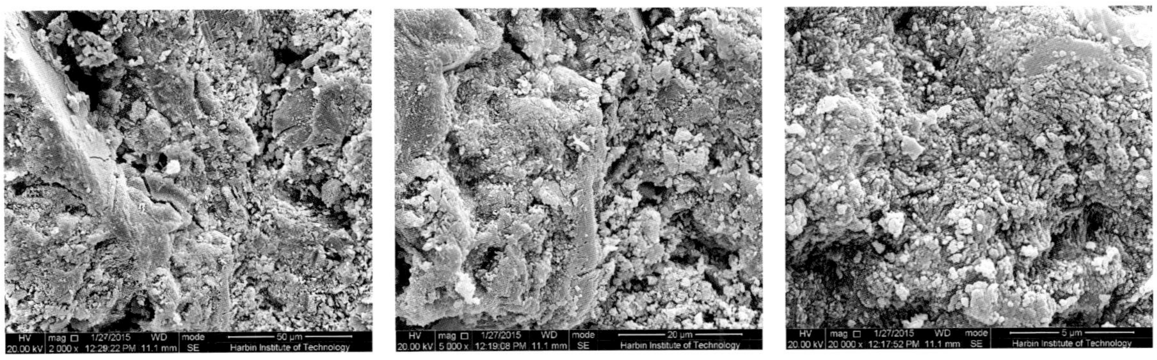

图 80 混凝土 SEM 图（测点 1）

图 81　混凝土 SEM 图（测点 2）

图 82　混凝土 SEM 图（测点 3）

长龄期混凝土表面状况，未发现未水化的 Ca（OH）$_2$（氢氧化钙）。

混凝土测点 2 分析：混凝土表面的 SEM 图中均显示出光滑的表面和致密的水化凝胶层，无可见裂缝。在整个水泥石基体内发现了片状的 Ca（OH）$_2$（氢氧化钙）晶体，整个水泥石基体都很致密，呈板块状，水泥水化产物主要为树枝状的钙矾石和多种形貌的水化硅酸钙凝胶，这部分混凝土可能掺和料未掺或者较少。

混凝土测点 3 分析：通过能谱分析发现该部分含有大量的硅，但氧含量较少，这与传统的水泥基材料的矿物组成不一致，而电镜照片发现该部分水泥基材料表面含有大量白色

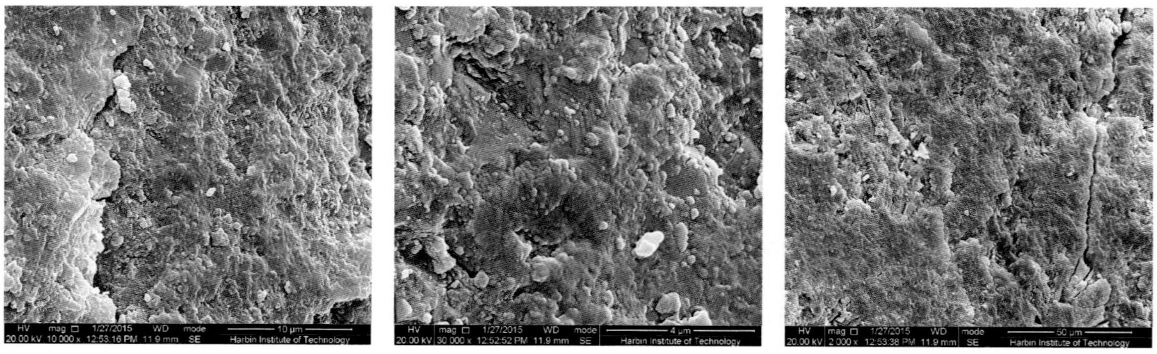

图 83　混凝土 SEM 图（测点 4）

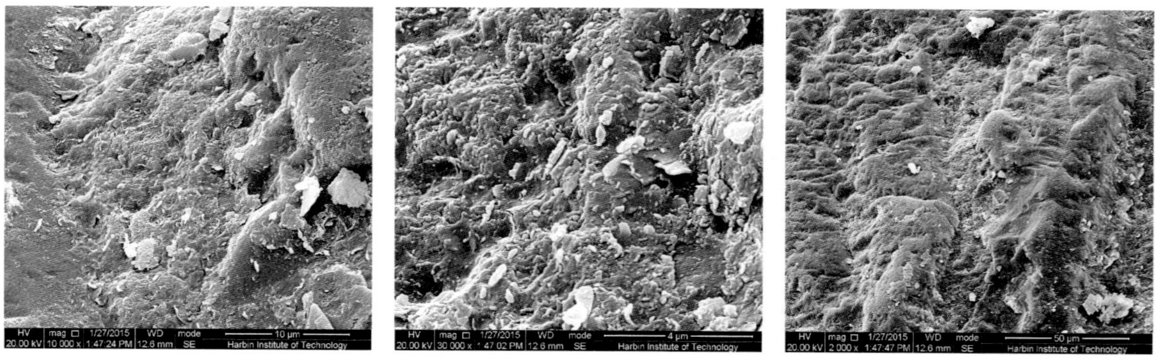

图 84　混凝土 SEM 图（测点 5）

图 85　混凝土 SEM 图（测点 6）

颗粒，颗粒尺寸在 0.1μm 左右，而含有这类颗粒的表面非常致密和光滑。结合能谱分析，认为该部分颗粒可能为硅酸盐细菌。

混凝土测点 4 分析：图中发现了一条较为明显的裂缝，说明当时水泥表面的养护工艺不当，导致了失水收缩裂缝。

混凝土测点 5 分析：该部分表面与测点 1、测点 2 和测点 4 相比，结构非常致密光滑，可以观测到少量的水化的球形颗粒，这应该是当时掺入混凝土中的矿物掺和料粉煤灰，大部分粉煤灰颗粒表面包裹着一些水化产物，这说明粉煤灰颗粒表面已参与了水泥的二次水化反应，生成了水化硅酸钙和水化铝酸钙，包裹在骨料周围，并填充在骨料与水泥石之间的间隙，提高了骨料与水泥石之间的密实性，并且由于粉煤灰的二次水化反应，吸收了部分水泥水化产物 $Ca(OH)_2$（氢氧化钙），起到了“颗粒细化”和“孔径细化”的作用。

混凝土测点 6 分析：从测点的 SEM 图可看出，水泥水化已很完全，水泥水化产物发育良好，并且随着强度和龄期的增加，水泥水化和矿物掺和料等二次水化越充分，水泥石基体越密实。

3.8.2　砂浆 SEM 扫描电镜分析

砂浆测点 1 分析：电镜中可以观察到，除了占绝大多数的水化产物外，只有少量的片状和颗粒状物质，可能为骨料，未观测到未水化的 $Ca(OH)_2$（氢氧化钙），说明该部分砂浆水化较为充分。

砂浆测点 2 分析：与测点 1 不同，测点 2 除了大量絮状的水化硅酸钙外，能够看到定向生长的 $Ca(OH)_2$（氢氧化钙）晶体，还有六方板状的 $Ca(OH)_2$（氢氧化钙）晶体，说明这部分砂浆可能由于未掺掺和料，水化产物中仍有大量的 $Ca(OH)_2$（氢氧化钙）。

砂浆测点 3 分析：与混凝土测点 3 类似，该部分砂浆表面结构非常致密，整个结构完

图 86　砂浆 SEM 图（测点 1）

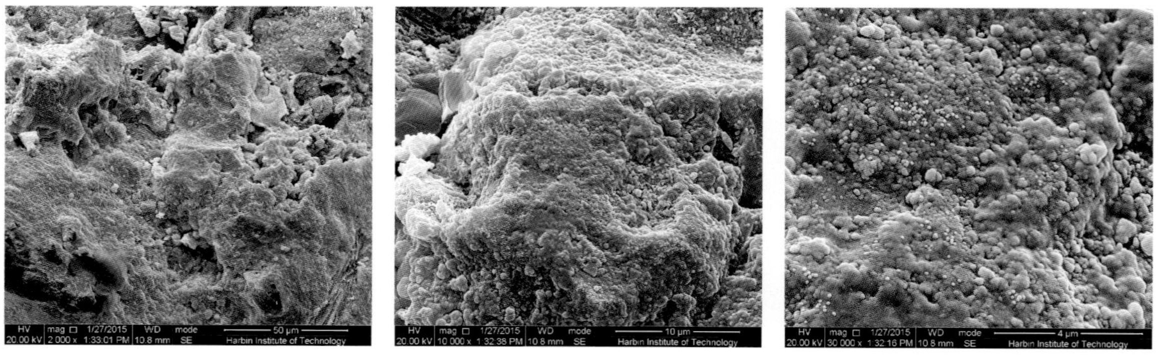

图 87　砂浆 SEM 图（测点 2）

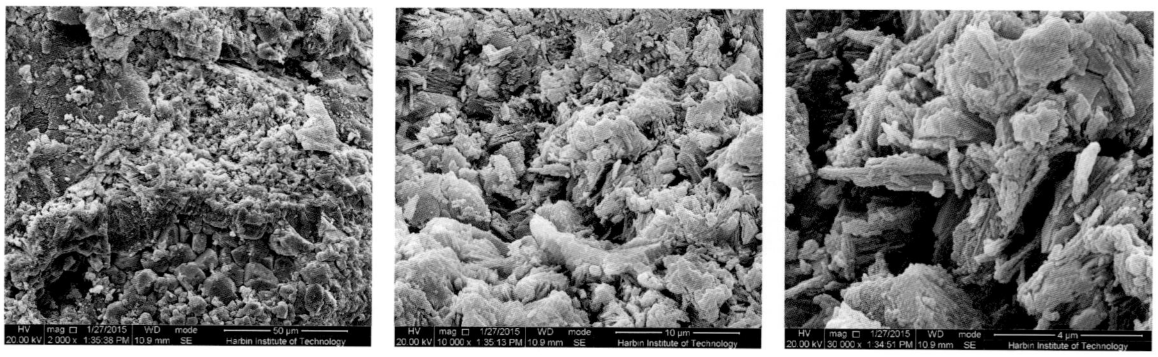

图 88　砂浆 SEM 图（测点 3）

全被致密的水化产物所填充，而同样的，水化产物表面覆盖了一层白色颗粒状的物质，但是颗粒状物质没有混凝土测点 3 表面多。

砂浆测点 4 分析：砂浆测点 4 的典型特征是含有大量的结晶体，除了与测点 2 类似的定向生长的 $Ca(OH)_2$（氢氧化钙）外，还有一定量的立方体结晶，可能是铝酸盐类的结晶，这与能谱扫描中该砂浆的铝含量相对较高相互印证，而该部分砂浆的水化硅酸钙凝胶量相对较少，强度可能较低。

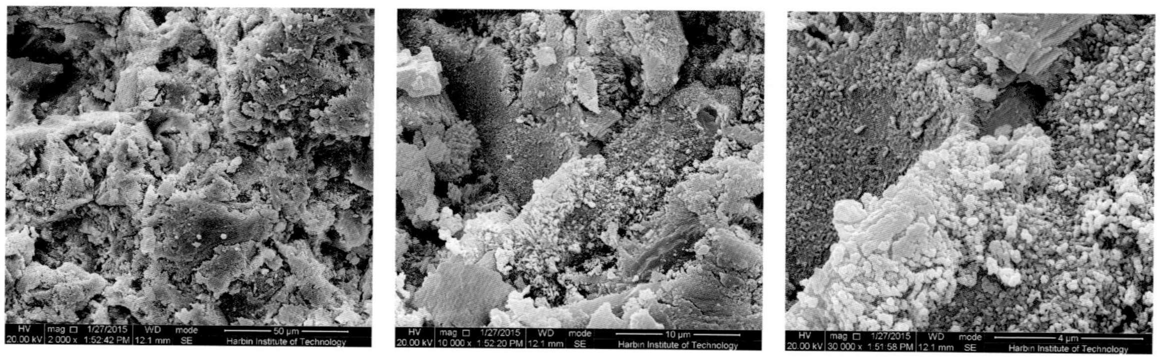

图 89　砂浆 SEM 图（测点 4）

图 90　砂浆 SEM 图（测点 5）

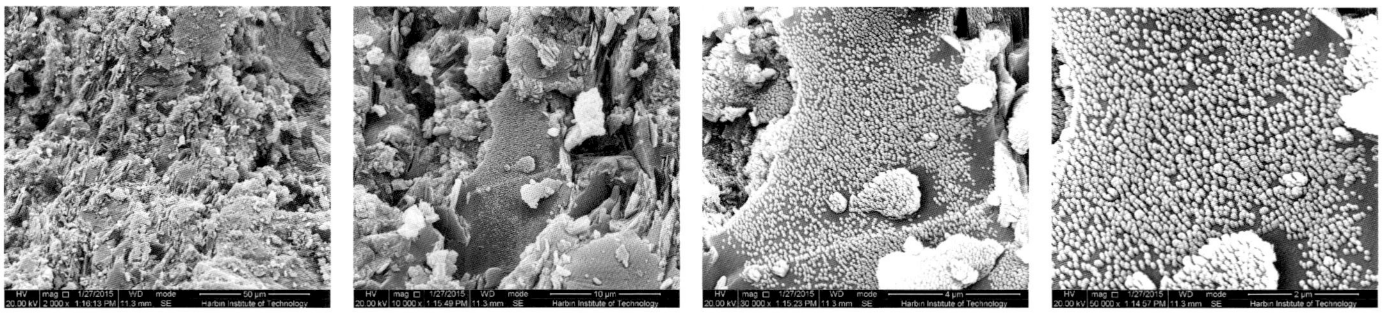

图 91　预制管 SEM 图（测点 1）

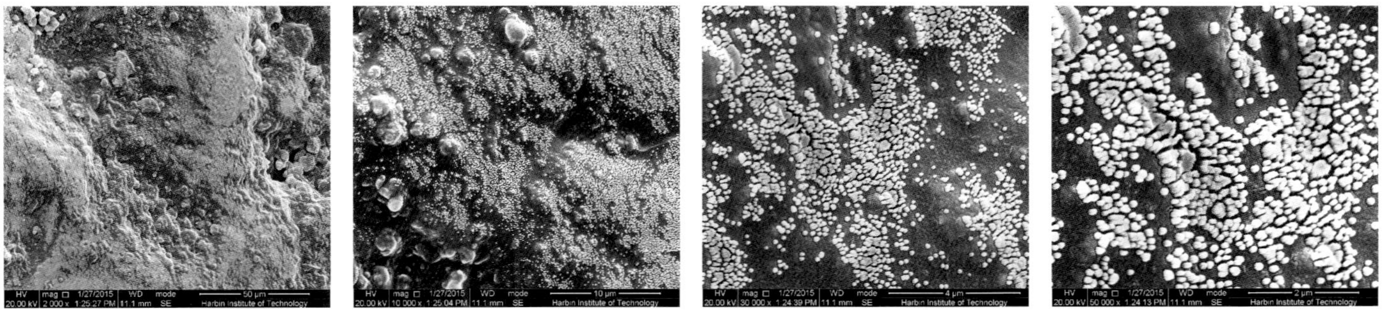

图 92　预制管 SEM 图（测点 2）

砂浆测点 5 和砂浆测点 6 分析：两部分砂浆表面结构致密，除大量硅酸钙凝胶外，未发现结晶体，这部分砂浆可能掺加了一定量的掺和料，预期强度较高。

3.8.3　预制管 SEM 扫描电镜分析

预制管测点分析：预制管 1 和 4 表面结构致密，水化产物互相紧密搭接，未发现明显的结晶颗粒，大部分为水化硅酸钙凝胶，与混凝土测点 3 和砂浆测点 3 类似，这两部分混凝土管的表面也覆盖着类似硅酸盐细菌的物质。

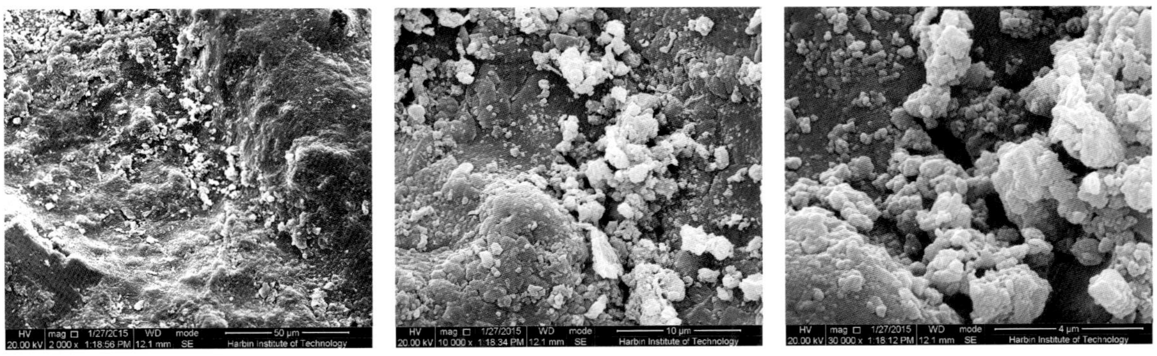

图 93　预制管 SEM 图（测点 3）

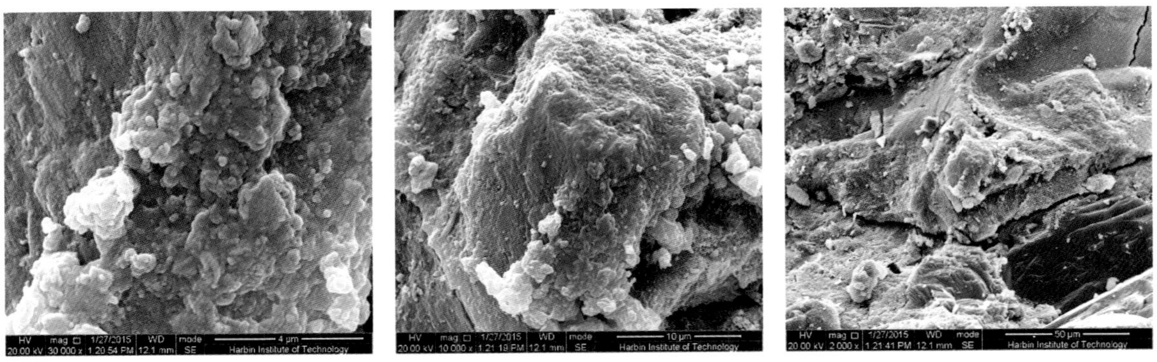

图 94　预制管 SEM 图（测点 4）

图 95　预制管 SEM 图（测点 5 和测点 6）

预制管测点分析：预制管的微观形貌特点显著，与混凝土和砂浆相比，预制管可能采用了较高的施工工艺和养护措施，混凝土管水化充分，无可见裂缝且水化产物多为水化凝胶。其中以测点 5 最为显著，测点 5 的 SEM 图像中，水化硅酸钙相互搭接，结构非常致密。

3.8.4　黏土砖和钢筋表面 SEM 扫描电镜分析

黏土砖测点分析：黏土砖的各测点 SEM 图像彼此区分不大，均表现出了经过烧结后的黏土砖具有较高的孔隙率，而因为所固化的产物结构呈现了典型的烧结状态。

钢筋表面测点分析：钢筋各测点在电镜下发现表面存在一定的附着物，可能是锈蚀产物。

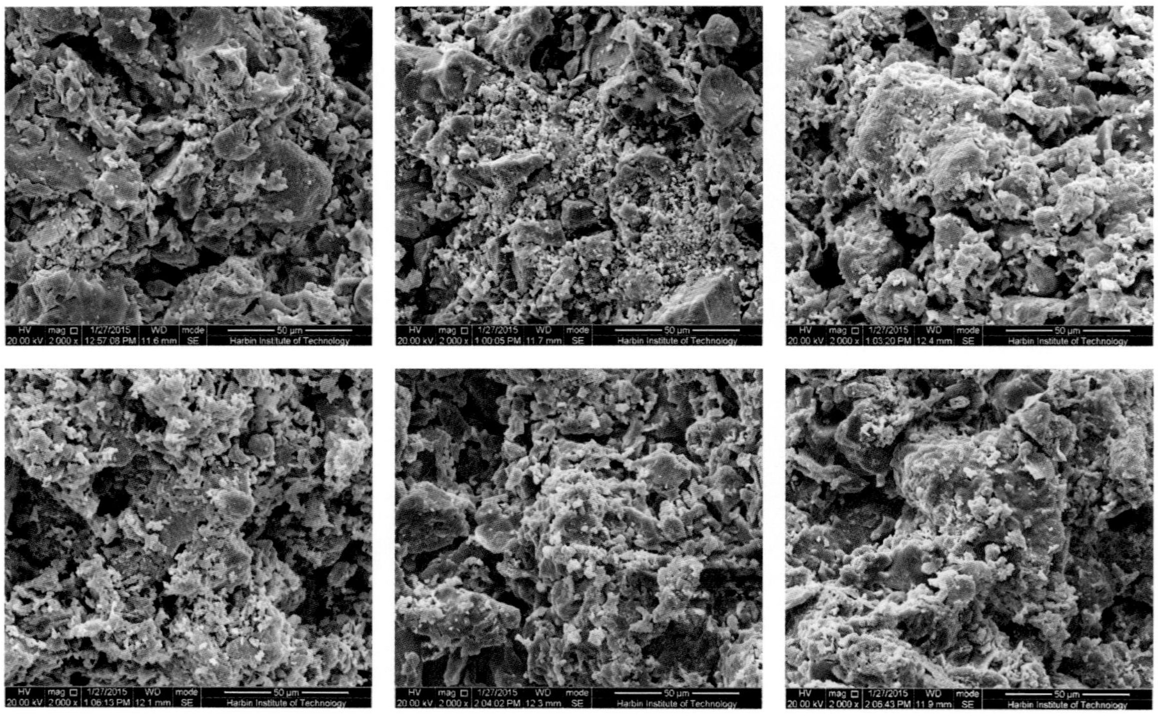

图 96　黏土砖 SEM 图（测点 1 ~ 测点 6）

图 97　钢筋表面 SEM 图

3.9　建筑材料 EDX 能谱分析

为研究细菌实验室及特设监狱内建筑材料的化学成分和材料组成成分，同哈尔滨工业大学科技园微系统与微结构制造教育部重点实验室对细菌实验室及特设监狱的建筑材料进行了 EDX 能谱，所用仪器为场发射环境扫描电子显微镜（FEIQUANTA 200F）。通过认真分析建筑材料的能谱图，能谱图原始数据见附录，得出结论如下：

3.9.1　混凝土 EDX 能谱分析

从能谱元素成分分析来看，混凝土测点 1、测点 2 和测点 4 测点的钙硅原子数比例接近 1（各占 20% 左右），说明测点主要成分为 CSH 凝胶，从测点的成分分析来看，使用的主要原材料应该为低矿物掺和料掺量的水泥。

而 5 测点 Si 的原子数比例约占 60%，而 Ca 含量极低约为 3%，硅氧比约为 2∶1，说明该混凝土中存在一定量的以硅为主的矿物掺和料，而比例如此高，最有可能的掺和料为硅灰或者稻壳灰，其次是高硅比的粉煤灰，考虑到当时的建筑年代和建筑条件，可能采用的是稻壳灰，其次是粉煤灰。

测点 6 中硅的比例约为 40，而 Ca 的比例约为 15，值得指出的是 Al 的比例约为 10，这与测点 1、测点 2、测点 4、测点 5 中较低的 Al 比例（低于 4%）截然不同，说明此混凝土中掺加了一定量的粉煤灰。

测点 3 中硅的比例与其他 5 处测点截然不同，较高的硅比例 56% 和低比例的钙 10%，其余矿物组成则十分平均，值得指出的是 K 的比例较高达到了 4%，而氧比例低于 9%（其他混凝土氧比例均高于 35%），一般来说硅在自然界中均以氧化物及其他化合物的形式存在，测点 3 中存在大量的硅，一方面说明了该配合比中存在着大量的矿物掺和料，另一方面可能是因为电镜照片中观察到表面的白色颗粒状物质有关。这种白色颗粒最可能的成分是硅酸盐细菌，在前苏联和我国研究较早、应用较多。一些研究认为硅酸盐细菌（Silicate bacteria）由于其生命活动作用可将含钾矿物中的难溶性钾溶解出来供作物利用，并将其称为钾细菌，用这类菌种生产出来的肥料叫硅酸盐菌肥，俗称钾细菌肥。这种推测与该测点K含量高于其他5个混凝土测点中的K含量而得到间接的证明。

3.9.2 黏土砖EDX能谱分析

旧址建筑黏土砖的矿物组成相类似，与现代红砖主要成分上差别不大，其中主要成分为SiO_2，60%~70%，含量较高，其次是Al_2O_3，此外还有CaO、Fe_2O_3等。

分析显示出，废弃建筑黏土砖的矿物组成可能有石英、长石（主要是钾长石）和非晶态，废弃红砖矿物成分相同只是含量稍微有些差异，图谱中并无什么杂峰，说明黏土砖中所含矿物较单一、纯净，主要是石英且含量较高。

3.9.3 预制管EDX能谱分析

预制管测点1、测点4、测点6含有大量的硅组分，说明这些预制混凝土管中掺加了一定的掺和料。

而测点2、测点3钙硅铝比例与水泥组分相近，测点6硅含量较少，一方面能谱测试采用了面扫描，覆盖的面积为测点面积，说明测试处以水泥为主，但不排除采用了硅铝含量较高的掺和料。

3.9.4 砂浆EDX能谱分析

砂浆除测点4的硅含量较少外，其余测点的硅含量在20%左右，钙含量在30%~45%之间，这说明旧址建筑的砂浆可能为未掺掺和料。

4 建筑信息模型（BIM）简介

从历史建筑的数字化保护研究领域来看，随着数字技术的发展，历史建筑保护也跨入了信息时代，数字技术开始应用于建筑遗产的保护研究。建筑信息模型（BIM）是近年来出现的一项新的建筑数字技术，是一个基于3D的面向应用对象的工程数据库，将各种建筑信息组织成一个整体，贯穿于建筑全生命周期过程，包含了建筑所有信息。

BIM强大的基础数据支撑是实现面向历史建筑生命周期工程信息管理的底层数据支持，使得规划设计、文物保护和相关管理部门能够及时掌握各种反映现状的动态资料，并将此作为管理部门保护和管理的依据，促进历史建筑保护的信息化与现代化。

本次细菌实验室及特设监狱建筑信息模型采用Revit系列软件进行模型的建立，Revit系列软件是转为建筑信息模型（BIM）构件的，也是我国建筑业BIM体系中使用最广泛的软件之一。

细菌实验室及特设监狱建筑信息模型的效果图如图98～图104所示。

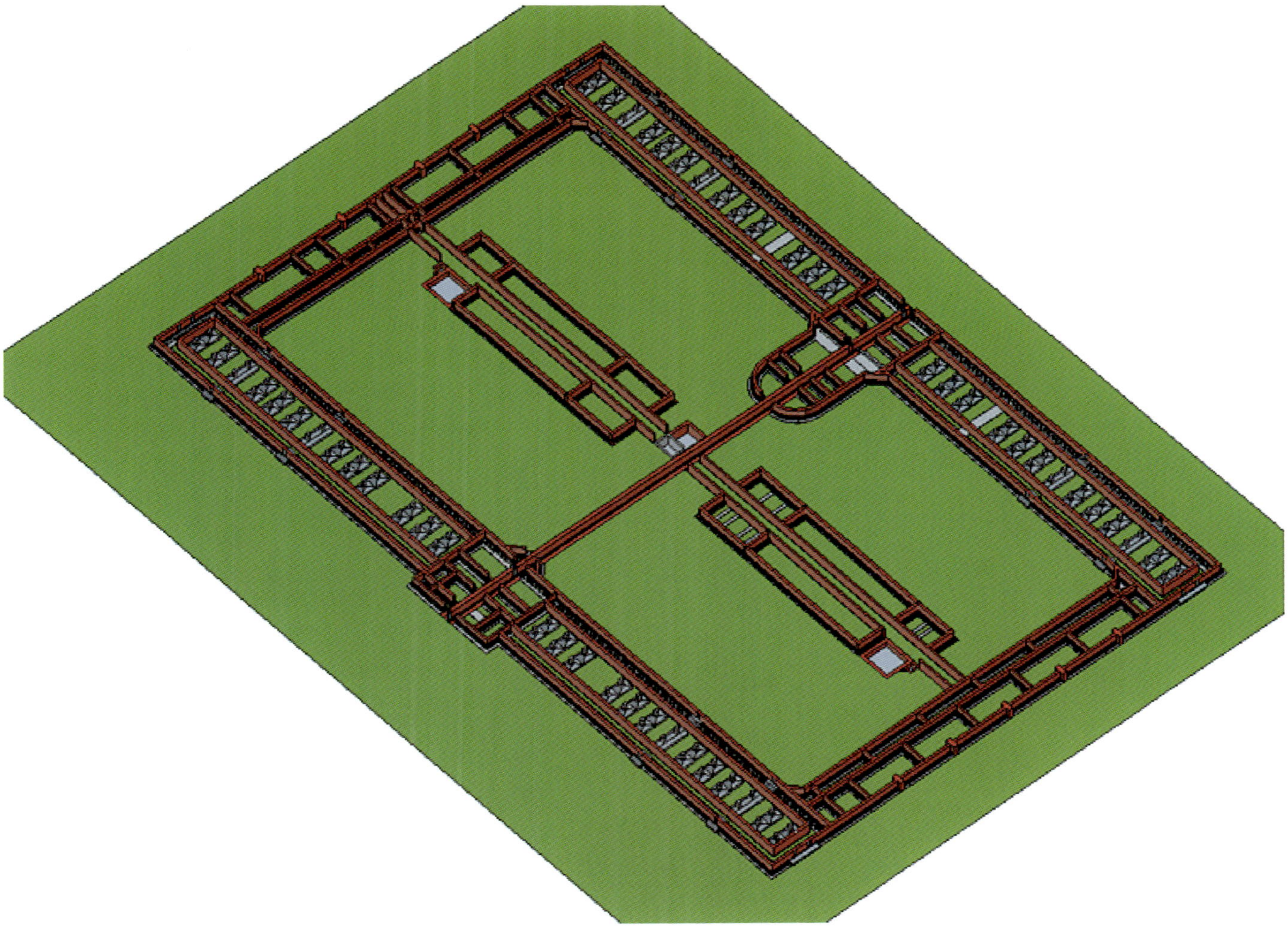

图98 基础部分BIM效果图1

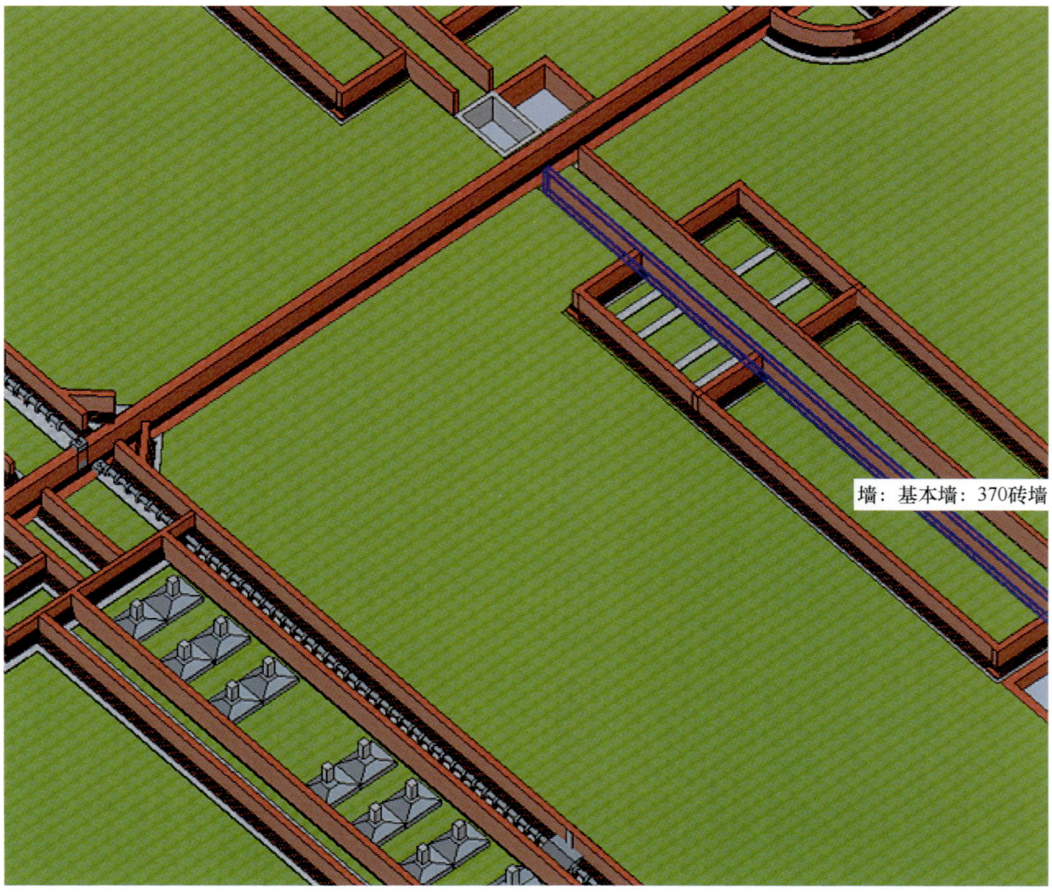

图 99　基础部分 BIM 效果图 2

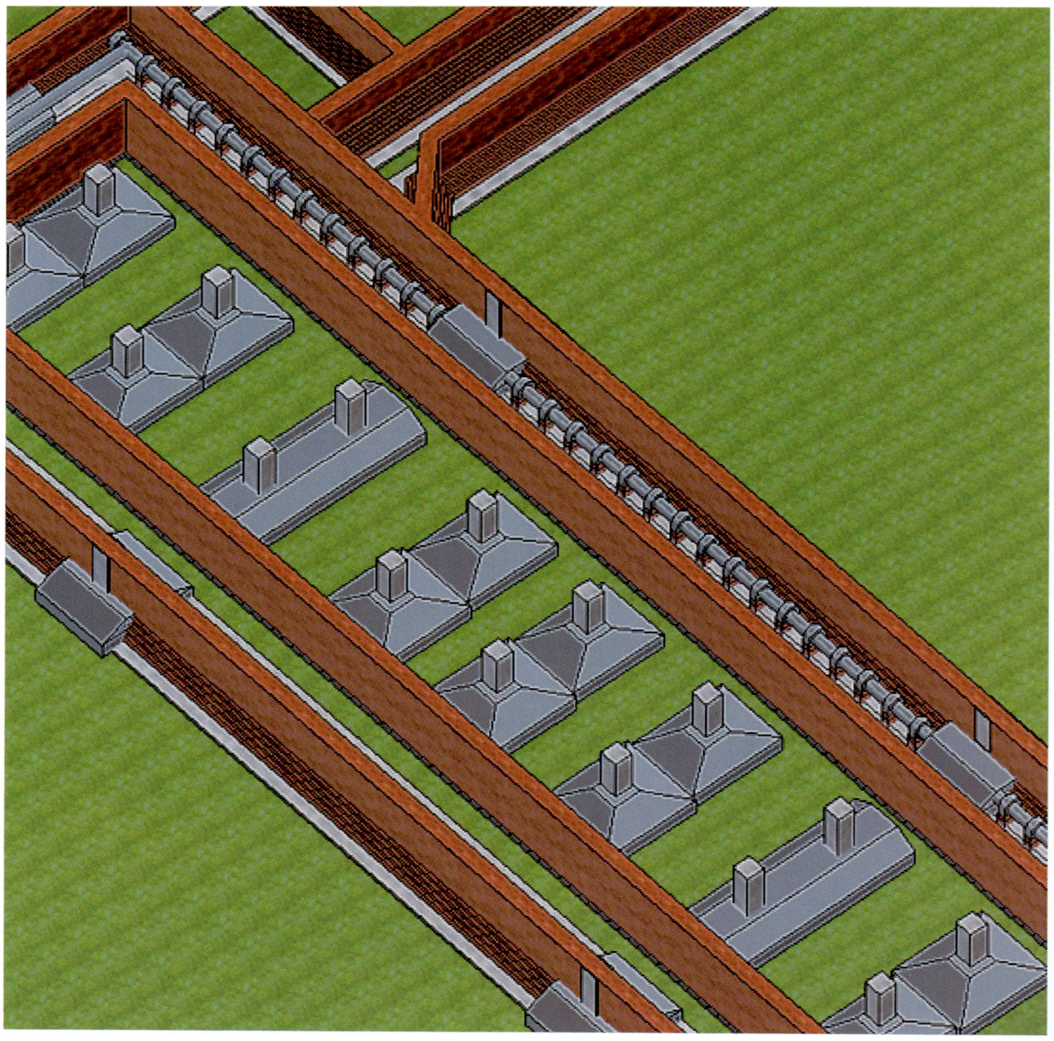

图 100　基础部分 BIM 效果图 3

图 101　基础部分 BIM 效果图 4

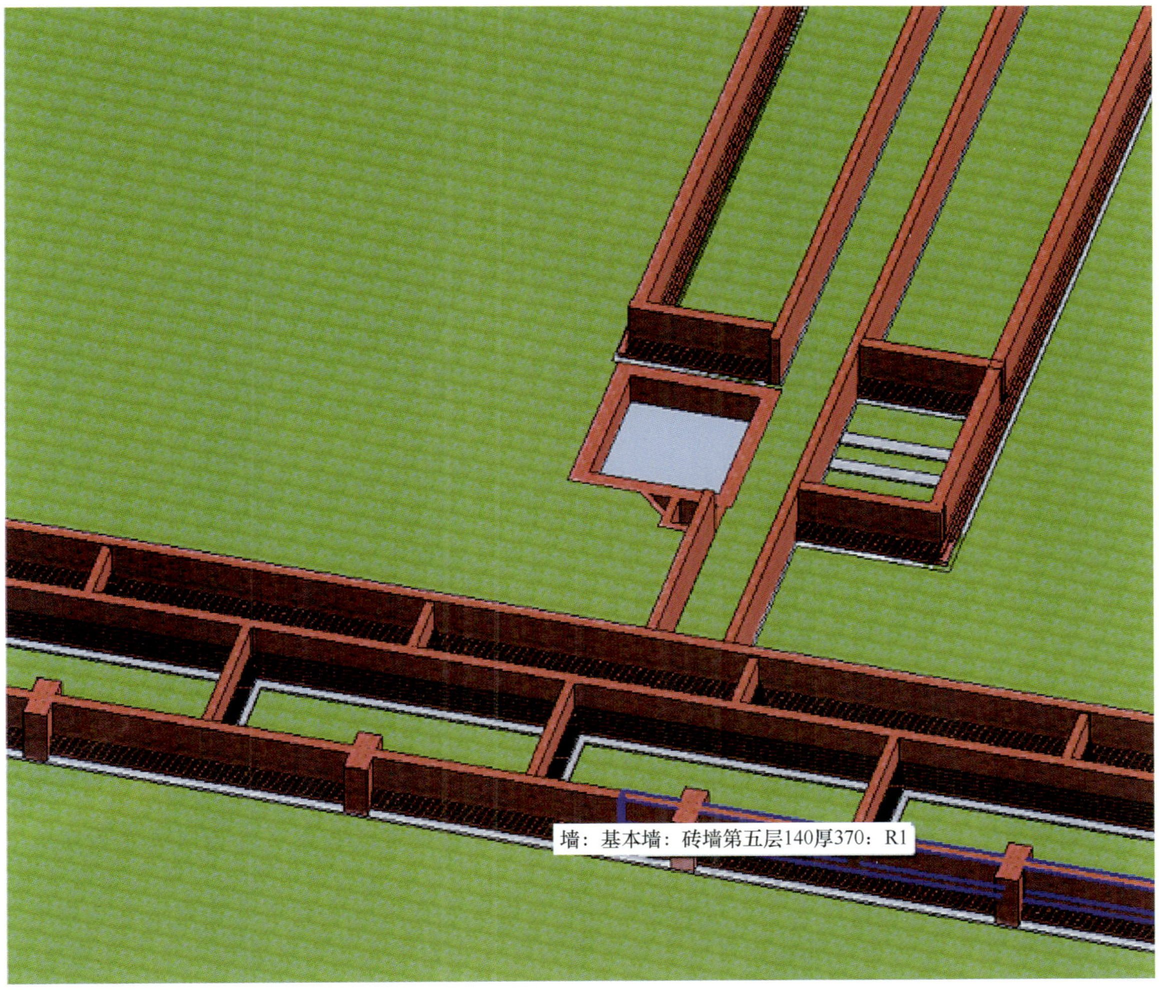

图 102　基础部分 BIM 效果图 5

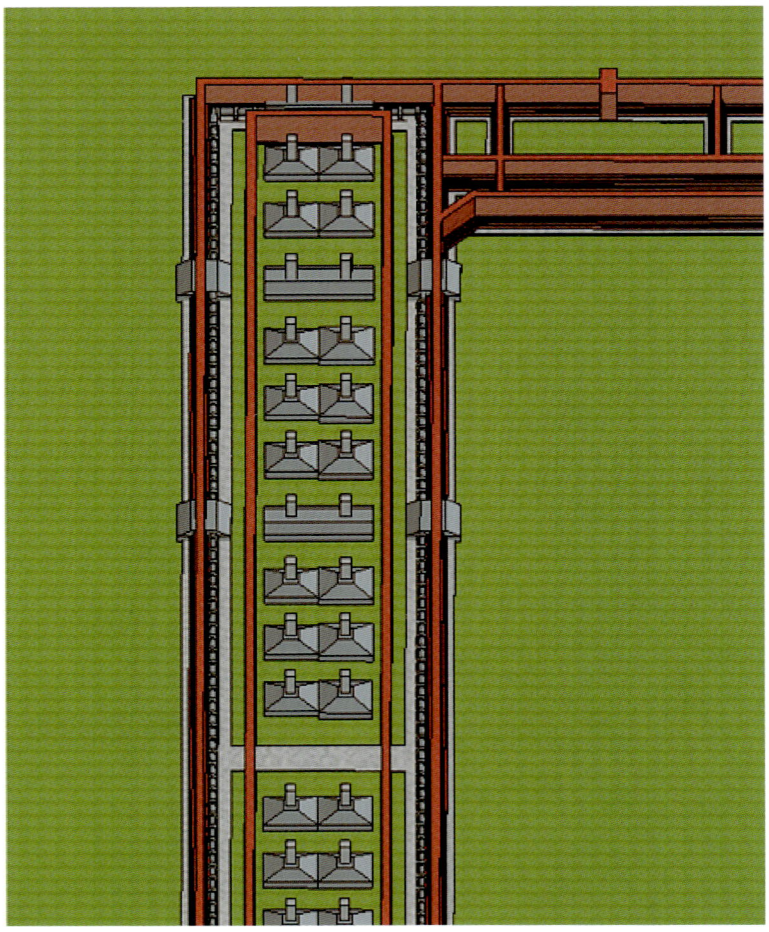

图 103　基础部分 BIM 效果图 6

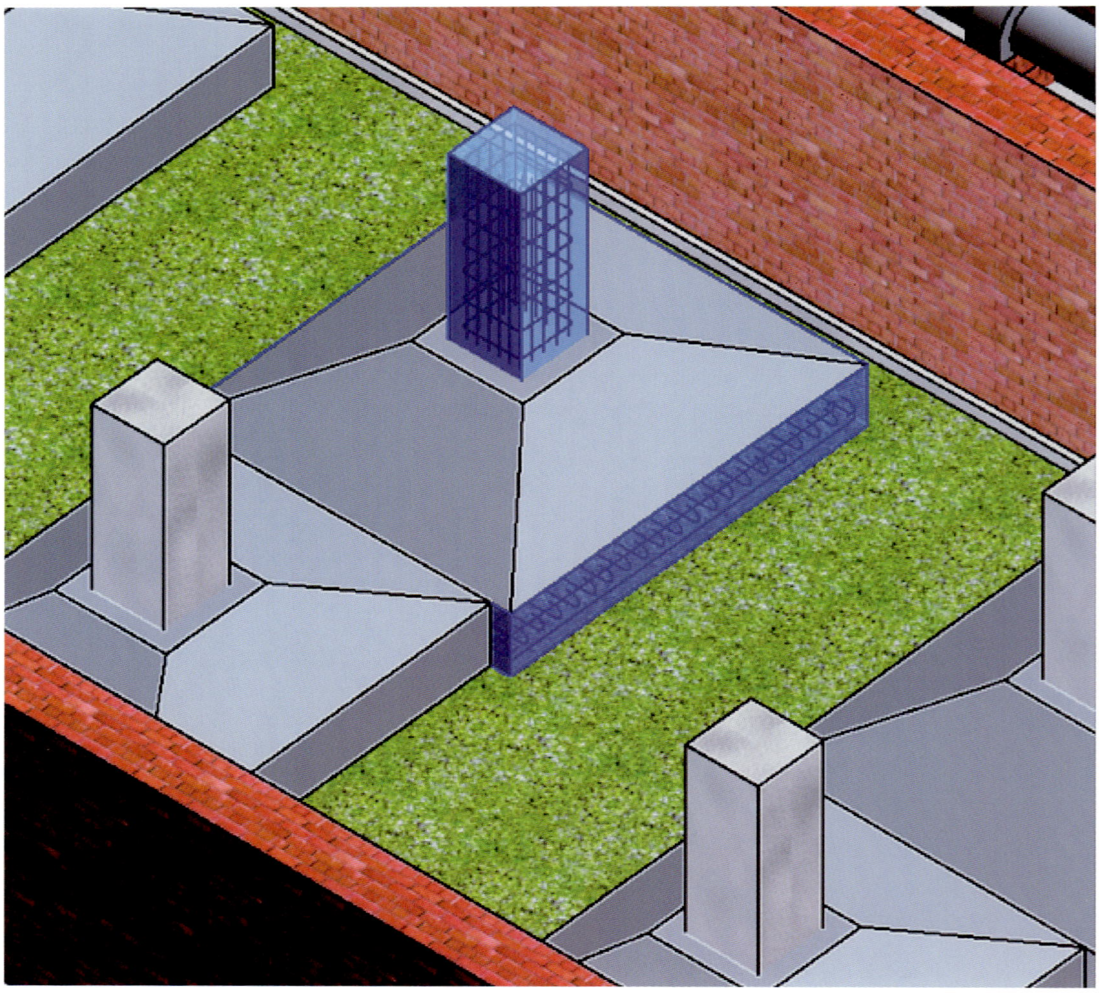

图 104　基础部分 BIM 效果图 7

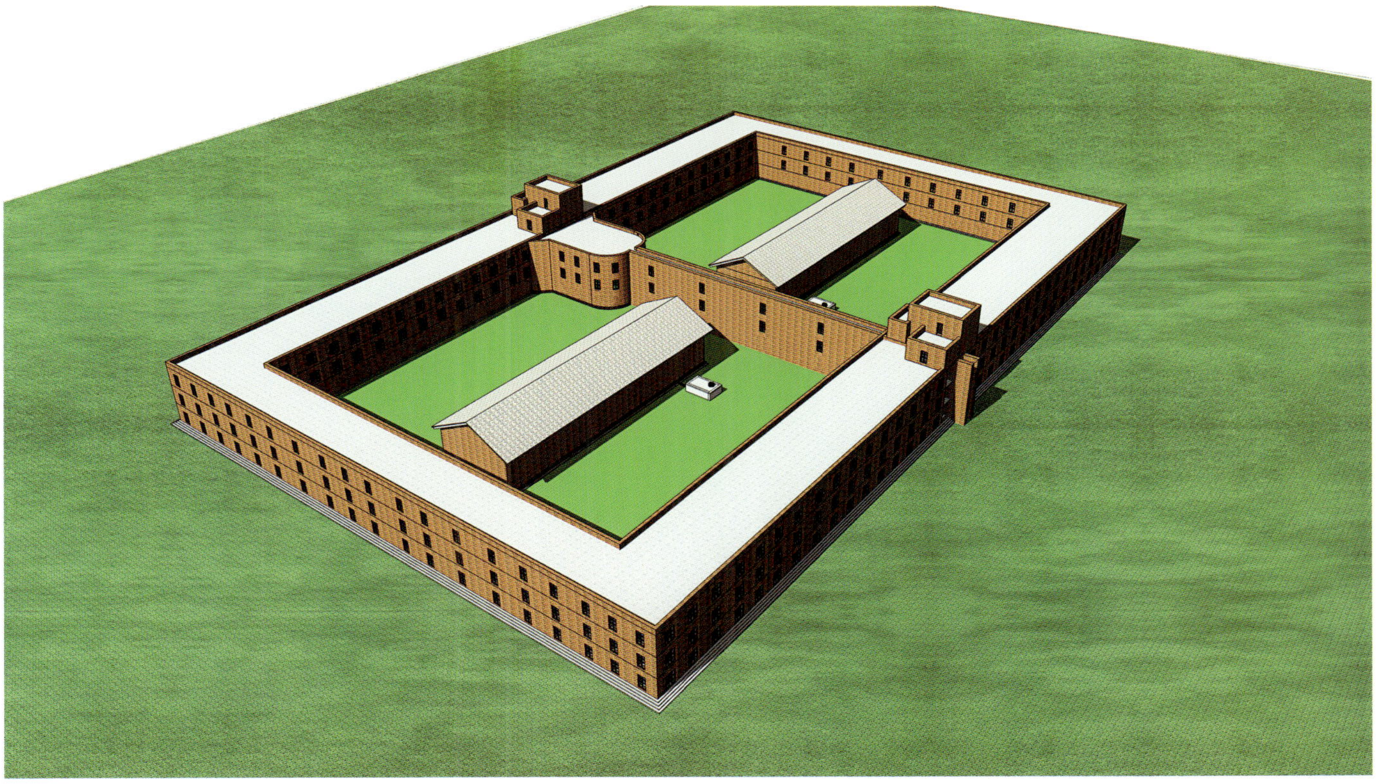

图 105　地上复原全景 BIM 效果图

图 106　地上复原局部 BIM 效果图

附图1　侵华日军七三一部队旧址细菌实验室及特设监狱平面示意图

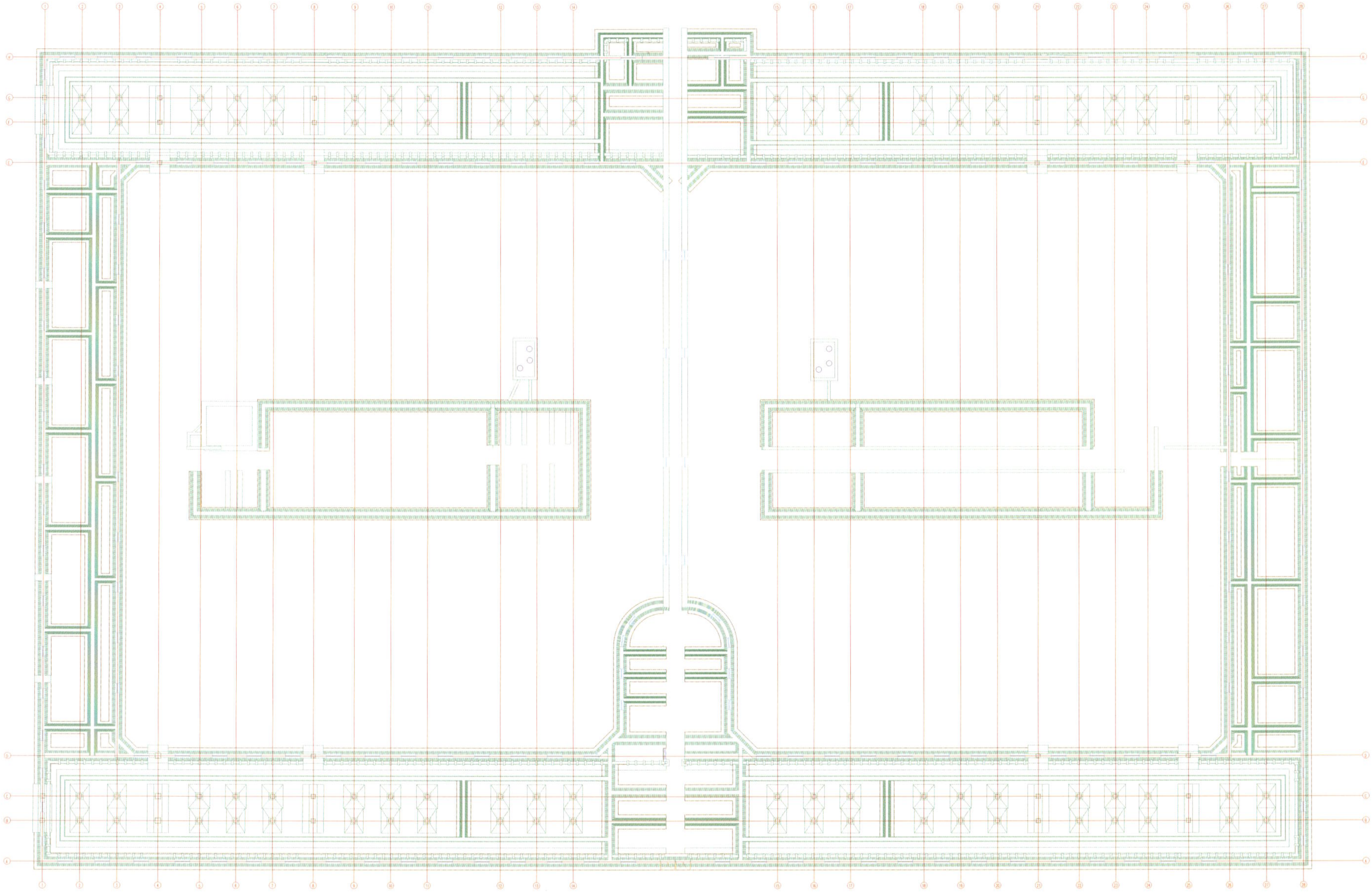

附图 2　钢筋应变曲线图

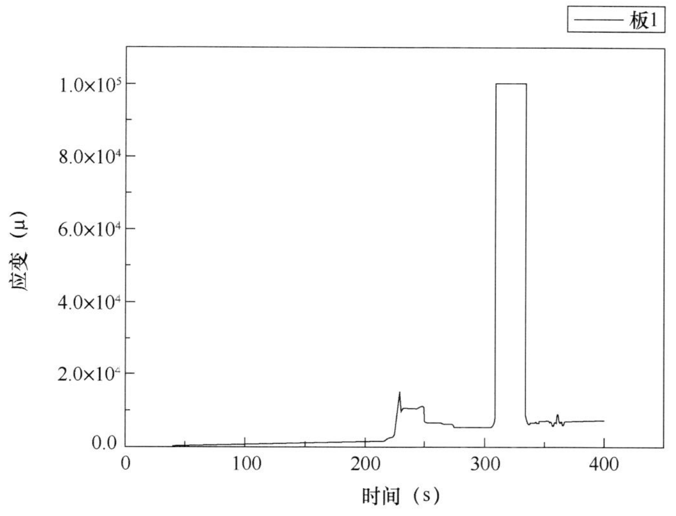

附图 2-1　板 1 钢筋应变曲线图

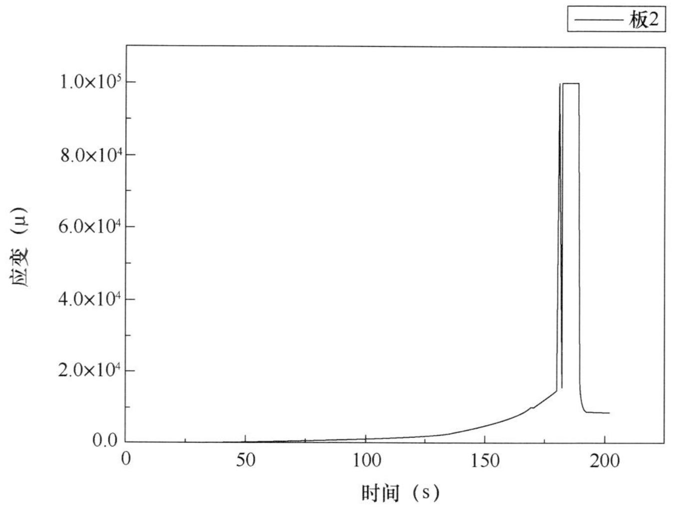

附图 2-2　板 2 钢筋应变曲线图

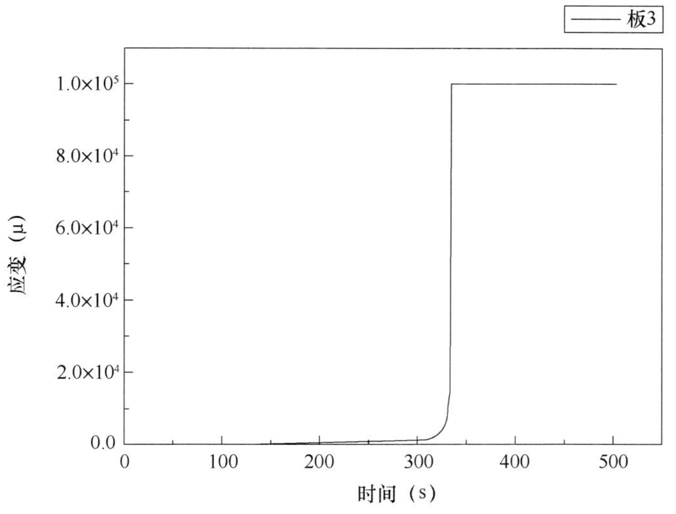

附图 2-3　板 3 钢筋应变曲线图

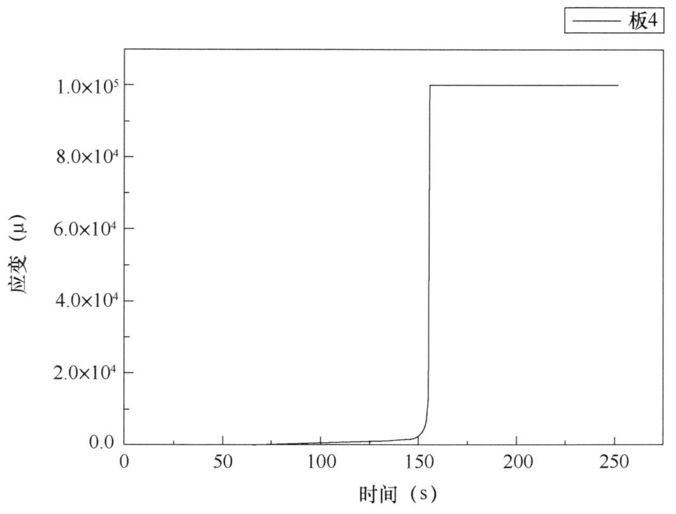

附图 2-4　板 4 钢筋应变曲线图

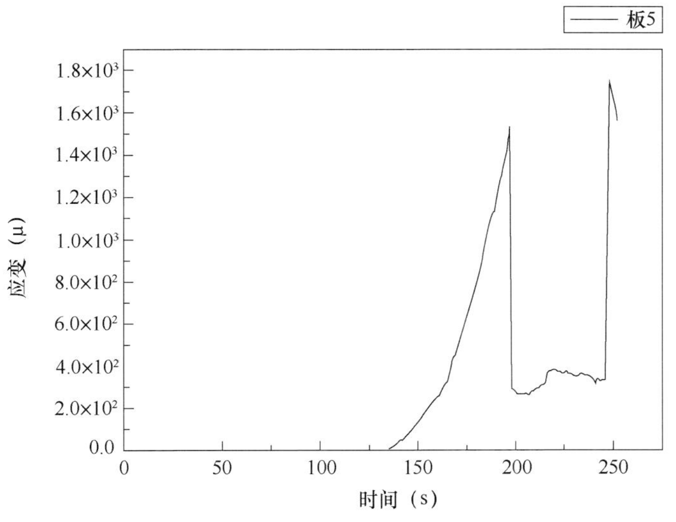

附图 2-5　板 5 钢筋应变曲线图

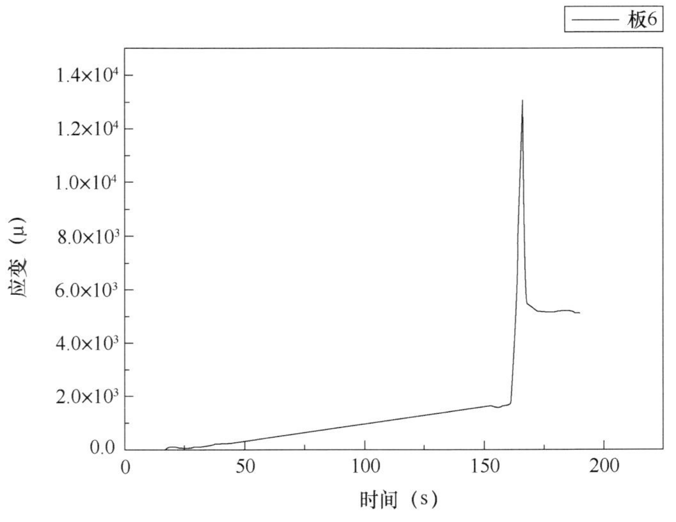

附图 2-6　板 6 钢筋应变曲线图

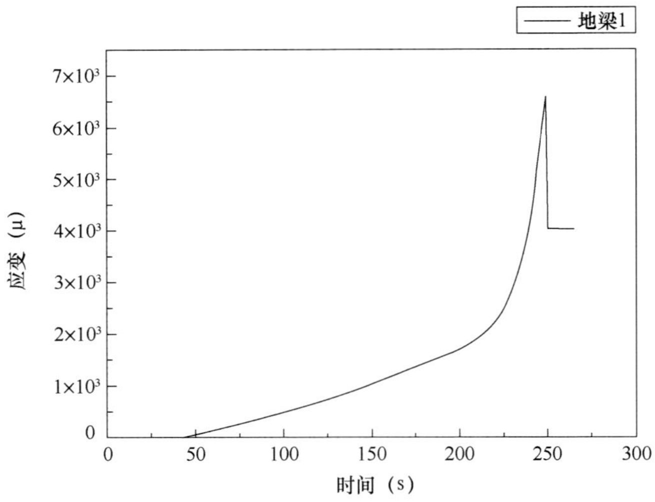

附图 2-7　地梁 1 钢筋应变曲线图

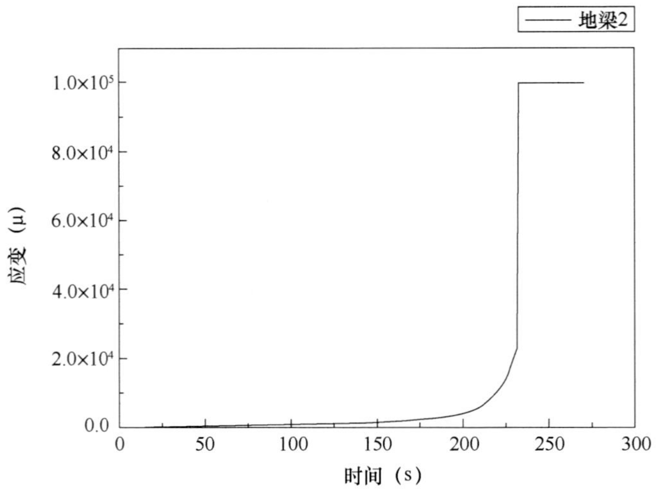

附图 2-8　地梁 2 钢筋应变曲线图

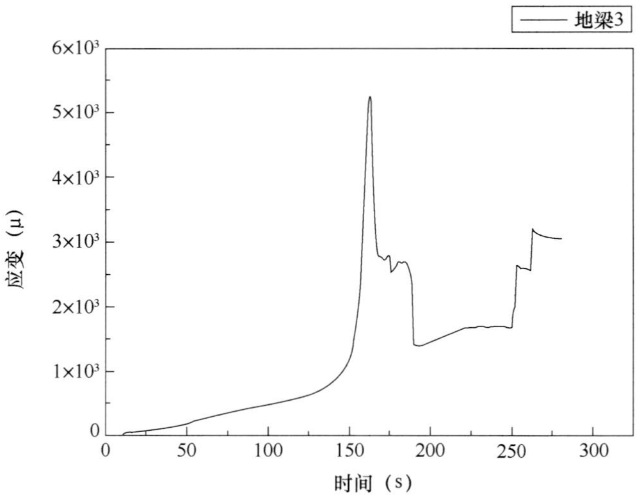

附图 2-9　地梁 3 钢筋应变曲线图

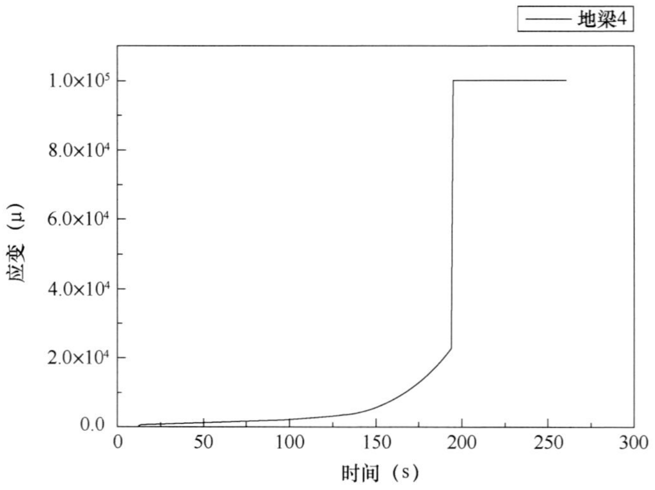

附图 2-10　地梁 4 钢筋应变曲线图

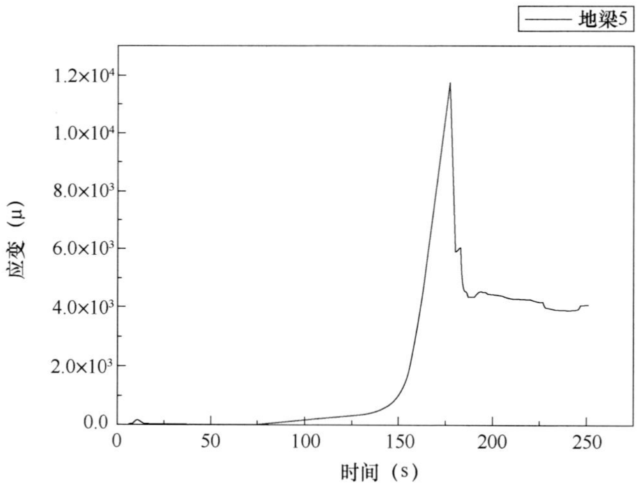

附图 2-11　地梁 5 钢筋应变曲线图

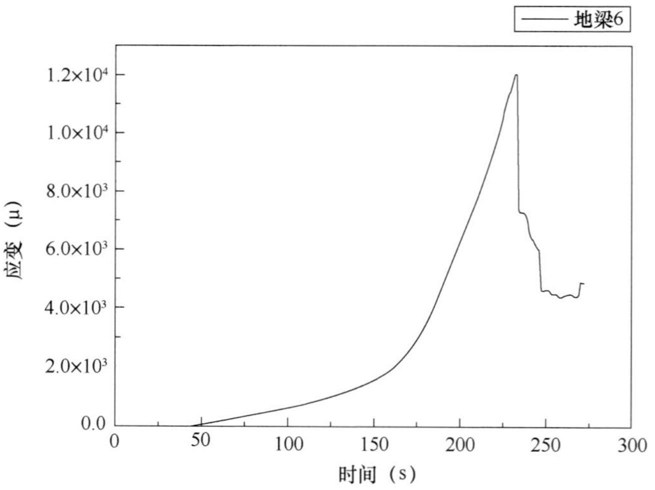

附图 2-12　地梁 6 钢筋应变曲线图

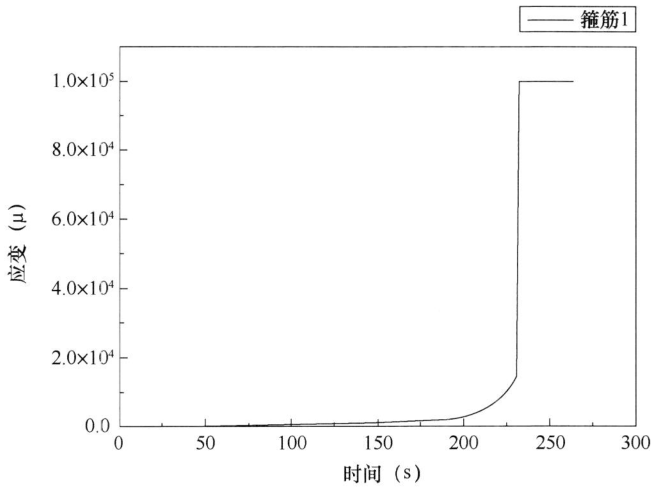

附图 2-13 箍筋 1 钢筋应变曲线图

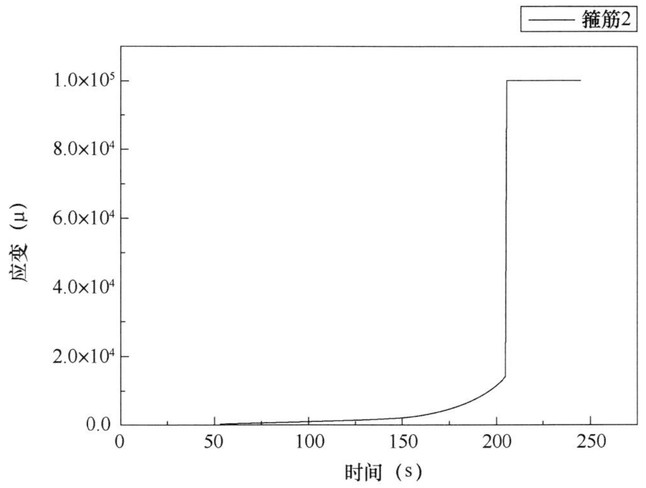

附图 2-14 箍筋 2 钢筋应变曲线图

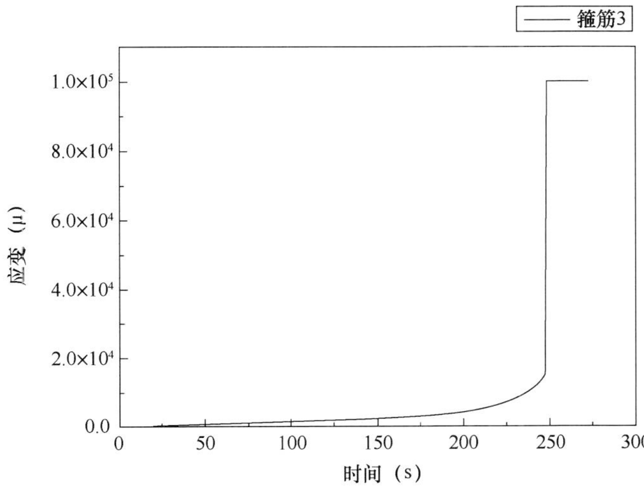

附图 2-15 箍筋 3 钢筋应变曲线图

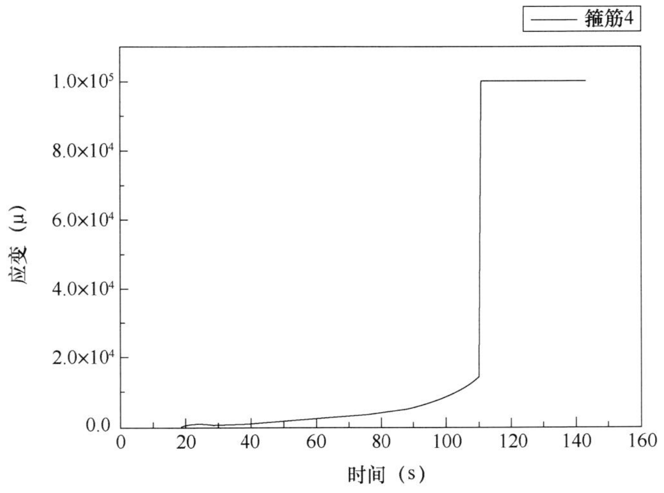

附图 2-16 箍筋 5 钢筋应变曲线图

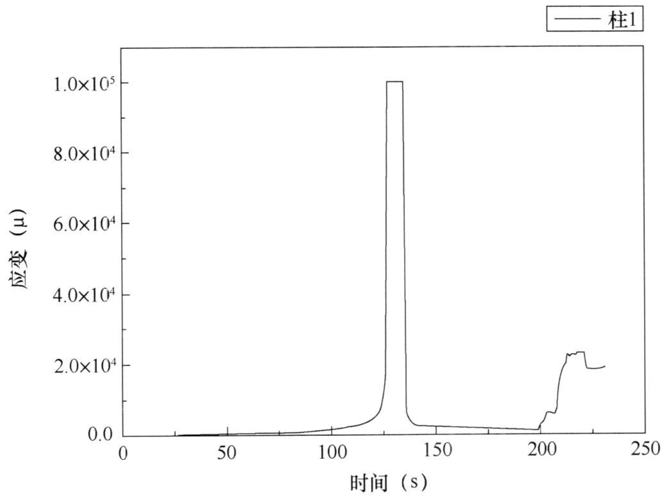

附图 2-17 柱 1 钢筋应变曲线图

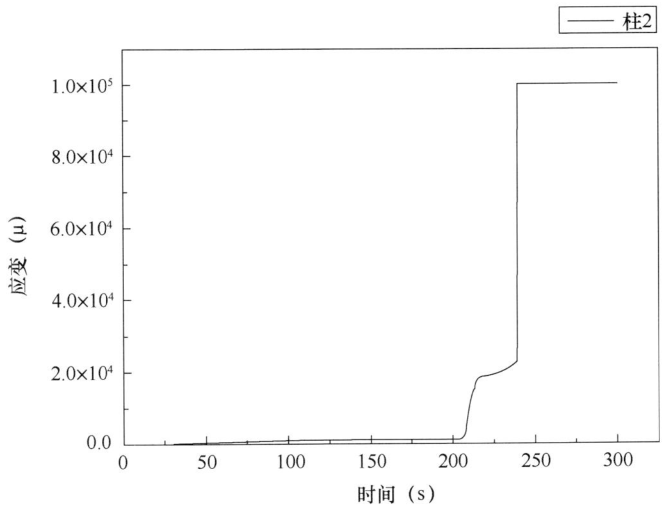

附图 2-18 柱 2 钢筋应变曲线图

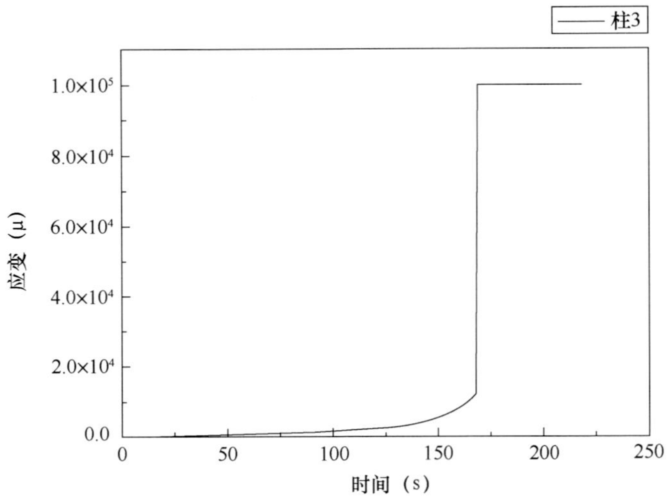

附图 2-19　柱 3 钢筋应变曲线图

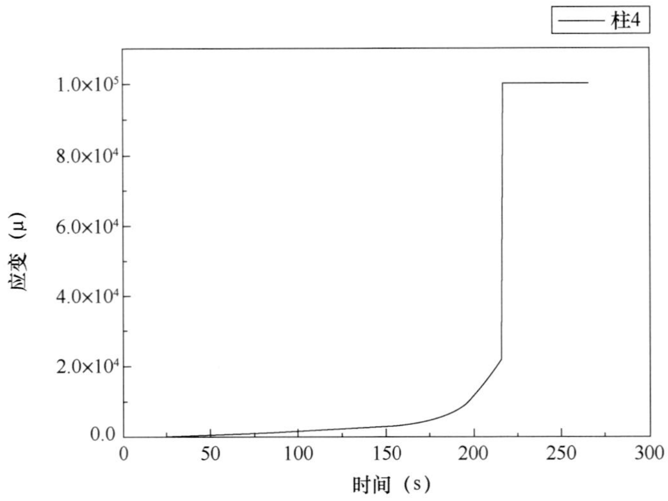

附图 2-20　柱 4 钢筋应变曲线图

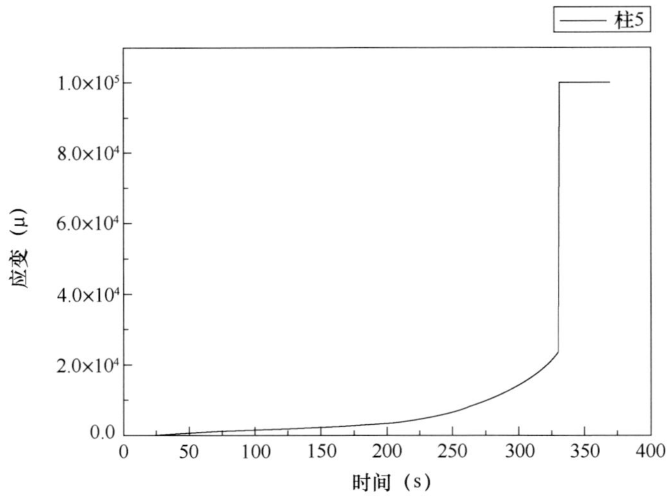

附图 2-21　柱 5 钢筋应变曲线图

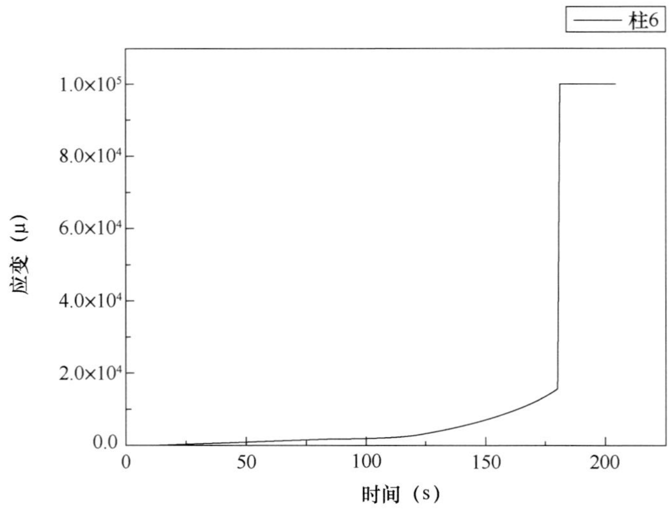

附图 2-22　柱 6 钢筋应变曲线图

附　　表

附表 1　钢筋混凝土柱具体实测数据

附表 1-1　钢筋混凝土柱内纵筋直径实测有效值（第一种类型钢筋混凝土柱）

构件编号	角部纵筋直径实测有效值（mm）				边部纵筋直径实测有效值（mm）			
C/12	20.03	18.90	22.49	17.75	18.54	18.30	16.30	18.64
					15.52	18.41		
B/27	19.29	18.44	17.95	18.70	15.94	19.45	19.06	16.21
					18.50	15.36	15.74	19.40
G/28	18.33	20.54	18.39	18.93	18.36	15.38	19.03	16.28
					18.69	15.64	18.58	
F/28	19.17	19.42	19.80	17.67	16.18	19.04	16.15	18.91
					18.62	15.72	19.05	
G/26	20.11	20.6	19.17	19.05	20.64	19.94	19.45	19.38
					17.92	19.64	22.54	17.76
F/26	19.97	19.24	19.25	21.60	21.55	17.41	19.01	14.55
					22.15	18.48	21.63	19.14
F/24	18.73	19.71	18.97	21.89	16.42	18.76	16.17	18.53
					19.11	16.00	18.76	19.59
G/19	20.15	20.98	20.41	20.39	15.56	20.40	17.89	20.43
					18.50	16.41	18.86	19.29
G/27	17.29	18.63	18.28		15.37	19.36	16.18	18.73
					15.96	19.31	19.24	
G/2	19.12	18.77	23.20		19.90	18.72	15.90	18.20
					18.62	21.36		
G/18	19.23	18.82			16.16	19.32	15.90	19.37
					18.58	16.07		
C/3	17.64	17.42	18.81	18.10	16.26	19.33	18.50	18.67
B/10	18.64	18.86	20.95	19.21	17.05	18.87	15.42	18.45
B/1	17.64	17.42	18.81	18.10	19.33	16.26	18.50	18.67
C/1	22.19	19.22	19.07		15.57	19.05	18.03	15.58
F/16	22.67	18.08	20.68		16.25	19.95		
B/7	20.09	20.37			19.69	16.90	19.72	
C/2	18.10	21.42			18.40	22.41	18.83	
F/23	20.13				19.92			
F/15	19.16				15.86			

附表 1-2　钢筋混凝土柱内纵筋直径实测有效值（第二种类型钢筋混凝土柱）

构件编号	角部纵筋直径实测有效值（mm）				边部纵筋直径实测有效值（mm）						
D/8	21.64	20.95	22.35	24.38	18.05	18.46	18.96	18.65	18.04	19.79	18.92
					20.55	19.51	19.92	16.51	18.35		
C/4	23.00	21.42	20.80	20.86	18.76	19.55	19.07	18.94	19.30	20.71	19.57
					18.25	19.36	17.90	18.41	17.86	17.66	19.19
B/4	20.51	23.10	22.48	21.93	18.84	18.36	18.51	18.60	18.84	18.89	18.84
					19.23	19.37	18.74	19.41	18.82	18.91	19.19
C/21	21.54	21.62	21.23	21.87	19.62	20.68	20.53	18.71	19.35	18.58	19.07
					19.05	19.40	18.24	18.86	18.78	18.58	
E/8	23.13	22.50	21.16	22.17	19.63	19.50	18.83	19.93	19.52	18.59	21.47
					18.47	19.81	17.82	20.09			
G/4	23.82	21.27	21.42	22.51	19.10	20.73	19.46	23.32	20.80	20.12	19.90
					20.11	20.99	20.45	21.46	19.37	20.21	21.05
E/25	21.68	22.17	23.96	22.23	19.49	19.16	19.93	19.46	24.03	24.03	21.69
					22.50	22.08	20.86	20.79	21.63	19.03	20.32
G/23	21.41	22.94	21.66	24.00	19.29	19.77	20.07	20.61	20.53	19.73	18.75
					19.11	19.12	18.70	19.58	19.38	20.10	20.41
H/21	21.76	21.48	21.83	22.85	19.02	20.79	20.04	20.24	18.37	19.74	19.53
					19.82	20.30	19.41	19.46	17.17	20.31	
G/17	23.41	21.84	23.96	23.22	22.65	23.60	22.20	18.37	18.05	18.36	20.70
					18.03	17.00					
G/7	21.90	23.41	22.90		19.62	19.44	19.07	19.34	19.87	19.30	19.48
					19.58	22.50	19.76	19.74			
G/25	22.90	22.71			22.90	18.80	19.06	19.46	20.84	22.73	18.76
					19.13	19.19	18.63	19.82	18.86	19.24	
E/21	20.99				19.30	19.51	19.09	19.23	18.80	19.57	18.31
					19.00	18.10					
C/5	23.46	22.61	20.42		18.72	18.95	18.88	18.96	19.16	19.73	19.47
A/4	22.02	22.66	22.41		18.90	19.58	21.30	20.39	19.64	20.40	19.38
C/25	22.27	21.84			18.99	19.01					
F/11	21.84				19.15	18.60	18.53	18.27			
G/6	22.09				18.58						
H/25	26.30	24.09			23.70	22.99	19.99	20.34	19.79	18.57	17.00
F/22	21.86	22.90			18.83	19.31	19.42	22.66			
G/15	22.25				18.66	18.51	18.42				
G/21	21.89				19.20	18.87	19.58	19.30	19.31	18.75	18.90
F/19	23.63				19.08	19.42	18.77	18.88			
G/9					19.15	18.56	18.82	19.03			
F/25	21.94										

附表 1-3 钢筋混凝土柱内箍筋直径（第一种类型钢筋混凝土柱）

构件编号	箍筋直径（mm）			平均值（mm）
B/7（4×4）	9.24			9.45
C/1（4×4）	9.26	9.12		
B/1（4×4）	8.93	9.21		
B/27（4×4）	9.05			
G/28（4×4）	9.14	8.30	9.43	
F/28（4×4）	8.67	9.02	8.60	
G/27（4×4）	9.36	9.47	8.48	
G/26（4×4）	10.76	12.57	11.91	
F/26（4×4）	9.31			
F/24（4×4）	9.37	8.98	9.44	
F/23（4×4）	8.94	9.46	9.24	
G/19（4×4）	10.29	9.62		
G/18（4×4）	9.15	9.16	10.41	
F/15（4×4）	9.15	9.34		

附表 1-4 钢筋混凝土柱内箍筋直径（第二种类型钢筋混凝土柱）

构件编号	箍筋直径（mm）			平均值（mm）
F/25（6×5）	9.96	9.72	9.07	9.32
E/25（6×5）	9.04	9.02	9.01	
H/21（6×5）	9.00	9.58	9.76	
F/21（6×5）	9.17	10.00	9.18	
G/21（6×5）	9.18	9.51	9.72	
E/21（6×5）	9.47	9.20	9.27	
G/17（6×5）	9.54			
G/15（6×5）	9.31			
F/11（6×5）	8.77	8.97		
E/8（6×5）	9.49			
G/6（6×5）	9.15	8.92		
C/5（6×5）	9.50			
C/4（6×5）	9.48			
A/4（6×5）	9.08			

附表 1-5 钢筋混凝土柱内箍筋间距（第一种类型钢筋混凝土柱）

构件编号	箍筋间距实测值（mm）			箍筋间距平均值（mm）	总体平均值（mm）
G/1（4×4）	230			230	209
G/18（4×4）	185	190		188	
G/19（4×4）	190			190	
G/26（4×4）	160	195	220	192	
G/27（4×4）	256	205	187	216	
G/28（4×4）	275	204		240	
F/1（4×4）	200			200	
F/2（4×4）	210			210	
F/15（4×4）	220	180		200	
F/16（4×4）	215			215	
F/23（4×4）	220	235	210	222	

续表

构件编号	箍筋间距实测值（mm）			箍筋间距平均值（mm）	总体平均值（mm）
F/24（4×4）	212	210	214	212	209
F/26（4×4）	222	201		212	
F/28（4×4）	192	220	185	199	
C/1（4×4）	205	200		203	
C/2（4×4）	230			230	
C/3（4×4）	210			210	
C/26（4×4）	200			200	
C/27（4×4）	172	192		182	
C/28（4×4）	180	280	180	213	
B/7（4×4）	230			230	
B/14（4×4）	200	185		193	
B/27（4×4）	220			220	
B/28（4×4）	225	220		223	

附表 1-6　钢筋混凝土柱内箍筋间距（第二种类型钢筋混凝土柱）

构件编号	箍筋间距实测值（mm）			箍筋间距平均值（mm）	总体平均值（mm）
G/4（6×5）	200	220		210	207
G/6（6×5）	230			230	
G/8（6×5）	195			195	
G/9（6×5）	185			185	
G/15（6×5）	190	220		205	
G/16（6×5）	200	205		203	
G/17（6×5）	190			190	
G/21（6×5）	210	195	220	208	
G/23（6×5）	207	210		209	
F/4（6×5）	230			230	
F/8（6×5）	250			250	
F/21（6×5）	200	195	210	202	
F/25（6×5）	200	205	200	202	
C/15（6×5）	200	180		190	
C/16（6×5）	200	210		205	
B/4（6×5）	175			175	
F/4（6×5）	230			230	
F/8（6×5）	250			250	
F/21（6×5）	200	195	210	202	
F/25（6×5）	200	205	200	202	
H/4（6×5）	160	210		185	
H/8（6×5）	190			190	
H/21（6×5）	210	220		215	
H/25（6×5）	200	200		200	

附表 1-7　钢筋混凝土柱保护层厚度（第一种类型钢筋混凝土柱）

构件编号	钢筋混凝土柱保护层厚度（mm）																保护层厚度平均值（mm）
C/2（4×4）	53	50	49	56	38	29	39	45	21	14	15	24	37	33	28	30	36.60
C/3（4×4）	45	27	25	27	43	47											
C/26（4×4）	28	28	25	48	38	34	30	50	53	49	41	44	42	50	47		
B/27（4×4）	41	20	19	32	26	22	21	46	47								36.60
F/1（4×4）	20	15	15	21													
G/1（4×4）	23	25	29	35													
F/2（4×4）	45	38	36	26	30	33	29	34	35	39	31	45	48	52	40	36	
G/2（4×4）	19	36	46	40	49	33	38	46	57	40	29	25	26	33	32		
F/16（4×4）	38	32	32	42	36	32	31	39	35	32	30	31					
G/19（4×4）	49	42	41	47	43	77	49	22	25	12	10	37					
F/23（4×4）	40																
F/24（4×4）	21	28	22	22	23	26	54	51	24	48	57	54	42	43			
F/26（4×4）	48	38	36	39	53	36	29	29	50	41	35						
G/26（4×4）	49	52	52	52	39	32	32	25									
G/27（4×4）	54	58	59	37	39	35	31	42									

附表 1-8　钢筋混凝土柱保护层厚度（第二种类型钢筋混凝土柱）

构件编号	钢筋混凝土柱保护层厚度（mm）																保护层厚度平均值（mm）
B/4（6×5）	45	43	46	40													45.16
C/4（6×5）	51	63	62	65													
F/4（6×5）	50	58	63	45	43	48											
G/15（6×5）	41	52	53	33	42	31	30	48	36								
G/17（6×5）	58	53	68	20	39	52	54	50	40	40	49	22	28	39	48	20	
G/23（6×5）	56	44	37	37													

附表 1-9　钢筋混凝土柱混凝土碳化深度表

构件编号	碳化深度（mm）
B/4	1.0
C/2	1.0
C/3	1.0
C/4	0.0
F/16	1.0
F/2	0.5
F/26	3.0
G/16	1.0
G/17	0.0
G/19	1.0
G/2	0.0

附表 2　柱下独立基础和柱下联合基础具体实测数据

附表 2-1　柱下独立基础和柱下联合基础尺寸具体实测数据

构件编号	基础底面长边长度（mm）	基础底面短边长度（mm）	基础顶面长边长度（mm）	基础顶面短边长度（mm）	基础高度（mm）	柱边长（mm）
B/1	3000	2330		840		
C/1	3000	2330		840		540
B/2	3010	2310	860	820		
C/2	2990	2310	870	860		540
B/3	3020	2300	830	790		
C/3	2980	2300	890	870		540
A/4	3000	2610				
B/4	3000	2600		1070		700
C/4	3000	2600		1040		700
D/4	3000	2600			830	
B/5	2990	2270	840	800		
C/5	3010	2590	860	860		
B/6	2990	2310	820	840		
C/6	3010	2610	860	860		
B/7	2970	2300	810	750		540
C/7	3030	2600	830	800		
A/8	3000	2610				
B/8	3000	2600		950		
C/8	3000	2600		950		
D/8	3000	2610				
B/9	2980	2280	850	810		
C/9	3020	2600	810	800		
B/10	3000	2290	830	830		
C/10	3010	2590	790	790		
B/11	2990	2300	750	770		
C/11	3020	2600	820	740		
B/12	2980	2300	830	810	814	
C/12	3000	2290	770	770		
B/13	3000	2300	790	780		
C/13	3000	2300	730	720	752	
B/14	3000	2300	870	830		540
C/14	2990	2300	770	710		
B/15	3010	2290	850	800		
C/15	2990	2600	800	800		540
B/16	3010	2320	870	800		
C/16	2970	2610	790	740		
B/17	3030	2300	810	800		
C/17	3000	2600	810	700		
B/18	3000	2300	900	920		
C/18	3000	2600	870	870		
B/19	3000	2300	960	660		
C/19	2980	2600	910	760		
B/20	3020	2300	870	770		

续表

构件编号	基础底面长边长度（mm）	基础底面短边长度（mm）	基础顶面长边长度（mm）	基础顶面短边长度（mm）	基础高度（mm）	柱边长（mm）
C/20	3000	2600	910	820		
A/21	3010	2610				
B/21	2990	2600		1000		
C/21	3000	2600		1000		
D/21	3000	2610				
B/22	2990	2300	1010	880		
C/22	3010	2600	830	850		
B/23	2990	2320	810	790		
C/23	3010	2610	810	750		
B/24	3000	2300	790	790		
C/24	3000	2300	810	770		
A/25						
B/25						
C/25	3000	2600				
D/25	3000	2620				
B/26	3000	2310	810	760		
C/26	3000	2300	910	850		540
B/27	3000	2300	810	870		540
C/27	3000	2300	790	830		540
B/28	3000	2300				540
C/28	3000	2300				540
F/1	3010	2300		1140		570
G/1	2990	2290		1140	877	590
F/2	3020	2330	870	850	776	550
G/2	2980	2330	920	870		550
F/3	3000	2300	870	890		
G/3	3000	2300	830	820		
E/4	3000	2610				
F/4	3000	2600		980		550
G/4	2990	2600		880		
H/4	3010	2600				
F/5	2990	2310	860	820	826	
G/5	3010	2600	900	880	859	
F/6	2970	2300	890	870		
G/6	3030	2620	970	870		
F/7	3000	2320	690	700	810	
G/7	3000	2600	880	880		
E/8	3000	2600				560
F/8	3000	2610		930		550
G/8	2980	2580		840		
H/8	3020	2610				550
F/9	3000	2590	720	830		
G/9	3010	2600	830	860		
F/10	2990	2610	810	790	884	
G/10	3000	2600	810	800		
F/11	3000	2590			852	

续表

构件编号	基础底面长边长度（mm）	基础底面短边长度（mm）	基础顶面长边长度（mm）	基础顶面短边长度（mm）	基础高度（mm）	柱边长（mm）
G/11	3010	2600	850	890		
F/12	2990	2600	860	750		
G/12	3020	2600	870	870		
F/13	2980	2610	890	830		
G/13	3000	2620	840	850	863	
F/14	3000	2600	830	830		
G/14	3000	2600	840	820		
F/15	3000	2300	810	830	889	
G/15	2990	2630	830	790		
F/16	3010	2290	840	750	810	550
G/16	2990	2600	800	800		
F/17	3010	2300	830	820	848	
G/17	2970	2600	810	760		550
F/18	3030	2600	830	830		
G/18	3000	2300	880	890		
F/19	3000	2610	850	820		
G/19	3000	2290	880	870		540
F/20	3000	2590	830	850		
G/20	2980	2600	830	830		
E/21	3020	2570				570
F/21	3000	2600		800		
G/21	3020	2610		900		560
H/21	3030	2600				580
F/22	2970	2600	870	900		
G/22	3010	2600	850	800		
F/23	2990	2290	830	830		
G/23	3010	2600	930	880		550
F/24	3020	2300	880	890		560
G/24	3020	2600	880	860		
E/25	2990	2600				
F/25	2990	2600		1020		
G/25	3010	2600		920		
H/25	3000	2600				550
F/26	3000	2300	940	910		550
G/26	3000	2290	910	910		550
F/27	3000	2300	890	890	888	
G/27	3000	2300	900	860		550
F/28	3000	2300		1000		550
G/28	3000	2300		1000		550

附表 2-2　柱下独立基础和柱下联合基础配筋具体实测数据

钢筋编号	钢筋直径（mm）		钢筋直径平均值（mm）
1	18.50	19.43	18.05
2	18.10	16.13	
3	17.53	17.59	
4	17.31	16.78	
5	16.87	17.30	

续表

钢筋编号	钢筋直径（mm）		钢筋直径平均值（mm）
6	17.59	18.00	18.05
7	20.46	18.58	
8	17.13	18.66	
9	18.61	18.82	
10	18.29	18.93	
11	19.95	18.85	
12	18.55	17.32	
13	16.46	17.44	
14	17.70	18.51	
钢筋间距（mm）			钢筋间距平均值（mm）
172			152.40
113			
175			
151			
151			

附表 2-3　柱下独立基础和柱下联合基础混凝土碳化深度实测数据

构件编号	碳化深度（mm）
A/8	1.0
B/1	1.0
B/12	2.0
C/12	1.5
C/13	3.0
C/14	1.0
C/7	1.5
D/8	1.5
E/8	5.0
F/1	0.5
F/10	1.0
F/11	3.0
F/15	0.5
F/16	1.0
F/17	1.0
F/2	2.0
F/27	4.0
F/5	3.0
F/6	5.0
G/13	0.5
G/5	1.0

附表 3　钢筋混凝土条形基础具体实测数据

钢筋混凝土条形基础配筋实测数据							平均值（mm）
纵向钢筋间距（mm）	100.00	172.00	200.00	146.00	128.00	160.00	157.83
	129.00	167.00	204.00	163.00	178.00	147.00	
纵向钢筋直径（mm）	12.20	12.13	12.63	11.60	11.85	12.39	12.24
	11.84	11.75	12.65	12.05	12.87	12.30	

附表 4　柱下基础构件测区回弹值原始记录报告

附表 4-1　柱下基础 A/8 位置的混凝土强度　（单位：MPa）

工程名称：七三一部队遗址细菌实验室　构件名称：锥形基础 A/8　检测方式：单个检测

测区	1	2	3	4	5	6	7	8	9	10	11	12	13	14	15	16	碳化	平均值	角度修正	浇筑面修正	非泵送	泵送修正
测区 1	32	32	31	34	31	31	30	34	34	32	29	34	32	34	31	34	1.0	32.3	32.3	32.3	25.4	
测区 2	38	32	48	34	30	28	34	36	30	36	36	34	36	33	36	34	1.0	34.5	34.5	34.5	28.8	
测区 3	36	32	32	32	36	34	34	31	36	38	32	40	36	36	34	30	1.0	34.2	34.2	34.2	28.3	
测区 4	31	32	30	28	32	36	30	36	31	36	31	32	32	28	32	36	1.0	31.9	31.9	31.9	24.8	
测区 5	32	26	32	30	32	31	30	31	28	28	26	30	30	26	30	30	1.0	29.8	29.8	29.8	21.6	
测区 6	28	24	26	31	26	30	30	26	24	20	24	27	28	26	30	30	1.0	27.1	27.1	27.1	18.0	
测区 7	27	26	32	26	32	28	26	24	26	31	26	25	28	30	30	30	1.0	27.7	27.7	27.7	18.8	
测区 8	29	31	26	34	29	28	26	26	31	32	32	26	36	31	38	36	1.0	30.3	30.3	30.3	22.4	
测区 9	26	32	31	39	26	32	28	30	24	34	30	36	29	32	24	30	1.0	30.0	30.0	30.0	21.9	
测区 10	24	36	34	32	32	28	30	24	32	24	30	32	28	30	29	38	1.0	30.3	30.3	30.3	22.4	
结论	平均值		23.2		标准差		3.6		最小值		18.0		推定值		17.3		备注					

附表 4-2　柱下基础 B/1 位置的混凝土强度　（单位：MPa）

工程名称：七三一部队遗址细菌实验室　构件名称：锥形基础 B/1　检测方式：单个检测

测区	1	2	3	4	5	6	7	8	9	10	11	12	13	14	15	16	碳化	平均值	角度修正	浇筑面修正	非泵送	泵送修正
测区 1	30	30	34	34	34	26	32	30	33	30	30	34	36	36	37	34	1.0	32.5	32.5	32.5	25.8	
测区 2	36	32	30	34	32	28	36	31	34	28	28	34	36	35	30	39	1.0	32.8	32.8	32.8	26.2	
测区 3	34	31	38	32	35	36	32	34	35	35	34	36	38	36	35	34	1.0	34.8	34.8	34.8	29.2	
测区 4	30	31	28	30	32	30	36	30	34	34	34	31	34	30	32	31	1.0	31.5	31.5	31.5	24.2	
测区 5	30	30	34	36	35	34	34	35	35	30	36	30	28	31	30	34	1.0	32.7	32.7	32.7	26.0	
测区 6	26	34	35	30	30	36	31	34	30	34	36	32	28	30	34	30	1.0	31.9	31.9	31.9	24.8	
测区 7	30	30	28	31	29	31	34	30	38	33	28	32	30	31	32	28	1.0	30.6	30.6	30.6	22.8	
测区 8	30	28	30	36	36	30	32	30	32	36	32	30	34	30	32	31	1.0	31.3	31.3	31.3	23.9	
测区 9	36	40	34	34	30	32	30	36	36	35	36	42	35	37	36	33	1.0	35.1	35.1	35.1	29.8	
测区 10	36	40	42	36	44	42	30	44	38	34	30	42	30	32	34	36	1.0	37.0	37.0	37.0	33.0	
结论	平均值		32.3		标准差		2.77		最小值		28.4		推定值		22.1		备注					

附表 4-3　柱下基础 B/12 位置的混凝土强度　（单位：MPa）

工程名称：七三一部队遗址细菌实验室　构件名称：锥形基础 B/12　检测方式：单个检测

测区	1	2	3	4	5	6	7	8	9	10	11	12	13	14	15	16	碳化	平均值	角度修正	浇筑面修正	非泵送	泵送修正
测区 1	30	34	36	30	30	30	34	30	30	28	29	33	31	35	40	30	2.0	31.2	31.2	31.2	21.7	
测区 2	30	35	36	32	34	38	34	30	34	34	30	30	30	34	31	32	2.0	32.5	32.5	32.5	23.6	
测区 3	35	31	36	40	36	36	36	35	34	34	30	39	30	36	32	37	2.0	35.0	35.0	35.0	26.7	
测区 4	36	34	39	36	36	33	36	38	34	35	30	36	42	34	37	30	2.0	35.4	35.4	35.4	27.3	
测区 5	29	34	36	30	34	40	30	30	30	35	30	34	29	30	35	35	2.0	32.2	32.2	32.2	23.1	
测区 6	36	30	32	30	31	31	39	34	39	35	44	35	36	40	35	34	2.0	34.7	34.7	34.7	26.3	
测区 7	35	36	30	37	44	42	36	30	36	37	30	31	35	30	41	35	2.0	34.8	34.8	34.8	26.4	
测区 8	34	34	34	38	40	30	36	31	34	32	40	37	36	42	40	40	2.0	36.3	36.3	36.3	28.8	
测区 9	36	36	36	36	34	31	35	40	34	36	32	34	34	40	32	40	2.0	35.1	35.1	35.1	26.8	
测区 10	34	35	36	34	36	34	36	38	32	30	30	30	32	34	38	35	2.0	34.2	34.2	34.2	25.8	
结论	平均值		25.7		标准差		2.17		最小值		21.7		推定值		22.1		备注					

附表 4-4　柱下基础 C/12 位置的混凝土强度　　（单位：MPa）

工程名称：七三一部队遗址细菌实验室　　构件名称：锥形基础 C/12　　检测方式：单个检测

测区	1	2	3	4	5	6	7	8	9	10	11	12	13	14	15	16	碳化	平均值	角度修正	浇筑面修正	非泵送	泵送修正
测区 1	35	36	40	40	41	40	39	38	38	40	40	36	35	36	36	36	1.5	37.9	37.9	37.9	32.8	
测区 2	38	39	34	36	34	38	35	34	36	38	38	40	40	38	35	37	1.5	36.9	36.9	36.9	31.1	
测区 3	40	38	37	40	36	32	36	36	35	37	39	37	30	35	34	38	1.5	36.5	36.5	36.5	30.4	
测区 4	38	38	38	40	38	35	39	34	37	38	35	38	30	39	34	33	1.5	36.9	36.9	36.9	31.1	
测区 5	34	35	37	34	32	35	33	37	32	35	39	36	40	37	39	35	1.5	35.5	35.5	35.5	28.8	
测区 6	35	36	36	35	34	34	36	34	38	35	37	37	37	34	33	38	1.5	35.5	35.5	35.5	28.8	
测区 7	42	34	41	40	35	35	39	37	34	31	39	34	38	36	34	33	1.5	36.1	36.1	36.1	29.8	
测区 8	36	33	35	34	33	34	36	34	39	36	38	35	34	30	33	35	1.5	34.6	34.6	34.6	27.4	
测区 9	33	35	36	40	35	34	38	35	36	36	34	33	38	40	30	30	1.5	35.2	35.2	35.2	28.2	
测区 10	36	36	30	35	30	28	34	34	34	28	32	35	38	34	40	30	1.5	33.4	33.4	33.4	26.0	
结论	平均值		29.4		标准差		2.01		最小值		26.0		推定值		26.1		备注					

附表 4-5　柱下基础 C/13 位置的混凝土强度　　（单位：MPa）

工程名称：七三一部队遗址细菌实验室　　构件名称：锥形基础 C/13　　检测方式：单个检测

测区	1	2	3	4	5	6	7	8	9	10	11	12	13	14	15	16	碳化	平均值	角度修正	浇筑面修正	非泵送	泵送修正
测区 1	41	43	36	35	38	39	37	35	32	36	31	33	35	36	38	35	3.0	36.1	36.1	36.1	26.4	
测区 2	41	42	40	36	36	39	39	38	36	32	32	32	32	31	29	30	3.0	35.2	35.2	35.2	25.0	
测区 3	35	35	39	34	40	38	36	39	36	36	38	34	35	40	36	34	3.0	36.4	36.4	36.4	26.8	
测区 4	34	38	36	34	36	36	35	36	36	36	32	34	34	36	36	37	3.0	35.5	35.5	35.5	25.6	
测区 5	36	40	36	34	38	39	40	40	40	41	36	34	42	34	36	36	3.0	37.7	37.7	37.7	28.8	
测区 6	41	42	42	39	36	36	43	40	34	39	39	36	36	36	36	35	3.0	37.8	37.8	37.8	28.9	
测区 7	40	42	40	40	41	41	40	36	38	41	42	42	36	40	38	39	3.0	40.0	40.0	40.0	31.7	
测区 8	46	46	42	42	41	42	44	44	44	43	39	40	40	39	36	39	3.0	41.7	41.7	41.7	34.4	
测区 9	35	32	34	36	39	39	36	34	35	39	44	41	35	38	34	35	3.0	36.2	36.2	36.2	26.5	
测区 10	38	38	34	34	38	36	34	34	34	34	35	34	32	36	36	36	3.0	34.9	34.9	34.9	24.6	
结论	平均值		27.9		标准差		3.14		最小值		24.6		推定值		22.7		备注					

附表 4-6　柱下基础 C/14 位置的混凝土强度　　（单位：MPa）

工程名称：七三一部队遗址细菌实验室　　构件名称：锥形基础 C/14　　检测方式：单个检测

测区	1	2	3	4	5	6	7	8	9	10	11	12	13	14	15	16	碳化	平均值	角度修正	浇筑面修正	非泵送	泵送修正
测区 1	32	36	41	30	32	34	38	41	37	39	36	40	40	40	38	41	1.0	37.8	37.8	37.8	34.5	
测区 2	36	36	36	36	40	38	36	36	36	34	38	40	34	36	36	42	1.0	36.4	36.4	36.4	32.0	
测区 3	36	38	32	38	40	28	35	32	30	30	36	40	40	44	46	32	1.0	35.9	35.9	35.9	31.1	
测区 4	42	46	45	40	40	39	38	39	42	38	39	40	40	34	40	32	1.0	39.7	39.7	39.7	37.8	
测区 5	31	42	34	42	36	40	36	36	46	38	40	39	38	39	40	36	1.0	38.2	38.2	38.2	35.2	
测区 6	37	39	34	36	34	41	42	36	41	38	36	39	39	39	46	34	1.0	38.0	38.0	38.0	34.9	
测区 7	38	36	38	38	38	38	42	38	40	32	36	38	36	36	37	36	1.0	37.3	37.3	37.3	33.6	
测区 8	40	39	38	37	36	34	36	36	39	37	34	36	32	36	32	33	1.0	36.0	36.0	36.0	31.2	
测区 9	40	36	40	35	39	38	36	39	40	30	38	32	31	31	32	35	1.0	36.0	36.0	36.0	31.2	
测区 10	40	43	44	48	38	37	40	35	34	32	34	35	42	35	36	40	1.0	37.8	37.8	37.8	34.5	
结论	平均值		33.6		标准差		2.21		最小值		31.1		推定值		30		备注					

附表 4-7　柱下基础 C/7 位置的混凝土强度　（单位：MPa）

工程名称：七三一部队遗址细菌实验室　构件名称：锥形基础 C/7　检测方式：单个检测

测区	1	2	3	4	5	6	7	8	9	10	11	12	13	14	15	16	碳化	平均值	角度修正	浇筑面修正	非泵送	泵送修正
测区 1	34	40	36	36	36	38	36	36	36	35	30	36	38	34	34	34	1.5	35.5	35.5	35.5	28.8	
测区 2	38	38	35	30	30	40	34	32	34	38	32	34	30	34	37	36	1.5	34.6	34.6	34.6	27.4	
测区 3	42	36	32	34	36	36	35	36	36	34	35	36	36	30	32	32	1.5	35.0	35.0	35.0	28.0	
测区 4	30	34	36	32	40	36	30	36	36	30	35	34	38	36	38	35	1.5	35.0	35.0	35.0	28.0	
测区 5	37	34	36	36	30	37	36	36	30	38	32	38	35	30	35	36	1.5	35.3	35.3	35.3	28.4	
测区 6	39	40	38	30	36	37	35	34	35	35	35	36	38	38	30	34	1.5	35.9	35.9	35.9	29.4	
测区 7	40	30	42	34	32	34	34	30	30	32	34	32	30	35	36	38	1.5	33.3	33.3	33.3	25.8	
测区 8	38	38	40	40	42	42	40	40	42	37	36	32	30	35	35	38	1.5	38.2	38.2	38.2	33.4	
测区 9	30	29	30	34	30	38	34	30	30	31	34	40	33	34	35	34	1.5	32.4	32.4	32.4	24.5	
测区 10	30	34	33	32	34	34	34	35	36	30	36	30	37	35	32	35	1.5	33.8	33.8	33.8	26.6	
结论	平均值		28.0		标准差		2.39		最小值		24.5		推定值		24.1		备注					

附表 4-8　柱下基础 D/8 位置的混凝土强度　（单位：MPa）

工程名称：七三一部队遗址细菌实验室　构件名称：锥形基础 D/8　检测方式：单个检测

测区	1	2	3	4	5	6	7	8	9	10	11	12	13	14	15	16	碳化	平均值	角度修正	浇筑面修正	非泵送	泵送修正
测区 1	26	26	31	30	26	30	24	26	25	31	24	26	26	24	26	26	1.5	26.3	26.3	26.3	16.5	
测区 2	26	31	30	30	29	29	30	24	26	26	26	31	30	26	27	28	1.5	28.1	28.1	28.1	18.5	
测区 3	24	26	22	26	26	26	26	34	32	26	32	28	29	28	36	25	1.5	27.3	27.3	27.3	17.7	
测区 4	31	34	32	26	32	31	36	30	32	26	32	31	24	26	31	24	1.5	30.2	30.2	30.2	21.2	
测区 5	28	26	32	34	32	28	30	30	32	29	31	26	24	26	34	34	1.5	29.8	29.8	29.8	20.7	
测区 6	40	29	28	30	30	32	32	30	36	29	30	31	24	25	26	29	1.5	29.8	29.8	29.8	20.7	
测区 7	30	26	26	31	29	31	26	29	26	29	32	29	28	26	31	36	1.5	28.8	28.8	28.8	19.4	
测区 8	30	34	32	34	28	32	26	26	26	26	31	26	24	29	31	24	1.5	28.5	28.5	28.5	19.0	
测区 9	24	24	24	26	28	26	26	26	27	26	29	30	26	36	32	26	1.5	26.6	26.6	26.6	16.8	
测区 10	24	36	24	22	26	30	24	32	32	34	24	26	25	24	24	23	1.5	25.9	25.9	25.9	16.0	
结论	平均值		18.7		标准差		1.87		最小值		16.0		推定值		15.6		备注					

附表 4-9　柱下基础 E/8 位置的混凝土强度　（单位：MPa）

工程名称：七三一部队遗址细菌实验室　构件名称：锥形基础 E/8　检测方式：单个检测

测区	1	2	3	4	5	6	7	8	9	10	11	12	13	14	15	16	碳化	平均值	角度修正	浇筑面修正	非泵送	泵送修正
测区 1	36	40	42	44	34	36	36	46	36	46	34	40	36	36	40	32	5.0	37.8	37.8	37.8	24.5	
测区 2	36	32	32	30	36	34	36	32	28	29	38	24	36	36	34	30	5.0	33.2	33.2	33.2	19.6	
测区 3	39	30	30	34	30	39	39	40	38	36	30	34	30	30	32	40	5.0	34.2	34.2	34.2	20.6	
测区 4	30	34	38	44	34	29	42	38	40	32	40	36	40	44	42	34	5.0	37.6	37.6	37.6	24.2	
测区 5	31	32	38	30	38	34	38	34	34	38	40	34	36	28	32	36	5.0	34.8	34.8	34.8	21.2	
测区 6	36	48	36	38	41	30	34	30	29	28	31	31	32	36	32	30	5.0	32.8	32.8	32.8	19.2	
测区 7	34	31	30	34	36	36	36	36	34	38	40	32	40	32	30	32	5.0	34.2	34.2	34.2	20.6	
测区 8	36	38	36	33	37	32	42	46	36	34	42	28	28	32	30	40	5.0	35.4	35.4	35.4	21.8	
测区 9	32	40	38	36	38	36	39	39	41	42	39	42	42	32	39	36	5.0	38.5	38.5	38.5	25.4	
测区 10	37	41	36	30	36	34	36	34	38	40	39	36	36	42	30	36	5.0	36.4	36.4	36.4	22.8	
结论	平均值		22.0		标准差		2.15		最小值		19.2		推定值		18.5		备注					

附表 4-10　柱下基础 F/1 位置的混凝土强度　　（单位：MPa）

工程名称：七三一部队遗址细菌实验室　　构件名称：锥形基础 F/1　　检测方式：单个检测

测区	1	2	3	4	5	6	7	8	9	10	11	12	13	14	15	16	碳化	平均值	角度修正	浇筑面修正	非泵送	泵送修正
测区 1	32	31	26	30	24	32	28	36	35	28	33	31	34	34	27	33	0.5	31.2	31.2	31.2	24.4	
测区 2	28	28	32	34	36	34	28	32	40	36	32	33	32	32	30	28	0.5	31.9	31.9	31.9	25.6	
测区 3	28	31	28	32	34	30	29	28	26	34	33	34	36	28	31	30	0.5	30.6	30.6	30.6	23.6	
测区 4	40	40	34	44	36	38	33	26	38	44	38	42	40	30	32	30	0.5	36.9	36.9	36.9	34.2	
测区 5	28	32	36	36	30	30	32	35	32	32	30	24	32	26	32	34	0.5	31.6	31.6	31.6	25.1	
测区 6	31	34	36	30	34	36	34	28	32	34	32	29	30	30	30	30	0.5	31.7	31.7	31.7	25.2	
测区 7	28	31	26	26	30	28	30	34	32	32	32	34	31	24	32	36	0.5	30.6	30.6	30.6	23.6	
测区 8	34	32	34	36	34	28	30	40	40	28	34	36	40	36	34	28	0.5	34.0	34.0	34.0	29.1	
测区 9	34	34	39	38	36	34	40	36	40	34	36	36	36	41	44	36	0.5	36.7	36.7	36.7	34.0	
测区 10	38	34	36	30	38	38	38	32	40	36	32	36	36	34	34	34	0.5	35.6	35.6	35.6	31.9	
结论	平均值		27.7		标准差		4.26		最小值		23.6		推定值		20.7		备注					

附表 4-11　柱下基础 F/10 位置的混凝土强度　　（单位：MPa）

工程名称：七三一部队遗址细菌实验室　　构件名称：锥形基础 F/10　　检测方式：单个检测

测区	1	2	3	4	5	6	7	8	9	10	11	12	13	14	15	16	碳化	平均值	角度修正	浇筑面修正	非泵送	泵送修正
测区 1	30	31	30	34	28	40	34	36	38	36	32	36	34	28	34	32	1.0	33.3	33.3	33.3	27.0	
测区 2	32	36	30	42	34	32	34	33	40	34	40	34	38	39	30	32	1.0	34.6	34.6	34.6	28.9	
测区 3	30	36	32	34	38	30	32	32	34	30	30	34	34	34	34	35	1.0	33.0	33.0	33.0	26.5	
测区 4	35	36	32	33	32	40	32	34	31	38	40	35	40	32	34	32	1.0	34.1	34.1	34.1	28.2	
测区 5	29	32	40	29	30	32	32	32	30	30	30	29	32	34	33	30	1.0	31.0	31.0	31.0	23.4	
测区 6	31	34	38	40	42	36	40	36	42	40	42	42	38	42	36	40	1.0	39.2	39.2	39.2	37.0	
测区 7	32	29	28	32	32	32	40	36	34	38	42	40	34	36	40	34	1.0	34.8	34.8	34.8	29.2	
测区 8	32	32	42	36	32	40	38	36	44	36	35	40	38	40	36	35	1.0	37.0	37.0	37.0	33.0	
测区 9	36	35	32	40	38	42	40	38	36	34	36	36	42	32	28	34	1.0	36.3	36.3	36.3	31.8	
测区 10	40	38	36	34	30	40	40	36	38	42	39	32	36	34	38	38	1.0	37.3	37.3	37.3	33.6	
结论	平均值		29.9		标准差		4		最小值		23.4		推定值		23.3		备注					

附表 4-12　柱下基础 F/11 位置的混凝土强度　　（单位：MPa）

工程名称：七三一部队遗址细菌实验室　　构件名称：锥形基础 F/11　　检测方式：单个检测

测区	1	2	3	4	5	6	7	8	9	10	11	12	13	14	15	16	碳化	平均值	角度修正	浇筑面修正	非泵送	泵送修正
测区 1	30	36	32	34	37	30	40	37	39	44	32	30	38	36	40	35	3.0	35.6	35.6	35.6	25.7	
测区 2	44	44	40	36	38	35	40	44	38	36	34	36	38	38	41	41	3.0	38.6	38.6	38.6	30.1	
测区 3	32	38	40	41	35	38	40	38	42	35	46	47	38	38	34	37	3.0	38.3	38.3	38.3	29.6	
测区 4	31	44	40	36	36	35	36	34	35	36	34	37	34	33	38	37	3.0	35.6	35.6	35.6	25.7	
测区 5	39	44	37	45	36	35	36	40	37	38	40	39	34	41	42	37	3.0	38.4	38.4	38.4	29.8	
测区 6	28	36	37	36	36	41	36	35	40	36	40	38	34	36	30	32	3.0	36.0	36.0	36.0	26.2	
测区 7	44	40	45	44	42	34	40	44	40	40	37	44	40	43	36	42	3.0	41.5	41.5	41.5	34.0	
测区 8	38	40	33	42	40	38	42	35	43	37	44	36	33	34	44	40	3.0	38.8	38.8	38.8	30.4	
测区 9	45	44	40	39	39	40	40	38	40	36	40	37	34	40	38	36	3.0	39.1	39.1	39.1	30.7	
测区 10	34	34	42	36	30	34	42	40	39	39	38	40	38	42	40	44	3.0	38.6	38.6	38.6	30.1	
结论	平均值		29.2		标准差		2.63		最小值		25.7		推定值		24.9		备注					

附表 4-13　柱下基础 F/15 位置的混凝土强度　　（单位：MPa）

工程名称：七三一部队遗址细菌实验室　　构件名称：锥形基础 F/15　　检测方式：单个检测

测区	1	2	3	4	5	6	7	8	9	10	11	12	13	14	15	16	碳化	平均值	角度修正	浇筑面修正	非泵送	泵送修正
测区 1	41	39	36	38	36	39	44	38	42	40	44	41	42	41	42	44	0.5	40.5	40.5	40.5	40.9	
测区 2	37	41	40	39	44	36	42	44	36	40	40	42	44	41	40	41	0.5	40.6	40.6	40.6	41.1	
测区 3	40	41	40	30	36	41	42	36	32	36	41	42	40	36	39	38	0.5	38.7	38.7	38.7	37.7	
测区 4	36	36	40	31	39	38	36	39	35	36	32	36	35	34	40	36	0.5	36.3	36.3	36.3	33.2	
测区 5	35	36	36	32	40	36	35	32	40	32	36	42	30	26	32	34	0.5	34.4	34.4	34.4	29.8	
测区 6	30	34	31	40	32	41	36	38	34	32	34	40	34	36	34	32	0.5	34.4	34.4	34.4	29.8	
测区 7	37	34	40	32	32	38	34	36	28	30	34	40	41	32	33	39	0.5	34.9	34.9	34.9	30.6	
测区 8	30	30	34	36	34	34	32	38	38	32	34	34	34	40	40	34	0.5	34.4	34.4	34.4	29.8	
测区 9	40	38	36	36	34	36	34	35	39	40	36	36	38	36	44	36	0.5	36.7	36.7	36.7	34.0	
测区 10	42	38	42	40	42	38	41	39	42	36	34	34	30	34	37	46	0.5	38.7	38.7	38.7	37.7	
结论	平均值		34.5		标准差		4.58		最小值		29.8		推定值		27		备注					

附表 4-14　柱下基础 F/16 位置的混凝土强度　　（单位：MPa）

工程名称：七三一部队遗址细菌实验室　　构件名称：锥形基础 F/16　　检测方式：单个检测

测区	1	2	3	4	5	6	7	8	9	10	11	12	13	14	15	16	碳化	平均值	角度修正	浇筑面修正	非泵送	泵送修正
测区 1	36	34	36	34	34	32	36	34	32	36	39	36	36	34	34	34	1.0	34.8	34.8	34.8	29.2	
测区 2	38	32	32	31	32	36	36	32	36	38	36	38	34	32	36	38	1.0	34.8	34.8	34.8	29.2	
测区 3	38	36	34	34	29	34	36	33	32	41	32	32	40	32	38	34	1.0	34.3	34.3	34.3	28.4	
测区 4	34	34	36	36	30	26	32	36	34	30	33	33	34	34	34	34	1.0	33.6	33.6	33.6	27.4	
测区 5	38	32	29	34	34	32	32	32	32	34	29	32	36	38	36	35	1.0	33.3	33.3	33.3	27.0	
测区 6	36	36	41	44	40	41	36	34	36	36	40	38	36	38	36	38	1.0	37.4	37.4	37.4	33.8	
测区 7	36	33	28	34	32	29	34	32	32	34	34	32	33	34	36	32	1.0	33.0	33.0	33.0	26.5	
测区 8	37	30	30	28	36	32	31	29	34	32	31	34	34	33	30	40	1.0	32.1	32.1	32.1	25.1	
测区 9	39	36	36	32	34	32	36	33	40	40	40	34	40	32	30	36	1.0	35.6	35.6	35.6	30.6	
测区 10	40	36	40	36	38	40	34	36	36	32	40	32	36	36	36	40	1.0	37.0	37.0	37.0	33.0	
结论	平均值		29		标准差		2.79		最小值		25.1		推定值		24.4		备注					

附表 4-15　柱下基础 F/17 位置的混凝土强度　　（单位：MPa）

工程名称：七三一部队遗址细菌实验室　　构件名称：锥形基础 F/17　　检测方式：单个检测

测区	1	2	3	4	5	6	7	8	9	10	11	12	13	14	15	16	碳化	平均值	角度修正	浇筑面修正	非泵送	泵送修正
测区 1	30	30	31	34	30	36	40	40	40	36	38	30	30	42	34	36	1.0	34.5	34.5	34.5	28.8	
测区 2	38	36	38	30	37	30	31	34	36	36	36	35	36	38	37	39	1.0	36.1	36.1	36.1	31.4	
测区 3	36	31	28	39	34	30	34	36	34	35	31	32	39	35	35	34	1.0	34.0	34.0	34.0	28.0	
测区 4	42	42	42	30	42	46	34	38	31	34	36	34	30	32	30	34	1.0	35.7	35.7	35.7	30.8	
测区 5	40	44	38	36	30	30	38	38	34	30	36	34	30	30	40	34	1.0	34.8	34.8	34.8	29.2	
测区 6	36	36	38	36	35	34	38	35	38	34	35	36	38	38	40	38	1.0	36.6	36.6	36.6	32.4	
测区 7	38	40	37	39	37	36	39	35	42	38	40	35	40	40	34	39	1.0	38.3	38.3	38.3	35.4	
测区 8	32	30	34	30	30	36	38	34	30	32	30	36	38	34	34	34	1.0	33.0	33.0	33.0	26.5	
测区 9	30	30	34	34	36	38	35	35	34	39	34	34	35	30	33	36	1.0	34.4	34.4	34.4	28.6	
测区 10	31	34	35	36	36	34	32	31	36	34	28	32	32	34	36	35	1.0	33.8	33.8	33.8	27.7	
结论	平均值		29.9		标准差		2.64		最小值		26.5		推定值		25.6		备注					

附表 4-16　柱下基础 F/2 位置的混凝土强度（单位：MPa）

工程名称：七三一部队遗址细菌实验室　构件名称：锥形基础 F/2　检测方式：单个检测

测区	1	2	3	4	5	6	7	8	9	10	11	12	13	14	15	16	碳化	平均值	角度修正	浇筑面修正	非泵送	泵送修正
测区 1	36	30	36	28	30	40	36	34	28	36	28	28	28	36	32	42	2.0	32.6	32.6	32.6	23.7	
测区 2	35	34	36	30	34	34	34	35	30	34	36	34	40	32	32	34	2.0	34.0	34.0	34.0	25.6	
测区 3	30	32	36	36	32	28	34	36	32	29	30	26	34	36	34	31	2.0	32.5	32.5	32.5	23.6	
测区 4	42	48	36	42	42	40	36	40	40	40	41	41	46	42	50	48	2.0	41.6	41.6	41.6	36.9	
测区 5	39	42	44	36	40	38	42	36	42	44	41	39	38	41	44	42	2.0	40.6	40.6	40.6	35.4	
测区 6	40	40	42	42	30	32	26	36	32	34	38	30	36	36	28	36	2.0	35.0	35.0	35.0	26.7	
测区 7	40	40	36	26	38	36	36	28	32	32	36	30	36	34	34	30	2.0	34.2	34.2	34.2	25.8	
测区 8	36	34	30	28	39	40	36	32	39	29	32	28	32	44	28	36	2.0	33.6	33.6	33.6	25.2	
测区 9	36	38	36	34	32	38	32	34	30	35	40	40	34	34	30	42	2.0	35.1	35.1	35.1	26.8	
测区 10	34	40	28	38	38	40	38	38	32	26	40	41	38	42	28	26	2.0	36.4	36.4	36.4	28.9	
结论	平均值		27.9		标准差		4.64		最小值		23.6		推定值		20.3		备注					

附表 4-17　柱下基础 F/27 位置的混凝土强度（单位：MPa）

工程名称：七三一部队遗址细菌实验室　构件名称：锥形基础 F/27　检测方式：单个检测

测区	1	2	3	4	5	6	7	8	9	10	11	12	13	14	15	16	碳化	平均值	角度修正	浇筑面修正	非泵送	泵送修正
测区 1	38	38	32	40	32	36	32	28	30	30	35	34	34	34	30	32	4.0	33.1	33.1	33.1	21.0	
测区 2	30	30	34	30	32	32	30	34	33	34	35	34	30	35	32	30	4.0	32.1	32.1	32.1	19.8	
测区 3	40	36	30	35	36	30	30	38	35	35	34	36	32	35	38	35	4.0	34.9	34.9	34.9	23.0	
测区 4	34	32	39	36	35	38	35	40	40	35	42	38	32	35	38	41	4.0	36.9	36.9	36.9	25.8	
测区 5	30	39	38	36	40	40	44	34	30	32	35	36	40	41	40	42	4.0	37.8	37.8	37.8	27.1	
测区 6	35	32	40	37	36	35	34	35	40	37	37	36	35	35	34	30	4.0	35.5	35.5	35.5	23.8	
测区 7	34	30	35	30	32	34	33	36	38	34	35	34	32	36	34	36	4.0	34.1	34.1	34.1	22.2	
测区 8	30	34	35	35	34	36	30	35	34	30	38	34	35	34	30	38	4.0	34.0	34.0	34.0	22.1	
测区 9	36	40	42	38	41	43	42	40	40	43	40	42	40	44	37	42	4.0	40.9	40.9	40.9	31.4	
测区 10	44	30	36	36	40	38	37	35	36	35	30	40	36	34	30	40	4.0	36.3	36.3	36.3	25.0	
结论	平均值		24.1		标准差		3.38		最小值		19.8		推定值		18.5		备注					

附表 4-18　柱下基础 F/5 位置的混凝土强度（单位：MPa）

工程名称：七三一部队遗址细菌实验室　构件名称：锥形基础 F/5　检测方式：单个检测

测区	1	2	3	4	5	6	7	8	9	10	11	12	13	14	15	16	碳化	平均值	角度修正	浇筑面修正	非泵送	泵送修正
测区 1	33	37	42	34	37	36	40	30	34	34	34	37	35	33	36	28	3.0	35.0	35.0	35.0	24.8	
测区 2	35	40	38	36	35	36	35	38	28	30	26	28	27	32	32	28	3.0	32.7	32.7	32.7	22.2	
测区 3	38	36	34	34	34	30	32	28	28	32	30	30	30	26	30	32	3.0	31.4	31.4	31.4	20.5	
测区 4	35	30	33	34	31	31	37	44	45	46	40	40	34	38	34	26	3.0	35.6	35.6	35.6	25.7	
测区 5	32	36	36	40	36	37	36	30	37	38	38	36	36	38	37	36	3.0	36.5	36.5	36.5	27.0	
测区 6	38	38	38	37	39	40	38	39	37	44	39	42	34	34	30	34	3.0	37.7	37.7	37.7	28.8	
测区 7	33	31	34	31	30	40	32	37	35	36	41	35	48	34	38	35	3.0	34.9	34.9	34.9	24.6	
测区 8	36	38	34	38	36	32	36	35	32	36	33	32	33	31	33	30	3.0	34.0	34.0	34.0	23.7	
测区 9	39	40	36	34	33	36	32	30	30	35	34	34	36	32	31	30	3.0	33.7	33.7	33.7	23.4	
测区 10	36	30	32	30	30	34	34	34	30	28	30	28	30	30	30	27	3.0	30.6	30.6	30.6	19.4	
结论	平均值		24		标准差		2.85		最小值		19.4		推定值		19.3		备注					

附表 4-19　柱下基础 F/6 位置的混凝土强度　　（单位：MPa）

工程名称：七三一部队遗址细菌实验室　　构件名称：锥形基础 F/6　　检测方式：单个检测

测区	1	2	3	4	5	6	7	8	9	10	11	12	13	14	15	16	碳化	平均值	角度修正	浇筑面修正	非泵送	泵送修正
测区 1	42	36	40	40	36	35	35	34	40	37	42	40	44	40	44	34	5.0	38.6	38.6	38.6	25.5	
测区 2	34	34	36	40	34	40	34	36	38	36	38	34	30	32	32	34	5.0	35.0	35.0	35.0	21.4	
测区 3	33	30	30	33	35	30	30	36	35	33	30	30	43	36	31	40	5.0	32.6	32.6	32.6	19.0	
测区 4	40	32	38	37	38	40	38	38	36	46	38	38	37	37	38	40	5.0	38.0	38.0	38.0	24.8	
测区 5	35	37	38	40	40	42	36	38	42	35	36	35	35	40	36	30	5.0	37.1	37.1	37.1	23.6	
测区 6	34	40	40	35	38	38	43	37	33	35	40	37	41	38	40	38	5.0	38.1	38.1	38.1	24.9	
测区 7	32	34	32	36	32	34	36	38	34	35	38	34	34	30	30	35	5.0	34.0	34.0	34.0	20.4	
测区 8	34	34	30	38	32	36	30	35	34	31	33	35	36	34	36	32	5.0	33.9	33.9	33.9	20.3	
测区 9	30	30	34	38	32	31	32	37	37	34	32	34	34	30	30	34	5.0	32.7	32.7	32.7	19.1	
测区 10	30	34	38	38	36	35	42	33	39	38	36	34	40	37	36	38	5.0	36.6	36.6	36.6	23.0	
结论	平均值	22.2	标准差	2.47	最小值	19	推定值	18.1	备注													

附表 4-20　柱下基础 G/13 位置的混凝土强度　　（单位：MPa）

工程名称：七三一部队遗址细菌实验室　　构件名称：锥形基础 G/13　　检测方式：单个检测

测区	1	2	3	4	5	6	7	8	9	10	11	12	13	14	15	16	碳化	平均值	角度修正	浇筑面修正	非泵送	泵送修正
测区 1	44	46	50	40	42	44	40	38	49	48	47	44	39	44	44	40	0.5	43.5	43.5	43.5	47.2	
测区 2	42	40	46	44	42	46	44	38	40	46	46	49	40	40	47	36	0.5	43.0	43.0	43.0	46.2	
测区 3	40	40	39	39	42	42	43	37	47	46	45	45	44	43	41	41	0.5	42.1	42.1	42.1	44.2	
测区 4	44	47	43	45	49	51	37	39	50	47	50	46	42	46	44	44	0.5	45.5	45.5	45.5	51.7	
测区 5	40	47	44	45	45	50	44	40	44	43	40	50	45	50	44	43	0.5	44.4	44.4	44.4	49.2	
测区 6	40	44	43	46	45	46	39	45	50	51	52	42	50	44	53	58	0.5	46.4	46.4	46.4	53.8	
测区 7	34	38	39	32	40	47	38	45	44	37	36	36	35	40	36	40	0.5	38.0	38.0	38.0	36.4	
测区 8	32	34	30	34	28	34	40	43	40	42	36	46	42	40	39	38	0.5	37.7	37.7	37.7	35.8	
测区 9	40	36	40	35	41	43	42	42	34	35	40	45	30	36	36	30	0.5	38.1	38.1	38.1	36.6	
测区 10	33	37	35	40	37	36	34	34	31	40	38	36	35	36	38	44	0.5	36.2	36.2	36.2	33.0	
结论	平均值	43.4	标准差	7.41	最小值	33	推定值	31.2	备注													

附表 4-21　柱下基础 G/5 位置的混凝土强度　　（单位：MPa）

工程名称：七三一部队遗址细菌实验室　　构件名称：锥形基础 G/5　　检测方式：单个检测

测区	1	2	3	4	5	6	7	8	9	10	11	12	13	14	15	16	碳化	平均值	角度修正	浇筑面修正	非泵送	泵送修正
测区 1	28	34	30	28	26	34	28	34	30	35	34	34	33	38	34	30	1.0	32.1	32.1	32.1	25.1	
测区 2	26	26	26	28	30	34	33	38	36	30	36	36	34	40	30	34	1.0	32.5	32.5	32.5	25.8	
测区 3	38	34	33	34	30	35	42	30	40	36	36	38	34	34	37	38	1.0	35.6	35.6	35.6	30.6	
测区 4	28	30	37	34	30	30	34	34	38	34	28	36	38	34	38	34	1.0	33.7	33.7	33.7	27.6	
测区 5	28	34	34	30	30	28	28	30	36	30	28	34	30	30	38	38	1.0	31.0	31.0	31.0	23.4	
测区 6	38	40	36	36	30	36	37	37	34	35	30	34	36	37	31	37	1.0	35.8	35.8	35.8	31.0	
测区 7	32	30	37	40	40	37	36	30	36	30	38	40	40	35	35	35	1.0	36.1	36.1	36.1	31.4	
测区 8	38	40	40	41	37	40	42	42	43	43	36	36	38	30	32	30	1.0	38.8	38.8	38.8	36.4	
测区 9	40	41	43	43	44	44	38	48	40	46	38	42	39	44	44	40	1.0	42.1	42.1	42.1	42.4	
测区 10	42	40	36	38	39	44	40	40	44	40	40	40	43	42	36	34	1.0	40.1	40.1	40.1	38.4	
结论	平均值	31.2	标准差	6.19	最小值	23.4	推定值	21	备注													

附表 5　钢筋混凝土柱构件测区回弹值原始记录报告

附表 5-1　柱 B/4 位置的混凝土强度　　（单位：MPa）

工程名称：七三一部队遗址细菌实验室　　构件名称：柱 B/4　　检测方式：单个检测

测区	1	2	3	4	5	6	7	8	9	10	11	12	13	14	15	16	碳化	平均值	角度修正	浇筑面修正	非泵送	泵送修正
测区 1	35	36	36	41	42	40	34	41	36	35	35	38	39	36	39	30	1.0	37.0	37.0	37.0	33.0	
测区 2	39	33	34	34	36	36	36	36	36	32	40	32	36	34	44	34	1.0	35.2	35.2	35.2	29.9	
测区 3	33	36	36	32	30	38	40	42	38	40	38	36	36	36	34	39	1.0	36.7	36.7	36.7	32.6	
测区 4	34	39	34	31	34	41	40	34	32	34	33	33	40	35	32	34	1.0	34.4	34.4	34.4	28.6	
测区 5	37	32	34	36	34	31	34	34	36	40	34	40	32	36	32	36	1.0	34.6	34.6	34.6	28.9	
测区 6	33	31	33	40	36	38	28	36	36	28	31	34	34	30	35	40	1.0	33.9	33.9	33.9	27.8	
测区 7	30	36	36	36	35	34	32	36	38	36	36	34	34	35	32	34	1.0	35.0	35.0	35.0	29.6	
测区 8	32	36	36	31	31	31	29	30	34	34	38	30	34	34	38	36	1.0	33.3	33.3	33.3	27.0	
测区 9	37	31	30	30	34	30	36	36	41	30	28	34	29	31	34	29	1.0	32.0	32.0	32.0	24.9	
测区 10	31	36	42	40	36	36	31	40	36	36	32	30	31	34	34	34	1.0	34.5	34.5	34.5	28.8	
结论	平均值	29.1	标准差	2.41	最小值	24.9	推定值	25.1	备注													

附表 5-2　柱 C/2 位置的混凝土强度　　（单位：MPa）

工程名称：七三一部队遗址细菌实验室　　构件名称：柱 C/2　　检测方式：单个检测

测区	1	2	3	4	5	6	7	8	9	10	11	12	13	14	15	16	碳化	平均值	角度修正	浇筑面修正	非泵送	泵送修正
测区 1	40	38	42	38	38	38	36	35	40	38	36	40	38	37	38	35	1.0	37.9	37.9	37.9	34.7	
测区 2	36	44	40	44	44	40	44	43	42	41	37	39	44	36	44	46	1.0	42.1	42.1	42.1	42.4	
测区 3	38	40	36	40	42	46	38	38	39	36	38	34	36	36	42	36	1.0	37.9	37.9	37.9	34.7	
测区 4	40	38	40	40	40	36	44	34	40	42	43	34	42	42	40	40	1.0	40.2	40.2	40.2	38.6	
测区 5	40	40	42	36	38	37	34	36	40	36	34	38	40	31	40	40	1.0	38.1	38.1	38.1	35.0	
测区 6	36	38	42	35	38	40	36	38	38	42	32	29	40	34	36	42	1.0	37.5	37.5	37.5	34.0	
测区 7	40	40	36	38	40	42	46	40	45	40	40	44	40	34	36	36	1.0	39.6	39.6	39.6	37.6	
测区 8	40	40	40	38	40	34	44	44	50	42	39	40	38	40	38	42	1.0	40.1	40.1	40.1	38.4	
测区 9	38	38	44	46	36	40	40	41	42	45	40	40	38	44	48	36	1.0	40.7	40.7	40.7	39.6	
测区 10	34	38	38	40	40	36	36	38	39	38	40	35	34	34	36	36	1.0	37.0	37.0	37.0	33.0	
结论	平均值	36.8	标准差	2.98	最小值	33.0	推定值	31.9	备注													

附表 5-3　柱 C/3 位置的混凝土强度　　（单位：MPa）

工程名称：七三一部队遗址细菌实验室　　构件名称：柱 C/3　　检测方式：单个检测

测区	1	2	3	4	5	6	7	8	9	10	11	12	13	14	15	16	碳化	平均值	角度修正	浇筑面修正	非泵送	泵送修正
测区 1	36	42	42	41	42	41	40	38	32	42	36	38	39	39	44	44	1.0	40.2	40.2	40.2	38.6	
测区 2	49	41	42	44	42	43	42	43	41	44	42	43	44	36	44	40	1.0	42.6	42.6	42.6	43.4	
测区 3	38	40	39	42	43	43	43	43	41	42	43	41	40	43	41	48	1.0	41.9	41.9	41.9	42.0	
测区 4	42	44	36	36	34	46	42	40	44	40	36	42	36	44	40	42	1.0	40.4	40.4	40.4	39.0	
测区 5	45	42	41	39	42	44	51	34	42	42	41	44	39	40	39	45	1.0	41.7	41.7	41.7	41.6	
测区 6	41	41	42	38	39	34	38	44	40	41	40	39	36	40	41	36	1.0	39.7	39.7	39.7	37.8	
测区 7	43	41	40	44	36	38	41	39	34	44	42	38	43	41	44	42	1.0	41.0	41.0	41.0	40.2	
测区 8	43	41	38	40	44	40	40	40	39	36	41	40	44	41	42	40	1.0	40.5	40.5	40.5	39.2	
测区 9	42	41	42	43	38	43	38	42	42	41	49	44	42	46	36	37	1.0	41.6	41.6	41.6	41.4	
测区 10	41	42	36	48	44	36	39	43	44	36	44	39	41	38	39	45	1.0	41.0	41.0	41.0	40.2	
结论	平均值	40.3	标准差	1.75	最小值	37.8	推定值	37.4	备注													

附表 5-4　柱 C/4 位置的混凝土强度　（单位：MPa）

工程名称：七三一部队遗址细菌实验室　构件名称：柱 C/4　检测方式：单个检测

测区	1	2	3	4	5	6	7	8	9	10	11	12	13	14	15	16	碳化	平均值	角度修正	浇筑面修正	非泵送	泵送修正
测区 1	41	39	46	39	44	38	41	36	37	39	43	38	38	41	39	37	0	39.3	39.3	39.3	40.1	
测区 2	41	39	38	42	36	30	34	36	34	38	42	38	39	30	38	44	0	37.7	37.7	37.7	36.9	
测区 3	36	38	41	40	34	39	39	38	36	39	38	39	32	36	39	39	0	38.1	38.1	38.1	37.7	
测区 4	42	36	38	30	36	32	38	34	34	32	36	32	38	36	36	34	0	35.2	35.2	35.2	32.1	
测区 5	38	38	36	32	34	36	36	36	34	34	34	38	32	34	31	35	0	34.9	34.9	34.9	31.6	
测区 6	38	39	39	36	38	41	40	32	36	37	39	42	30	39	38	34	0	37.9	37.9	37.9	37.3	
测区 7	41	34	36	44	42	36	44	38	37	36	41	36	35	41	42	45	0	39.0	39.0	39.0	39.5	
测区 8	37	39	40	41	40	41	41	40	39	40	38	40	44	42	41	38	0	40.1	40.1	40.1	41.8	
测区 9	39	40	36	38	39	34	38	40	39	40	39	40	36	40	38	38	0	38.8	38.8	38.8	39.1	
测区 10	41	36	41	36	38	32	38	44	42	40	38	41	41	40	40	38	0	39.5	39.5	39.5	40.5	
结论	平均值	37.7		标准差	3.42		最小值	31.6		推定值	32.1		备注									

附表 5-5　柱 F/16 位置的混凝土强度　（单位：MPa）

工程名称：七三一部队遗址细菌实验室　构件名称：柱 F/16　检测方式：单个检测

测区	1	2	3	4	5	6	7	8	9	10	11	12	13	14	15	16	碳化	平均值	角度修正	浇筑面修正	非泵送	泵送修正
测区 1	38	34	39	36	40	38	36	38	34	36	37	36	40	41	40	42	1.0	37.8	37.8	37.8	34.5	
测区 2	36	40	40	34	40	41	38	30	39	35	36	39	40	35	34	34	1.0	37.2	37.2	37.2	33.4	
测区 3	36	38	39	40	40	41	36	40	35	37	41	34	39	36	38	40	1.0	38.3	38.3	38.3	35.4	
测区 4	35	32	38	40	38	36	42	38	40	40	36	39	40	34	40	38	1.0	38.3	38.3	38.3	35.4	
测区 5	38	38	38	34	36	39	37	39	34	36	30	36	35	34	37	35	1.0	36.2	36.2	36.2	31.6	
测区 6	34	36	36	37	35	36	40	34	36	39	37	41	36	41	34	36	1.0	36.4	36.4	36.4	32.0	
测区 7	37	38	44	36	42	40	41	41	45	36	36	41	42	36	34	38	1.0	39.0	39.0	39.0	36.7	
测区 8	34	35	30	40	38	37	45	43	40	44	41	40	40	40	43	43	1.0	40.2	40.2	40.2	38.6	
测区 9	34	34	31	30	30	38	36	36	36	40	38	41	36	40	36	36	1.0	36.0	36.0	36.0	31.2	
测区 10	36	30	32	34	30	36	36	40	40	34	33	40	42	38	36	36	1.0	35.9	35.9	35.9	31.1	
结论	平均值	34		标准差	2.56		最小值	31.1		推定值	29.8		备注									

附表 5-6　柱 F/2 位置的混凝土强度　（单位：MPa）

工程名称：七三一部队遗址细菌实验室　构件名称：柱 F/2　检测方式：单个检测

测区	1	2	3	4	5	6	7	8	9	10	11	12	13	14	15	16	碳化	平均值	角度修正	浇筑面修正	非泵送	泵送修正
测区 1	38	37	42	39	34	38	38	39	37	38	35	40	38	40	41	35	0.5	38.2	38.2	38.2	36.8	
测区 2	42	37	37	38	35	39	33	37	36	33	34	35	39	36	38	38	0.5	36.7	36.7	36.7	34.0	
测区 3	44	40	38	40	40	44	40	36	39	42	42	39	39	35	34	41	0.5	39.8	39.8	39.8	39.6	
测区 4	34	40	38	35	35	42	38	34	39	34	39	39	42	41	38	42	0.5	38.2	38.2	38.2	36.8	
测区 5	36	40	35	36	38	40	40	35	32	40	36	36	36	36	38	39	0.5	37.1	37.1	37.1	34.6	
测区 6	34	36	40	46	38	38	36	39	38	34	36	38	40	40	41	37	0.5	38.0	38.0	38.0	36.4	
测区 7	39	40	36	36	35	39	40	36	34	34	40	36	41	36	42	42	0.5	37.8	37.8	37.8	36.0	
测区 8	38	40	32	40	36	40	45	35	38	40	40	32	36	36	34	40	0.5	37.9	37.9	37.9	36.2	
测区 9	36	36	34	34	38	34	34	36	35	35	38	36	35	41	40	34	0.5	35.5	35.5	35.5	31.7	
测区 10	32	39	36	38	38	39	40	36	37	40	30	31	35	42	38	36	0.5	37.2	37.2	37.2	34.8	
结论	平均值	35.7		标准差	2.09		最小值	31.7		推定值	32.3		备注									

附表 5-7　柱 F/26 位置的混凝土强度　　（单位：MPa）

工程名称：七三一部队遗址细菌实验室　　构件名称：柱 F/26　　检测方式：单个检测

测区	1	2	3	4	5	6	7	8	9	10	11	12	13	14	15	16	碳化	平均值	角度修正	浇筑面修正	非泵送	泵送修正
测区 1	36	38	40	38	35	30	30	41	45	40	36	38	39	39	34	35	3.0	37.4	37.4	37.4	28.3	
测区 2	38	35	36	36	38	40	38	38	36	36	36	34	38	42	40	43	3.0	37.4	37.4	37.4	28.3	
测区 3	39	40	45	36	38	35	40	43	44	35	34	33	43	37	36	44	3.0	38.7	38.7	38.7	30.2	
测区 4	35	35	38	43	37	34	40	37	41	35	34	36	36	38	43	36	3.0	36.8	36.8	36.8	27.5	
测区 5	38	38	43	38	37	36	44	38	35	40	36	34	36	39	34	44	3.0	37.6	37.6	37.6	28.6	
测区 6	44	46	40	41	48	40	35	40	41	34	43	41	42	44	45	44	3.0	42.0	42.0	42.0	34.9	
测区 7	42	46	38	34	41	44	38	36	42	35	37	38	39	41	34	36	3.0	38.6	38.6	38.6	30.1	
测区 8	43	38	36	34	34	34	44	39	42	41	43	40	38	44	40	36	3.0	39.3	39.3	39.3	30.9	
测区 9	40	41	38	37	34	38	34	34	34	34	40	39	35	38	38	36	3.0	36.7	36.7	36.7	27.3	
测区 10	38	42	40	40	40	35	30	35	38	37	43	40	37	38	38	39	3.0	38.5	38.5	38.5	30.0	
结论	平均值		29.6		标准差		2.23		最小值		27.3		推定值		25.9		备注					

附表 5-8　柱 G/16 位置的混凝土强度　　（单位：MPa）

工程名称：七三一部队遗址细菌实验室　　构件名称：柱 G/16　　检测方式：单个检测

测区	1	2	3	4	5	6	7	8	9	10	11	12	13	14	15	16	碳化	平均值	角度修正	浇筑面修正	非泵送	泵送修正
测区 1	43	38	41	34	40	30	32	38	42	40	40	41	36	36	38	37	1.0	38.4	38.4	38.4	35.6	
测区 2	34	32	40	31	39	36	33	35	36	46	41	38	41	42	41	36	1.0	37.6	37.6	37.6	34.1	
测区 3	31	38	36	38	38	40	34	42	36	41	34	40	40	40	40	40	1.0	38.6	38.6	38.6	36.0	
测区 4	41	40	36	38	34	38	41	46	42	43	43	36	44	44	42	45	1.0	41.2	41.2	41.2	40.6	
测区 5	37	34	38	34	38	36	42	34	32	34	32	36	31	32	38	38	1.0	35.3	35.3	35.3	30.0	
测区 6	32	32	36	36	33	39	41	42	34	32	38	37	31	31	36	38	1.0	35.2	35.2	35.2	29.9	
测区 7	32	34	32	36	36	34	38	34	40	32	36	34	36	38	32	32	1.0	34.4	34.4	34.4	28.6	
测区 8	38	34	34	35	31	33	36	38	41	40	39	40	34	41	38	39	1.0	37.1	37.1	37.1	33.2	
测区 9	36	36	32	34	34	38	30	32	38	36	31	31	33	34	36	34	1.0	34.1	34.1	34.1	28.2	
测区 10	38	39	36	37	41	36	40	42	36	34	31	42	34	38	39	39	1.0	37.8	37.8	37.8	34.5	
结论	平均值		33.1		标准差		3.92		最小值		28.2		推定值		26.7		备注					

附表 5-9　柱 G/17 位置的混凝土强度　　（单位：MPa）

工程名称：七三一部队遗址细菌实验室　　构件名称：柱 G/17　　检测方式：单个检测

测区	1	2	3	4	5	6	7	8	9	10	11	12	13	14	15	16	碳化	平均值	角度修正	浇筑面修正	非泵送	泵送修正
测区 1	30	31	32	31	28	28	33	26	29	29	32	34	33	33	29	36	0	30.9	30.9	30.9	24.8	
测区 2	33	36	37	34	31	33	33	35	34	33	34	32	34	33	31	33	0	33.4	33.4	33.4	28.9	
测区 3	35	35	34	36	34	36	36	38	36	34	38	36	36	31	31	29	0	35.2	35.2	35.2	32.1	
测区 4	36	36	34	36	32	34	36	31	35	31	35	34	38	39	32	34	0	34.6	34.6	34.6	31.1	
测区 5	29	32	31	38	34	32	34	35	33	29	30	31	33	28	33	32	0	32.1	32.1	32.1	26.7	
测区 6	30	35	36	34	38	36	29	29	33	30	35	32	28	36	32	30	0	32.7	32.7	32.7	27.8	
测区 7	34	30	36	30	36	34	32	33	36	30	32	36	36	40	37	39	0	34.5	34.5	34.5	30.9	
测区 8	40	40	42	36	36	38	37	39	39	34	38	36	36	39	37	38	0	37.7	37.7	37.7	36.9	
测区 9	36	34	36	36	36	34	38	38	32	32	34	35	31	36	32	30	0	34.5	34.5	34.5	30.9	
测区 10	40	29	32	32	32	34	34	36	38	42	38	38	36	31	31	34	0	34.6	34.6	34.6	31.1	
结论	平均值		30.1		标准差		3.33		最小值		24.8		推定值		24.6		备注					

附表 5-10　柱 G/19 位置的混凝土强度　（单位：MPa）

工程名称：七三一部队遗址细菌实验室　构件名称：柱 G/19　检测方式：单个检测

测区	1	2	3	4	5	6	7	8	9	10	11	12	13	14	15	16	碳化	平均值	角度修正	浇筑面修正	非泵送	泵送修正
测区 1	41	44	39	38	39	42	39	41	39	36	40	42	39	39	44	36	1.0	39.8	39.8	39.8	38.0	
测区 2	41	44	36	34	36	34	36	40	42	34	42	40	42	32	36	32	1.0	37.5	37.5	37.5	34.0	
测区 3	35	39	41	32	36	36	36	42	34	44	42	40	39	36	30	35	1.0	37.3	37.3	37.3	33.6	
测区 4	32	34	40	34	34	36	36	38	36	44	36	36	40	42	36	44	1.0	36.8	36.8	36.8	32.7	
测区 5	39	44	42	30	41	36	34	34	29	36	34	32	34	34	36	38	1.0	35.5	35.5	35.5	30.4	
测区 6	40	39	36	34	38	38	34	32	34	34	40	34	30	40	36	34	1.0	35.7	35.7	35.7	30.8	
测区 7	32	36	36	32	34	38	42	36	39	40	32	30	39	40	39	32	1.0	36.1	36.1	36.1	31.4	
测区 8	40	36	36	40	32	35	31	32	32	36	32	31	34	36	34	36	1.0	34.3	34.3	34.3	28.4	
测区 9	40	36	32	34	36	36	38	34	34	42	32	36	34	36	32	34	1.0	35.0	35.0	35.0	29.6	
测区 10	34	36	32	38	38	39	39	35	37	36	40	41	36	40	41	36	1.0	37.5	37.5	37.5	34.0	
结论	平均值		32.3		标准差		2.77		最小值		28.4		推定值		27.7		备注					

附表 5-11　柱 G/2 位置的混凝土强度　（单位：MPa）

工程名称：七三一部队遗址细菌实验室　构件名称：柱 G/2　检测方式：单个检测

测区	1	2	3	4	5	6	7	8	9	10	11	12	13	14	15	16	碳化	平均值	角度修正	浇筑面修正	非泵送	泵送修正
测区 1	36	38	36	39	41	40	44	40	48	42	35	42	40	40	34	45	0	39.8	39.8	39.8	41.2	
测区 2	38	46	38	36	40	34	34	38	38	35	35	33	40	44	40	42	0	37.8	37.8	37.8	37.1	
测区 3	38	42	36	38	38	38	38	40	40	38	40	42	38	39	45	41	0	39.0	39.0	39.0	39.5	
测区 4	34	36	36	34	36	40	41	40	40	40	40	44	36	36	39	40	0	38.3	38.3	38.3	38.1	
测区 5	34	42	38	40	36	42	40	42	38	37	40	38	40	40	38	37	0	38.9	38.9	38.9	39.3	
测区 6	38	38	38	38	38	42	40	40	37	40	34	38	39	36	36	40	0	38.4	38.4	38.4	38.3	
测区 7	33	40	42	43	40	38	36	35	44	45	40	40	38	37	43	37	0	39.5	39.5	39.5	40.5	
测区 8	36	42	38	43	38	36	38	35	40	36	40	38	38	37	43	37	0	38.0	38.0	38.0	37.5	
测区 9	36	37	37	40	40	35	38	35	35	36	40	36	35	38	37	36	0	36.6	36.6	36.6	34.8	
测区 10	36	43	38	37	46	36	36	36	36	38	39	40	34	37	41	38	0	37.5	37.5	37.5	36.5	
结论	平均值		38.3		标准差		1.92		最小值		34.8		推定值		35.1		备注					

附表 6　线性极化法所测得电化学参数

种类	编号	自腐蚀电位（mV）	腐蚀速率（mm/年）	极化电阻（kΩ）	腐蚀电流密度（μA/cm²）
初始钢筋	A1	－226.74	0.0021000	146.1100	0.17854
	A2	－223.68	0.0044812	68.4730	0.38098
	A3	－231.62	0.0011173	127.4620	0.09499
锈蚀钢筋	B1	－152.06	0.0459980	6.6707	3.91070
	B2	－229.35	0.0648770	4.7296	5.51570
	B3	－218.75	0.0753750	4.0710	6.40800

附表 7 黏土砖回弹测区原始记录

附表 7-1 黏土砖测区 1 数据

测位回弹值						测位回弹平均值	第 i 测区第 j 个测位的抗压强度换算值（MPa）	测区抗压强度平均值（MPa）
测位 1	36	35	39	36	37	36.60	11.57	11.05
测位 2	41	43	43	44	47	43.60	19.65	
测位 3	34	36	37	32	34	34.60	9.62	
测位 4	32	31	32	36	36	33.40	8.53	
测位 5	32	32	36	38	38	35.20	10.19	
测位 6	38	40	38	38	34	37.60	12.61	
测位 7	30	36	33	35	32	33.20	8.35	
测位 8	30	32	36	34	32	32.80	8.01	
测位 9	41	36	42	35	36	38.00	13.03	
测位 10	32	36	34	31	36	33.80	8.89	

附表 7-2 黏土砖测区 2 数据

测位回弹值						测位回弹平均值	第 i 测区第 j 个测位的抗压强度换算值（MPa）	测区抗压强度平均值（MPa）
测位 1	30	39	36	39	35	35.80	10.77	9.33
测位 2	38	35	39	39	36	37.40	12.40	
测位 3	32	33	31	31	30	31.40	6.84	
测位 4	34	35	33	35	31	33.60	8.71	
测位 5	34	34	33	35	35	34.20	9.25	
测位 6	37	36	37	35	36	36.20	11.17	
测位 7	31	34	33	31	28	31.40	6.84	
测位 8	40	36	36	35	37	36.80	11.77	
测位 9	33	34	30	32	29	31.60	7.00	
测位 10	31	33	34	35	34	33.40	8.53	

附表 7-3 黏土砖测区 3 数据

测位回弹值						测位回弹平均值	第 i 测区第 j 个测位的抗压强度换算值（MPa）	测区抗压强度平均值（MPa）
测位 1	32	33	34	38	30	33.40	8.53	9.67
测位 2	38	34	36	36	38	36.40	11.37	
测位 3	30	29	30	28	24	28.20	4.46	
测位 4	38	32	31	34	35	34.00	9.07	
测位 5	34	38	38	38	36	36.80	11.77	
测位 6	42	39	41	40	41	40.60	15.95	
测位 7	36	34	34	36	35	35.00	10.00	
测位 8	37	27	30	24	40	31.60	7.00	
测位 9	37	38	34	35	28	34.40	9.44	
测位 10	32	36	34	34	34	34.00	9.07	

附表 7-4　黏土砖测区 4 数据

测位回弹值						测位回弹平均值	第 i 测区第 j 个测位的抗压强度换算值（MPa）	测区抗压强度平均值（MPa）
测位 1	38	38	37	37	36	37.20	12.19	11.84
测位 2	31	30	32	32	29	30.80	6.36	
测位 3	42	42	44	41	36	41.00	16.42	
测位 4	37	38	36	34	37	36.40	11.37	
测位 5	32	38	34	40	34	35.60	10.58	
测位 6	38	34	34	34	36	35.20	10.19	
测位 7	44	36	35	36	39	38.00	13.03	
测位 8	38	38	32	32	34	34.80	9.81	
测位 9	39	41	36	41	40	39.40	14.57	
测位 10	40	40	39	40	35	38.80	13.90	

附表 7-5　黏土砖测区 5 数据

测位回弹值						测位回弹平均值	第 i 测区第 j 个测位的抗压强度换算值（MPa）	测区抗压强度平均值（MPa）
测位 1	38	37	39	37	41	38.40	13.46	13.91
测位 2	42	40	42	40	42	41.20	16.66	
测位 3	44	42	41	42	42	42.20	17.88	
测位 4	37	37	40	36	40	38.00	13.03	
测位 5	35	34	30	32	33	32.80	8.01	
测位 6	42	40	41	44	44	42.20	17.88	
测位 7	42	39	35	35	36	37.40	12.40	
测位 8	41	39	34	37	39	38.00	13.03	
测位 9	39	39	34	37	39	37.60	12.61	
测位 10	40	41	40	36	38	39.00	14.12	

附表 7-6　黏土砖测区 6 数据

测位回弹值						测位回弹平均值	第 i 测区第 j 个测位的抗压强度换算值（MPa）	测区抗压强度平均值（MPa）
测位 1	37	36	35	35	32	35.00	10.00	9.57
测位 2	32	32	30	29	27	30.00	5.75	
测位 3	35	36	35	34	32	34.40	9.44	
测位 4	31	34	31	29	33	31.60	7.00	
测位 5	31	34	32	36	34	33.40	8.53	
测位 6	36	32	28	34	32	32.40	7.67	
测位 7	38	36	37	35	36	36.40	11.37	
测位 8	38	36	35	34	36	35.80	10.77	
测位 9	40	41	46	43	38	41.60	17.14	
测位 10	29	36	33	32	34	32.80	8.01	

附表 7-7 黏土砖测区 7 数据

测位回弹值						测位回弹平均值	第 i 测区第 j 个测位的抗压强度换算值（MPa）	测区抗压强度平均值（MPa）
测位 1	37	38	40	38	37	38.00	13.03	12.81
测位 2	31	28	30	32	32	30.60	6.21	
测位 3	45	41	40	42	39	41.40	16.90	
测位 4	40	44	38	40	40	40.40	15.71	
测位 5	33	36	39	37	40	37.00	11.98	
测位 6	37	38	36	36	34	36.20	11.17	
测位 7	39	39	40	39	36	38.60	13.68	
测位 8	40	36	34	34	41	37.00	11.98	
测位 9	40	42	47	39	38	41.20	16.66	
测位 10	34	36	35	36	38	35.80	10.77	

附表 7-8 黏土砖测区 8 数据

测位回弹值						测位回弹平均值	第 i 测区第 j 个测位的抗压强度换算值（MPa）	测区抗压强度平均值（MPa）
测位 1	42	42	38	39	36	39.40	14.57	13.08
测位 2	31	30	36	40	40	35.40	10.38	
测位 3	42	42	40	40	44	41.60	17.14	
测位 4	40	40	41	44	44	41.80	17.38	
测位 5	39	38	37	39	36	37.80	12.82	
测位 6	36	36	32	32	36	34.40	9.44	
测位 7	38	44	36	40	43	40.20	15.48	
测位 8	39	36	36	39	33	36.60	11.57	
测位 9	38	42	39	36	37	38.40	13.46	
测位 10	34	34	31	36	32	33.40	8.53	

附表 7-9 黏土砖测区 9 数据

测位回弹值						测位回弹平均值	第 i 测区第 j 个测位的抗压强度换算值（MPa）	测区抗压强度平均值（MPa）
测位 1	40	37	37	40	34	37.60	12.61	9.54
测位 2	33	34	31	35	32	33.00	8.18	
测位 3	36	41	39	34	33	36.60	11.57	
测位 4	34	29	29	34	32	31.60	7.00	
测位 5	31	36	39	39	34	35.80	10.77	
测位 6	33	35	34	36	34	34.40	9.44	
测位 7	33	36	39	36	36	36.00	10.97	
测位 8	32	31	34	36	31	32.80	8.01	
测位 9	33	31	34	34	31	32.60	7.84	
测位 10	35	34	38	34	29	34.00	9.07	

附表 7-10　黏土砖测区 10 数据

测位回弹值						测位回弹平均值	第 i 测区第 j 个测位的抗压强度换算值（MPa）	测区抗压强度平均值（MPa）
测位 1	38	38	39	35	34	36.80	11.77	12.15
测位 2	34	37	38	39	39	37.40	12.40	
测位 3	36	36	38	35	32	35.40	10.38	
测位 4	38	37	40	36	38	37.80	12.82	
测位 5	34	32	35	35	37	34.60	9.62	
测位 6	36	36	35	30	36	34.60	9.62	
测位 7	36	40	37	39	38	38.00	13.03	
测位 8	30	34	36	29	29	31.60	7.00	
测位 9	39	39	46	46	46	43.20	19.13	
测位 10	41	39	44	37	41	40.40	15.71	

附表 8　各层土物理力学性能指标

岩土编号	岩土名称	统计项目	天然含水量 ω（%）	天然孔隙比 e	重力密度 γ（kN/m³）	液限 ω_L（%）	塑限 ωp（%）	液性指数 IL	直剪		压缩系数	压缩模量	标贯修正击数 N（击 / 30cm）
									黏聚力 Cq（kPa）（快剪）	内摩擦角 φq（度）（快剪）	α0.1-0.2（1/MPa）	Es0.1-0.2（MPa）	
1-1-0	新近沉积土	统计个数	2	2	2	2	2	2	1	1	2	2	
		平均值	21.9	0.758	19.0	36.2	18.5	0.20	43.7	22.7	0.274	6.52	
		最大值	22.4	0.765	19.0	36.2	18.5	0.22	43.7	22.7	0.307	7.33	
		最小值	21.5	0.752	19.0	36.1	18.5	0.17	43.7	22.7	0.241	5.71	
2	粉质黏土	统计个数	6	6	6	6	6	6	3	3	6	6	2
		平均值	21.6	0.699	19.6	36.0	18.4	0.18	43.7	21.4	0.239	7.66	8.7
		最大值	23.0	0.754	20.3	37.5	18.9	0.23	45.6	22.7	0.382	10.48	8.7
		最小值	20.4	0.630	19.1	33.3	17.6	0.10	41.8	20.8	0.163	4.59	8.6
		标准差	1.040	0.040	0.422	1.453	0.445	0.055			0.079	2.026	
		变异系数	0.048	0.057	0.021	0.040	0.024	0.298			0.330	0.265	
		标准值	22.5	0.732	19.3	34.8	18.0	0.23			0.304	5.98	
		修正系数	1.040	1.047	0.982	0.967	0.980	1.246			1.273	0.782	
3	粉质黏土	统计个数	11	11	11	11	11	11	3	3	11	11	4
		平均值	24.2	0.708	19.8	31.2	16.8	0.52	34.8	14.9	0.300	5.75	5.5
		最大值	26.6	0.763	20.2	33.4	17.6	0.69	41.8	16.9	0.368	7.07	6.5
		最小值	22.3	0.648	19.5	29.5	16.2	0.30	30.4	13.9	0.240	4.79	4.5
		标准差	1.333	0.033	0.237	1.282	0.469	0.118			0.039	0.688	
		变异系数	0.055	0.047	0.012	0.041	0.028	0.227			0.130	0.120	
		标准值	24.9	0.726	19.7	30.5	16.5	0.58			0.322	5.37	
		修正系数	1.030	1.026	0.993	0.977	0.985	1.125			1.072	0.934	

续表

岩土编号	岩土名称	统计项目	天然含水量ω（%）	天然孔隙比e	重力密度γ（kN/m³）	液限ω_L（%）	塑限ωp（%）	液性指数IL	直剪 黏聚力Cq（kPa）（快剪）	直剪 内摩擦角φq（度）（快剪）	压缩系数 α0.1-0.2（1/MPa）	压缩模量 Es0.1-0.2（MPa）	标贯修正击数N（击/30cm）
4	粉质黏土	统计个数	22	22	22	22	22	22	3	3	22	22	4
		平均值	30.5	0.874	19.0	31.0	16.7	0.96	22.8	9.3	0.440	4.36	4.0
		最大值	39.0	1.124	19.6	38.6	19.3	1.26	26.6	10.8	0.565	5.67	4.4
		最小值	26.1	0.750	18.0	28.4	15.7	0.75	19.0	8.6	0.313	3.57	3.4
		标准差	3.564	0.103	0.484	2.091	0.742	0.152			0.079	0.623	
		变异系数	0.117	0.117	0.025	0.067	0.044	0.159			0.180	0.143	
		标准值	31.8	0.913	18.8	30.2	16.4	1.01			0.470	4.13	
		修正系数	1.044	1.044	0.991	0.975	0.983	1.059			1.067	0.947	

附表 9　标准贯入试验成果

序号	勘探点编号	试验段深度（m）	标贯击数N（击/30cm）	探杆长度（m）	校正系数	标贯修正击数N（击/30cm）	岩土编号	岩土名称	备注
1	2	2.20 ~ 2.50	9.0	4.00	0.973	8.8	2-0	粉质黏土	
2	5	2.70 ~ 3.00	9.0	4.50	0.960	8.6			
3	2	4.70 ~ 5.00	6.0	6.50	0.910	5.5	3-0	粉质黏土	
4	5	3.70 ~ 4.00	7.0	5.50	0.933	6.5			
5	8	4.20 ~ 4.50	6.0	6.00	0.920	5.5			
6	10	4.70 ~ 5.00	5.0	6.50	0.910	4.6			
7	2	7.70 ~ 8.00	5.0	9.50	0.852	4.3	4-0	粉质黏土	
8	5	6.70 ~ 7.00	4.0	8.50	0.870	3.5			
9	8	6.20 ~ 6.50	5.0	8.00	0.880	4.4			
10	10	8.70 ~ 9.00	5.0	10.50	0.835	4.2			

附录：建筑材料能谱原始数据

Prepared for: ***Company Name Here***

Prepared by: ***Your Name Here*** ***1/27/2015***

混凝土能谱（测点 1）

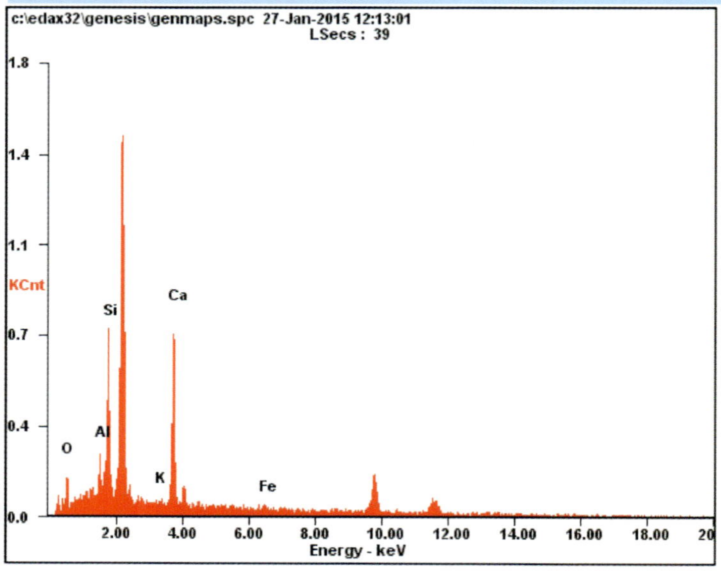

Element	*Wt%*	*At%*
OK	26.28	43.77
AlK	03.43	03.39
SiK	23.71	22.49
KK	01.44	00.98
CaK	41.82	27.79
FeK	03.32	01.58
Matrix	Correction	ZAF

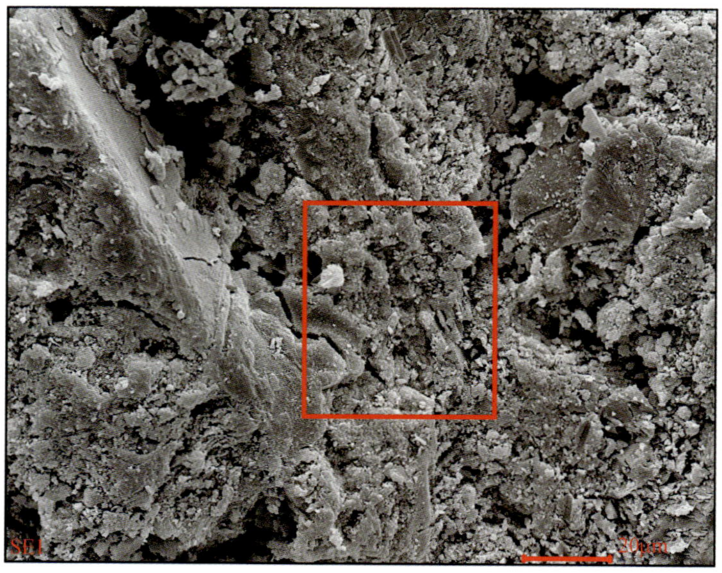

附录：建筑材料能谱原始数据

Prepared for: *Company Name Here*

Prepared by: *Your Name Here* *1/27/2015*

混凝土能谱（测点 2）

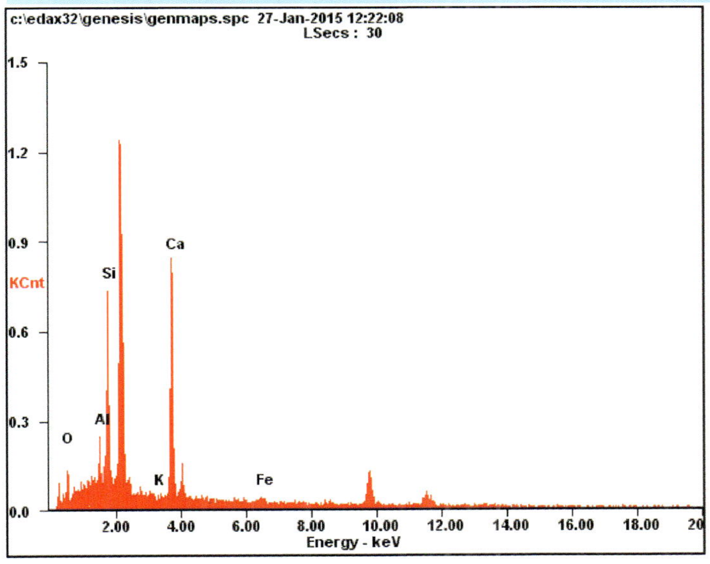

Element	Wt%	At%
OK	23.47	40.22
AlK	04.31	04.38
SiK	22.74	22.19
KK	00.21	00.15
CaK	45.93	31.42
FeK	03.34	01.64
Matrix	Correction	ZAF

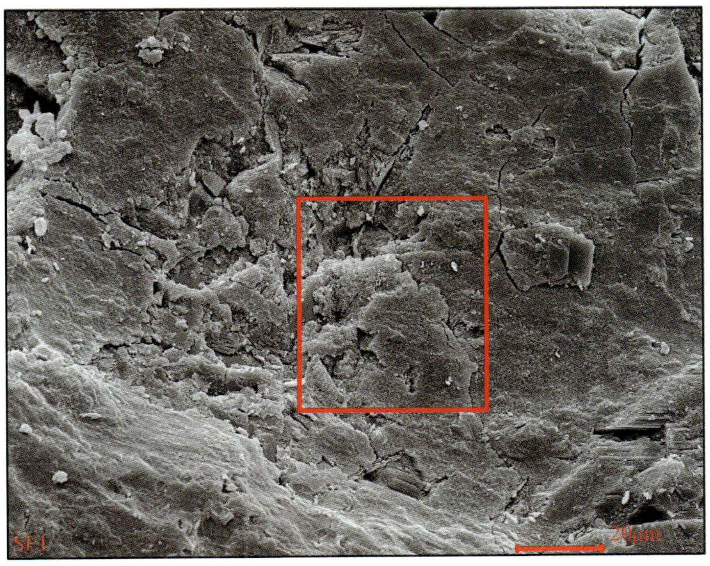

附录：建筑材料能谱原始数据

EDAX TSL
advanced microanalysis solutions
AMETEK

Prepared for: *Company Name Here*

Prepared by: *Your Name Here* *1/27/2015*

混凝土能谱（测点 3）

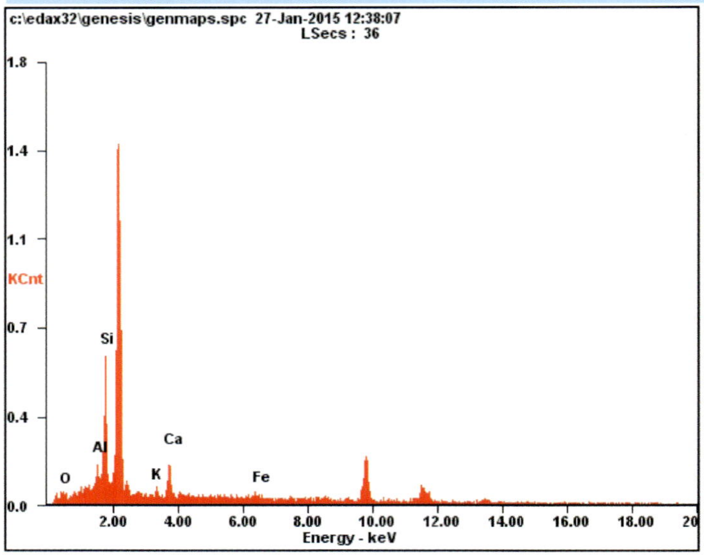

Element	Wt%	At%
OK	04.44	08.63
AlK	05.60	06.46
SiK	51.09	56.55
KK	05.15	04.10
CaK	25.13	19.49
FeK	08.59	04.78
Matrix	Correction	ZAF

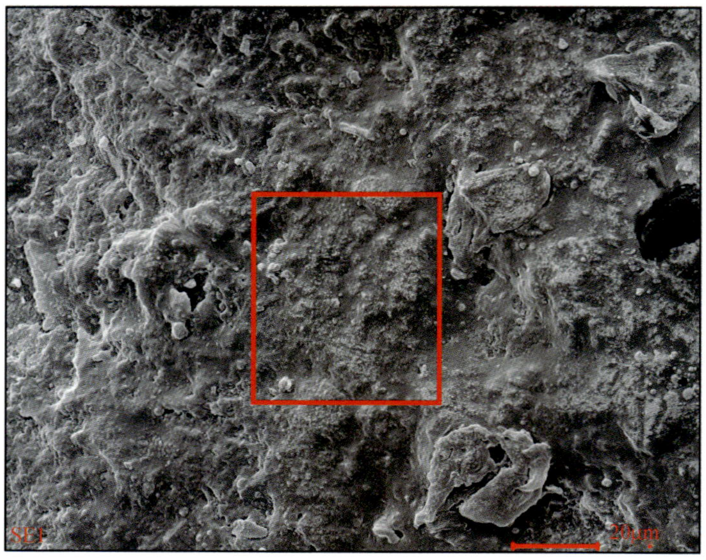

附录：建筑材料能谱原始数据

Prepared for: *Company Name Here*

Prepared by: *Your Name Here* *1/27/2015*

EDAX TSL advanced microanalysis solutions AMETEK

混凝土能谱（测点 4）

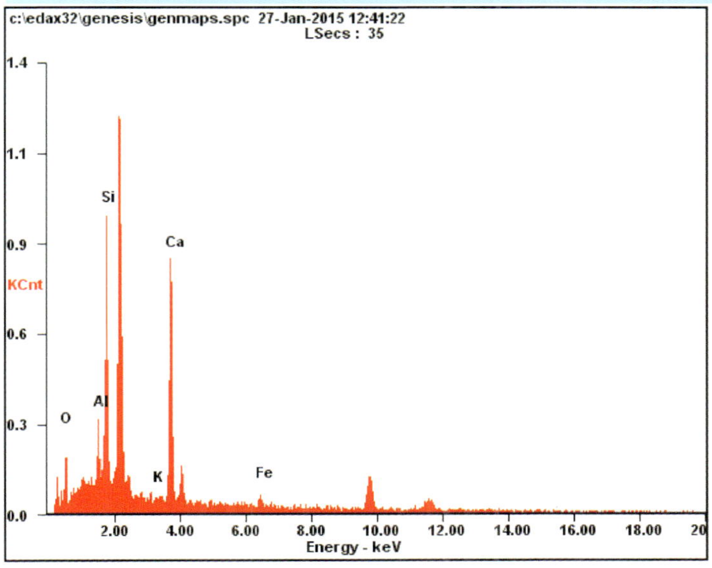

Element	*Wt%*	*At%*
OK	24.88	41.76
AlK	05.07	05.05
SiK	25.33	24.22
KK	00.70	00.48
CaK	38.63	25.89
FeK	05.39	02.59
Matrix	Correction	ZAF

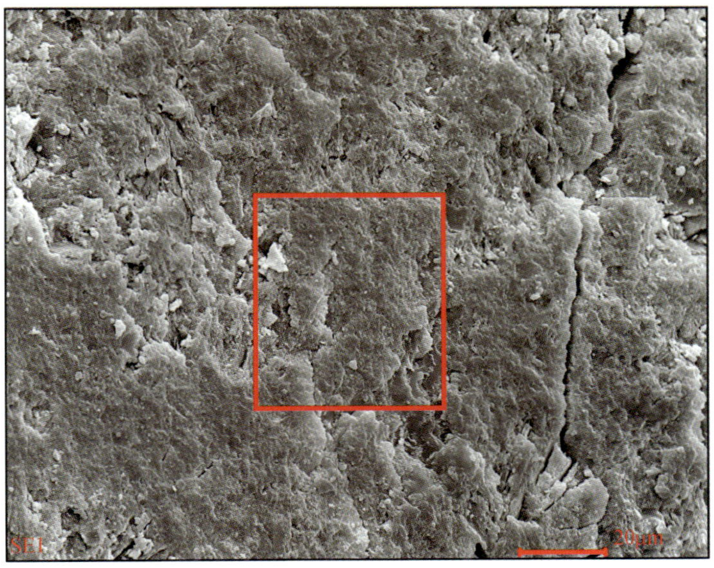

附录：建筑材料能谱原始数据

Prepared for: Company Name Here

Prepared by: Your Name Here 1/27/2015

EDAX TSL advanced microanalysis solutions AMETEK

混凝土能谱（测点 5）

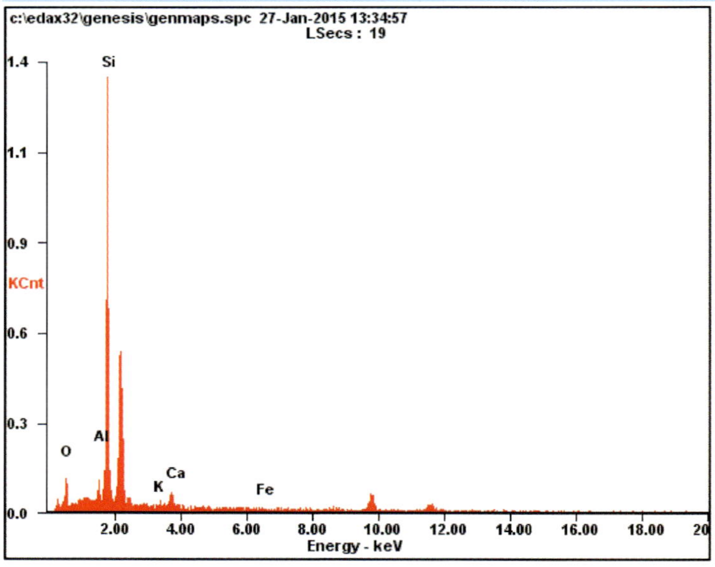

Element	Wt%	At%
OK	20.03	31.35
AlK	02.70	02.50
SiK	68.04	60.66
KK	01.72	01.10
CaK	05.77	03.61
FeK	01.74	00.78
Matrix	Correction	ZAF

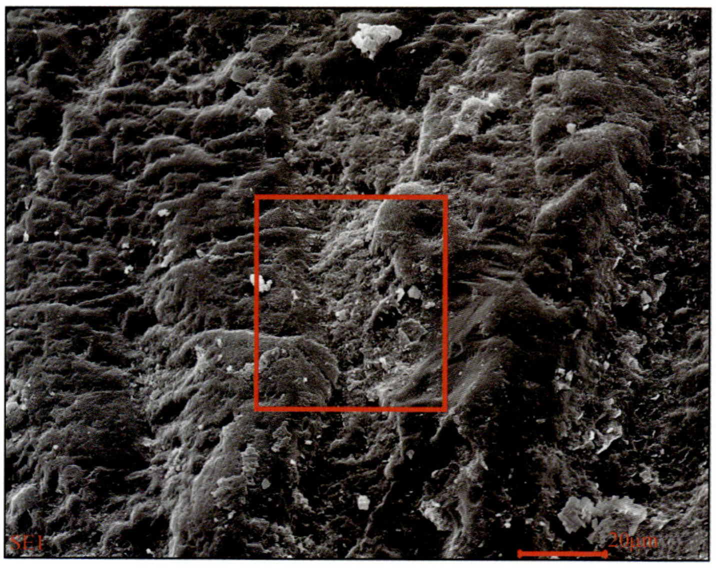

附录：建筑材料能谱原始数据

Prepared for: Company Name Here

Prepared by: Your Name Here 1/27/2015

EDAX TSL advanced microanalysis solutions AMETEK

混凝土能谱（测点6）

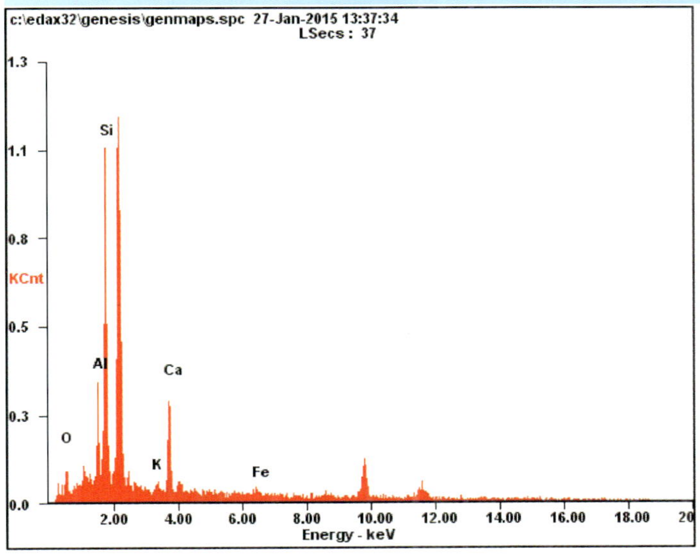

Element	Wt%	At%
OK	16.37	27.94
AlK	10.30	10.43
SiK	43.70	42.49
KK	01.29	00.90
CaK	22.76	15.51
FeK	05.58	02.73
Matrix	Correction	ZAF

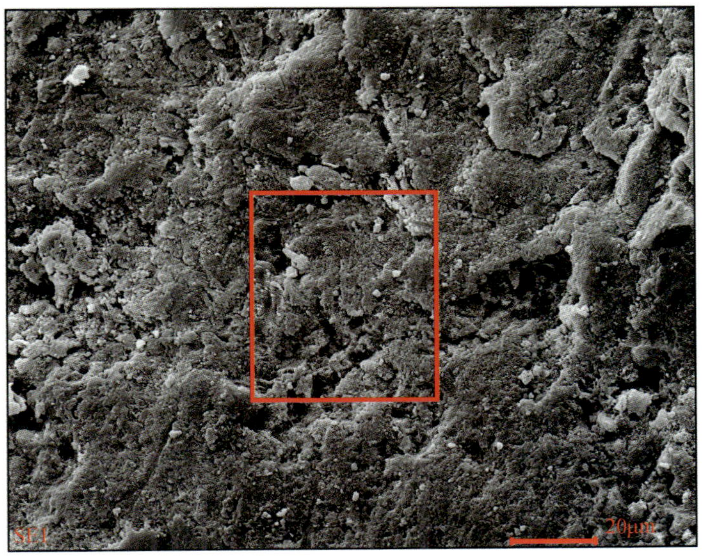

附录：建筑材料能谱原始数据

Prepared for: *Company Name Here*

Prepared by: *Your Name Here* *1/27/2015*

advanced microanalysis solutions

AMETEK

黏土砖能谱（测点 1）

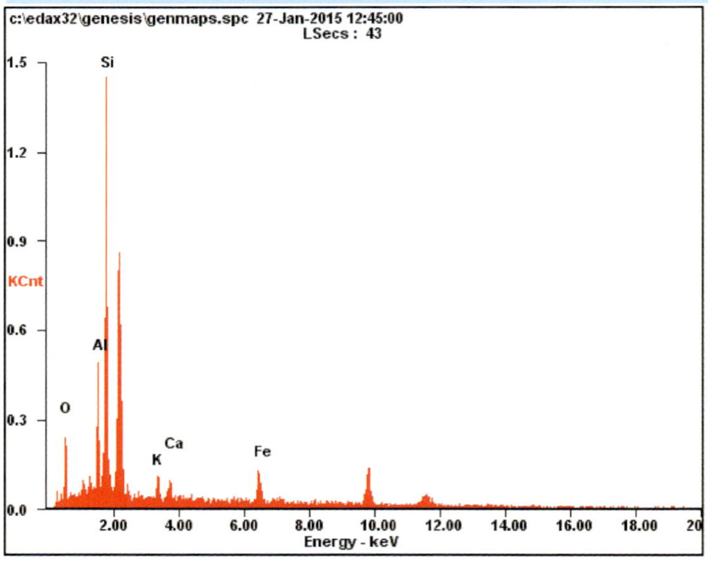

Element	*Wt%*	*At%*
OK	20.78	34.18
AlK	12.09	11.79
SiK	44.78	41.95
KK	04.06	02.73
CaK	03.97	02.61
FeK	14.32	06.74
Matrix	Correction	ZAF

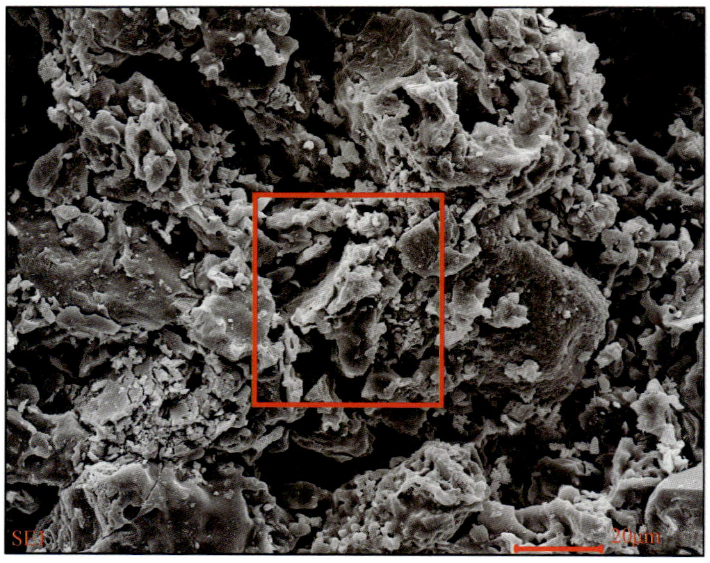

附录：建筑材料能谱原始数据

Prepared for: ***Company Name Here***

Prepared by: ***Your Name Here*** ***1/27/2015***

EDAX TSL advanced microanalysis solutions AMETEK

黏土砖能谱（测点 2）

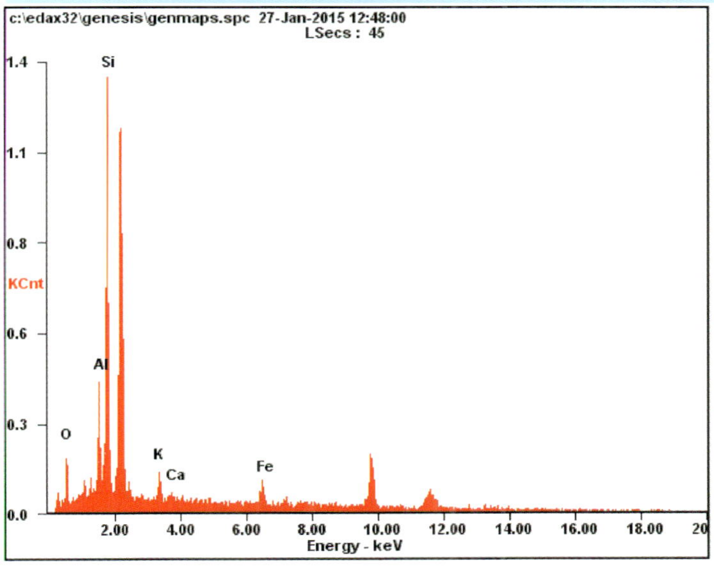

Element	*Wt%*	*At%*
OK	18.06	29.82
AlK	11.22	10.99
SiK	51.85	48.76
KK	05.09	03.44
CaK	02.59	01.70
FeK	11.19	05.29
Matrix	Correction	ZAF

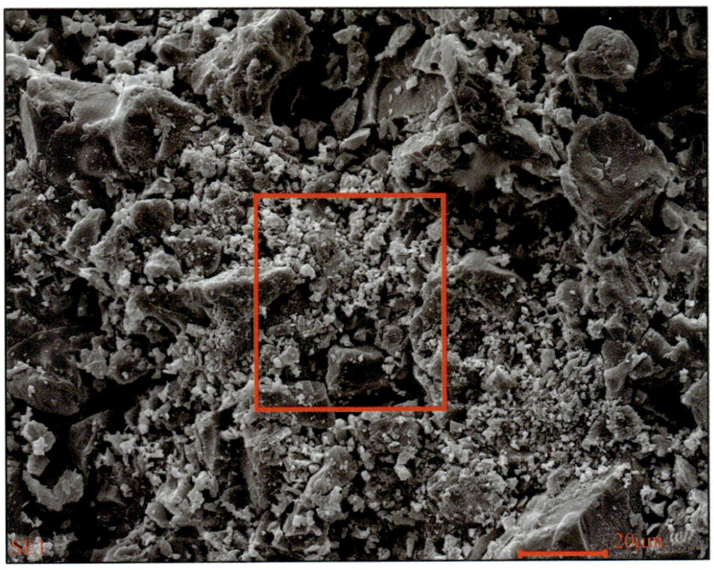

附录：建筑材料能谱原始数据

Prepared for: Company Name Here

Prepared by: Your Name Here 1/27/2015

黏土砖能谱（测点 3）

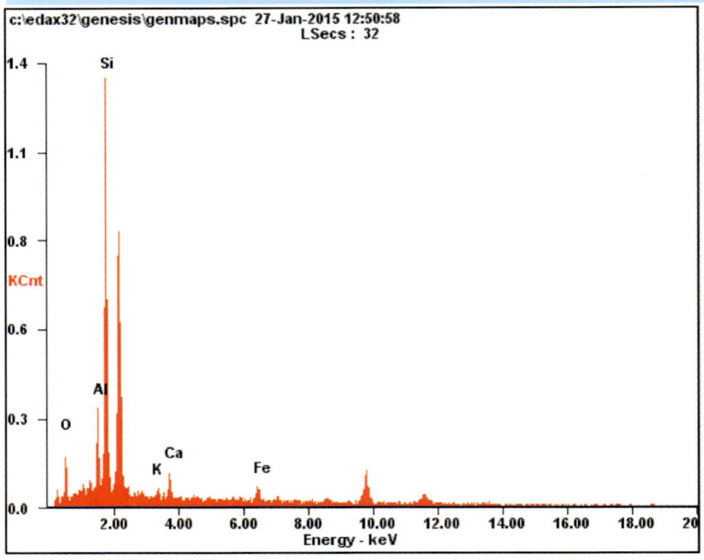

Element	Wt%	At%
OK	19.97	32.24
AlK	09.39	08.99
SiK	54.50	50.13
KK	01.70	01.12
CaK	04.60	02.96
FeK	09.84	04.55
Matrix	Correction	ZAF

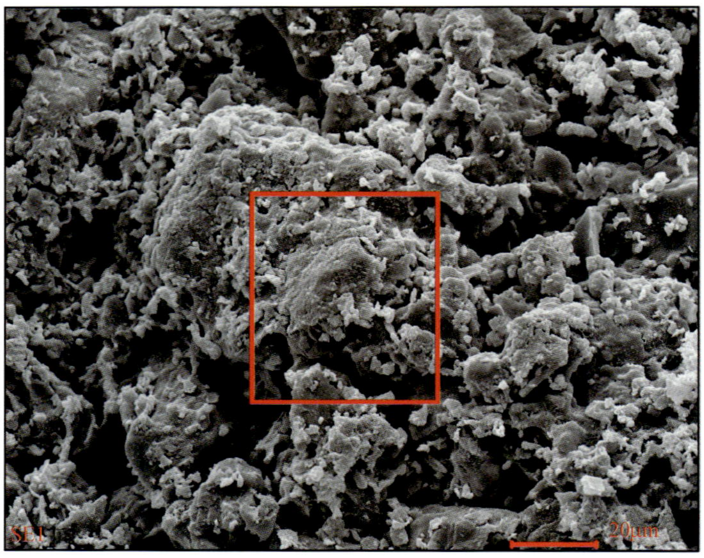

附录：建筑材料能谱原始数据

EDAX TSL
advanced microanalysis solutions
AMETEK

Prepared for: ***Company Name Here***

Prepared by: ***Your Name Here*** ***1/27/2015***

黏土砖能谱（测点 4）

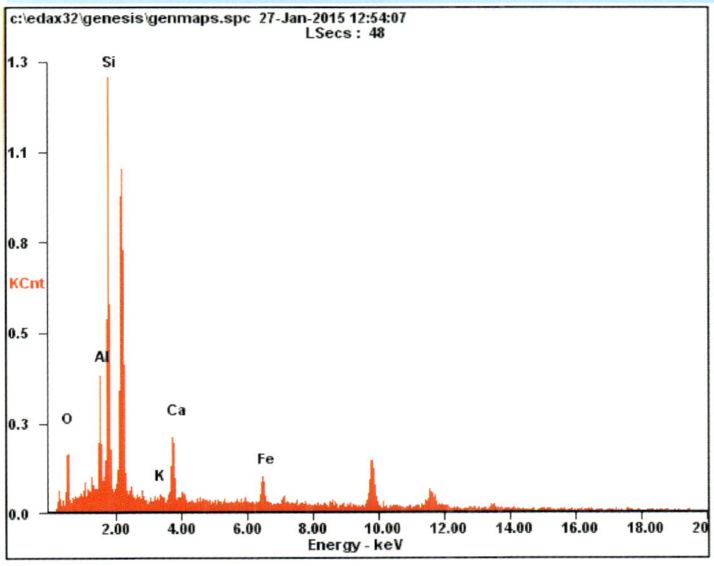

Element	*Wt%*	*At%*
OK	19.55	32.76
AlK	10.16	10.09
SiK	43.66	41.68
KK	01.11	00.76
CaK	13.03	08.72
FeK	12.49	06.00
Matrix	Correction	ZAF

附录：建筑材料能谱原始数据

Prepared for: *Company Name Here*

Prepared by: *Your Name Here* *1/27/2015*

黏土砖能谱（测点 5）

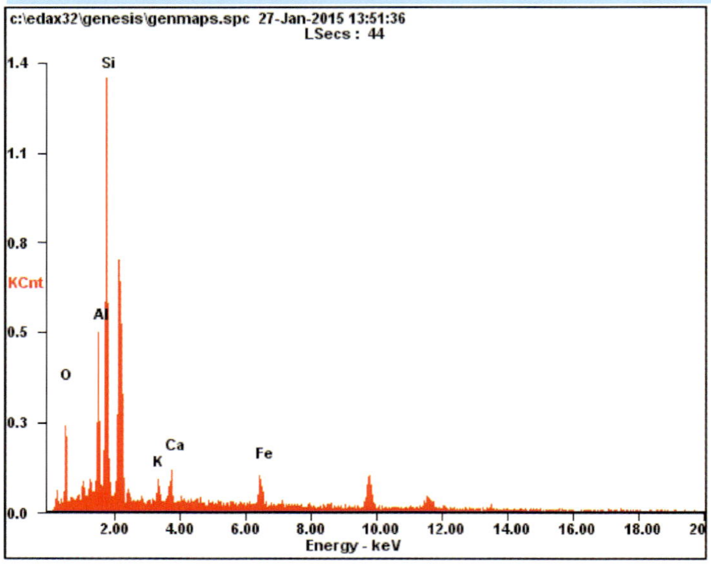

Element	Wt%	At%
OK	23.84	38.31
AlK	13.03	12.41
SiK	41.11	37.64
KK	03.16	02.08
CaK	04.82	03.09
FeK	14.05	06.47
Matrix	Correction	ZAF

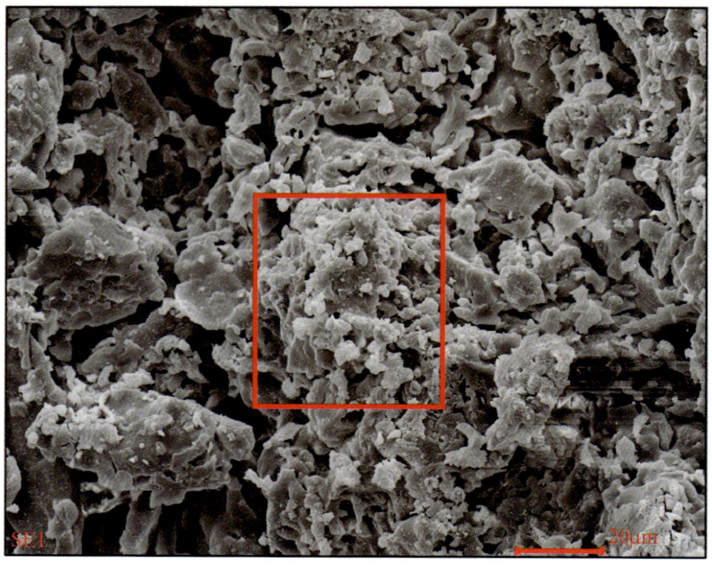

附录：建筑材料能谱原始数据

EDAX TSL advanced microanalysis solutions AMETEK

Prepared for: *Company Name Here*

Prepared by: *Your Name Here* *1/27/2015*

黏土砖能谱（测点 6）

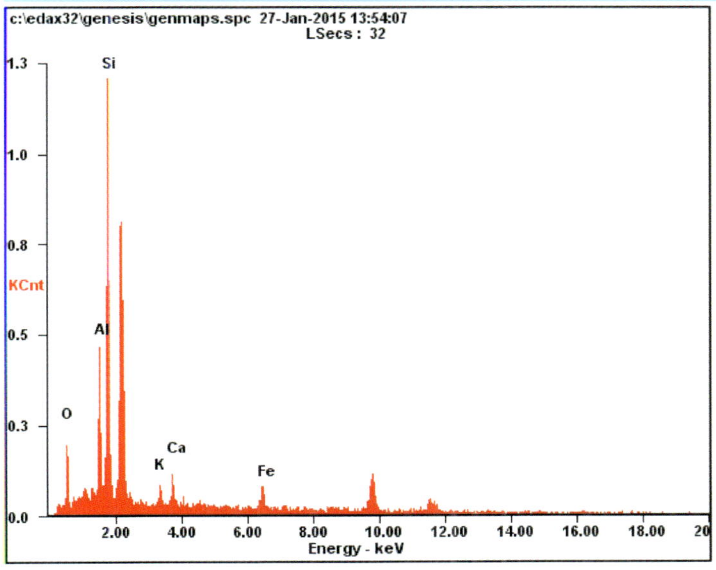

Element	*Wt%*	*At%*
OK	20.83	33.75
AlK	13.34	12.82
SiK	46.71	43.11
KK	02.84	01.89
CaK	04.82	03.12
FeK	11.45	05.31
Matrix	Correction	ZAF

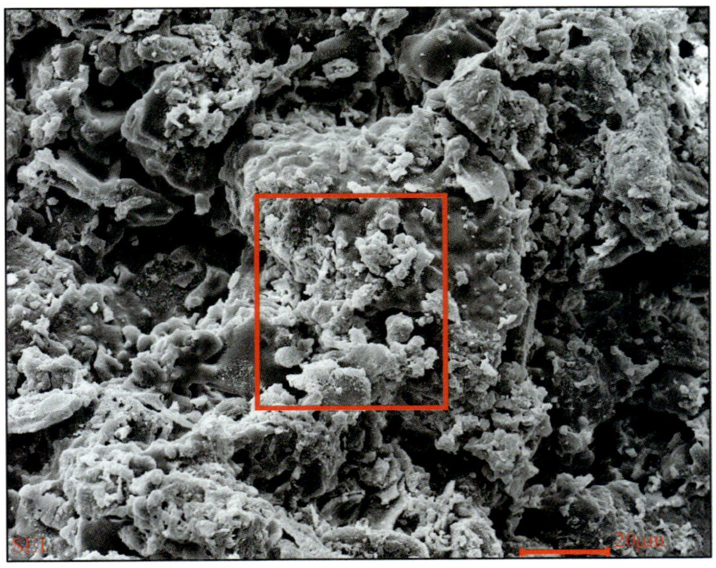

附录：建筑材料能谱原始数据

Prepared for: Company Name Here

Prepared by: Your Name Here 1/27/2015

EDAX TSL
advanced microanalysis solutions
AMETEK

预制管能谱（测点 1）

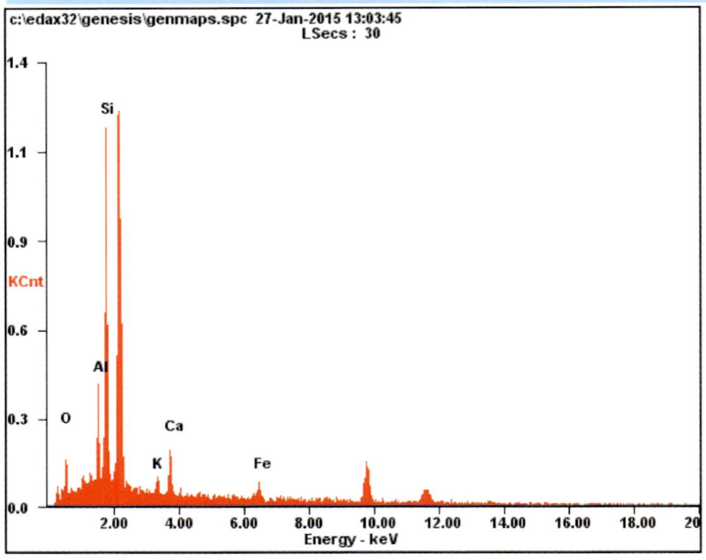

Element	Wt%	At%
OK	20.64	33.78
AlK	10.13	09.83
SiK	46.28	43.14
KK	03.18	02.13
CaK	10.08	06.58
FeK	09.68	04.54
Matrix	Correction	ZAF

附录：建筑材料能谱原始数据

Prepared for: Company Name Here

Prepared by: Your Name Here 1/27/2015

预制管能谱（测点 2）

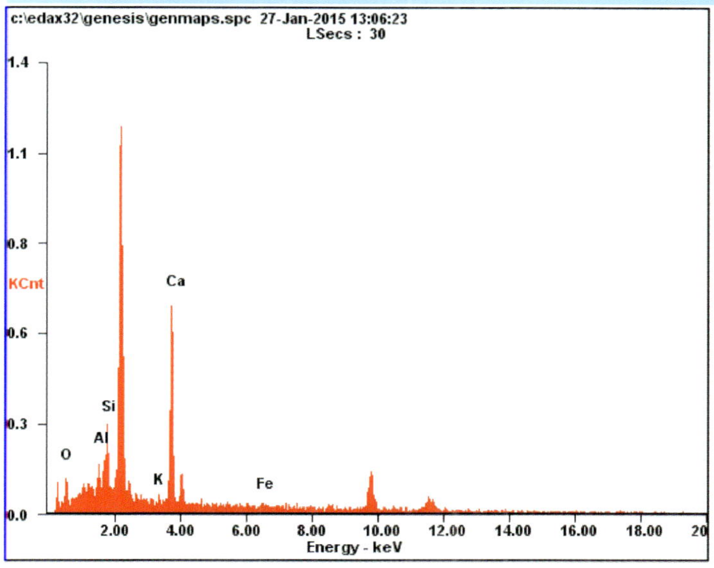

Element	Wt%	At%
OK	25.86	44.80
AlK	03.31	03.40
SiK	12.27	12.11
KK	00.99	00.70
CaK	53.32	36.87
FeK	04.24	02.10
Matrix	Correction	ZAF

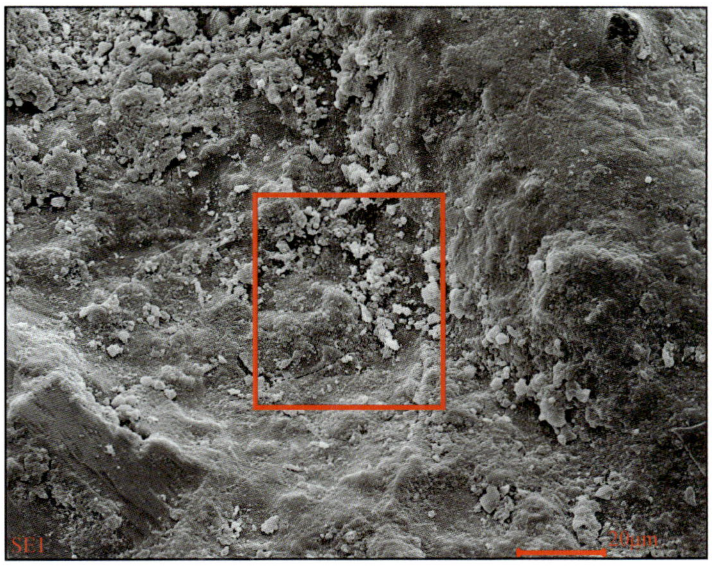

附录：建筑材料能谱原始数据

EDAX TSL advanced microanalysis solutions AMETEK

Prepared for: *Company Name Here*

Prepared by: *Your Name Here* *1/27/2015*

预制管能谱（测点 3）

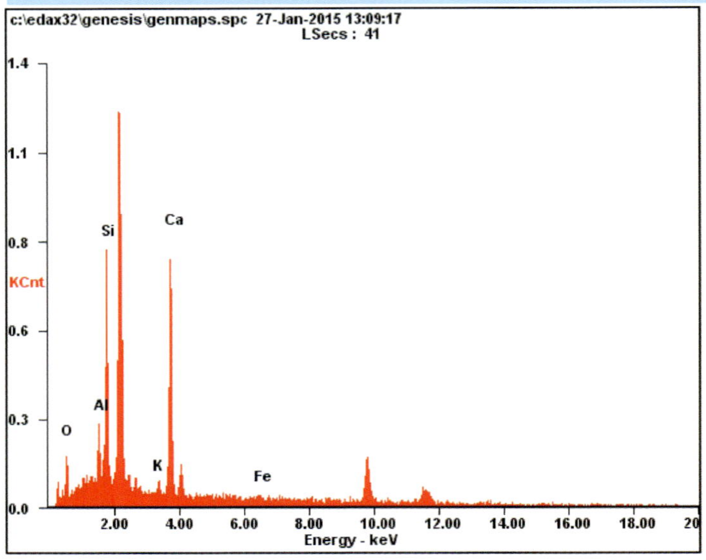

Element	*Wt%*	*At%*
OK	21.79	37.50
AlK	06.44	06.57
SiK	25.02	24.53
KK	01.93	01.36
CaK	41.02	28.18
FeK	03.80	01.87
Matrix	Correction	ZAF

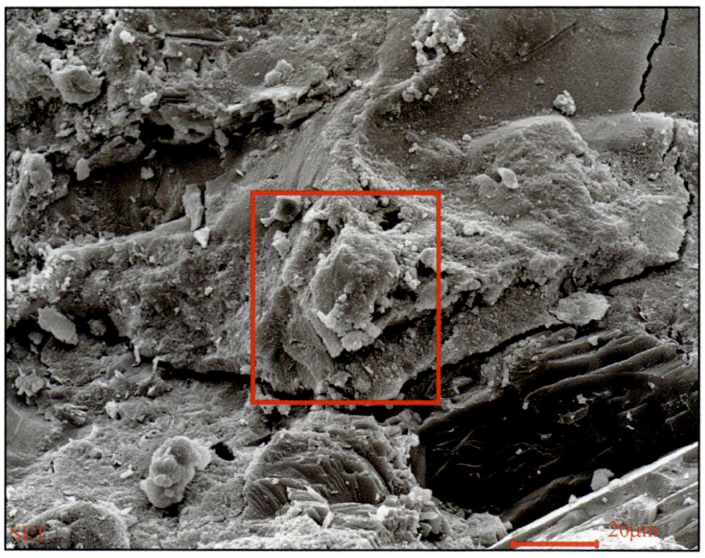

附录：建筑材料能谱原始数据

EDAX TSL
advanced microanalysis solutions
AMETEK

Prepared for: ***Company Name Here***

Prepared by: ***Your Name Here*** ***1/27/2015***

预制管能谱（测点 4）

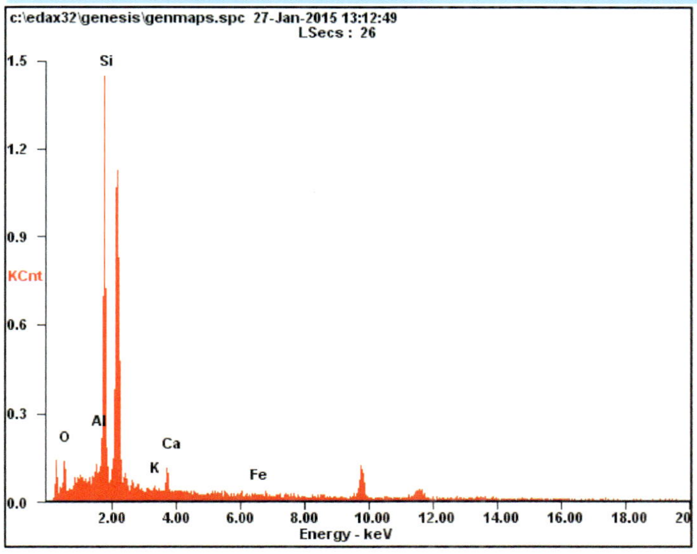

Element	*Wt%*	*At%*
OK	20.15	31.91
AlK	02.27	02.14
SiK	64.17	57.90
KK	01.92	01.24
CaK	08.97	05.67
FeK	02.52	01.14
Matrix	Correction	ZAF

附录：建筑材料能谱原始数据

EDAX TSL
advanced microanalysis solutions
AMETEK

Prepared for: Company Name Here

Prepared by: Your Name Here 1/27/2015

预制管能谱（测点 5）

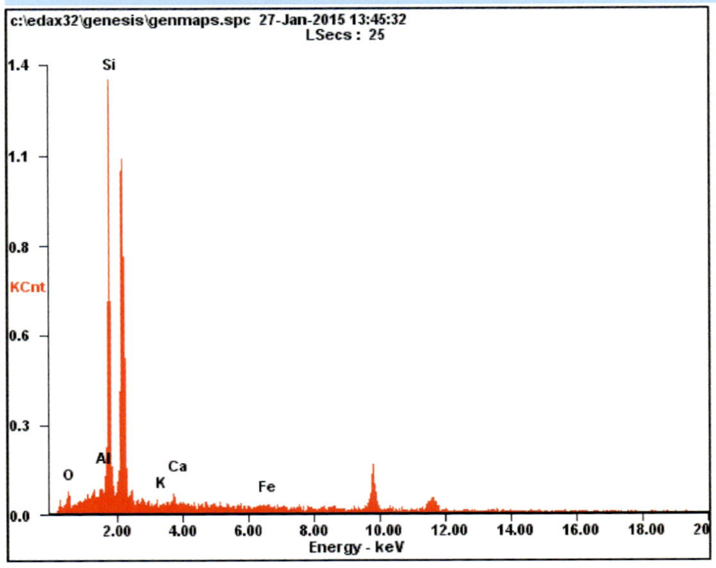

Element	Wt%	At%
OK	11.73	19.50
AlK	00.82	00.81
SiK	78.27	74.15
KK	00.49	00.33
CaK	05.62	03.73
FeK	03.08	01.47
Matrix	Correction	ZAF

附录：建筑材料能谱原始数据

Prepared for: Company Name Here

Prepared by: Your Name Here 1/27/2015

预制管能谱（测点 6）

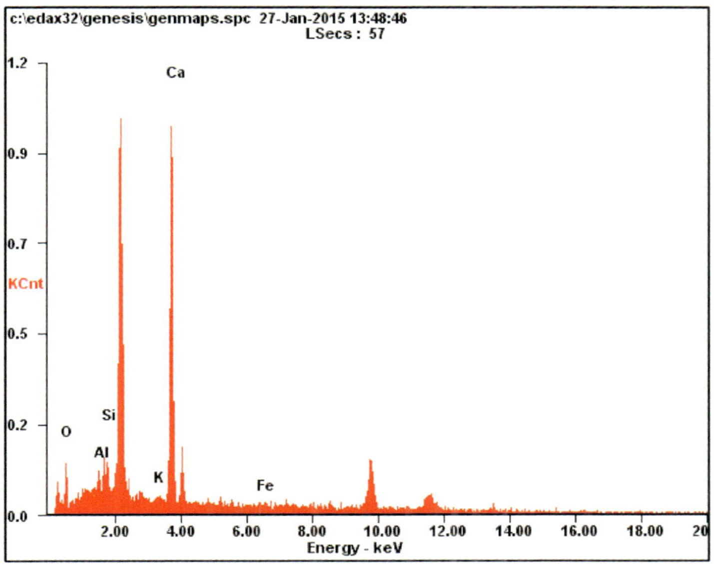

Element	Wt%	At%
OK	28.60	49.54
AlK	01.28	01.32
SiK	03.53	03.49
KK	00.49	00.35
CaK	64.15	44.35
FeK	01.94	00.96
Matrix	Correction	ZAF

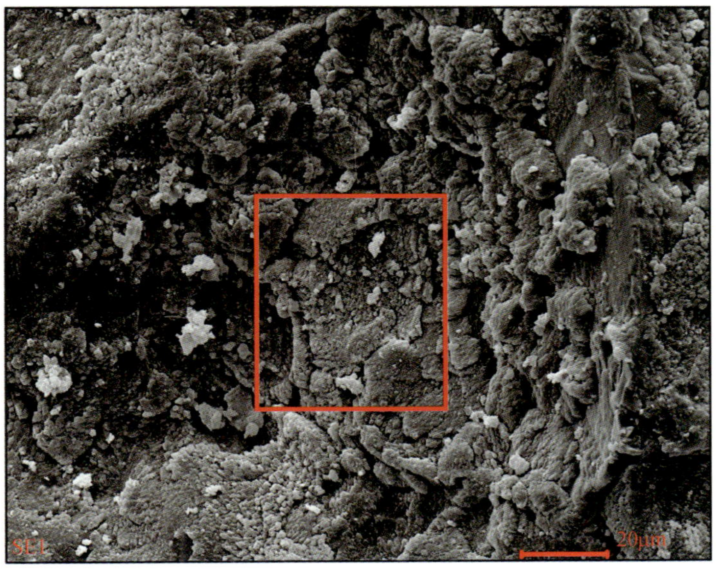

附录：建筑材料能谱原始数据

EDAX TSL
advanced microanalysis solutions
AMETEK

Prepared for: Company Name Here

Prepared by: Your Name Here 1/27/2015

砂浆能谱（测点 1）

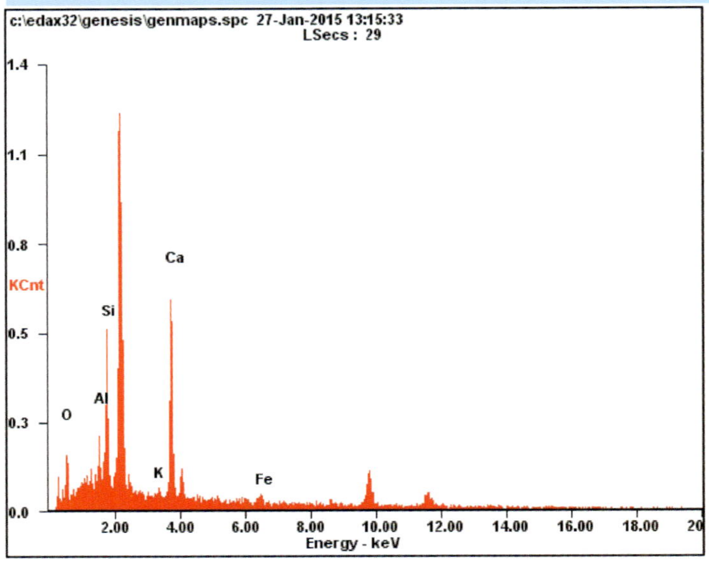

Element	Wt%	At%
OK	29.70	48.49
AlK	05.05	04.89
SiK	18.25	16.97
KK	01.68	01.12
CaK	39.82	25.95
FeK	05.50	02.57
Matrix	Correction	ZAF

附录：建筑材料能谱原始数据

Prepared for: *Company Name Here*

Prepared by: *Your Name Here* *1/27/2015*

砂浆能谱（测点 2）

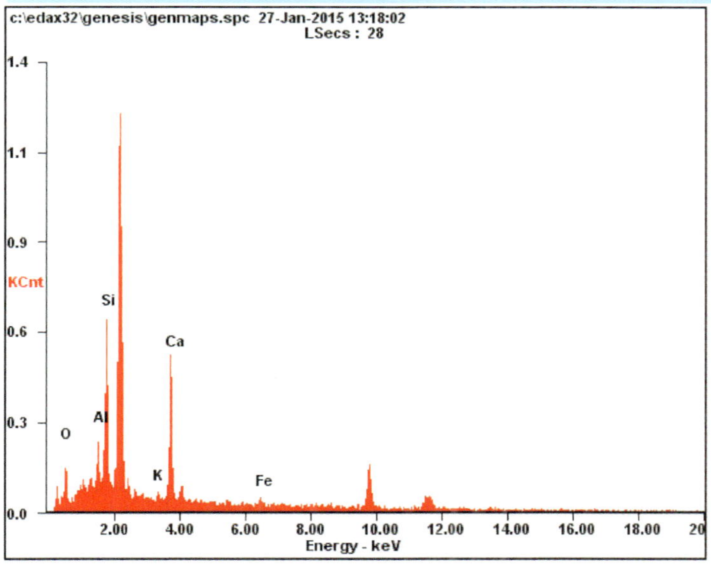

Element	Wt%	At%
OK	26.84	43.73
AlK	05.08	04.90
SiK	28.36	26.32
KK	01.27	00.84
CaK	33.97	22.10
FeK	04.49	02.10
Matrix	Correction	ZAF

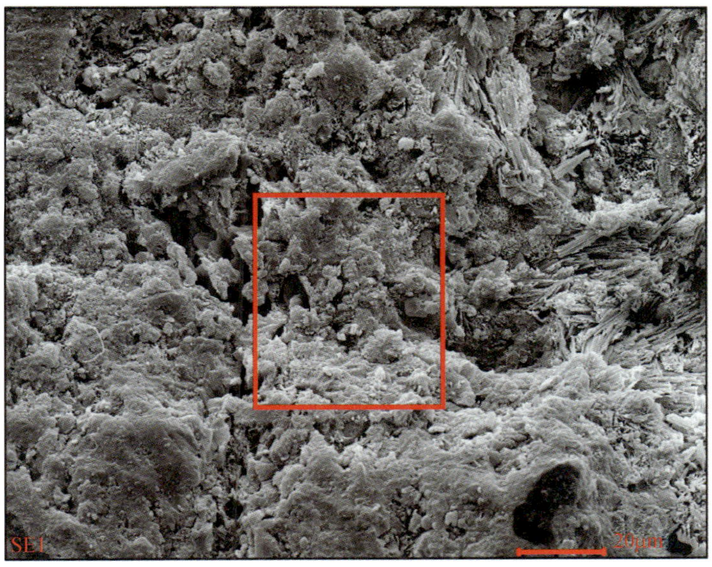

附录：建筑材料能谱原始数据

Prepared for: *Company Name Here*

Prepared by: *Your Name Here* *1/27/2015*

EDAX TSL advanced microanalysis solutions AMETEK

砂浆能谱（测点 3）

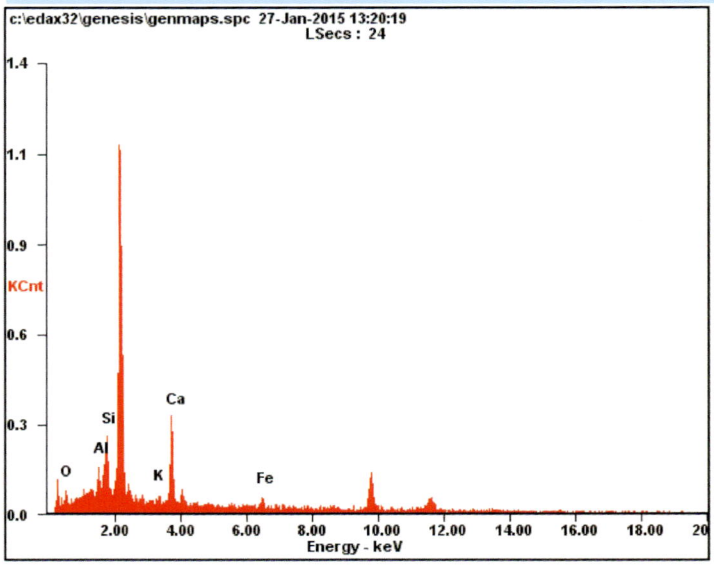

Element	Wt%	At%
OK	16.65	31.37
AlK	07.97	08.90
SiK	18.14	19.46
KK	03.04	02.35
CaK	40.90	30.75
FeK	13.29	07.17
Matrix	Correction	ZAF

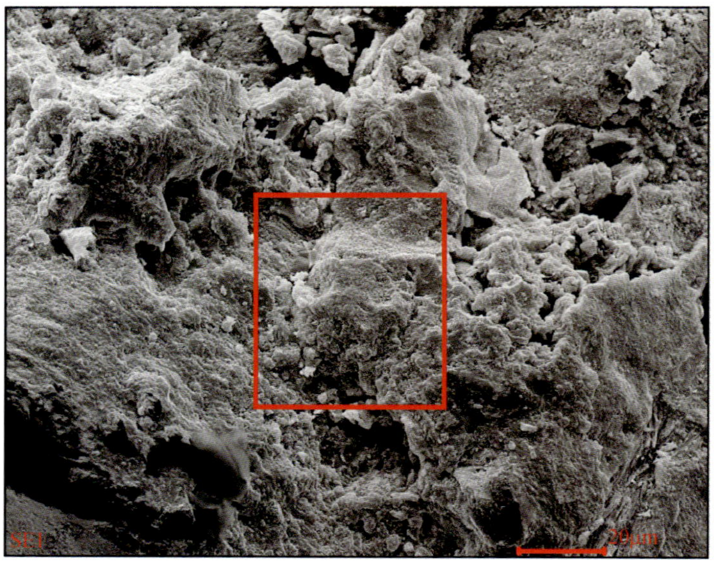

附录：建筑材料能谱原始数据

Prepared for: Company Name Here

Prepared by: Your Name Here 1/27/2015

EDAX TSL advanced microanalysis solutions AMETEK

砂浆能谱（测点 4）

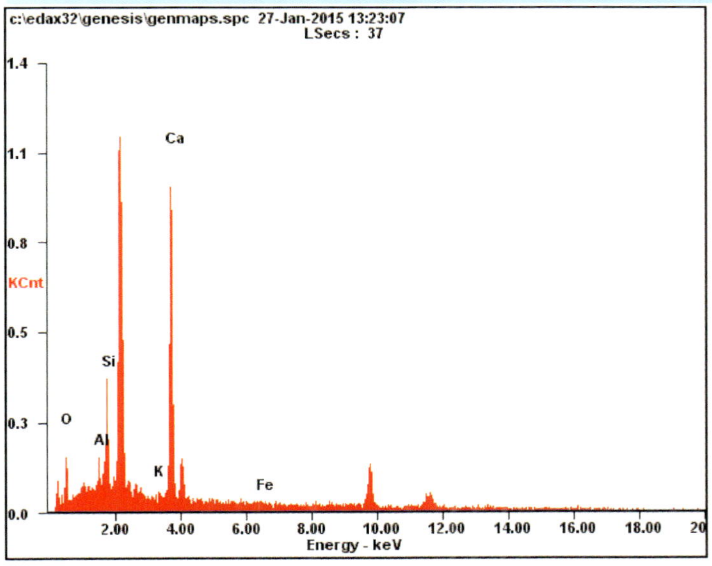

Element	Wt%	At%
OK	31.00	51.19
AlK	02.07	02.02
SiK	10.60	09.97
KK	00.90	00.61
CaK	53.74	35.41
FeK	01.69	00.80
Matrix	Correction	ZAF

附录：建筑材料能谱原始数据

EDAX TSL
advanced microanalysis solutions
AMETEK

Prepared for: Company Name Here

Prepared by: Your Name Here 1/27/2015

砂浆能谱（测点 5）

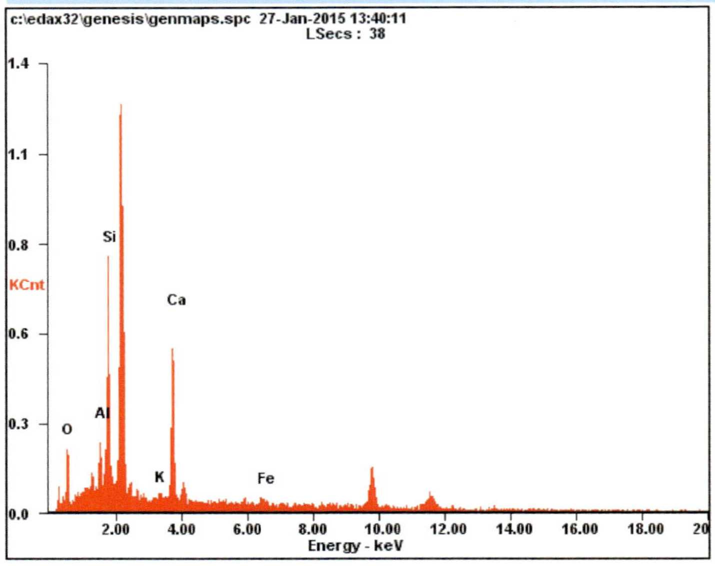

Element	Wt%	At%
OK	29.07	46.48
AlK	05.25	04.97
SiK	27.34	24.90
KK	01.53	01.00
CaK	32.05	20.46
FeK	04.75	02.18
Matrix	Correction	ZAF

附录：建筑材料能谱原始数据

EDAX TSL advanced microanalysis solutions AMETEK

Prepared for: ***Company Name Here***

Prepared by: ***Your Name Here*** ***1/27/2015***

砂浆能谱（测点 6）

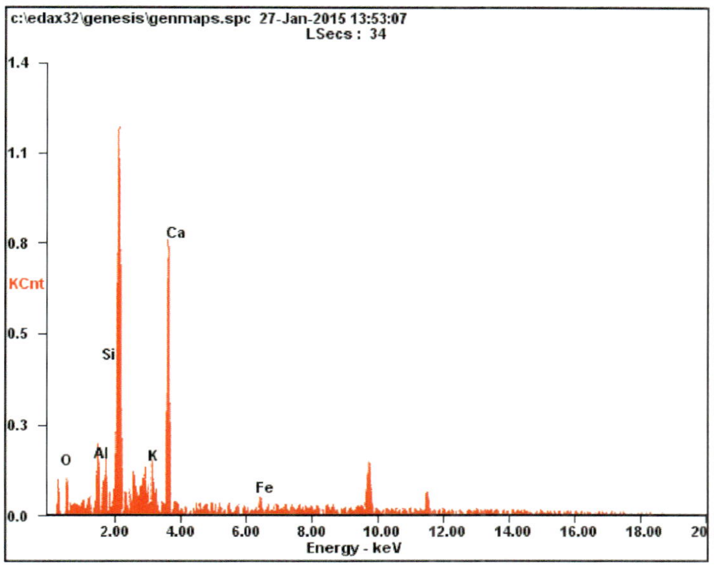

Element	*Wt%*	*At%*
OK	20.25	45.83
AlK	6.61	8.29
SiK	17.44	10.70
KK	1.04	0.96
CaK	34.34	33.54
FeK	8.64	2.31
Matrix	Correction	ZAF

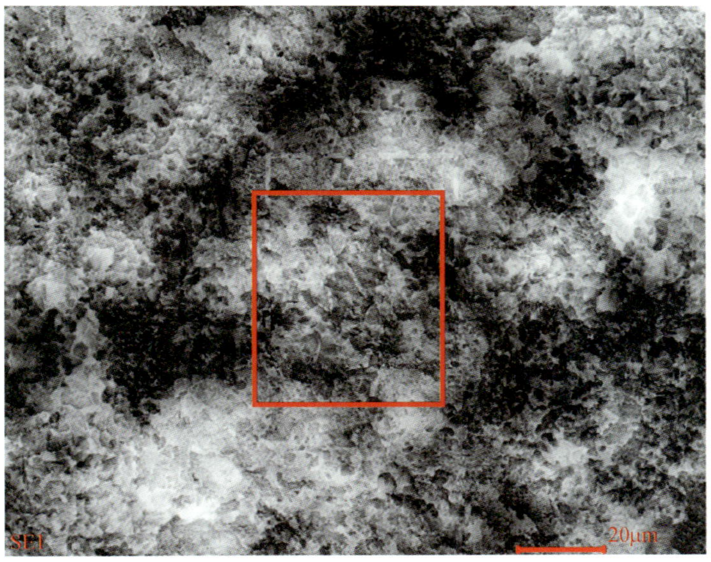

附录：建筑材料能谱原始数据

Prepared for: Company Name Here

Prepared by: Your Name Here 1/27/2015

EDAX TSL
advanced microanalysis solutions
AMETEK

钢筋表面能谱（测点 1）

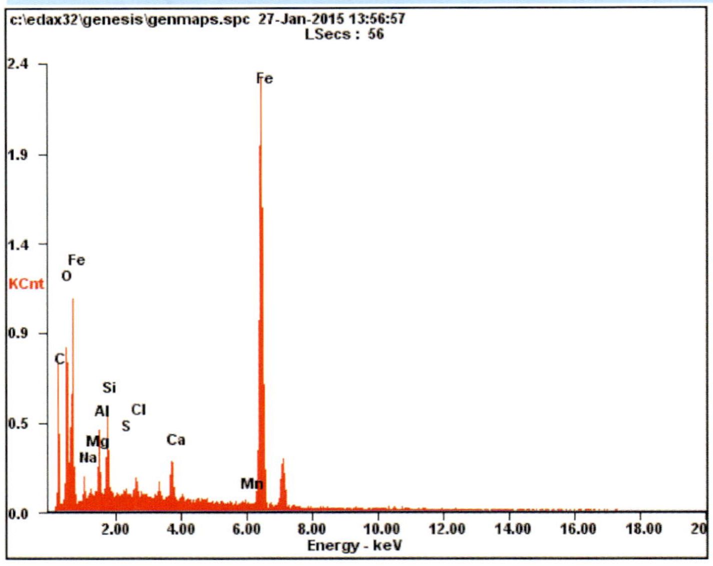

Element	Wt%	At%
CK	24.10	48.78
OK	12.40	18.84
NaK	01.74	01.84
MgK	00.82	00.82
AlK	02.52	02.27
SiK	03.28	02.84
SK	00.28	00.21
ClK	00.80	00.55
CaK	01.76	01.07
MnK	00.48	00.21
FeK	51.82	22.56
Matrix	Correction	ZAF

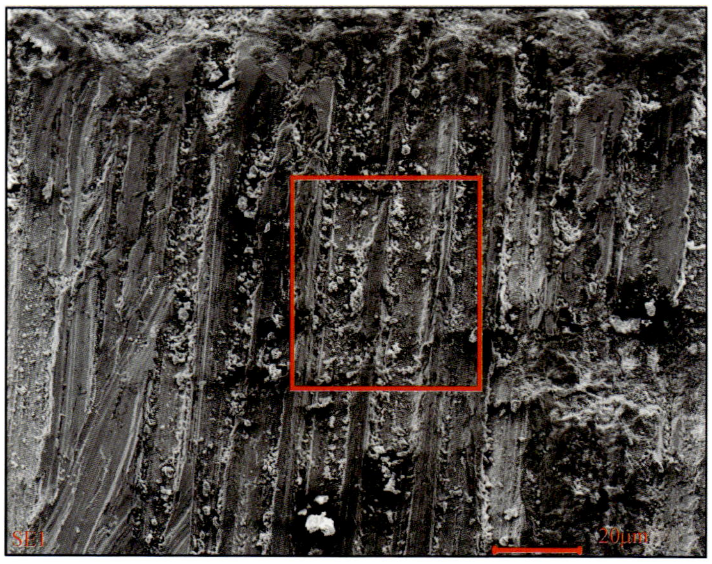

附录：建筑材料能谱原始数据

Prepared for: Company Name Here

Prepared by: Your Name Here 1/27/2015

EDAX TSL advanced microanalysis solutions AMETEK

钢筋表面能谱（测点 2）

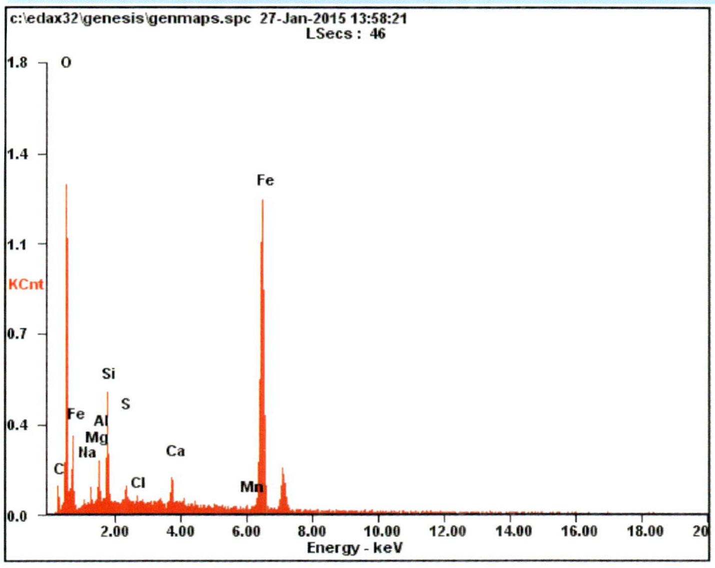

Element	*Wt%*	*At%*
CK	06.76	15.78
OK	25.41	44.49
NaK	00.55	00.67
MgK	01.27	01.46
AlK	02.34	02.43
SiK	05.11	05.10
SK	00.75	00.65
ClK	00.26	00.20
CaK	01.78	01.24
MnK	00.46	00.23
FeK	55.32	27.75
Matrix	Correction	ZAF

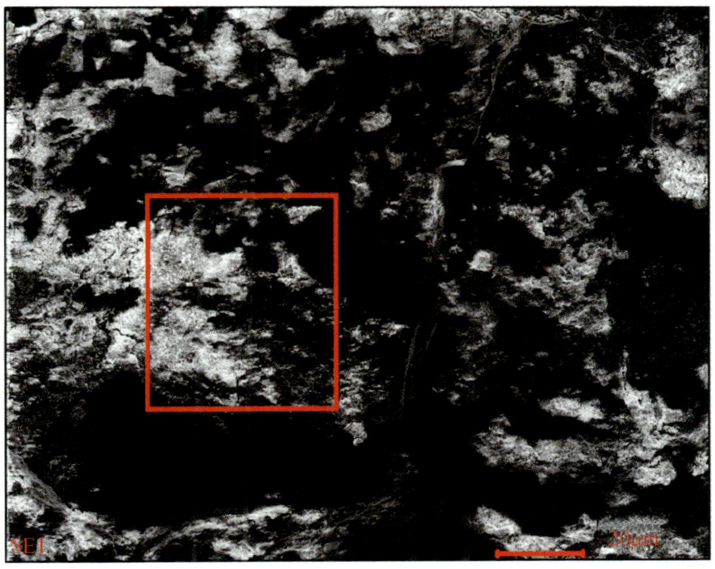

附录：建筑材料能谱原始数据

EDAX TSL advanced microanalysis solutions AMETEK

Prepared for: *Company Name Here*

Prepared by: *Your Name Here* *1/27/2015*

钢筋表面能谱（测点 3）

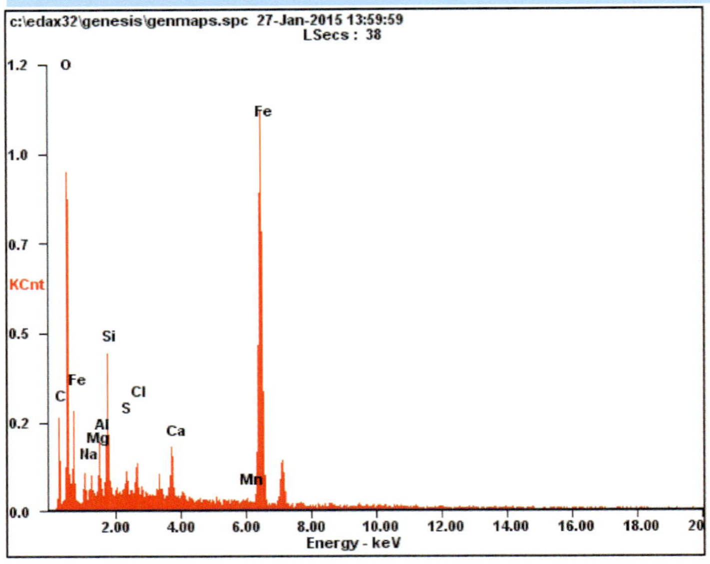

Element	Wt%	At%
CK	16.94	34.15
OK	22.83	34.55
NaK	01.70	01.80
MgK	00.92	00.92
AlK	01.72	01.54
SiK	04.58	03.95
SK	00.66	00.50
ClK	01.11	00.76
CaK	02.12	01.28
MnK	00.71	00.31
FeK	46.70	20.25
Matrix	Correction	ZAF

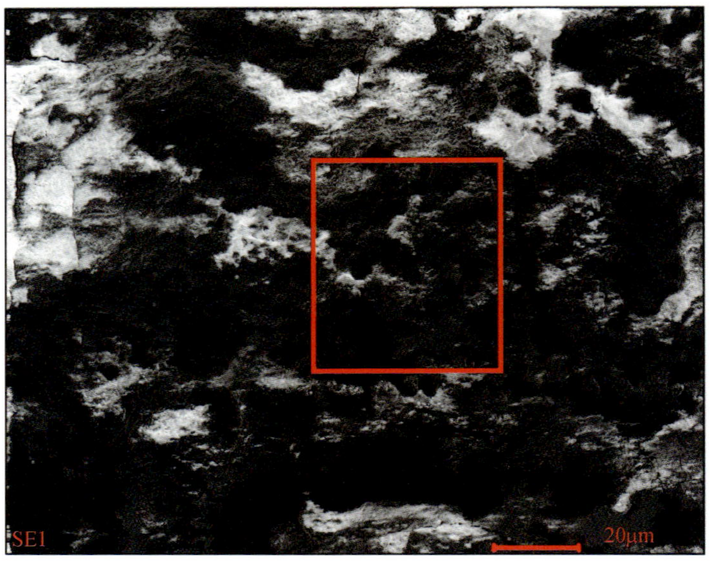

附录：建筑材料能谱原始数据

Prepared for: Company Name Here

Prepared by: Your Name Here 1/27/2015

EDAX TSL advanced microanalysis solutions AMETEK

钢筋表面能谱（测点 4）

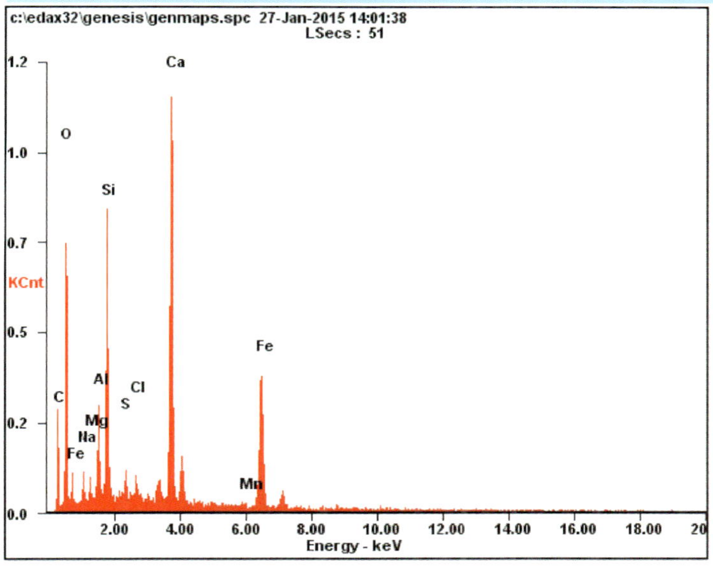

Element	Wt%	At%
CK	17.72	31.66
OK	29.24	39.22
NaK	01.34	01.25
MgK	00.78	00.69
AlK	02.81	02.24
SiK	08.47	06.47
SK	00.83	00.55
ClK	00.98	00.59
CaK	18.39	09.85
MnK	00.63	00.25
FeK	18.82	07.23
Matrix	Correction	ZAF

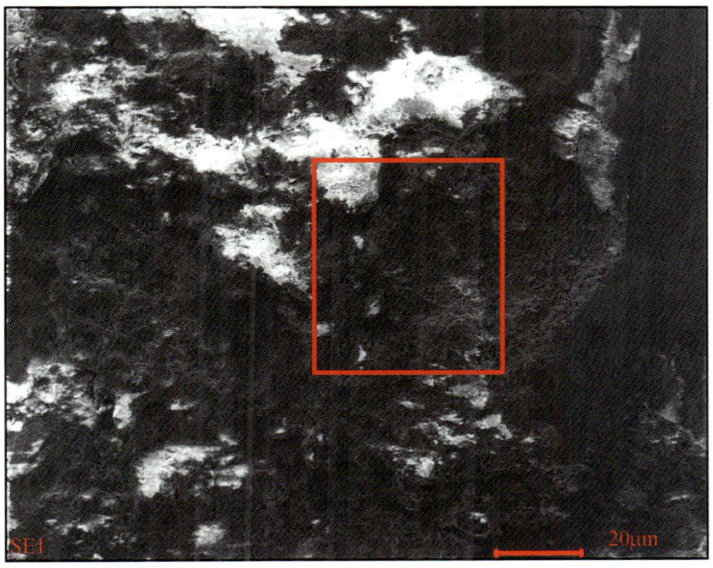

附录：建筑材料能谱原始数据

Prepared for: Company Name Here

Prepared by: Your Name Here 1/27/2015

EDAX TSL advanced microanalysis solutions AMETEK

钢筋表面能谱（测点5）

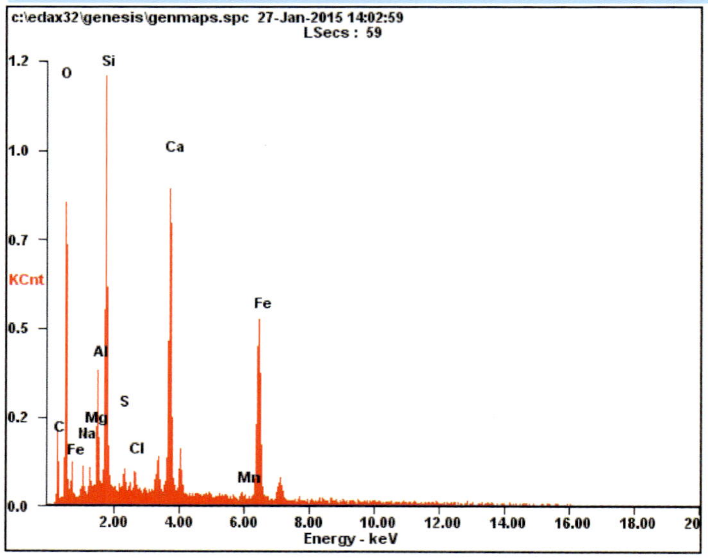

Element	Wt%	At%
CK	13.32	25.07
OK	29.07	41.08
NaK	01.46	01.44
MgK	00.82	00.77
AlK	03.77	03.16
SiK	12.25	09.86
SK	00.80	00.56
ClK	00.84	00.53
CaK	14.32	08.08
MnK	00.61	00.25
FeK	22.74	09.20
Matrix	Correction	ZAF

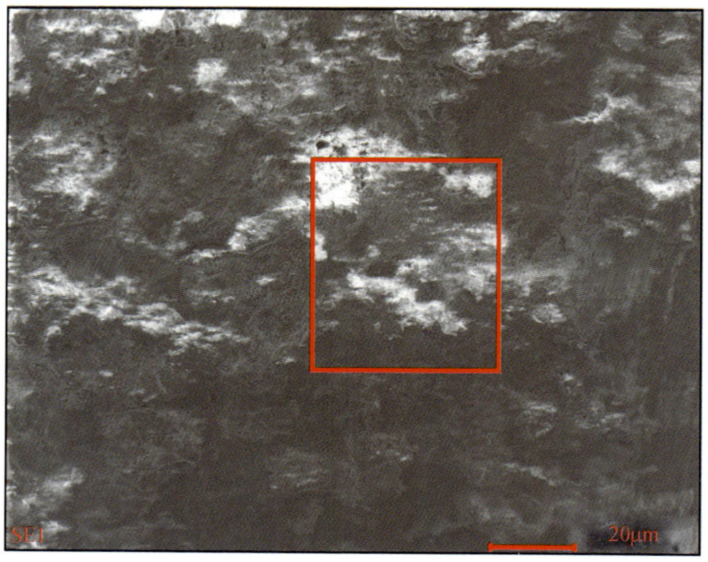

附录：建筑材料能谱原始数据

EDAX TSL
advanced microanalysis solutions
AMETEK

Prepared for: Company Name Here

Prepared by: Your Name Here 1/27/2015

钢筋表面能谱（测点 6）

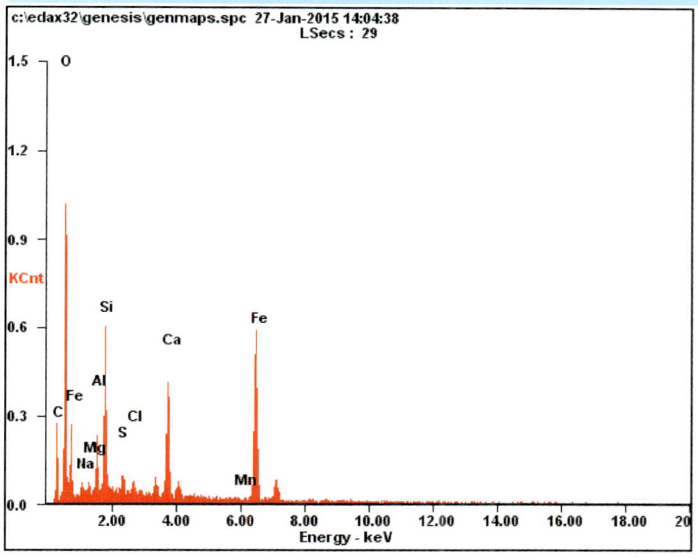

Element	Wt%	At%
CK	16.05	28.85
OK	33.53	45.24
NaK	01.38	01.30
MgK	00.83	00.73
AlK	02.55	02.04
SiK	07.17	05.51
SK	00.72	00.49
ClK	00.65	00.40
CaK	07.23	03.89
MnK	00.37	00.15
FeK	29.51	11.41
Matrix	Correction	ZAF

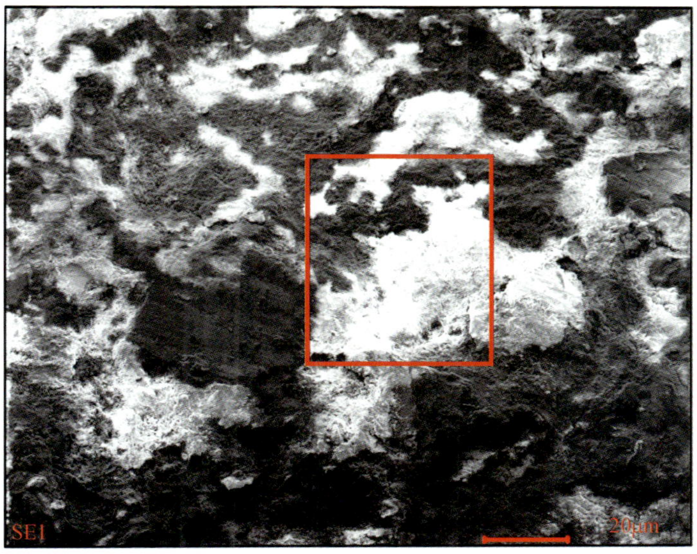

结　语

侵华日军第七三一部队旧址，是日本军国主义侵华战争期间保存至今的细菌战遗迹；是以战争为目的进行细菌武器研制、人体实验的大本营，是以危害人类和自然为代价发动细菌战争的策源地。许多历史资料及发现表明，在七三一部队的建立和扩张中，始终得到了日本政府、军队上层、关东军及日本医学界等的鼎力支持，这充分反映了日本军国主义的侵略性和危害性，集中体现了日本细菌战是自上而下有预谋、有组织的国家犯罪。

七三一部队旧址是七三一部队进行细菌武器研制和实施细菌战的真实写照，是侵华日军残害大批中外志士和无辜平民、销毁罪证的有力见证；另一方面也是研究日本侵华史、揭露日军进行细菌战和毒气战暴行的实物例证，是对世人进行热爱和平、反思战争教育的反面素材。

一、七三一部队历史研究现状及考古的必要性

第二次世界大战结束以来，由于特殊的历史和现实原因，日本政府极力否认其侵略事实，有关侵华日军第七三一部队的档案更是秘藏不宣，当事者被迫长期噤声，使得国际上的研究基本停留在民间的层面。近些年来，我国中央档案馆、辽宁省档案馆、吉林省档案馆、黑龙江省档案馆等，以及美国、日本有关机构公开了一批档案文献，特别是能够证明人体实验材料来源的“特别移送”档案，使七三一部队进行人体实验的罪行已铁证如山。而现存七三一部队部队长石井四郎、北野政次等人的供述记录，七三一部队成员提供的证言、视频等重要资料，以及对七三一部队幸存劳工进行调查取得的300余份证言资料，都是七三一部队从事细菌研制、人体实验和发动细菌战争的真实见证。

关于有关七三一部队和细菌战史的学术研究成果，笔者经中国知网查询搜索，从1982年开始，发表的相关学术论文及报告已超过300篇，分别刊载于期刊、报纸、学术、会议及研究生毕业论文。目前有关七三一部队和细菌战史问题的学术研究，主要在中日学者间进行，论著成果也以中文和日文为主，而英美学者鲜有参与。2001年和2007年，美国解密了大量日本细菌战档案资料后，为七三一问题的学术研究带来了机遇。虽然我国学者和一些爱好和平的日本人士陆续发表了一批回忆、揭露和批判的书籍，公开了一些资料并绘制了七三一旧址核心区平面图，但这些资料在七三一部队的累累罪行中只是一小部分，现有资料在未来的研究与展示中远远不够。从大遗址保护的角度考察，由于我们缺乏对战争遗址的保护意识，没有建立起切实可行的完整、系统、长远的保护机制，以至于七三一旧址形成废墟以来，相当一个时期包括细菌实验室及特设监狱在内的许多遗址没有得到妥善的保护，如此旧址遗存更显得弥足珍贵。另一方面，由于缺少行之有效的调查和正规的发掘，考古专项研究基本没有开展起来，结合史料进行深入研究和为展示提供第一手资料、为保护利用提供科学依据更无从谈起。由于旧址所包含的历史信息具有无可争辩

的实证价值，因此考古工作成为最重要的实物资料来源，而考古成果将有利于揭示其分布规模和历史状况，取得科学数据，丰富馆藏文物，指导保护与展示工程的实施。

七三一部队旧址作为二战期间最为重要的日本细菌战遗址，当时世界规模最大的细菌战基地，应加强研究，规划发掘历史遗迹，向全世界爱好和平的人们揭露日本军国主义反人类、反文明、反理论的战争罪行，以警示后人，昭示于世界。近年来，特别是以迎接抗日战争胜利七十周年为契机，七三一旧址调查与发掘、保护与利用，得到中央及地方各级政府高度的重视和大力的支持，取得了显著的成效。

在七三一部队旧址之中，细菌实验室以及特设监狱遗址（细菌实验室及特设监狱）显然是重中之重。如果说本部 1 号楼（第 1 栋）是七三一部队指挥策划中心的话，那么细菌实验室及特设监狱就是其细菌研制和人体实验犯罪的核心部门；从罪证角度讲，后者较前者显然更为重要，当事者固然深知其利害。也正因如此，当 1945 年 8 月七三一部队开始溃逃时，在动用工兵大队炸毁的七三一部队建筑物中，首当其冲的就是细菌实验室及特设监狱。通过对该遗址的发掘与研究，不但可以在相当程度上寻找出其直接的犯罪证据和毁灭犯罪事实的证据，同时亦可以搞清其建筑布局与施工工艺，为研究日伪时期建筑特点提供第一手资料。因此，在七三一旧址系列发掘中，对细菌实验室及特设监狱遗址的揭露乃为不二首选。

二、细菌实验室及特设监狱考古发掘的主要收获

本次细菌实验室及特设监狱考古发掘的主要收获及认识，初步归纳如下。

第一，揭露完整，数据精确。

在以往的资料介绍和研究中，对细菌实验室及特设监狱的形式与布局、特别是尺寸数据的把握，相当程度上是根据当事人的模糊追忆抑或研究者的揣测来确定的，因此可信度较低。通过本次发掘，一方面对细菌实验室及特设监狱地下基础部分进行了完整揭露，搞清了其整体布局；另一方面采用先进仪器对其进行了实测，全方位地获取了其精确数据。

例如细菌实验室的长与宽，其长度即第 3 栋抑或第 5 栋的长度；但其宽度却不是第 4 栋抑或第 6 栋的长度，原因是后者介于前者之间，即细菌实验室的宽度应等于第 4 栋抑或第 6 栋的长度加上第 3 栋和第 5 栋的跨度。

例如对于特设监狱的第 7 栋和第 8 栋的布局，以往有许多推测抑或猜想：其中个别人认为其是一侧走廊、另侧房间（牢房）；虽然多数人认为其是中间走廊、两侧房间（牢房），但推定两侧为对应 6 个大小基本均等的房间，故每栋两层应为 24 个房间，而两栋就是 48 个房间。而实际情况，首先是房间数量有误，另房间大小有别，除南北两侧中央设一特大房间外，两侧小房间的大小亦不完全一致。这种房间大小的区别，或许意味着其使用功能上的不同，即关押对象的某种差异；进一步推论，已做过人体实验、需要个别观察的受害者，是不能与普通的关押对象随便关在一起的。换言之，一般健康正常的关押对象是集中关在大房间里的，以此作为标准的实验材料；被关在小房间的受害者，或是做过实验需观察的，或是得了传染病等需治疗的，或反抗心很强的必须加以隔离的，而后者往往很快就会被用来做实验，以减少麻烦。另外，仅就中央的大房间而言，根据临时需要，或可随意间壁成若干不同的小房间。

当然，关于特设监狱的布局，也有个别当事人的追忆是相对切合实际的，如原宪兵萩原英夫的记述：7 栋、8 栋的设计和构造相同；一、二楼的正中间都是没有放置任何设备

的空房间，是关押用于人体实验的所谓“马路大”的监禁室。[1]萩原英夫当兵前，曾作为铃木组的一员亲自参加了七三一部队平房营区的建设，所以其记述是比较客观的，与考古清理结果大致吻合。

第二，细菌实验室中第3栋与第5栋“中心建筑”的辨识，是本次发掘的新发现之一。

这种分别介于两栋中央的“中心建筑”，其自身的条形基础清晰可辨，既与第3栋和第5栋主体建筑有着密不可分的关系，又有相对的独立性。推测其具有特殊的功能，如管理抑或警备等，而与细菌研制和人体试验无直接关系。

就第3栋与第5栋的“中心建筑”比较而言，前者规模庞大、结构复杂且向内深凸，显而易见其作用大于后者。

另值得注意的是，据历史照片和文献记载，在两座“中心建筑”之上，各有一座建于三层楼顶的两小层碉楼，推测此为细菌实验室及特设监狱的制高点，视野极为开阔，以便居高临下进行警戒与监视。细菌实验室及特设监狱本身就相对高大森严，而这种碉楼式建筑，更增加了他的神秘感和胁迫力。

第三，对细菌实验室及特设监狱上水下水系统及设施等，有了较为清晰的了解。

上水与下水管道位于同一地沟（管道间）内，上水管为金属制，较细，以铁钩悬挂固定于一侧墙壁之上；下水管为水泥制（内有钢筋），粗大，以砖砌矮墙作为支脚置于另侧墙壁之下。竖向钢筋水泥制下水管道置于墙体中，由楼上向下排污，至地下连通主干线。细菌实验室及特设监狱排水系统的主干线更为粗大，位于中央走廊地下通道的底部中央，南高北低形成落差，即由南向北朝细菌实验室外部排泄。

在第3栋和第5栋的下水管道线上，间隔有若干下水井口，便于观察与检修；在井口底部，常见顺下水管线冲出而沉淀的实验用玻璃器皿碎片。

另在第7栋和第8栋北外侧，各有两条外侧以混凝土包裹的铸铁管道通向分流井。分流井为长方形，其形式较为复杂，可分为三层。

第四，确认出室内一层地面和室外活动地面。

室外活动地面主要是根据庭院的堆积得以确认的，其第三层为浅黄色坚实垫土，厚约25 ~ 30厘米，表面略黑薄硬，此即当时室外活动地面。

因细菌实验室及特设监狱遗址破坏严重，地上部分已荡然无存，所以一层室内地面的确认相对难度较大。在发掘过程中，我们注意到第3栋东侧管道间上有一块斜向塌落的混凝土地板，此即当时的一楼地面，其上还有一保存完好的自一楼地面进入地沟的铁盖门；将其自下而上扶持呈水平状态，即应是当时室内一层地面的高度，这是本次发掘仅存的但具有相当说服力的物证。经实地测量，当时细菌实验室一层室内地面较室外活动地面，高出约0.23米。

“四方楼”室内地面和室外活动面的确认，不仅对“四方楼”本身，对其周边建筑遗迹及环境复原的研究，都有相当的参考意义。

第五，细菌实验室及特设监狱布局独特，防范周密。

据石井四郎称，七三一的秘密监狱，是采用德国式的“秘密建筑法”建成的。当时负责管理监狱的是石井四郎的二哥——特别班班长石井刚男，其班内成员几乎均为石井四郎的亲友和千叶同乡，并接受过格斗、射击等专业训练；鉴于特别班人员任务特殊，除每月薪金外，还增发相当于薪金百分之七十的危险津贴；能够出入秘密监狱的人，即使包括

1　常石敬一：《七三一部队，生物兵器犯罪的事实》，讲谈社现代新书，1995年，第五章，朝鲜战争。

七三一部队成员在内，也是极有限的少数，可见其对秘密监狱的重视程度。监狱内部的重重关卡自不待言，而且四周的细菌实验室面向院内一侧不设出口，墙修的很高，玻璃窗开在二层楼很高的地方，可以说完全将特设监狱禁锢其中，是一个密封的空间；加之第 3 栋与第 5 栋的硐楼居高临下，一览无余。关于细菌实验室，日本学者森村诚一在《恶魔的饱食》一书中引用七三一部队成员的话："虽说是只有三层的楼房，但它的总体高度，有现在住宅建筑的五层楼那么高。"由此可见细菌实验室的高大厚重。就被关押者而言，即便侥幸逃出特设监狱，也难脱离细菌实验室的合围；即便其万幸冲出细菌实验室，也难逾越核心区的高墙电网。可以推断当时被关押犯人脱逃的可能性几近为零，由此不难看出细菌实验室及特设监狱设计者的险恶用心。

从表面上看，第 7 栋和第 8 栋似与其他建筑并无干系，实则其地下通道东西横贯细菌实验室及特设监狱，甚至穿越第 6 栋向楼外延伸……

七三一部队总部的地下通道似一张神秘无形的网络四通八达，除布置水电管道和检修等功能外，当有其秘而不宣的特殊用途。

第六，爆炸穴点和焚烧掩埋灰坑的发现，是本次细菌实验室及特设监狱考古发掘的又一亮点。

1945 年 8 月 10 日，七三一部队得知苏联红军对日宣战，并有先头部队向关东军要塞发起进攻的消息，因此开始进行溃逃前的准备。石井四郎把一部分特别重要的资料带回了日本，剩下的任务就是以各种方式尽快毁灭各种证据。一方面勾结关东军化学部（关东军 516 部队）用毒气杀死了关押在特设监狱里的"马路大"，对未毒死的人补枪射杀，并杀害了部分劳工以及实验用的各种动物；另一方面启动动力班全部的三个锅炉甚至动用焚尸炉焚毁各种文件资料、各种标本和实验设备，在来不及的情况下，就近挖坑焚烧掩埋。平房·特别军事区正黄旗四屯的苏海祥，曾在七三一部队动力班服劳役。他说，1945 年 8 月的一天，他看见日本人用汽车从"四方楼"往动力班运东西，这天运了十来趟。日本人把一包包文件、一箱箱仪器投入锅炉焚烧，一连烧了好几天。苏海祥清理炉灰时发现烧变形的铁器和玻璃，除了在锅炉房烧东西外，"四方楼"院内，各个班门口也在焚烧东西。

本次发掘，在第 3 栋、第 4 栋和第 7 栋附近，发现 4 处焚烧掩埋坑，内有木炭，间杂大量的玻璃试管、导管、烧瓶和各种药瓶等。在第 5 栋北外，发现两处掩埋坑，其中 H5 出土了大量的玻璃实验器皿； H6 出土了 200 多个玻璃瓶，其中相当一部分瓶内仍含有原装溶液。特别值得关注的是，H6 出土的一些瓶子上的纸质说明有"赤痢预防接种液"字样。H6 紧邻细菌实验室第 5 栋北侧中央，与森村诚一《恶魔的饱食》一书中记述的"江岛班"的位置基本相符，而"江岛班"恰恰是研究赤痢菌的机构，这似乎不是一种巧合吧。

据日军独立混成 131 旅团 79 大队中尉大队长千田谦三郎供认，1945 年 8 月 13 日由宇部少将主持，在哈尔滨旅团司令部召开了专门研究炸毁平房细菌工厂的会议；会后，石原上尉工兵大队长指挥炸毁了几乎所有的与细菌战、人体实验有关的建筑。

另在第 3 栋、第 5 栋和第 6 栋等，发现若干处爆炸穴点，坑内填满残砖碎瓦，其中出土了炮弹、扭曲变形的大型金属设备残片和暖气残片等；附近的条形基础被炸断，两侧断口拱起，断面钢筋清晰可见；锥形基础被掀起，其钢筋裸露向上竖起；多处墙体不同程度向外倾斜。

爆炸穴点和焚烧掩埋灰坑的发现，是日军侵略者毁灭罪证的直接证据，是不可多得的无可争辩的第一手例证。尽管其不惜任何手段极力掩盖销毁罪证，但真相终究会昭然于天下。

值得注意的是，关于七三一部队败退前夕，关押在特设监狱里的“马路大”的人数，国内外专家学者的意见并不一致；而对当时如何处死“马路大”的方法和尸体处理的记述是基本相同的，即全部“马路大”被毒死、射杀、尸体就地被焚烧后，一部分投入松花江，一部分就地挖深坑掩埋了。令人遗憾的是，当时就地挖坑掩埋“马路大”的“尸体掩埋坑”，至今尚未被发现。

第七，出土遗物数量较大，类别丰富，为研究与展示提供了丰富的第一手资料。

本次发掘出土遗物超过千件，包括铁器、铜器、玻璃器、铝和铅以及陶瓷制品等，以铁器和玻璃器繁多。铁器有各种建筑构件、机械设备（包括机电设备和制造设备）、生产工具、水暖器材、电器器材以及武器（炮弹）等。玻璃器大都为各种试验、注射器皿，是七三一部队进行细菌研制和活体实验的直接证据。

特别值得一提的是，在一些灰坑中，出土了大量完好的灌满溶液的实验用玻璃瓶子。瓶子外面原本均应贴有说明，但绝大多数都已腐蚀或脱落，虽然如此，仍可从个别瓶子上辨认出“XX毒”“赤痢”等字样。这些瓶子里究竟含有何种毒液，尚待化验核实，其属性的解读，或许会传递出意想不到的重大信息。

第八，合作发掘与多学科交叉研究意义重大。

由于细菌实验室及特设监狱遗址的特殊性和复杂性，发掘时除历史考古学家、文物保护专家参与，还必须有建筑结构与建筑工艺方面的专家进行现场指导，如此既能保证发掘的科学性，又能少走弯路节约资金。在此情况下，经黑龙江省文物保护中心引荐，特邀哈尔滨工业大学土木工程学院进行合作发掘与研究。

通过合作发掘与多学科交叉研究，意义在于：其一，可以更为全面揭露七三一部队的犯罪证据和企图毁灭证据的证据，为研究认定其反人类反人道的暴行提供了可靠的第一手资料；其二，以技术为先导，客观地评估、展现细菌实验室及特设监狱的建筑工艺与历史价值；其三，从技术层面深入了解日伪时期建筑结构工艺特点，积累宝贵经验与翔实数据；其四，通过各种建筑材料测定与分析，可以为七三一旧址保护与复原提供科学依据；其五，可以确保发掘质量和提高专题考古报告的科学价值；其六，为七三一旧址其他项目发掘提供可参照的数据；其七，为黑龙江省乃至全国开展城市考古、发掘近现代建筑遗址提供经验与借鉴。

经反复磋商，黑龙江省文物考古研究所（甲方）与哈尔滨工业大学（乙方）正式签订了《技术服务协议》。其中规定乙方的工作范围为细菌实验室及特设监狱建筑结构技术研究，具体负责完成建筑平面布局、建筑功能分析、结构技术勘查、建造技术勘查与分析、建筑材料性能取样与检测分析等方面的工作。同时约定技术研究成果双方共享。

第九，重视科学性和技术性研究成效显著。

近年来，随着我国越来越重视文物保护建筑的价值，相关领域的研究多着重于文物保护建筑的艺术性和人文性的研究，而对科学性和技术性的研究相对薄弱。本次针对细菌实验室及特设监狱建筑技术特点，主要从以下三个方面进行了探讨。

（1）通过实地调查、建筑材料性能现场分析、建筑材料性能试验分析以及与国内外建筑材料性能对比分析等方法，对细菌实验室及特设监狱所用建筑材料性能进行分析和研究，获得了其建筑材料的多项性能指标，并进行了合理的比较与评估。

（2）通过结构技术的实地调查、数据记录与统计、相关资料的查阅，并根据旧址现存建筑结构进行合理分析与反推，同时与我国结构技术对比分析，挖掘细菌实验室及特设监狱结构设计理念与结构技术水平，并对其作出了科学合理的总结与评价。

（3）通过实地调查，依据残存建筑的工法工艺，并结合建筑材料性能的研究结果，分析研究细菌实验室及特设监狱所采用的施工工法和各项建筑工艺，并对其进行了解释与说明。

第十，合理评估20世纪30年代中后期日本在军事建筑工业方面的水准和能力。

从旧址现场实际调查结果和实测数据中能够看出，20世纪20至30年代日本对钢筋混凝土结构的理解已经达到相当的水准。细菌实验室及特设监狱3栋和5栋采用双排柱内框架结构，其基础、梁、板和柱配筋较完备，可满足结构较好的性能要求。因日本常年发生地震，其建筑结构在抗震设防方面发展速度快，结构形式和配筋形式先进，如此配筋方式和配筋量可能是考虑地震对建筑结构的影响而设计，也有可能是考虑该建筑的重要性以及战争防护的需求。

黑龙江地区土层为季节性冻土，季节性冻土在冬季冻结而夏季融化，所造成的影响是：冬季土冻结时引起土体膨胀和隆起，形成冻胀现象。夏季冻结土解冻时造成土体饱和及软化，强度降低，建筑物下陷。细菌实验室及特设监狱建筑的防冻措施是将地基基础的埋深控制在冻土层以下，采用这种措施防止季节性冻土对建筑的不良影响。排水管道的防冻也采用相同的方式，这与我国当前的防冻做法是相同的，可见当时日本在防止土体冻害方面积累了有效的经验。

通过建筑材料性能的现场检测和建筑材料性能的分析，了解到20世纪30年代日本在建筑材料、建筑工业以及建造技术方面的实际情况和生产能力，同时感受到技术整体进度对于国家综合实力提升的重要性。

三、细菌实验室及特设监狱遗址数字化复原展示的社会意义

在互联网被高效利用的今天，数字复原技术作为一种高科技手段，为博物馆的展示与相关遗址的复原，提供了广阔的前景。侵华日军第七三一部队旧址是世界上规模最大的细菌战遗址群，是日本军国主义者在中国研制并使用细菌武器残害反法西斯志士的重要罪证，是全世界进行反法西斯教育的重要阵地。进行旧址的数字化复原，对揭露日本军国主义罪行、反省历史、警惕未来具有重要意义。

细菌实验室及特设监狱遗址的数字化复原及互联网展示工程属于考古研究和侵华日军罪证类文物保护成果转化，对大遗址内涵研究和价值阐释具有积极推动作用；也属于大遗址考古成果通过互联网和科技手段惠及民众的一种表达方式，为发挥考古工作的教育与社会服务功能，扩大考古工作的社会影响力起到重要的积极作用。

细菌实验室及特设监狱的数字化复原及互联网展示工程主要包括数字化复原、现场互动应用集成研发和应用推广等重要技术环节。通过采用成熟的BIM建筑信息模型、360度环拍、3D摄影、全景高清摄影等高性价比技术手段，对细菌实验室及特设监狱遗址进行数字化的复原，并整合731部队遗址相关多媒体信息，进行细菌实验室及特设监狱遗址全景信息的网上和手机端的展览展示。同时还将利用增强现实、虚拟现实等新媒体技术，讲述细菌实验室及特设监狱遗址背后的故事，虚拟复原已经消失的建筑与场景，使观众不仅能了解到细菌实验室及特设监狱遗址的全貌，还能穿越时空，详细了解细菌实验室及特设监狱遗址的原貌，还原历史真相。

细菌实验室及特设监狱的数字化复原，对深化侵华日军第七三一部队罪行的研究、加强七三一旧址的保护和利用、推进七三一旧址申报世界文化遗产工作，亦具有重要意义。

总而言之，侵华日军第七三一部队细菌实验室及特设监狱遗址的发掘，是在国家文物局的周密筹划和大力支持、黑龙江省文化厅的直接领导和统一协调下，配合相关大遗址保护的前期工作项目之一，具有很强的计划性和操作性。其《七三一旧址考古规划》是在《侵华日军第七三一部队旧址保护规划》基础上形成的，二者有机地结合互补，发掘乃是保护的必要前提抑或重要一环。

在发掘中，对各种遗迹现象进行了较为全面的文字、绘图、测量、照相、录像记录，为日后室内资料整理、报告编写乃至研究、保护、复原、展示等，提供了详尽的第一手资料。

细菌实验室及特设监狱的发掘，是首次按照考古操作规程对七三一旧址进行的科学揭露，揭开了七三一旧址考古工作和七三一部队罪行研究的崭新一页。

参考文献

鲍海春，杨彦君，邱明轩．侵华日军细菌战资料选编（第一辑）[G]．呼伦贝尔：内蒙古文化出版社，2010.

陈致远．日本侵华细菌战［M］．北京：中国社会科学出版社，2014.

韩晓，辛培林．日军七三一部队罪恶史［M］．哈尔滨：黑龙江人民出版社，1991.

金成民．日本细菌战［M］．北京：中国和平出版社，2015.

侵华日军第七三一部队罪证陈列馆．侵华日军关东军731细菌部队［M］．北京：五洲传播出版社，2005.

侵华日军第七三一部队罪证陈列馆．侵华日军第七三一部队旧址记录档案［R］．未刊资料，2014.

〔日〕秋山浩著，北京编译社译．七三一细菌部队［M］．北京：群众出版社，1982.

〔日〕森村诚一著，骆为龙等译．恶魔的饱食——日本731细菌战部队揭秘［M］．北京：学苑出版社，2007.

佟振宇，陈春山．“七三一”暴行纪实——来自恶魔废墟的最新报告［M］．北京：国际文化出版公司，1992.

西安建筑科技大学，陕西省古迹遗址保护工程技术研究中心．侵华日军第七三一部队旧址保护规划［R］．未刊资料，2014.

解学诗，〔日〕松村高夫等．战争与恶疫——日军对华细菌战［M］．北京：人民出版社，2014.

杨彦君．七三一部队旧址调查与研究［M］．北京：中国和平出版社，2015.

杨彦君．关东军第七三一部队实录［M］．北京：外文出版社，2016.

中央档案馆，中国第二历史档案馆，吉林省社会科学院．日本帝国主义侵华档案资料选编——细菌战与毒气战［G］．北京：中华书局，1989.

Abstract

The historical site of Japanese Unit 731 Building Complex is located 16.5km from central Harbin in the south, which is a series of relics of Japanese Biological and Chemical Warfare during its aggressive war against China in WWII. It had been a special place to develop bio-weapons and the general centre to conduct live human experiments with a view to lanuch aggressive war, and also a hotbed to start the terrible biological wars at the expenses of the benefits of human and nature.

Among the relics, the most notorious are Biological Laboratory and the Ad Hoc Prison (so-called the Quad, the same below) , where the criminal activities such as the germ studies and live human experiments were carried out. Just because of this, the Quad was the first among all the buildings to be blown up by the the Jananese Engineer Troops when Japan fled in August 1945. The original evidence of crime and illegal activities to destroy the ciminal evidence are able to be obtained to a large extent by way of excavations and the subsequent researches. Meanwhile, its building style as well as the construction technology can also be make clear, thus we may gain the first-hand materials to study the architecture during the period of Japanese puppet regime.

Under the direct leadership of Department of Culture of Heilongjiang Province and the Government of Pingfang District, a thorough excavation, led by Heilongjiang Institute of Cultural Relics with the collaboration of the Museum of Unit 731, School of Civil Engineering of HIT and History Department of Northeast Normal University, was initiated.

The remains of the Quad stands out in position compared with any other part in the relics. It is in the centre to the south of the Headquarter building with a shape of a rectangle, 150.14 meters from east to west, and south to north 100.02 meters. The Quad is composed of germ laboratory, the Ad Hoc Prsion, central corridor and yards.

The germ laboratory used to be three-storey enclosed oblong buildings with flat roofs (clockwise from the south: Buildings 3, 4, 5 and 6) , among which Buildings 3 and 5 were designed with double pillars and inner gimbals, and Buildings 4 and 6 with solo corridor and brick-concrete structures.

With brick-concrete structure, running through the Quad from south to north, the central corridor seperates the yard into east and west parts. The Ad Hoc Prsion (Buildings 7 and 8) are two-storey brick-concrete buildings with pinnacles, located in the centre of the above-mentioned yard.

The excavation, on the one side, completely unearthed the underground foundations of the Quad which helped to understand the overall layout of it. And on the other side, the actual measurement with the advanced apparatus aquired accurate data in a wide range.

The outstanding aspect of the excavation of the Quad is the findings of many pits of explosion and buried conbustion remains, which are the rare undispuable first-hand evidence to show directly the Japanese activities to destroy criminal evidence.

A large quantities and various types of the unearthed relics are fresh materails which are useful for future exhibitions and studies. The number of the unerathed relics is over a thousand pieces, including articles of iron, copper, glass, aluminium, lead and pottery, among which iron and glass wares account for a larger potion. The iron wares contain construction tools, mechanical facilities (electric and manufacutring devices) , production tools, water-heating appliances, eletric equipments and weapons (shells) , and so on so forth. Most glass wares are vessels for experiments and injections. All these are the clear evidence to manifest the Japanese criminal activities doing biological experiments and live human tests.

The excavation of the Quad applied a collaberative way between universities and the Museum, and various scientific researching methods of different fields were also applied. The significance of this excavation might be stated as the followings: 1. Under the support of hi-technology, it discloses architectual technics of the Quad in all dementions and its historical importance. 2. It helps to understand the technics of architectural stuctures in the time of Japanese Puppet Regime, and lots of valuable experience and data have been accumulated. 3. By the analyses of building materials, the excavation can provide scientific bases to pretect and restore the remains of Unit 731 complex. 4. It can secure the scientific value of the quality of future excavating activities and that of archaeological reports. 5. It can offer reference data to other excavations of the building complex. 6. It contributes much experience and borrowings to the excavations of modern architecture relics.

The layout of the Quad is resonable, and the design conception is perfect. The construction process is rigorous. Its foundation is firm, and it has a business-like facilities. The function is mature and practical. The actual state and productivity of Japan in 1930s on building materials, building industry and building technology can be understood by way of the field tests on the character of building materials.

The excavation of the Quad is an early-stage work for the protection of the whole building complex. It is under its way with much profound considerations in excavation plans and operations. It is the first time to unearth the Unit 731 site in line with the archaeological requirements, and also the first beneficial archaeological attempt in urban area in Heilongjiang Province.

要　约

中国侵略日本軍第七三一部隊本部旧址は、ハルビン市中心より南の約16.5キロに位置し、日本軍国主義が中国を侵略する戦争期間中及び第二次世界大戦中から今まで保存している細菌戦の遺跡であり、戦争を目的に細菌兵器の開発、生体実験の中枢であり、人間と自然を破壊して細菌戦争発動の策源地である。

中国侵略日本軍第七三一部隊諸旧跡の中で、細菌実験室及び特設監獄（通称「四方楼」、以下同じ）は特に重要で、細菌の開発と生体実験犯罪の核心部門である。そのため、七三一部隊が1945年8月に敗走する時、工兵部隊に爆炸された建物の中に、まず「四方楼」であった。この遺跡の発掘と研究を通して、直接の犯罪証拠と犯罪事実を壊滅した証拠が相当程度に分かる同時に、その建築構造や工事の技術なども明らかにすることができ、日偽時期（偽満州国時代）の建築特徴についての研究に一次資料を提供することになった。

黒龍江省文化庁とハルビン市平房区政府の直接指導の下で、2014年5月—10月、黒龍江省文物考古研究所が、中国侵略日本軍第七三一部隊犯跡陳列館、ハルビン工業大学土木工事学院、東北師範大学歴史文化学院などと協同して、「四方楼」について全面的に暴いた。

「四方楼」の地位は重要で、本部核心区南部の中心に位置し、実際に長方形で、東西150.14メートル、南北100.02メートル、面積は15，017平方メートルである。細菌実験室、特設監獄、中心廊下及び庭と四つの部分に構成されている。

細菌実験室は四周閉鎖の長方形フラット三階建て（南から時計回りに第3、第4、第5、第6棟と呼んでいる）である。その第3棟と第5棟は二重柱内フレーム構造であり、第4棟と第6棟は単廊煉瓦コンクリート混じり構造である。

中央廊下は煉瓦コンクリート混じり構造で、「四方楼」を南北縦断し、東院と西院と二つの庭にした。特設監獄（第7、第8棟）は長方形尖頭煉瓦コンクリート混じり構造の二階建てで、それぞれ横に東院と西院の真ん中に置かれている。

今回の発掘は「四方楼」の地下基礎部分について完全に暴き、その全体構造を明らかにした。一方で、先進的な機器を利用して実測し、全方位的に正確なデータを獲得した。

たくさんの爆発穴や焼却埋め灰坑の発見は、今回の「四方楼」考古発掘のハイライトに違いなく、それは侵略日本軍が犯罪証拠を壊滅した直接証拠になり、得難い確実な生の例証になる。

出土遺物は数が多く、種類が豊富で、今後の研究と展示に豊かな一次資料を提供することになった。今回の出土した遺物は千点を越え、鉄器、銅器、ガラス器、アルミと鉛及び陶器製品などを含み、その中に鉄器とガラス器が特に多い。鉄器はさまざまな建築部品、機械設備（機電設備や製造設備など）、生産道具、配管機器、電気機器及び武器（弹丸）などを含む。ガラス器は各種試験用入れ物、注射器がほとんどで、それは中国侵略日本軍が細菌開発と生体実験を行う直接証拠になる。

今回の「四方楼」の発掘が校館合作方式で実施され、協力して違った学科間のクロス研究が行われた意義は：一、技術が先導し、全面的客観的に「四方楼」の建築技術と歴史価値を示された。二、日偽時期の建築構造技術特徴が分かり、貴重な経験と詳細データが蓄積された。三、各種の建築材料の測定と分析を通じて、七三一旧址の保護と復元に科学的根拠を提供することができる。四、発掘作業の科学性を向上させ、考古報告書の科学的価値を高めさせた。五、七三一旧址及び他のプロジェクトの発掘に参考できるデータが提供された。六、今後の近現代建築遺跡の発掘に経験と参考を提供する。

「四方楼」は設計構想が完備し、配置が合理的で、厳格かつ実用的な工事、基礎が堅固で安全、設備のレイアウトがはっきりしている、機能が実用的で完備している。建築材料性能の現場測定と建築材料性能の分析を通じて、前世紀 30 年代の日本が、建築材料、建築工業及び建造技術の面における実際の状況と生産能力を知ることができた。同時に、国の総合的な実力の向上には技術全体レベルの重要さを感じた。

「四方楼」の発掘は、関連する大遺跡保護発掘を協力する前期プロジェクトであるため、強い計画性と操作性を持ち、初めて科学的に考古学操作規程によって七三一旧址を暴き、それは我が省が都市考古のための有益な試みでもある。

Аннотация

Расположенный примерно в 16,5 км к югу от центра города Харбин бывший генеральный штаб бригады №731 японских оккупационных войск в Китае является сохраняющим до сих пор историческим памятником бактериологической войны на протяжении оккупационного действия японского милитаризма в отношении Китая и Второй мировой войны; тоже штаб-квартирой, где разработали бактериологического оружия и провели эксперименты с живыми в целях войны; и очагом развязывания бактериологической войны ценою принесения вредов человечеству и природе.

Среди всех бывших местонахождений бригады №731 японской оккупационной армии в Китае, наибольшими важными из них считаются бактериологическая лаборатория и специальная тюрьма (обычно именуемый “Сыфанлоу” на китайском языке, т. е. здание в форме кубоида), которые тоже являются ключевыми отделениями или важнейшими местами преступности для того, чтобы разработали бактериологического оружия и провели эксперименты с живыми. Именно по этой причине, во время панического бегства бригады №731 в августе 1945, здание “Сыфанлоу” было самым первым из всех уничтоженных саперами зданий. Путем раскопки и исследования данного памятником, не только можно во многом обнаружить прямые доказательства их преступлений и доказательства их уничтожения факта преступности, но и можно разобраться в их архитектурной структуре и технологии строительного производства, это позволяет получить информацию из первых рук для изучения архитектурных характеристик в период созданного Японией Марионеточного государства.

Под прямым руководством Управления культуры провинции Хэйлунцзян и правительства района Пинфан города Харбина, совместно с Павильоном улик бригады №731 японских оккупационных войск в Китае, Институтом промышленного и гражданского строительства Харбинского политехническтого университета и Институтом истории и культуры Северо-восточного педагогического университета, с мая по октябрь 2014 г. Институт памятники и археологии пров. Хэйлунцзян проводил полное раскрытие зданию “Сыфанлоу”.

Занимающее важное место задание “Сыфанлоу” в форме кубоида длиной с востока на запад 150,14 м, шириной с юга на север 100,02 м и площадью 15017 кв. м находится в центре южной части генерального штаба. Оно состоит из таких четырех частей, бактериологическая лаборатория, специальная тюрьма, центральный коридор и двор.

Бактериологическая лаборатория изначально была окружена с четырёх сторон трехэтажным зданием с закрытой прямоугольной плоской крышей (с юга по часовой стрелке соответственно были дома третий, четвертый, пятый и шестой), кроме того строительная конструкция домов третий и пятый представляет собой органную крепь в два ряд, а строительная конструкция домов четвертый и шестой - структуру кирпича и бетона с единным коридором.

Центральный коридор служит структурой кирпича и бетона, проходит здание “Сыфанлоу” с севера на юг, так что это разделяет его на два двора, восточный и западный. Специальные тюрьмы (домы седьмой и восьмой) является двухэтажными зданиями с закрытой прямоугольной островерхой крышей, и соответственно, они были поперечно размещены в центрах дворов восточного и западного.

Раскопки на этот раз, с одной стороны, провели полное раскрытие заглубленной фундамента здания “Сыфанлоу”, и разобрались в его целой структуре; с другой стороны, пользуясь передовыми аппаратурами, провели съемку на месте, и точные данные получились по всем направлениям.

Множественные взрывные пункты и зольные ямы для сжигания и захоронения несомненно стали важными открытиями археологических раскопок “Сыфанлоу”. Это предоставляет прямые свидетельства о уничтожении доказательств преступления японских захватчиков, которые считаются редко встречающимися бесспорными первичными доказательствами.

Множества и богатства археологических находок дают обилие информации из первых рук для дальнейших изучения и демонстрации. На этот раз количество находок составляет более тысяч штук, включая изделия железные, медные, стеклянные, алюминие, свинцовые, керамические и т. д., в том числе железные и стеклянные изделия поимели больше места. Железные изделия состоят из таких вещей, как разные строительные элементы, машины и оборудования (включая в себя электромеханическое оборудование и производственное оборудование), орудия производства, сантехнические оборудования, электрооборудования, оружия (артиллерийские снаряды). Между тем, большенство стеклянных изделий является разнообразными посудами для экспериментов и инъекций, которое считается прямым доказательством о том, что японские войска разработали бактериологического оружия и провели эксперименты с живыми.

Эти раскопки “Сыфанлоу” осуществились при помощи совместной работы между институтом, университетами и музеем, в рамках сотрудничества и междисциплинарных исследований. Важное значение заключалося в том, что во-первых, максимально пользовать технику, объективно и всесторонно демонстрировать строительную технологию и историческую ценность памятника “Сыфанлоу”; во-вторых, ближе ознакомиться с технологической особенностей архитектурной конструкции периода Марионеточного государства управляемого Японией, и всем этим накопить ценные опыты и собрать подробные и точные данные; в-третьих, путем измерения и анализа различных строительных материалов предоставить научную базу для защиты и реставрации памятника бригады №731; в-четвертых, обеспечивать качество раскопок, и повышает научную ценность докладов тематической археологии; в-пятых, предоставить справочные данные для раскопок других объектов памятника бригады №731; в-шестых, предоставлять нам опыт и примеры для будущих раскопок руин современных сооружений.

Здание “Сыфанлоу” имеется идеальным дизайном, рациональным размещеним, строгим строительством, прочным фундаментом, четким порядком оборудования и совершнеными функциями. С помощью полевых измерений и анализов для свойств строительных материалов, мы узнали фактическое положение и производственную мощность Японии в сферах строительных материалов, строительной индустрии и строительных техник в тридцатые годы прошлого века, в то же время осознали важность общего уровня развития технологии для наращивания совокупной мощи государства.

Раскопки здания “Сыфанлоу” развивались планно и практично с целью сохранить предметы, чтобы обеспечивать масштабные научные раскрытия на руинах бригады №731. Это впервые по правилам и инструкциям проведены археологические операции, и также является полезной попыткой для проведения археологических работ в городских условиях в нашей провинции.

개요

하얼빈 남쪽 약 16.5km 지점에 위치한 중국 침략 일본군 제 731 부대 옛터는 일본 군국주의의 중국 침략 전쟁 및 제 2 차 세계대전에서부터 지금까지 보존해 온 세균전 유적지이며 전쟁을 목적으로 세균무기 연구 및 생체실험의 주 기지이고 인류와 자연을 해치는 대가로 세균전쟁을 일으키는 근거지이다 .

중국 침략 일본군 제 731 부대의 각 옛터 중에 세균실험실과 특수감옥 (속칭 '사방루' , 아래도 같음) 은 가장 중요한 부분이고 세균 연구 및 생체 실험 죄증의 핵심부이자 요충지이다 . 그렇기 때문에 1945 년 8 월 731 부대가 철수 전에 서둘러서 공병단을 동원하여 가장 먼저 폭파시킨 건물은 바로 사방루이다 . 이 유적지에 대한 발굴과 연구 작업은 상당한 정도에서 일본군의 직접적인 범죄 증거와 범죄를 인멸하려는 증거를 찾아낼 수 있을 뿐만 아니라 사방루의 건축 양식 및 시공법도 알아낼 수 있으며 일위 시기 건축 특색 연구에 직접적인 자료를 제공할 수 있다 .

흑룡강성 문화청과 하얼빈시 평방구정부의 직접적인 지도하에 2014 년 5 월 ~ 10 월 , 흑룡강성 문물고고연구소를 비롯하여 중국 침략 일본군 제 731 부대죄증진열관 , 하얼빈공업대학 토목공정학원 , 동북사범대학 역사문화학원은 사방루 유적지에 대한 전면적인 발굴 작업을 하였다 .

사방루는 요로에 위치하고 있고 본부 핵심구역 남쪽 중앙에 자리잡고 있다 . 실제로 직사각형의 구조이고 동서 길이는 150.14m 이고 남북 넓이는 100.02m 이며 바닥 면적은 15,017 ㎡이다 . 세균실험실과 특수감옥 , 중심복도 , 그리고 마당 등 네 부분으로 구성되어 있다 .

세균실험실은 원래 동서남북 벽으로 둘러싸여 폐쇄적인 직사각형 평지붕 3 층 건물 (남쪽으로부터 순 시계방향으로 각각 제 3, 제 4, 제 5, 제 6 동으로 불린다) 이다 . 제 3 동과 제 5 동은 쌍기둥의 내부가구 (Double column frame) 이고 제 4 동과 제 6 동은 단회랑 브릭콘크리트구조 (Brick and Concrete Structure) 이다 .

중심복도는 브릭콘크리트구조이고 사방루를 남북으로 관통하여 동쪽 마당과 서쪽 마당으로 분리시켰다 . 특수감옥 (제 7, 제 8 동) 은 직사각형 뾰족한 지붕을 가지고 있는 브릭콘크리트구조의 2 층 건물이고 각각 가로로 동쪽과 서쪽 마당의 가운데에 위치하고 있다 .

이번의 발굴은 한편으로 사방루의 지하 토대 부분에 대한 전면적인 발굴을 통해서 전체적인 구조를 파악할 수 있었다 . 다른 한편으로 선진 기구로 실제 측정을 통하여 정확한 데이터를 전면적으로 획득할 수 있었다 .

여러 군데의 폭약구멍과 소각 잿구덩이의 발굴은 이번 사방루 고고 발굴의 가장 가치있는 부분이다 . 이는 일본 침략자들이 인멸한 범죄의 직접적 증거이며 더 이상 논쟁의 여지가 없는 최고의 사례라고 평가할 수 있다 .

출토 유물의 양이 많고 종류가 풍부하여 앞으로의 연구와 전시를 위해 풍부한 1 차적 자료를 제공하였다 . 출토유물은 천여 점 넘어 철기 , 동기 , 유리기 , 알루미늄과 납 제품, 그리고 도자기 제품 등이 포함되어 그 중에 철기와 유리기가 가장 많았다. 철기는 각종 건축 부품, 기계설비 (기전설비와 제조설비 포함), 생산도구, 온수 난방 기재, 전기설비, 그리고 무기 (폭탄) 등이 있고 유리기는 대체로 각종 실험 용기, 주사 용기 등 있으며 이것들은 중국 침략 일본군이 세균 연구와 생체 실험의 직접 증거이다.

이번의 사방루 발굴 작업은 학교와 진열관의 연합 방식으로 진행되어 상호간의 협력과 다학과의 공동연구는 중요한 의의를 가지고 있다. 첫째, 선진 기술을 이용해서 사방루의 건축 공법과 역사적 가치를 전면적이고 객관적으로 보여 줄 수 있었다. 둘째, 일위 시기의 건축 구조와 건축 공법의 특색을 알아보고 값진 경험과 상세한 데이터를 쌓을 수 있었다. 셋째, 각종 건축 재료에 대한 측정과 분석을 통해서 731 부대 유적지의 보호와 복원에 대하여 과학적 근거를 제공할 수 있었다. 넷째, 발굴 작업의 질을 보장하고 본 주제 고고학 리포트의 과학적 가치를 높일 수 있었다. 다섯째, 731 부대 옛터의 다른 발굴 작업에 참조할 수 있는 데이터를 제공할 수 있었다. 여섯째, 앞으로의 근현대 건축 유적지의 발굴 작업에 경험과 참조를 제공할 수 있었다.

사방루는 완벽한 디자인 콘셉트, 치밀하고 합리적인 구조, 엄격하고 실무적인 공사 시행, 단단하고 안전적인 토대, 맥락이 분명한 시설, 실용적이고 완벽한 기능 등을 가지고 있다. 건축 재료 성능에 대한 현장 측정과 성능에 대한 분석을 통하여 20 세기 30 년대 일본의 건축 재료와 건축 공학, 그리고 건축 기술 방면의 실제 상황과 생산 능력을 알아볼 수 있는 동시에 기술의 전체적 진도가 종합 국력의 제고에 중요한 의의를 가지고 있음을 느낄 있었다.

사방루의 발굴은 더 큰 규모의 관련 유적지를 보호하기 위하여 진행되는 전기적 발굴 작업이고 계획성과 조작성이 강하다. 여태까지 처음으로 고고학 작업 규정에 따라서 731 부대 옛터에 대한 과학적 연구이다. 동시에 이번의 발굴 작업은 흑룡강성이 도시 고고 연구의 의미있는 시도이다.

后　记

侵华日军第七三一部队细菌实验室及特设监狱遗址的发掘，是为配合相关大遗址保护的前期工作，亦是新形势下黑龙江省开展城市考古和近现代考古的有益尝试和初步探索。

发掘工作是在黑龙江省文化厅直接领导下进行的。在发掘过程中，国家及黑龙江省、哈尔滨市有关领导曾多次莅临现场视察，并作出了重要指示。发掘工作始终得到了国家文物局、黑龙江省和哈尔滨市以及平房区政府的大力支持。

著名考古学家陈雍先生，中山大学许永杰教授（图版一三六，1），哈尔滨工业大学土木工程学院王凤来、唐岱新、潘景龙，市政工程学院吕炳南教授（图版一三六，2；图版一三七；图版一三八，1）等，曾专程来现场进行具体指导。

吉林大学边疆考古中心主任朱泓教授，带领吉林大学与加拿大西蒙菲莎大学联合主办的“人类骨骼考古暑期学校”中外师生 30 余人前来参观指导（图版一三八，2）。

东北师范大学历史文化学院研究生马敏、张文静，洛阳市文物考古研究院李光夫，侵华日军第七三一部队罪证陈列馆王宇参与了部分室内资料整理（图版一三九，1）。

哈尔滨社会科学院七三一问题国际研究中心主任、侵华日军第七三一部队罪证陈列馆副馆长杨彦君，对本报告提出了具体的修改意见。侵华日军第七三一部队罪证陈列馆遗产保护部主任高玉宝，在相关历史资料的收集、核实方面予以了诸多协助。

侵华日军第七三一部队罪证陈列馆在办公场所、后勤保障方面，为考古发掘队提供了诸多便利。

值此，一并致以谢意！

本书系黑龙江省哲学社会科学“‘七三一’细菌实验室及特设监狱考古发掘与建筑布局研究”项目（15KGB01）结题研究成果。该书的中期研究成果《侵华日军第七三一部队细菌实验室及特设监狱发掘的主要收获》，已发布于《北方文物》2016 年第 3 期；《侵华日军 731 部队细菌实验室旧址建筑技术初探》，已发表于《建筑结构》第 46 卷增刊，2016 年 6 月。两篇文章均属阶段性研究成果，其各种数据及结论，当以最终结题研究成果为准。

细菌实验室及特设监狱的考古发掘自 2014 年 5 月 29 日正式启动，主要田野任务完成于当年，2015 年上半年进行了收尾工作。2015 年下半年和 2016 年对发掘出土资料进行了集中整理。自 2017 年至 2018 年 6 月，为考古专题报告编写阶段。在资料整理和报告编写过程中，得到了科学出版社的大力支持，委派责任编辑多次来考古工地现场进行指导。2017 年末，《侵华日军第七三一部队旧址——细菌实验室及特设监狱考古发掘报告》初稿完成。2018 年 1 月 11 日，科学出版社特此在北京举办研讨会，旨在梳理总结七三一旧址考古发掘，为开展相应考古研究与文物保护提供思路。研讨新形势下抗战时期遗存的考古与博物馆工作如何有机地结合。同时针对黑龙江省文物考古研究所编著的《侵华日军第七三一部队旧址——细菌实验室及特设监狱考古发掘报告》中遇到的问题进行商讨。黑龙江省文物考古研究所、侵华日军第七三一部队罪证陈列馆、中国人民抗日战争纪念馆、九一八历史博物馆、国务院发展研究中心、中国人民大学、复旦大学及科学出版社的专家学者参加了会议。与会代表对七三一旧址考古发掘和报告编写予以高度评价，认为开创了抗战时期遗存考古工作的先河，是近现代历史研究与考古学结合的典型范例，具有广泛应用价值和重大政治意义。根据与会代表提出的意见与建议，黑龙江省文物考古研究所对《侵华日军第七三一部队旧址——细菌实验室及特设监狱考古发掘报告》进行了为期半年的修改、补充，于 2018 年 6 月正式交予科学出版社。

本书主编李陈奇；编写组成员魏明江、尤洪才、关燕妮、屈红国、朱飞、项阳、王宇；测绘尤洪才；绘图关燕妮、屈红国、李光夫；遗迹照相魏明江、尤洪才；遗物照相王世杰、魏明江、胡明红、刘明甲。

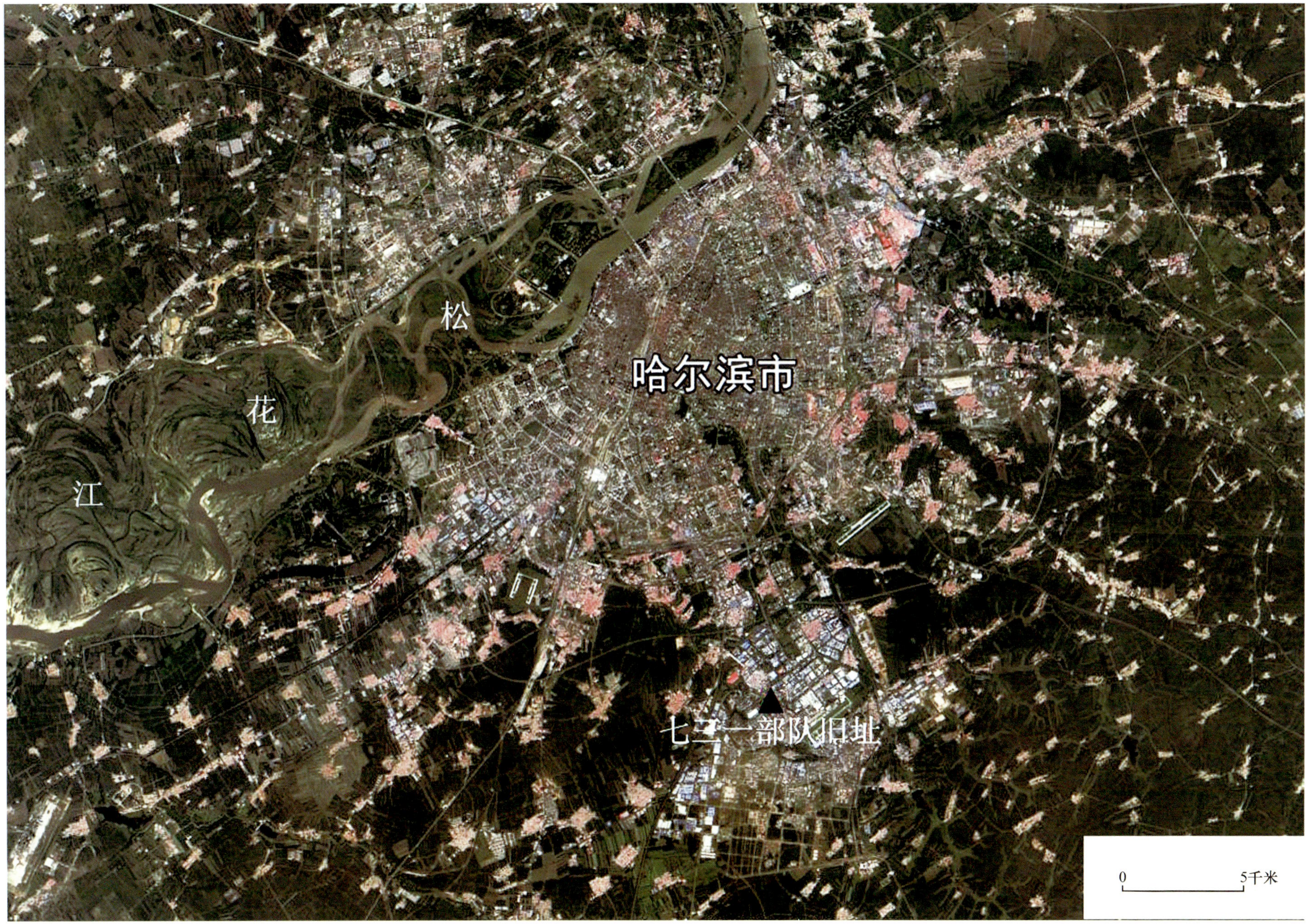

七三一部队本部旧址地理位置卫星照片

图版二

1. 远景

（森村诚一：《续 . 恶魔的饱食》，角川文库，2008 年）

2. 近照

（森村诚一：《续 . 恶魔的饱食》，角川文库，2008 年）

细菌实验室及特设监狱历史照片

图版三

细菌实验室及特设监狱与核心区一角历史照片

（森村诚一：《续．恶魔的饱食》，角川文库，2008 年）

图版四

1．七三一本部核心区

（森村诚一：《续．恶魔的饱食》，角川文库，2008 年）

2．废墟（外部）

（侵华日军第七三一部队罪证陈列馆：《侵华日军关东军 731 细菌部队》，五洲传播出版社，2005 年）

七三一本部核心区历史照片与细菌实验室及特设监狱废墟

图版五

细菌实验室及特设监狱发掘航拍图

图版六

1. 废墟（内部）

（截取自王之堃 1956 年拍摄的视频资料，侵华日军第七三一部队罪证陈列馆藏）

2. 中心走廊废墟（由西向东）

（辽宁省档案馆：《罪证的“七三一”“一〇〇”侵华日军细菌部队档案史料选编》，辽宁民族出版社，1995 年。拍摄于 1952 年）

细菌实验室及特设监狱内部与中心走廊废墟

中心走廊废墟（由东向西）

（截取自王之堃 1956 年拍摄的视频资料，侵华日军第七三一部队罪证陈列馆藏）

图版八

1．细菌实验室及特设监狱废墟

（截取自王之堃 1956 年拍摄的视频资料，侵华日军第七三一部队罪证陈列馆藏）

2．中心走廊废墟

（侵华日军第七三一部队罪证陈列馆：《侵华日军关东军 731 细菌部队》，五洲传播出版社，2005 年）

细菌实验室及特设监狱与中心走廊废墟

1. 由西向东

（侵华日军第七三一部队罪证陈列馆：《侵华日军关东军731细菌部队》，五洲传播出版社，2005年）

2. 由东向西

（截取自王之堃1956年拍摄的视频资料，侵华日军第七三一部队罪证陈列馆藏）

中心走廊废墟

图版一〇

1．夷为平地的细菌实验室及特设监狱遗址

（侵华日军第七三一部队罪证陈列馆藏）

2．2000 年细菌实验室及特设监狱清理工作照

（侵华日军第七三一部队罪证陈列馆藏）

夷为平地的细菌实验室及特设监狱遗址与 2000 年清理工作照

1. 清理现场

（侵华日军第七三一部队罪证陈列馆藏）

2. 现场消毒

（侵华日军第七三一部队罪证陈列馆藏）

2000 年清理现场及消毒

1. 清理一角

（侵华日军第七三一部队罪证陈列馆藏）

2. 部分保护现场

（侵华日军第七三一部队罪证陈列馆藏）

2000 年清理一角及部分保护现场

1．由西向东

2．由东北向西南

（哈尔滨市社会科学院七三一问题国际研究中心藏，拍摄于2011年）

发掘前的细菌实验室及特设监狱遗址

1. 发掘前第 7 栋状况

2. 发掘前第 3 栋中央及其他

（哈尔滨市社会科学院七三一问题国际研究中心藏，拍摄于 2011 年）

发掘前的细菌实验室及特设监狱遗址

1. 遗址上部的建筑垃圾

2. 建筑垃圾细部

细菌实验室及特设监狱遗址上部的建筑垃圾及细部

被拆卸钢筋的立柱

1. 现代烟囱基座

2. 建筑垃圾清理

细菌实验室及特设监狱遗址现代烟囱基座及建筑垃圾清理

1．东南角

2．向北延伸

细菌实验室及特设监狱东部的现代上水管道

图版一九

1．坐标基点及测绘

2．坐标基点

细菌实验室及特设监狱东南角外的永久性坐标基点及测绘

1．发掘队负责人

2．考古队员及侵华日军第七三一部队罪证陈列馆职工

发掘开工仪式

1. 自一楼进入地沟的铁盖门

2. 塌落的一楼地面

塌落的一楼地面及进入地沟的铁盖门

1. 由西向东

2. 由东向西

细菌实验室及特设监狱第 3 栋全景

1．第 3 栋与第 4 栋连接部

2．第 3 栋与第 6 栋连接部

第 3 栋与第 4 栋、第 3 栋与第 6 栋的连接部

1. 碎石垫层

2. 两侧盒子板

条形基础下碎石垫层及两侧盒子板

1. 西侧中部南北向条形基础

2. 第 3 栋与第 4 栋转角

第 3 栋西侧中部南北向条形基础及第 3 栋与第 4 栋转角

1．由东向西

2．由西向东

第 3 栋东部全景

1. 东墙

2. 东南角

第 3 栋东墙及东南角

1．西部南侧局部

2．西部部分南墙体

第3栋西部南侧局部及西部部分墙体

1. 由西向东

2. 由西北向东南

第 3 栋东南角南墙

1．北侧墙体

2．南侧墙体

第 3 栋西部北侧及南侧墙体

1. 第 3 栋西部地下中央通道 (由东向西)

2. A4、B4、C4 与 D4 之间的砖墙

第 3 栋西部地下中央通道及 A4、B4、C4 与 D4 之间的砖墙

1. 整体

2. 局部

锥形基础及局部

1. 第3栋锥形基础

2. 立柱钢筋配置

第3栋锥形基础及立柱钢筋配置

1. 4×4 组合

2. 5×6 组合

立柱钢筋组合

1．立柱上箍筋

2．东墙

第 **3** 栋立柱上箍筋及东墙

1．南侧地沟

2．北侧地沟

第 3 栋西部南北两侧地沟

1. 西部

2. 东部

第 3 栋西部、东部下水管道及支脚

1. 下水井

2. 下水井细部

第 3 栋西部南侧下水井及细部

1. 第 3 栋中心建筑

2. 第 4 栋（由南向北）

第 3 栋中心建筑及第 4 栋全景

1. 全景（由北向南）

2. 通向第 7 栋处

第 4 栋全景及第 4 栋通向第 7 栋处

1．水泥台面（由北向南）

2．南端（由西向东）

第 4 栋水泥台面及南端

1. 第 4 栋组合壁柱

2. 第 5 栋（由西向东）

第 4 栋组合壁柱及第 5 栋全景

1. 全景（由东向西）

2. 西部南北向条形基础

第 5 栋全景及西部南北向条形基础

1．G25、H25 连系梁

2．铁质上水管道

第 5 栋 G25、H25 联系梁及铁质上水管

1. 下水管道及支脚

2. 下水管道、支脚及井口（由西向东）

第 5 栋下水管道、支脚及井口

1. 下水管道、支脚及井口（由东向西）

2. 中部中心走廊西侧

第 **5** 栋下水管道、支脚及井口与中部中心走廊西侧

1. 由北向南

2. 由南向北

第 6 栋全景

1. 水泥台面（由北向南）

2. 中央通道通向外部延伸

第 6 栋水泥台面及中央通道向东外部延伸

1. 第 6 栋通向第 8 栋（由东向西）

2. 第 6 栋南端小隔间

第 6 栋通向第 8 栋及第 6 栋南端小隔间

1. 整体

2. 细部

第 6 栋条形基础连接加固整体及细部

1．第 6 栋内侧组合壁柱

2．第 8 栋向西通向第 7 栋

第 **6** 栋内侧组合壁柱及第 **8** 栋向西通向第 **7** 栋

1．局部墙体

2．由西向东

第7栋局部墙体及全景

1. 第7栋与中心走廊交接处

2. 第4栋通向第7栋

第7栋与中心走廊交接处及第4栋通向第7栋

1. 排水沟

2. 墙体

第 7 栋中央通道两侧排水沟及墙体

1．设备间

2．设备间防水墙

第 7 栋设备间及防水墙

1. 第 7 栋设备间隔水墙局部

2. 分流井内部结构

第 7 栋设备间隔水墙及分流井

1. 第 8 栋与中心走廊交接处

2. 第 8 栋 1 号设备间

第 8 栋与中心走廊交接处及 1 号设备间

1．2号设备间

2．3号设备间

第8栋2号、3号设备间

1．设备间

2．设备间挂梯

第 **8** 栋 **4** 号设备间及挂梯

1．分流井

2．分流井水泥管道

第 **8** 栋北侧分流井及管道

中心走廊南段局部

图版六二

1．第 8 栋北侧分流井铁管道

2．中心走廊南段一层通道内景

第 8 栋分流井铁管道及中心走廊南段一层通道

1．本部 1 号楼通向细菌实验室及特设监狱连接处

2．本部 1 号楼地沟现状

本部 1 号楼通向细菌实验室及特设监狱连接处及本部 1 号楼地沟现状

1. 中心走廊中段（由南向北）

2. 检查口

中心走廊中段及检查口

1. 中部排水管道解剖

2. 下水管道衔接

中心走廊中段中部排水管道及下水管道衔接

1．由南向北

2．由西向东

中心走廊中段第二检查口及管道

1．北端竖向管道

2．第 3 栋中部其中一处阶梯

中心走廊中段竖向管道及第 3 栋中部一处阶梯

1．遗址地层

2．庭院地面

第 3 栋中部遗址地层及庭院地面

H1 剖面

1．H2 剖面

2．H3 局部剖面

H2 及 H3 剖面

第3栋爆炸点（B1）

图版七二

1. 东南角残墙

2. 大型设备残留

第 3 栋东南角残墙与爆炸点出土的大型设备

1．第8栋（B2）

2．第6栋（B4）

第8栋与第6栋爆破点

图版七四

1．活结外丝（SF3：1）

2．阀门手柄（SF3：2）

3．上水管线（SF3：3）

4．紧线器（SF3：4）

5．开关盒罩（SF3：5）

6．根母螺丝（SF3：6）

第 3 栋出土铁器

1. 管卡子（SF3：8）

2. 吊钩（SF3：9）

3. 紧线器（SF3：10）

4. 开关盒罩（SF3：11）

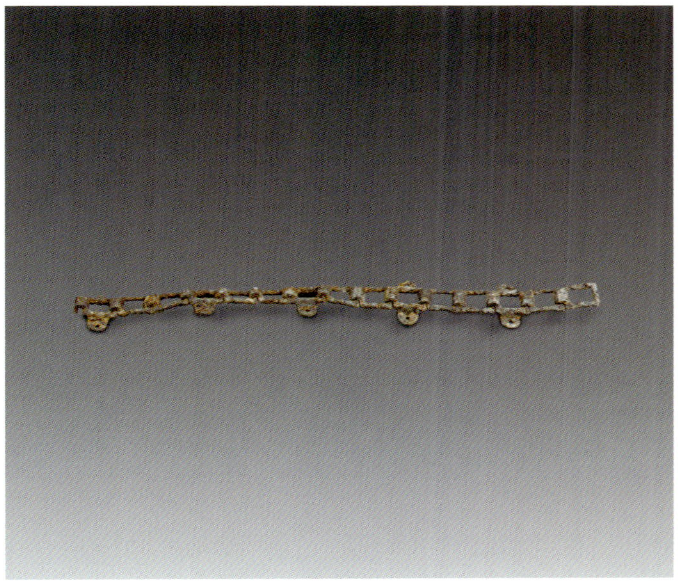

5. 链条（SF3：12）

6. 梯蹬（SF3：13）

第 **3** 栋出土铁器

图版七六

1．堵丝（SF3：15）

2．炮弹壳（SF3：17）

3．下水杠（SF3：18）

4．门把手底座（SF3：19）

5．窗框（SF3：20）

6．铁构件（SF3：22）

第 **3** 栋出土铁器

1. 合页（SF3：24）

2. 陶制品（SF3：25）

3. 陶制品（SF3：26）

4. 铅饼（SF3：27）

5. 铁锹（SF3：29）

6. 传动链条（SF3：30）

第 3 栋出土铁器、铅饼及陶制品等

图版七八

1．瓶塞（SF3∶33）

2．瓶塞（SF3∶52）

3．注射器（SF3∶34）

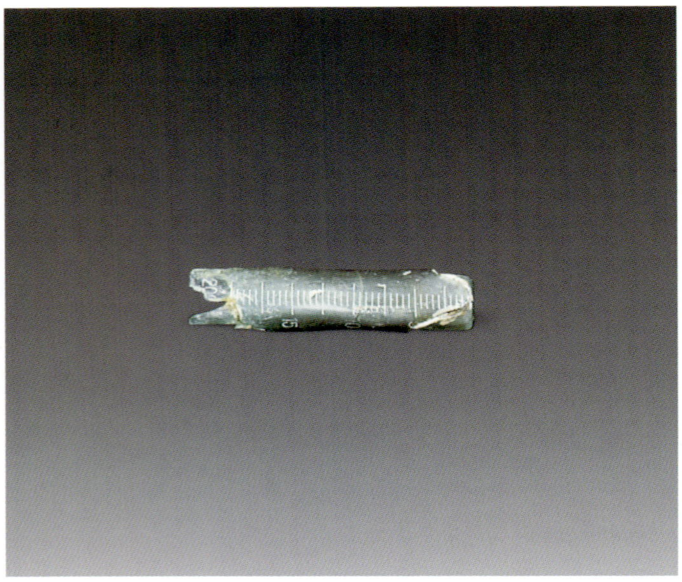
4．注射器（SF3∶35）

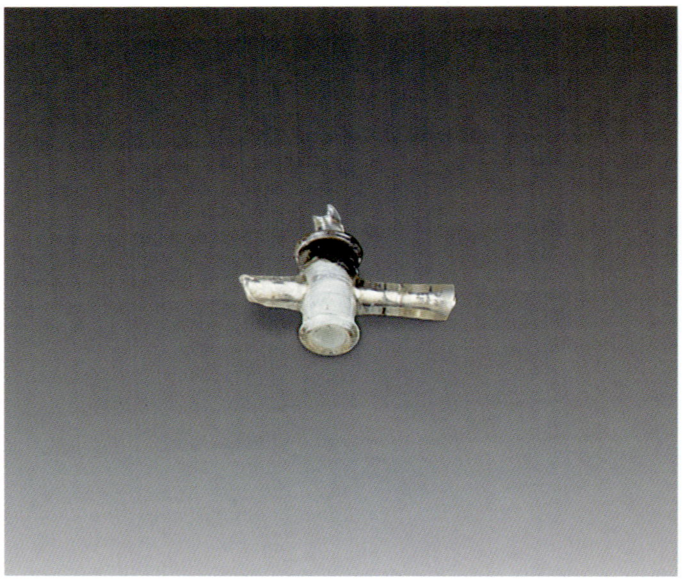
5．导管（SF3∶36）

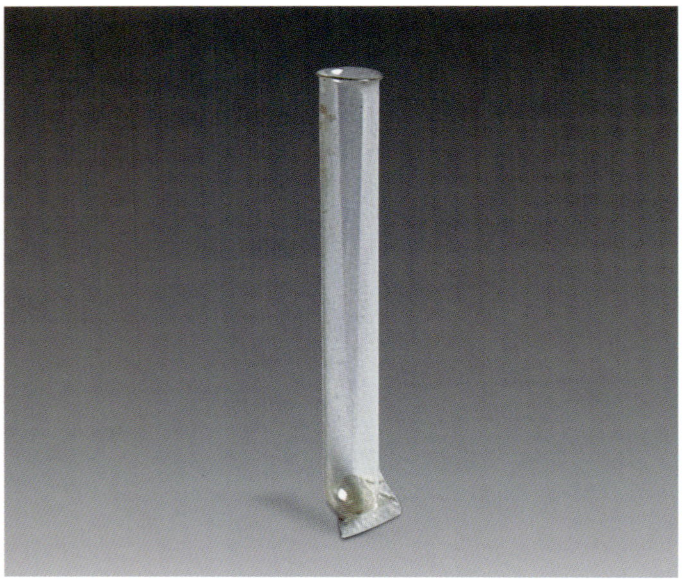
6．试管（SF3∶37）

第3栋出土的玻璃瓶塞、试管、导管及注射器

1．插座（SF3：42）

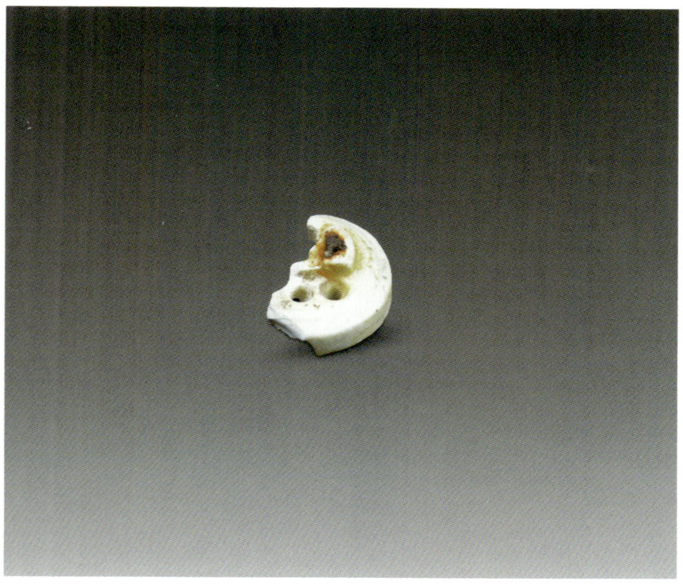

2．灯线座（SF3：43）

3．瓷壶（SF3：49）

4．纽扣（SF3：40）

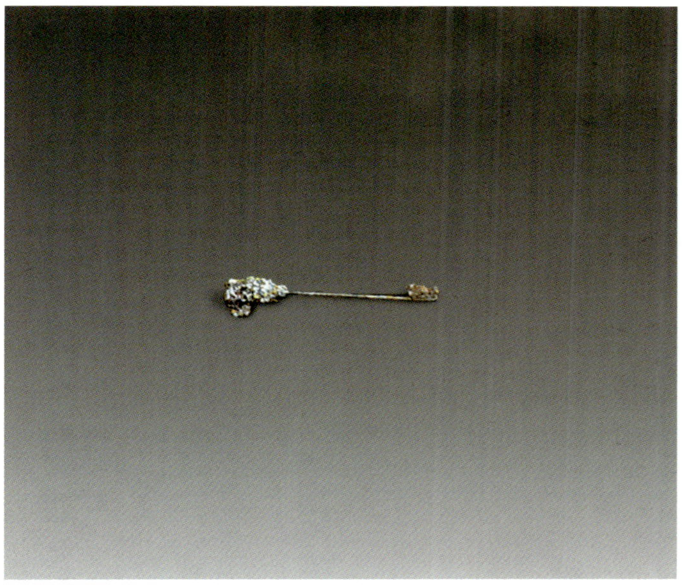

5．注射针头（SF3：44）

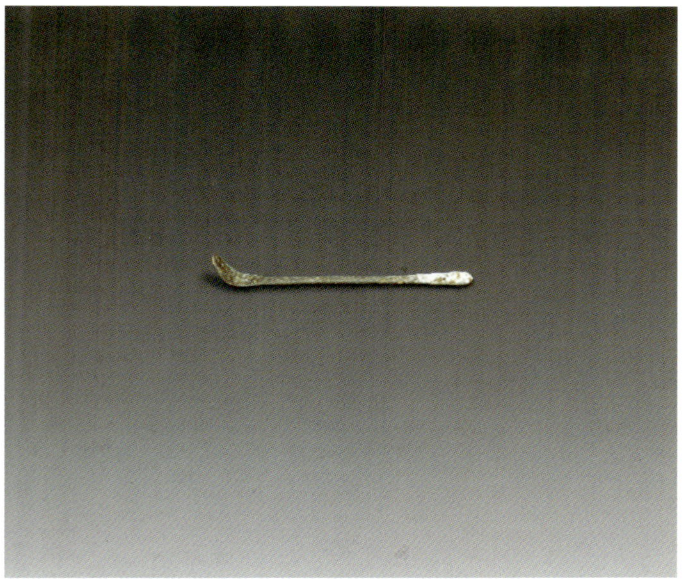

6．药匙（SF3：46）

第 **3** 栋出土的瓷制品、纽扣及金属针头、药匙

1. 瓶口（SF3：41）

2. 瓶口（SF3：54）

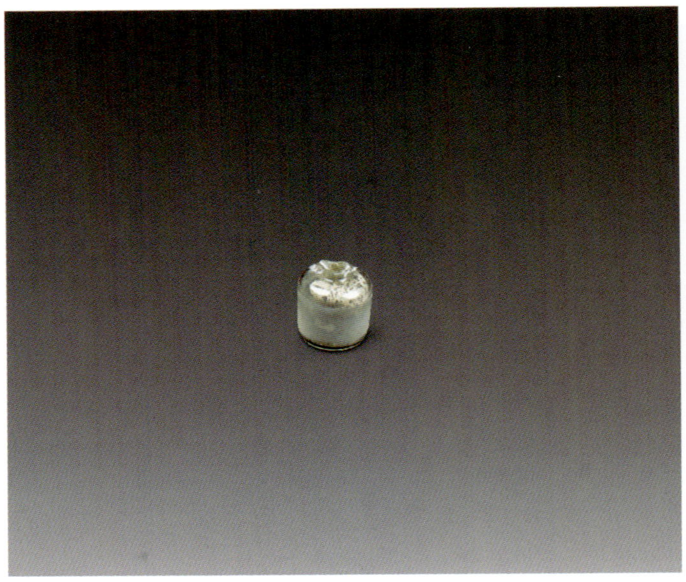

3. 小口矮颈瓶（SF3：50）

4. 中口瓶（SF3：51）

5. 小口细颈瓶（SF3：53）

6. 小口细颈瓶（SF3：59）

第 3 栋出土的玻璃瓶

1. 啤酒瓶（SF3：60）

2. 啤酒瓶（SF3：61）

3. 培养皿（SF3：56）

4. 管卡子（SF4：1）

5. 挂钩（SF4：2）

6. 八拒子（SF4：3）

第 **3** 栋出土的啤酒瓶、玻璃培养皿及第 **4** 栋出土的铁器

1. 铁器（SF4：4）

2. 地漏（SF4：5）

3. 吊环（SF5：2）

4. 吊环（SF5：3）

5. 双立柱吊环（SF5：4）

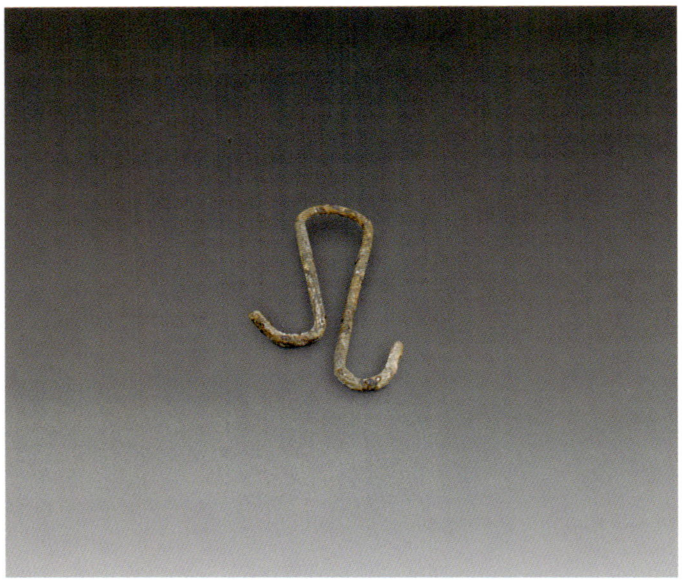

6. 吊钩（SF5：7）

第 **4** 栋、第 **5** 栋出土的铁器

1．紧线器（SF5：1）

2．管卡子（SF5：5）

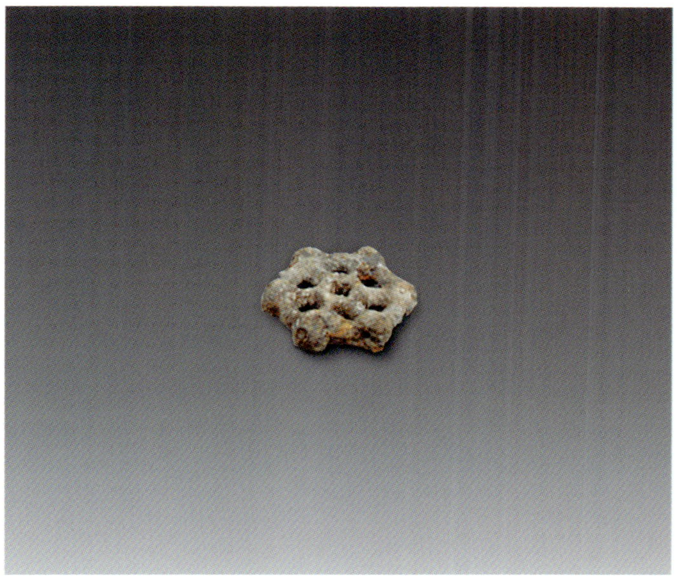

3．阀门手柄（SF5：11）

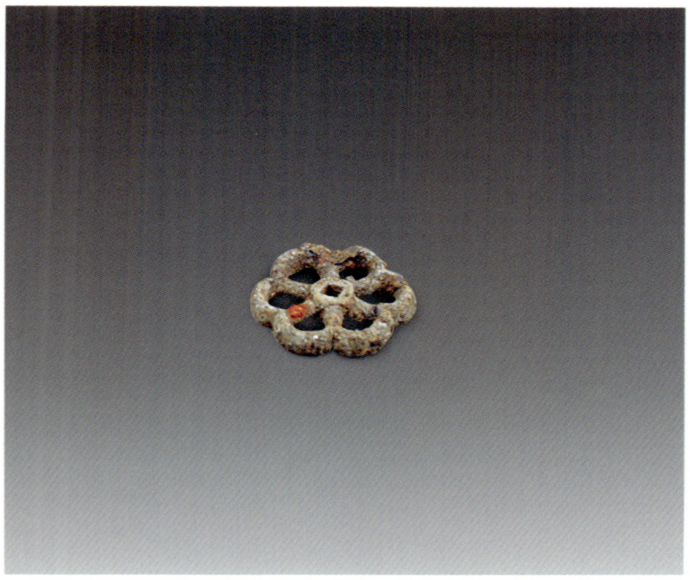

4．阀门手柄（SF5：13）

5．阀门手柄（SF5：14）

6．阀门手柄（SF5：15）

第 **5** 栋出土的铁器

1．暖气挂钩（SF5：8）

2．铁制品（SF5：9）

3．丁字铁（SF5：10）

4．瓷壶（SF5：16）

5．箅子（SF5：17）

6．灯罩（SF5：18）

第 **5** 栋出土的铁器

1. 细菌培养箱插片（SF5：6）

2. 陶制品（SF5：20）

3. 箱卡扣（SF5：21）

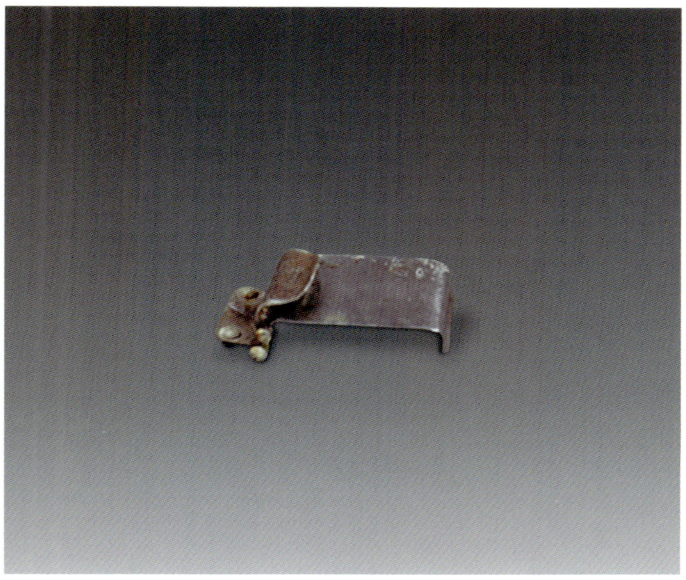

4. 箱卡扣（SF5：22）

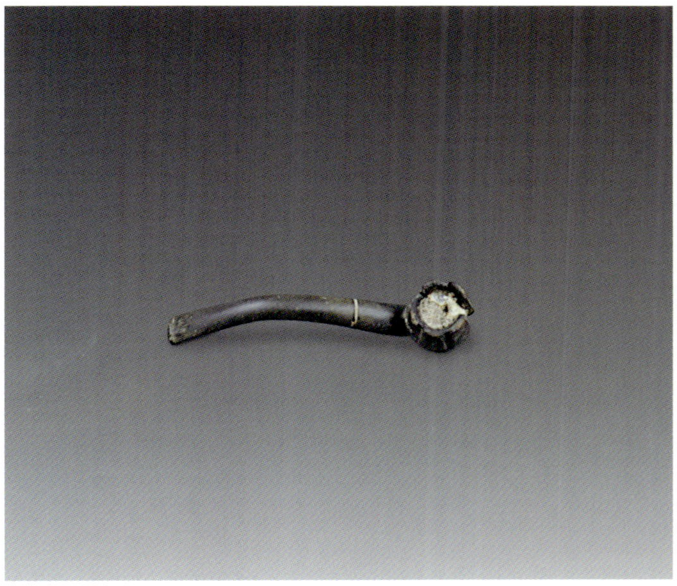

5. 烟斗（SF5：23）

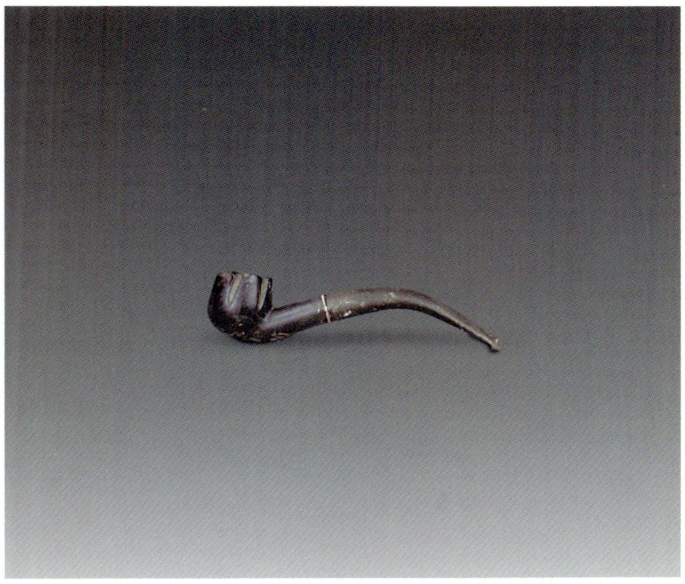

6. 烟斗（SF5：23）

第 5 栋出土的金属箱卡扣、插片、陶制品及烟斗等

图版八六

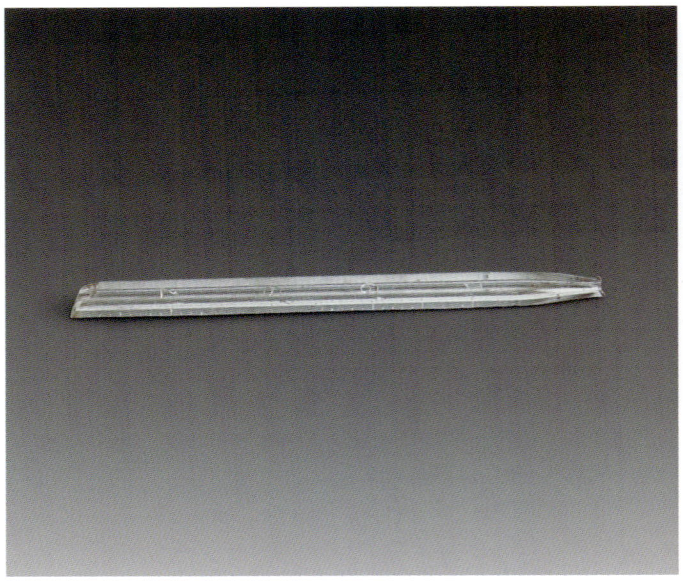

1．滴管（SF5：24）

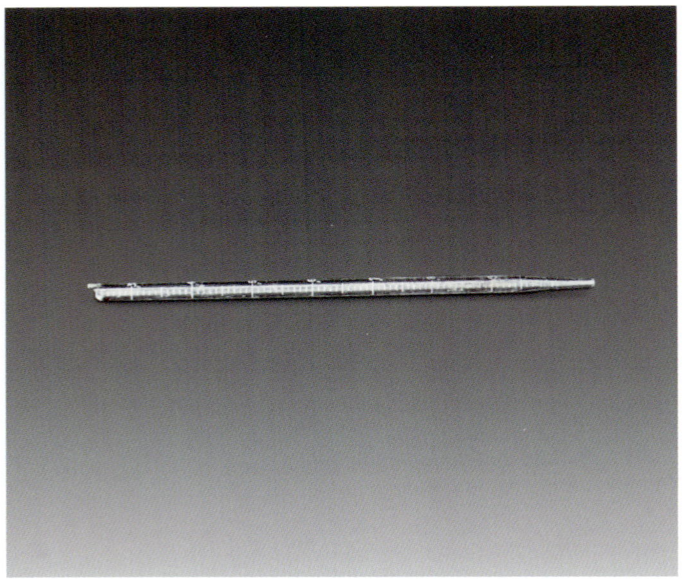

2．滴管（SF5：25）

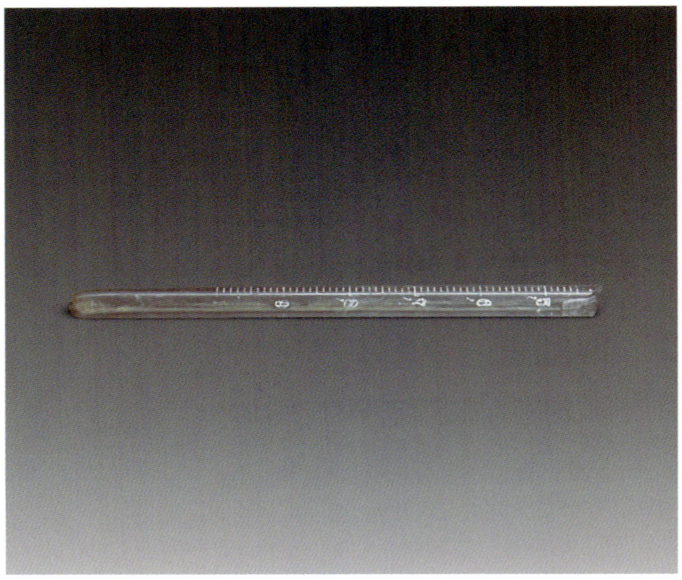

3．滴管（SF5：26）

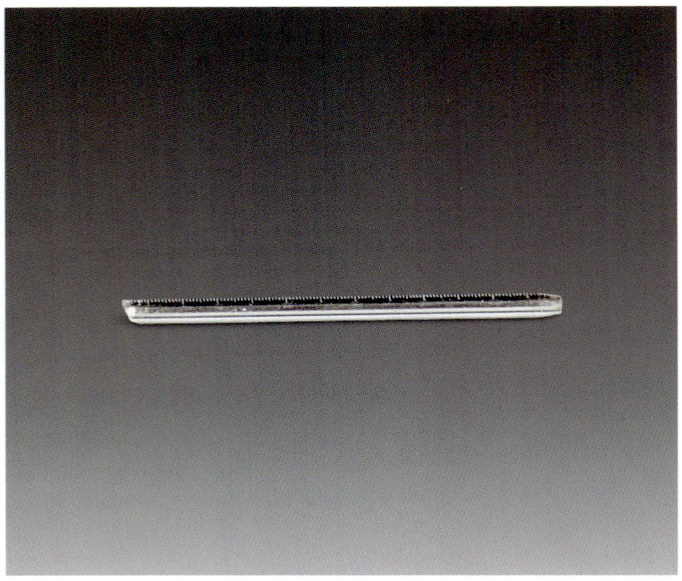

4．滴管（SF5：27）

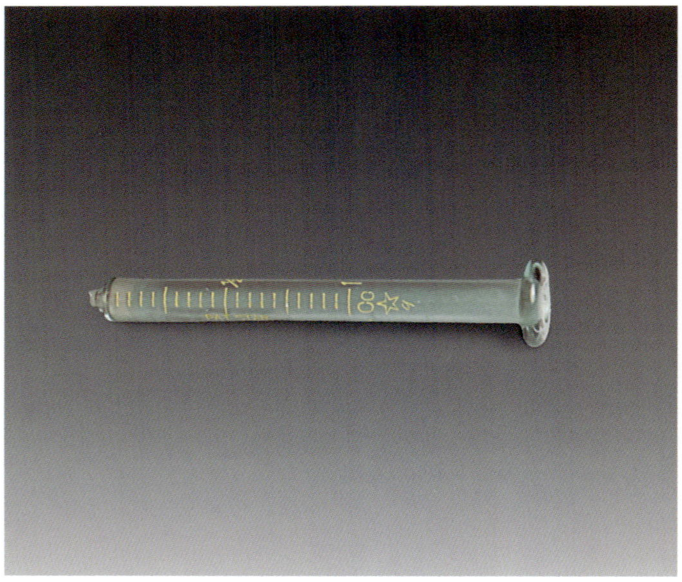

5．注射器管（SF5：29）

6．导管（SF5：32）

第5栋出土的玻璃滴管、导管及注射器

1．烧杯（SF5：33）

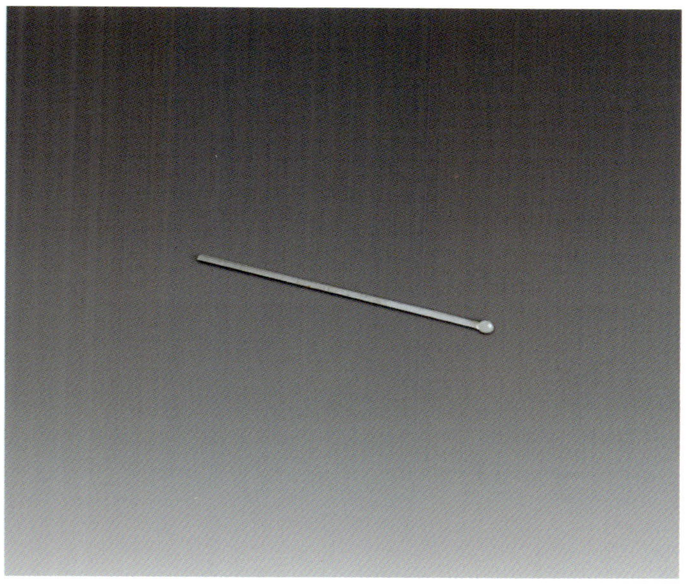

2．搅棒（SF5：34）

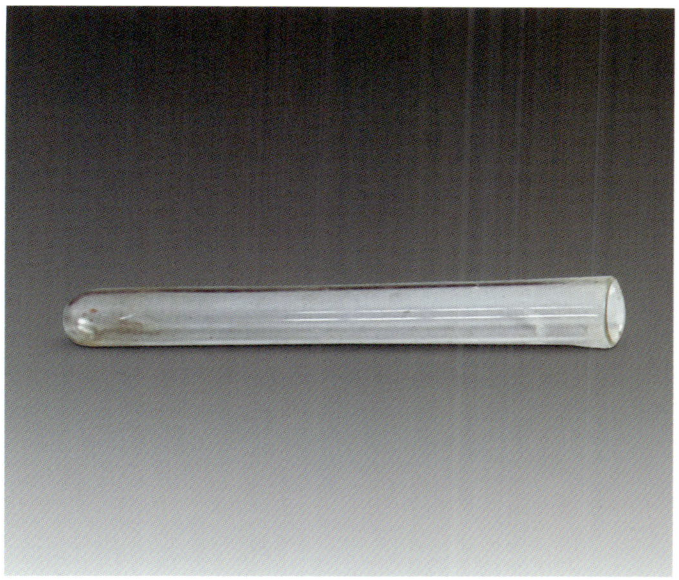

3．试管（SF5：36）

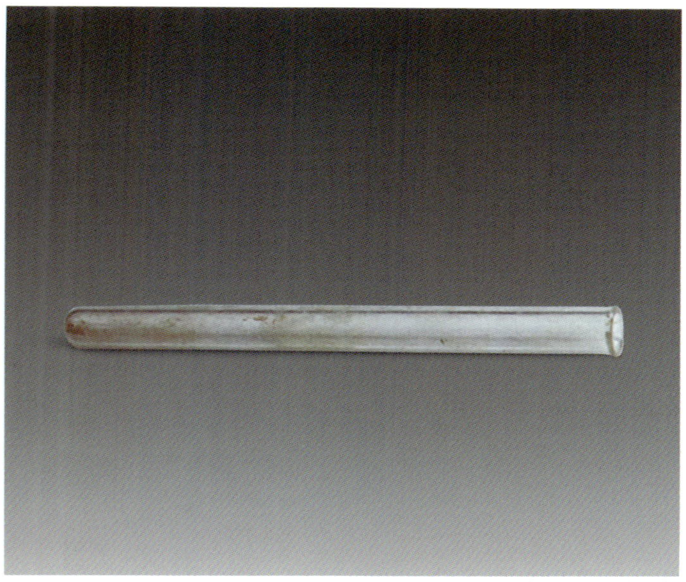

4．试管（SF5：38）

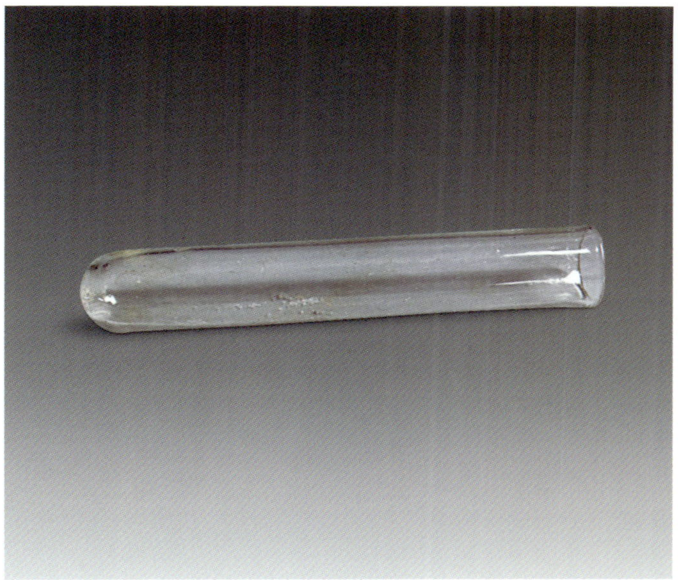

5．试管（SF5：39）

6．器盖纽（SF5：68）

第 5 栋出土的烧杯、搅棒、试管及器盖纽

1. 小口瓶（SF5：41）

2. 小口瓶（SF5：42）

3. 小口瓶（SF5：43）

4. 小口瓶（SF5：44）

5. 小口瓶（SF5：45）

6. 小口瓶（SF5：46）

第 5 栋出土的玻璃瓶

1. 中口瓶（SF5：47）

2. 中口瓶（SF5：48）

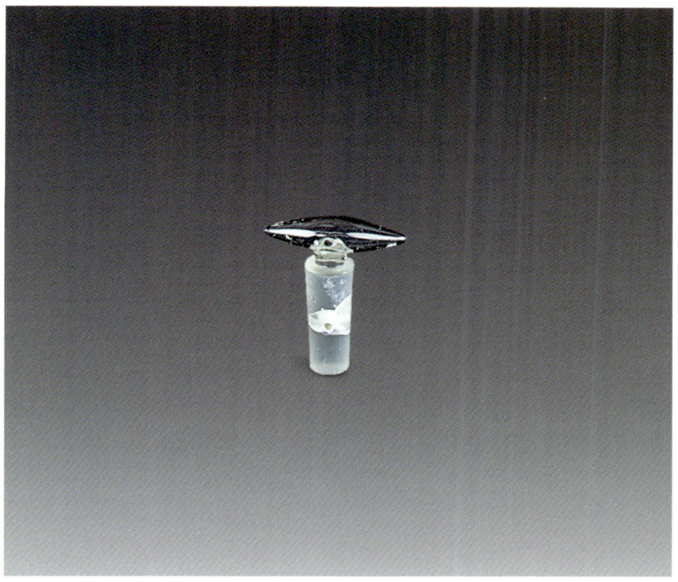

3. 瓶塞（SF5：50）

4. 瓶塞（SF5：52）

5. 瓶塞（SF5：53）

6. 瓶塞（SF5：54）

第 **5** 栋出土的玻璃瓶及瓶塞

1. 瓶塞（SF5：56）

2. 瓶塞（SF5：57）

3. 瓶塞（SF5：58）

4. 瓶塞（SF5：59）

5. 瓶塞（SF5：61）

6. 器底（SF5：69）

第 5 栋出土的玻璃瓶塞及器底

1．瓶口（SF5：65）

2．瓶口（SF5：66）

3．瓶口（SF5：67）

4．砸麻口工具（SF6：1）

5．扳手（SF6：2）

6．扳手（SF6：5）

第 **5** 栋出土的玻璃瓶及第 **6** 栋出土的铁工具

1. 锤子（SF6：4）

2. 管钳子（SF6：6）

3. 吊环（SF6：8）

4. 门把手底座（SF6：9）

5. 紧线器（SF6：10）

6. 铁卡子（SF6：11）

第6栋出土的铁工具及构件

1. 铁构件（SF6：7）

2. 铁构件（SF6：12）

3. 挂钩（SF6：13）

4. 轴杠（SF6：14）

5. 设备架（SF6：15）

6. 铁构件（SF6：16）

第6栋出土的铁构件

1．线盒（SF6：20）

2．地漏（SF6：24）

3．暖气（SF6：25）

4．暖气（SF6：25）

5．变向弯头（SF6：21）

6．下水管道（SF6：29）

第 6 栋出土的铁器

1. 阀门（SF6：26）

2. 上水管道（SF6：27）

3. 阀门（SF6：28）

4. 管道及阀门（SF6：30）

5. 上水管道（SF6：31）

6. 管道及阀门（SF6：32）

第 6 栋出土的铁管道及阀门

图版九六

1. 暖气挂钩（SF6：19）

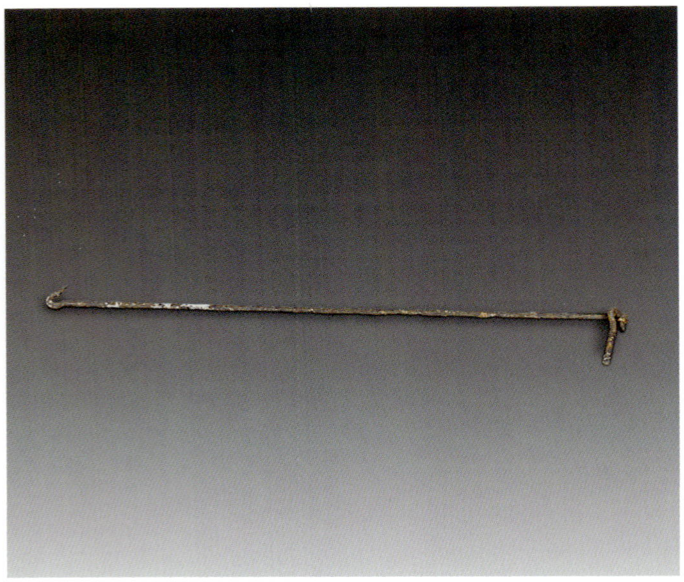

2. 挂钩（SF6：22）

3. 箍筋（SF6：23）

4. 铁架子（SF6：36）

5. 铁构件（SF7：1）

6. 机械件（SF7：2）

第6栋、第7栋出土的铁构件

1．下水管道（SF7：4）

2．槽钢（SF7：6）

3．铁锹（SF7：7）

4．线盒盒体（SF7：8）

5．紧线装置（SF7：10）

6．螺杆（SF7：11）

第7栋出土的铁器

1. 铁件（SF7：13）

2. 铁件（SF7：13）

3. 铁卡子（SF7：21）

4. 铁卡子（SF7：24）

5. 吊环（SF7：26）

6. 吊环（SF7：35）

第 7 栋出土的铁器

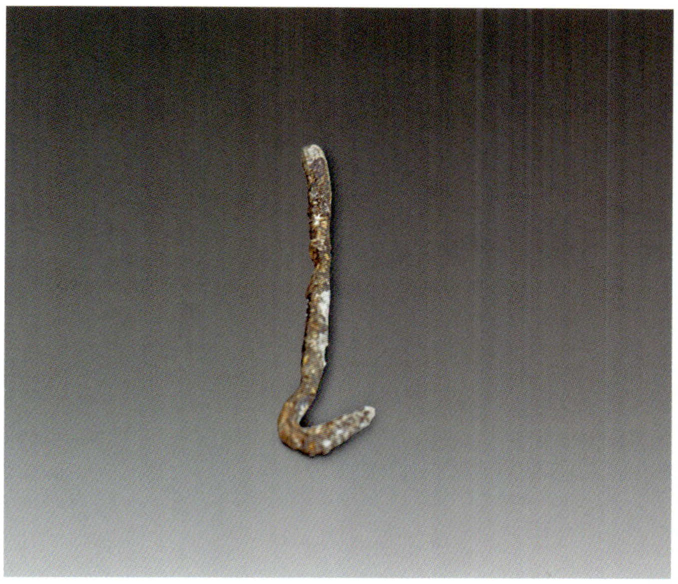

1. 吊钩（SF7：16）

2. 环头螺杆（SF7：17）

3. 锉（SF7：19）

4. 蛇皮管（SF7：22）

5. 钢钎（SF7：23）

6. 箅子（SF7：25）

7. 紧线装置（SF7：29）

第 7 栋出土的铁器

1. 上水管道（SF7：30）

2. 挂钩（SF7：31）

3. 齿轮（SF7：34）

4. 箱体卡扣（SF7：12）

5. 细菌培养箱插排（SF7：5）

第7栋出土的铁器及细菌培养箱插排

1. 瓷壶（SF7：15）

2. 小口瓶（SF7：45）

3. 墨水瓶（SF7：42）

4. 小瓶（SF7：48）

5. 试管（SF7：43）

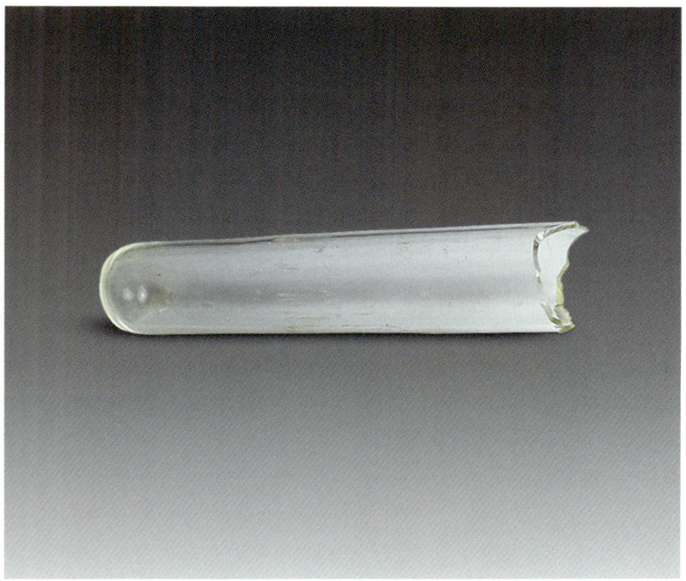

6. 试管（SF7：50）

第 7 栋出土的玻璃器皿及瓷壶

1. 瓶塞（SF7：46）

2. 瓶塞（SF7：47）

3. 瓶口（SF7：41）

4. 器底（SF7：44）

5. 漏斗（SF7：49）

6. 瓶（SFZ：5）

第 7 栋出土玻璃器皿及中心走廊出土的玻璃瓶

1. 吊钩（SF8：4）

2. 挂钩（SF8：7）

3. 吊环（SF8：14）

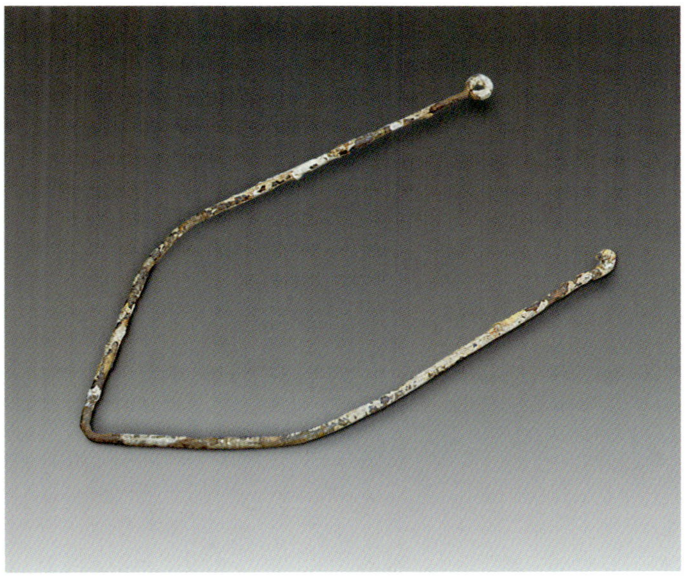
4. 吊件（SF8：15）

5. 把拒子（SF8：11）

6. 把拒子（SF8：13）

第 **8** 栋出土的铁器

1．铁铲（SF8：2）

2．线管（SF8：3）

3．螺杆（SF8：5）

4．螺丝杆（SF8：12）

5．根母（SF8：8）

6．铁卡子（SF8：9）

第 **8** 栋出土的铁器

1. 线盒（SFZ：1）

2. 箱体卡扣（SFZ：2）

3. 镐（SFZ：3）

4. 螺丝（SFZ：6）

5. 活结外丝（SFZ：8）

6. 管道（SF8：1）

中心走廊及第 **8** 栋出土的铁器

1．SFZ：4

2．SH5：24

3．SH5：25

4．SH5：26

5．SH5：27

6．SH5：29

中心走廊及 **H5** 出土的啤酒瓶

1．瓷器盖（SH5：4）

2．茶壶（SH5：8）

3．瓶（SH5：7）

4．瓶（SH5：10）

5．瓶（SH5：11）

6．带流瓶（SH5：1）

H5 出土的瓷器及玻璃器皿

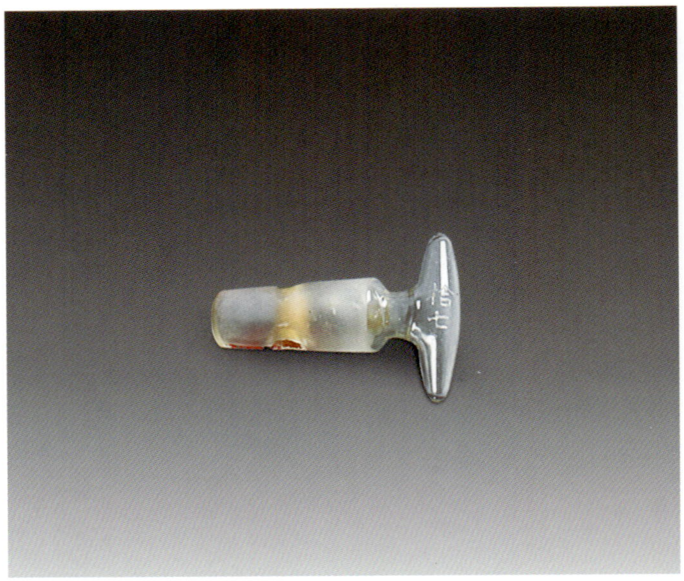

1．瓶塞（SH5：3）

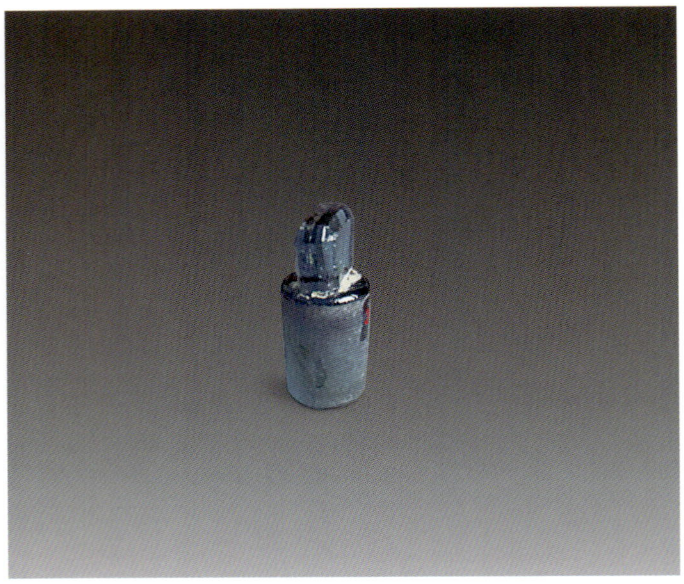

2．瓶塞（SH5：5）

3．瓶塞（SH5：2）

4．瓶塞（SH5：6）

5．器底（SH5：15）

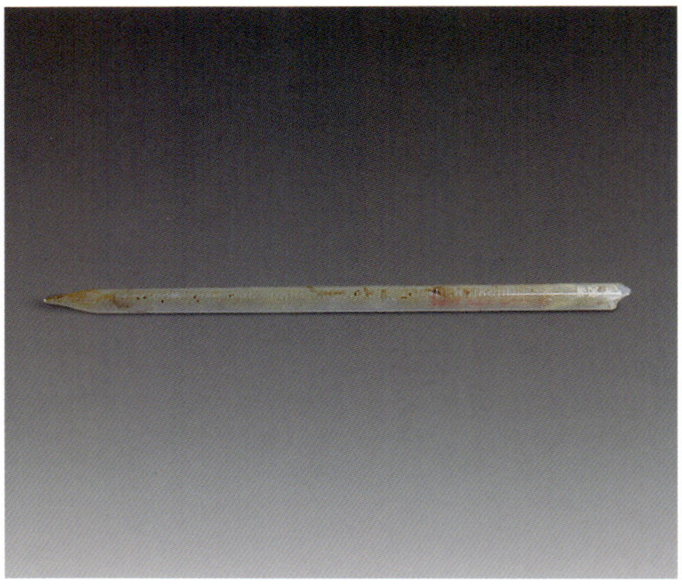

6．滴管（SH5：38）

H5 出土的玻璃器皿

1．大口瓶（SH5：16）

2．玻璃瓶（SH5：18）

3．扁盒（SH5：23）

4．大口瓶（SH5：30）

5．细菌培养盒（SH5：19）

6．细菌培养盒（SH5：21）

H5 出土的玻璃器皿

图版一一〇

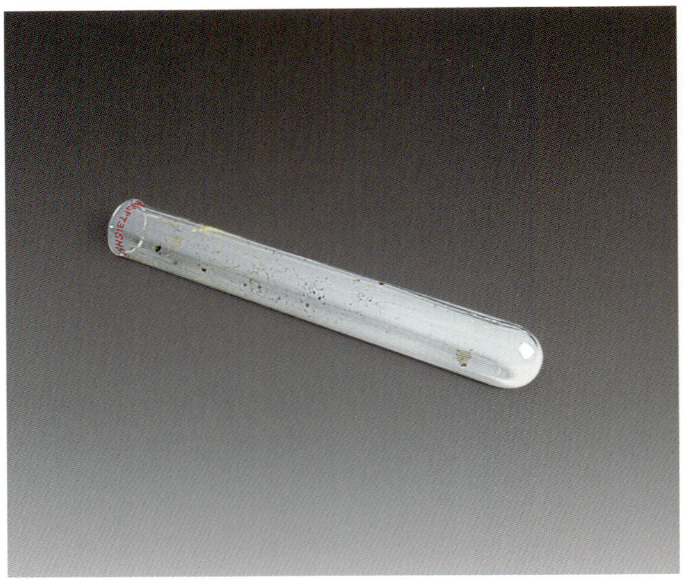

1. SH5：9

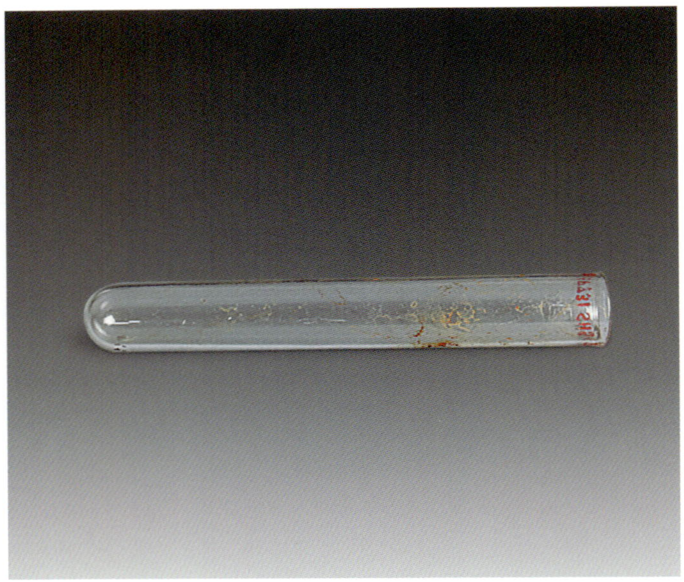

2. SH5：12

3. SH5：13

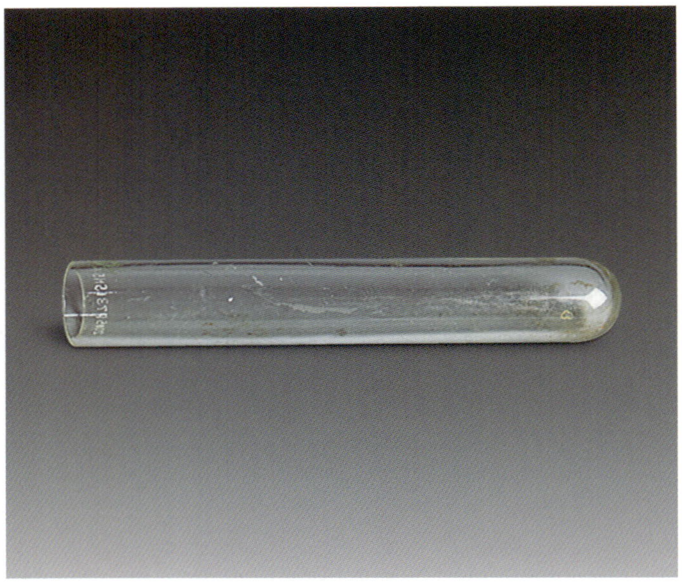

4. SH5：14

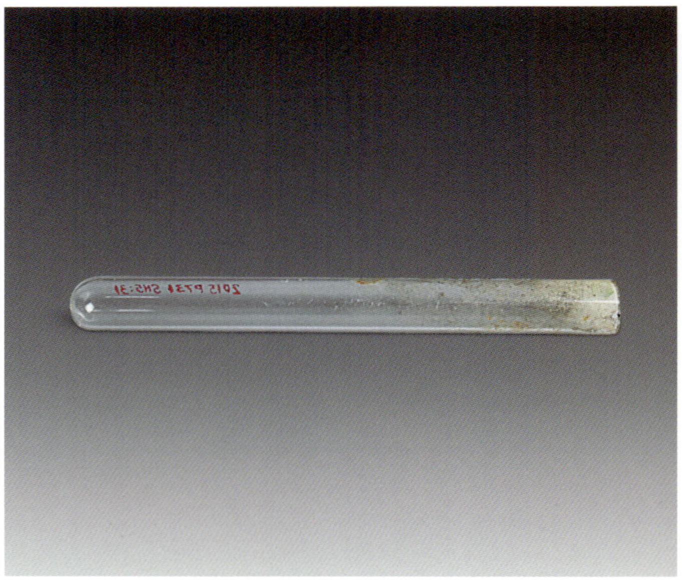

5. SH5：31

6. SH5：32

H5出土的玻璃试管

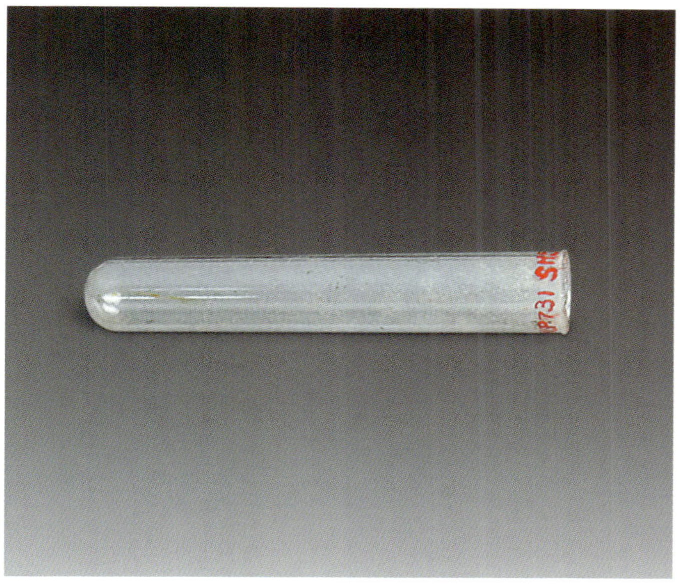
1．试管（SH5：33）

2．试管（SH5：34）

3．试管（SH5：35）

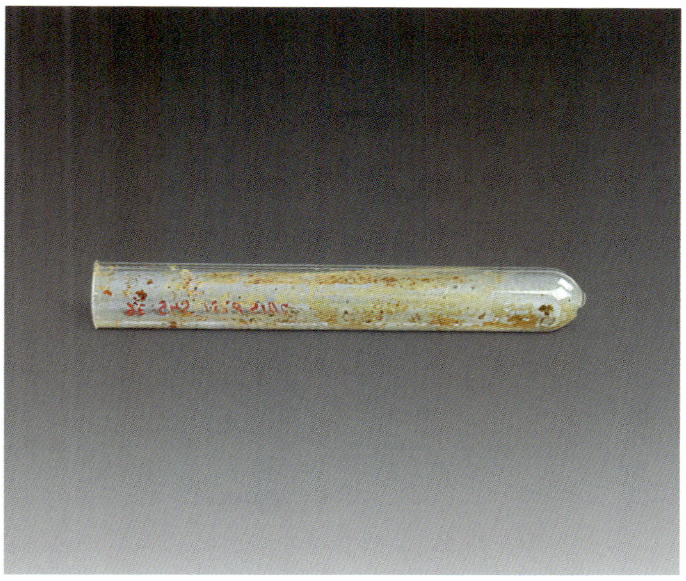
4．试管（SH5：36）

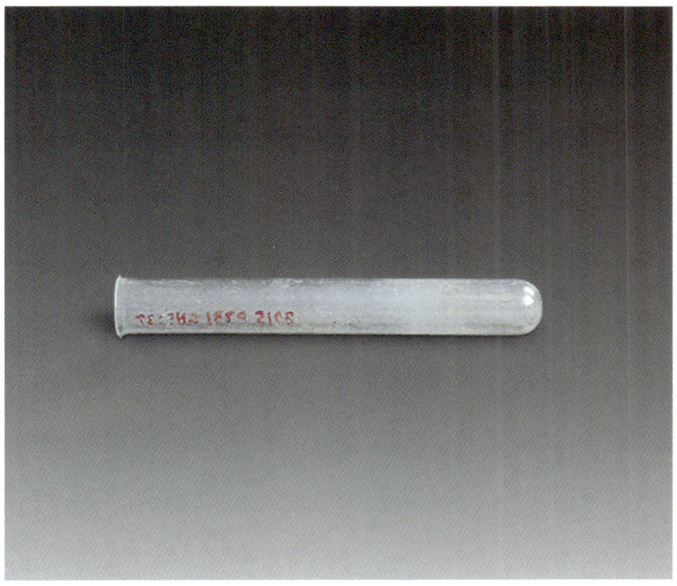
5．试管（SH5：37）

6．小口细颈瓶（SH5：39）

H5 出土的玻璃试管及玻璃瓶

1. 小口细颈瓶（SH5：40）

2. 小口细颈瓶（SH5：42）

3. 小口细颈瓶（SH5：49）

4. 小口细颈瓶（SH5：51）

5. 小口细颈瓶（SH5：52）

6. 中口粗颈瓶（SH5：57）

H5 出土的玻璃瓶

1．中口粗颈瓶（SH5：43）

2．中口粗颈瓶（SH5：45）

3．小口细颈瓶（SH5：53）

4．小口细颈瓶（SH5：54）

5．小口细颈瓶（SH5：56）

6．小口细颈瓶（SH5：59）

H5 出土的玻璃瓶

图版一一四

1. 中口粗颈瓶（SH5：41）

2. 中口粗颈瓶（SH5：44）

3. 小口细颈瓶（SH5：46）

4. 小口细颈瓶（SH5：47）

5. 中口粗颈瓶（SH5：58）

6. 中口粗颈瓶（SH5：60）

H5 出土的玻璃瓶

1. 中口细颈瓶（SH5：61）

2. 中口细颈瓶（SH5：62）

3. 中口细颈瓶（SH5：63）

4. 中口粗颈瓶（SH5：64）

5. 中口粗颈瓶（SH5：66）

6. 中口粗颈瓶（SH5：67）

H5出土的玻璃瓶

1. 中口粗颈瓶（SH5：68）

2. 中口粗颈瓶（SH5：71）

3. 中口粗颈瓶（SH5：72）

4. 中口粗颈瓶（SH6：1）

5. 中口粗颈瓶（SH6：2）

6. 小口细颈瓶（SH6：3）

H5、H6 出土的玻璃瓶

H5器物组合

图版一一八

1. 中口粗颈瓶（SH6：4）

2. 中口粗颈瓶（SH6：5）

3. 中口粗颈瓶（SH6：6）

4. 大口粗颈瓶（SH6：7）

5. 小口粗颈瓶（SH6：8）

6. 小口粗颈瓶（SH6：9）

H6 出土的玻璃瓶

1. 中口粗颈瓶（SH6：10）

2. H6部分出土玻璃瓶

3. H6部分出土玻璃瓶

H6出土的玻璃瓶

图版一二〇

1. H6 部分出土玻璃瓶

2. H6 部分出土玻璃瓶

H6 出土的玻璃瓶

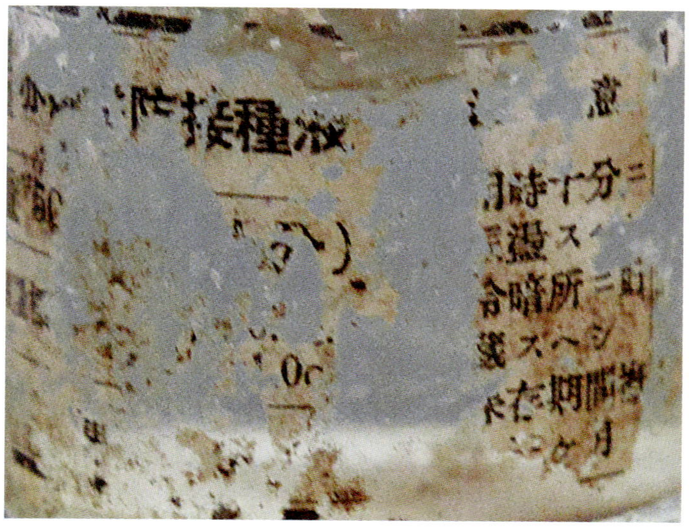

1

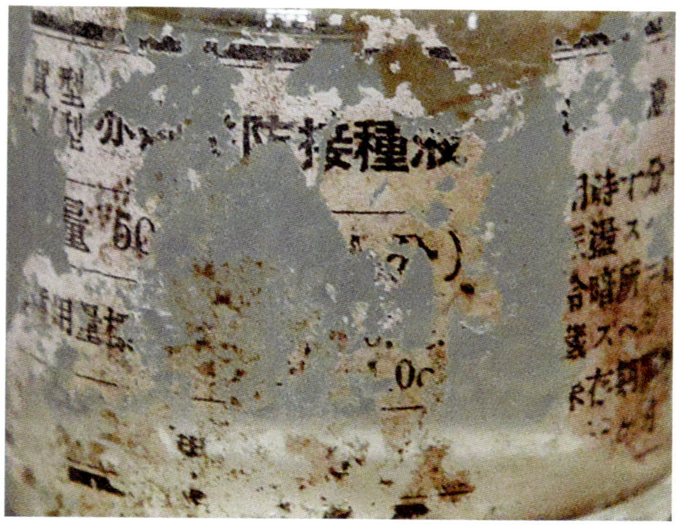

2

3

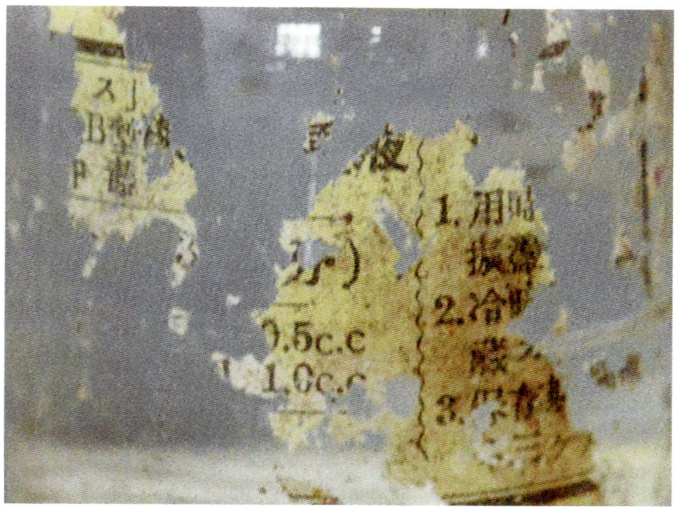

4

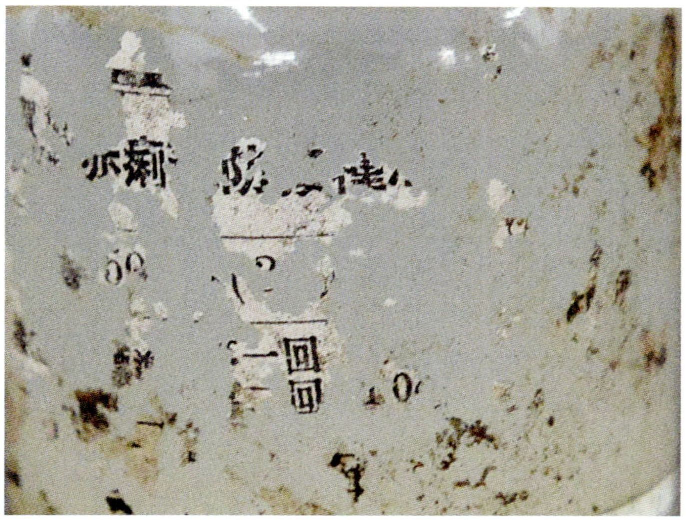

5

6

H6 出土带标签的液体瓶局部

1．管道（2000S：3）

2．铁圈（2000S：4）

3．铁框（2000S：9）

4．铁构件（2000S：10）

5．窗框（2000S：11）

6．铁架子（2000S：15）

2000 年清理出土的铁构件

1．细菌弹堵头（2000S：5）

2．细菌弹堵头（2000S：5）

3．细菌弹弹片（2000S：6）

4．细菌弹弹头（2000S：8）

5．高压灭菌箱（2000S：23）

6．高压灭菌箱（2000S：23）

2000 年清理出土的铁器及细菌弹弹头、弹片

1. 铁盒（2000S：1）

2. 铁桶（2000S：2）

3. 铁条（2000S：19）

4. 小口细颈瓶（2000S：20）

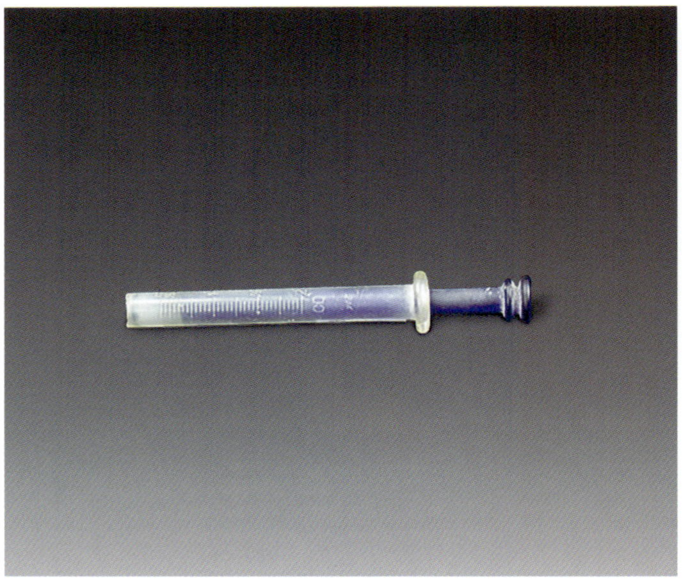
5. 注射器（2000S：21）

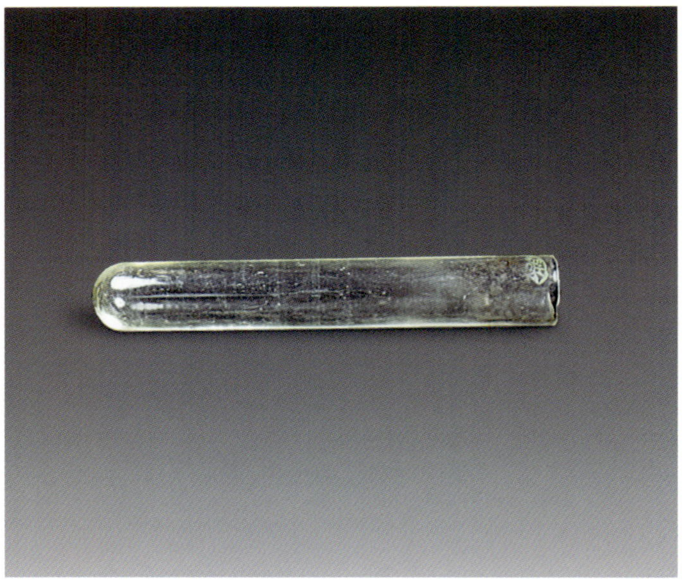
6. 试管（2000S：22）

2000年清理出土的铁器及玻璃器皿

1. 1945P731S 采：1

2. 1945P731S 采：2

采集品血清瓶

图版一二六

采集品细菌培养箱（1945P731S 采：7）

采集品细菌培养箱（1945P731S 采：7）

采集品细菌培养箱（1945P731S 采：7）

采集品引火帽桶（1945P731S 采：13）

图版一三〇

采集品引信管盒（1945P731S 采：14）

采集品引信管盒（1945P731S 采：14）

采集品截骨手锯（**1945P731S** 采：**15**）

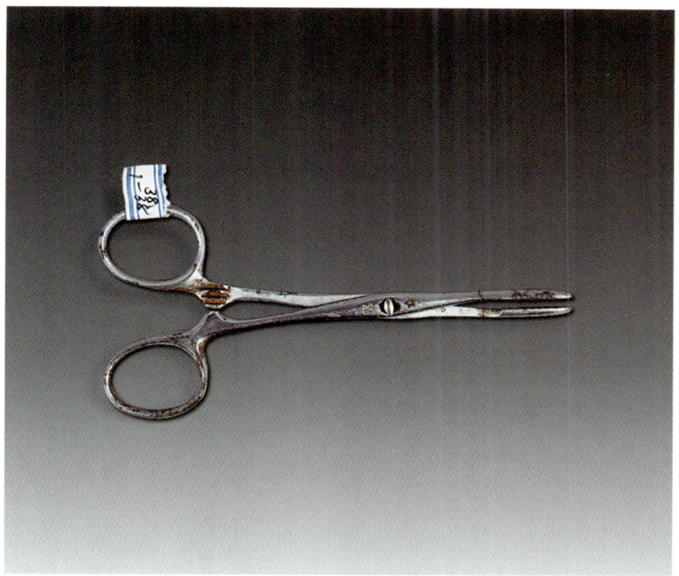

1．止血钳（1945P731S 采：16）

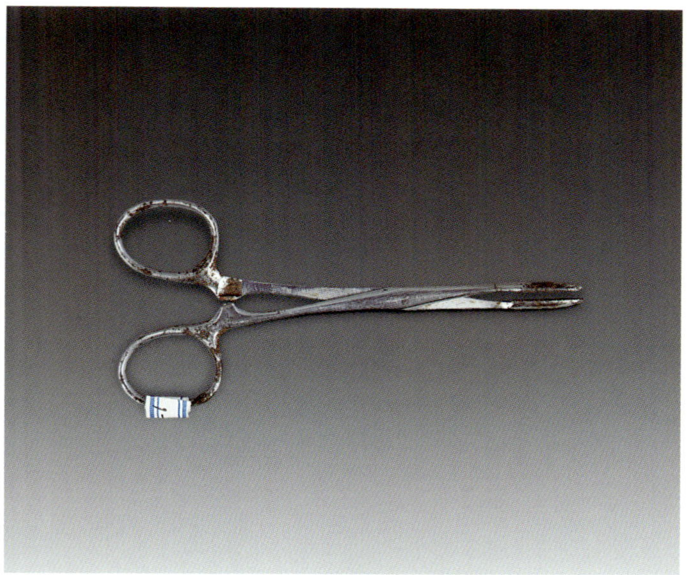

2．止血钳（1945P731S 采：16）

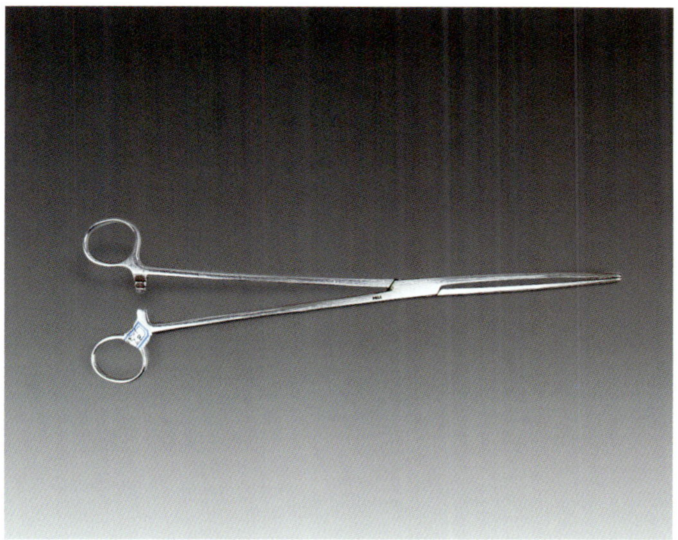

3．止血钳（1945P731S 采：17）

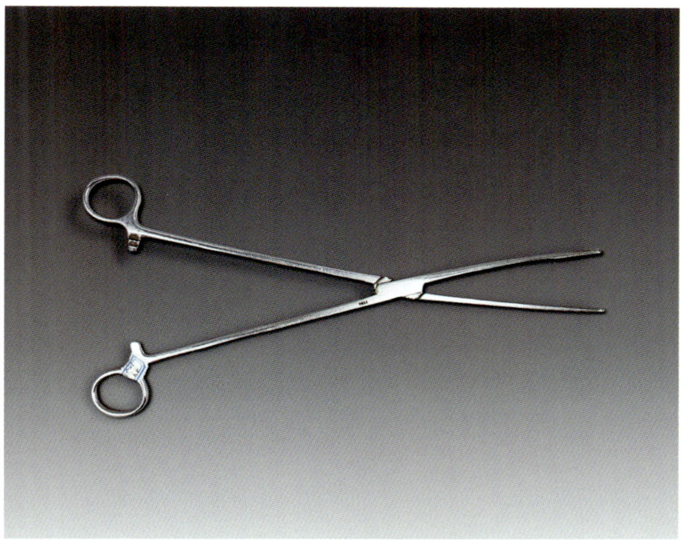

4．止血钳（1945P731S 采：17）

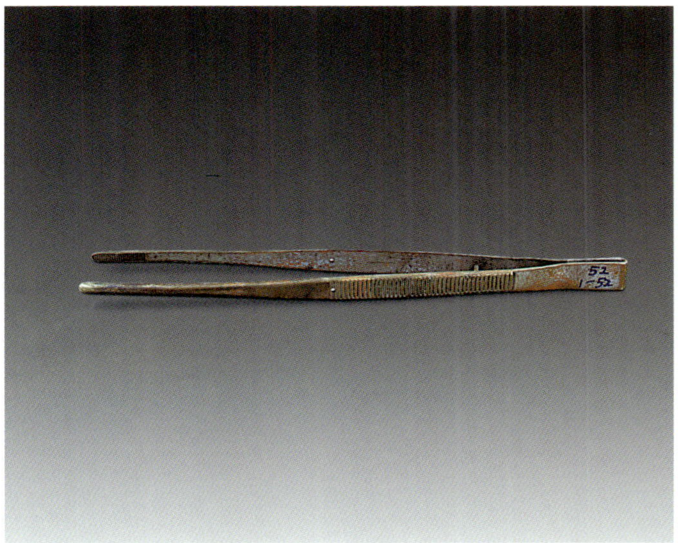

5．镊子（1945P731S 采：18）

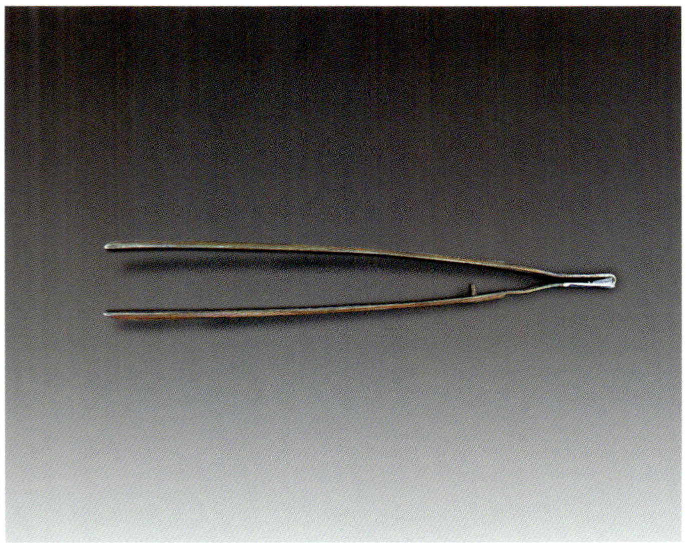

6．镊子（1945P731S 采：18）

采集品止血钳和镊子

1．烧杯（1945P731S 采：19）

2．人体标本瓶（1945P731S 采：20）

3．人体标本瓶（1945P731S 采：20）

4．人体标本瓶（1945P731S 采：20）

5．人体标本瓶（1945P731S 采：20）

6．人体标本瓶（1945P731S 采：20）

采集品烧杯和人体标本瓶

解剖挂架（**1945P731S 采：21**）

图版一三六

1．陈雍研究员、许永杰教授参观指导

2．哈尔滨工业大学教授现场指导

专家教授来考古工地现场参观指导

1．哈尔滨工业大学教授现场指导

2．哈尔滨工业大学教授现场指导

哈尔滨工业大学教授来考古工地现场指导

图版一三八

1. 哈尔滨工业大学教授现场指导

2. 为前来参观的大学生们讲解

哈尔滨工业大学教授现场指导及大学生参观

1．室内整理

2．李陈奇领队与王凤来教授核对历史资料

室内整理及核对历史资料

考古发掘队员合影